Seitenwechsel Lesen
neu entdecken 3

Winfried Bauer
Hans Jürgen Busch
Marina Dahmen
Gabriele Dietl
Gertrud Schänzlin

Schroedel

Seitenwechsel
Lesen neu entdecken 3
9./10. Jahrgangsstufe

Erarbeitet von
Winfried Bauer, Hans Jürgen Busch, Marina Dahmen,
Gabriele Dietl, Gertrud Schänzlin

Nach gültiger Rechtschreibung 2006

© 2006 Bildungshaus Schulbuchverlage
Westermann Schroedel Diesterweg Schöningh Winklers GmbH, Braunschweig
www.schroedel.de

Das Werk und seine Teile sind urheberrechtlich geschützt.
Jede Nutzung in anderen als den gesetzlich zugelassenen Fällen bedarf der
vorherigen schriftlichen Einwilligung des Verlags. Hinweis zu §52 a UrhG:
Weder das Werk noch seine Teile dürfen ohne eine solche Einwilligung
gescannt und in ein Netzwerk eingestellt werden. Dies gilt auch für Intranets
von Schulen und sonstigen Bildungseinrichtungen.
Auf verschiedenen Seiten dieses Buches befinden sich Verweise (Links)
auf Internet-Adressen. Haftungshinweis: Trotz sorgfältiger inhaltlicher Kontrolle
wird die Haftung für die Inhalte der externen Seiten ausgeschlossen. Für den
Inhalt dieser externen Seiten sind ausschließlich deren Betreiber verantwortlich.
Sollten sie bei dem angegebenen Inhalt des Anbieters dieser Seite auf
kostenpflichtige, illegale oder anstößige Inhalte treffen, so bedauern wir dies
ausdrücklich und bitten Sie, uns umgehend per E-Mail davon in Kenntnis
zu setzen, damit beim Nachdruck der Verweis gelöscht wird.

Druck A^1/Jahr 2006
Alle Drucke der Serie A sind im Unterricht parallel verwendbar.

Redaktion: Daniela Rauthe
Herstellung: Barbara Frankhuizen
Illustrationen: Marion Goedelt, Christiane Grauert
Typografie und Satz: Farnschläder & Mahlstedt Typografie, Hamburg
Umschlaggestaltung und Zwischentitel: Fernkopie, Amsterdam/Berlin
Druck und Bindung: Westermann Druck Zwickau GmbH

ISBN 978-3-507-42394-7
alt: 3-507-42394-4

Inhaltsverzeichnis

Verzeichnis der Textsorten 9
Schulcurricula siehe **Extra: Projekt**

Werkstatt: Geschichten

Geschehen zu Geschichten machen
Automatisches Schreiben
    Renate Anders: Was ich fühle 12
    Mario Wirz: Biografie eines
    lebendigen Tages 13
Geschichten erzählen
    Peter Stamm: Das schönste Mädchen 14
    Friedrich Dürrenmatt: Der Tunnel 15

Erzählbausteine untersuchen
Ort und Zeit
    Thomas Brussig: Am kürzeren Ende
    der Sonnenallee 16
Personen
    Peter Bichsel: Hugo 18
Handlung
    Tschingis Aitmatow: Dshamilja 20
    Danijar und Dshamilja 21

Erzählformen untersuchen
Mit Erzählformen experimentieren
    Nach Raymond Queneau: Stilübungen 24
Erzähltexte analysieren
    Sybille Berg: Eine Karrierefrau 26

Verschlüsselte Texte verstehen
Bild- und Sachebenen bestimmen
    Nach Zen: Öffne deine eigene
    Schatzkammer 28
Botschaften im historischen Kontext verstehen
    Titus Livius: Parabel des Menenius Agrippa 29
    Johann Gottfried Herder:
    Die Ratte in der Bildsäule 30
Botschaften im biografischen Kontext verstehen
    Franz Kafka 32
    Franz Kafka: Im Tunnel 33
    Franz Kafka: Kleine Fabel 33
Botschaften im Kontext verstehen
    Franz Kafka: Auf der Galerie 34
    Günter Kunert: Die Schreie der Fledermäuse 35
    Bertolt Brecht: Herr Keuner und die Flut 35

Werkstatt: Gedichte

Mein Gedicht
Sachtexte „verdichten"
Werbeprospekt: Winter an der Nordsee 36
Schülertexte 37
Gedichte zu Bildern verfassen
Rose Ausländer: Im Chagall-Dorf 39
SMS-Lyrik schreiben, auswählen, verschicken
Peter Behncke: keine ist wie du 40
Tanja Dückers: Ohne Titel 40
Ludwig Uhland: Ohne Titel 40
Horst Bingel: :-) perspektive :-) 40
Johann Wolfgang von Goethe: In deinem Herzen 40
Unbekannt: Du bist min … 40

Über das „Zerpflücken von Gedichten"
Gedichte analysieren
Bertolt Brecht: Terzinen über die Liebe 41
Auszüge aus der Gedichtinterpretation einer Schülerin 41
Liebesgedichte vergleichen
Erich Kästner: Sachliche Romanze 44
Karl Krolow: Unterhaltung 44
Bertolt Brecht: Über das Zerpflücken von Gedichten 45
Verschiedene Gedichtfassungen vergleichen
Johann Wolfgang von Goethe: Willkommen und Abschied 46
Johann Wolfgang von Goethe: Es schlug mein Herz 47
Eine Dichterin kennen lernen
Annette von Droste-Hülshoff: Am Turme 48
Annette von Droste-Hülshoff 49
Zitatensplitter 50
Ruth Klüger: Ein Mann, mindestens 51
Ein Gedicht aus seiner Zeit heraus verstehen
Andreas Gryphius: Thränen des Vaterlandes 52
Andreas Gryphius 52
Der Dreißigjährige Krieg (1618–1648) 53
Leitgedanken der Epoche 53
Bettina Werche: Beschreibung eines Stilllebens 54
Günter Eich: Inventur 55
Reiner Kunze: Die mauer 55

Werkstatt: Theater

Dramatische Sprechformen
Dialoge und Monologe improvisieren
Im Abteil 57
Einen Dialog gestalten
Gendarmenmarkt. Außen. Nacht. 58

Ein klassisches Drama: Maria Stuart
Eine Exposition szenisch erschließen
Friedrich Schiller: Maria Stuart 60
Höhe- und Wendepunkt analysieren
Der Streit der Königinnen 64
Regiekonzepte vergleichen
Walter Beimdick: Peter Dieter Schnitzler inszeniert „Maria Stuart" in Dortmund (1973) 72
Benjamin Henrichs: Nicolas Brieger inszeniert „Maria Stuart" in Bremen (1978) 72
Martin Linzer: Thomas Langhoff inszeniert Schiller am Deutschen Theater (1981) 73

Ein modernes Drama: Andorra
Ein Theaterstück als Modell verstehen
Max Frisch: Andorra – mein Stoff 74
Hans Magnus Enzensberger: Andorra 74
Personen und Handlung zuordnen
Die Personen 75
Die Handlung 75
Aufbau eines epischen Theaterstücks erschließen
Max Frisch: Andorra – Stück in zwölf Bildern 76
Handlungspositionen untersuchen
Die Aussprache 79
Wirkungsabsichten verstehen
Die handelnden Personen nehmen Stellung 81
Episches Theater
Der doppelte Andri von Johannesburg 85

Werkstatt: Sachtexte

Moderne Kommunikationsprobleme
Texte lesen – Fragen aufwerfen
  Ralf Sander: Mail-Missgeschicke 86
  Handy: 380 000 SMS-Süchtige
  in Deutschland 87

Simsen, Chatten, Surfen
Texte in Mind-Maps umsetzen
  Thomas Michel: BIBALUR und
  „knuddelknutsch" 88
Paraphrasieren
  SMS – Die Sprache der Jugend 90
Texte erschließen – Inhalte referieren
  Umberto Eco: Wie man das Mobiltelefon
  nicht benutzt 92
Cartoons und Karikaturen verstehen
  Verschiedene Cartoons und Karikaturen 96
Texte schrittweise untersuchen
  Sven Stillich: Happy Birthday, WWW! 96

Moderner Sprachenmix
Aufbau eines Textes untersuchen
  Moritz Küpper: Sprachenmix –
  Wie die „Kanaksprak" salonfähig wurde 100
  Tim Schleider: Arme Sprache, reiche Sprache –
  Ein Leben ohne Denglisch 103
Mit Textbelegen arbeiten
  Bastian Sick: Krieg der Geschlechter 105

Werkstatt: Medien

Verfilmte Literatur – Mario und der Zauberer
Die Kamera als Erzähler
  Werner Kamp / Manfred Rüsel:
  Kameraperspektiven 108
  Werner Kamp / Manfred Rüsel:
  Einstellungsgrößen 109
Verfilmung einer Novelle
  Der Inhalt 110
  Thomas Mann: Aus dem Anfang
  der Novelle 111
Novelle und Drehbuch vergleichen
  Aus der Novelle: Im Grand Hotel 112
  Aus dem Drehbuch: Im Grand Hotel 113
  Thomas Mann: Aus dem Schluss
  der Novelle 114
  Aus dem Schluss des Drehbuchs 116
Die Meinung des Regisseurs kennen lernen
  Norbert Beilharz im Gespräch mit
  Klaus Maria Brandauer 120

Einen eigenen Videofilm produzieren
Einen Film drehen
  Günther Guben: So 122
  Erfahrungsberichte 123

Liebe ohne Zukunft

Innerer Widerstand: Gefühle

Joseph von Eichendorff:
Das zerbrochene Ringlein   127
Eduard Mörike: Das verlassene Mägdlein   127
Usch Luhn: Küss mich, Frosch   128
Shaïne Cassim: Am besten,
man verliebt sich gar nicht   130
Per Nilsson: So lonely   133

Äußerer Widerstand: Familie, Gesellschaft, Staat

Sophokles: Antigone   140
William Shakespeare: Romeo und Julia   142
Gottfried Keller: Romeo und Julia
auf dem Dorfe   146
Alexander Goeb: Er war sechzehn,
als man ihn hängte   152

Extra: Projekt
155   Enttäuschte Liebe – in Bild und Text

Jugendkulturen

Stürmer und Dränger

Johann Wolfgang von Goethe: Prometheus   157
Johann Wolfgang von Goethe:
Die Leiden des jungen Werthers   158
Matthias Luserke: Die Leiden des jungen
Werthers   159
Friedrich Schiller: An Herzog Karl Eugen   161
Friedrich Schiller: Enttäuschte Ideale   162

Protestler und Aussteiger

Ingeborg Drewitz: Renate   164
Peter Härtling: Zwei Versuche …   168
Gert Heidenreich: Die reden   169
Godfrey Hodgson: Flower Power –
Die Jugend der Welt sucht neue Wege   170
Gerome Ragno / James Rado: Hair – Haare   172
Easy Rider   173
Botho Strauß: Mädchen mit Zierkamm   174
Thomas Brussig: Verboten   177

Trendsetter

Christian Kracht: Faserland   178
Malte Friedrich: Inszenierte Blasiertheit –
Körpercode Coolness   180
Hermann Ehmann:
Merkmale der Jugendsprache   182
Bernhard Hübner: Authentisch sein –
Orientierung bieten – Spaß haben   184
Klaus Janke: Stars, Idole, Vorbilder   186
Falco: Helden von heute   190

Extra: Projekt
191   Jugendsprache

Forschung – Chancen und Risiken

Medizin: Forschung am Menschen

Mensch und Wissenschaft heute (Zitate)   193
Rose Ausländer: Bekenntnis   193
Eva Mozes Kor: Heilung von Auschwitz   194
Hubert Markl: Die Schuld deutscher
Wissenschaftler   196
Johann Wolfgang von Goethe: Homunkulus   198
Georg Büchner: Woyzeck   200
Aldeous Huxley: Ideal angepasst   202
Charlotte Kerner: Blueprint   204

Atomphysik: Nutzen und Gefahren

Marie Luise Kaschnitz: Hiroshima   206
Friedrich Dürrenmatt: Gefangen   207
Friedrich Dürrenmatt: 21 Punkte   209
Wolfgang Weyrauch: Der grüne Drache   210
Heinar Kipphardt: Vor der Atomenergie-
kommission   212
Erich Fried: Fragen nach Tschernobyl   214

Ethik: Verantwortung und Verpflichtung

Gelöbnis – Eid für Wissenschaftler (1988) 215
Jeremy Rifkin: Vertrag über das genetische Erbe (2001) 216
Norbert Hoerster: Die Schutzwürdigkeit des Embryos 217
Ernst-Ludwig Winnacker: „Wir wollen keine Menschen züchten" 219
Hans Jonas: Forschung: jenseits von Gut und Böse? (1987) 221

Extra: Projekt
223 Künstliche Menschen

Gewalt und Widerstand

Wozu Menschen fähig sind

Wolf Biermann: AUFBAUT!!! Aufbaut! (aufbaut) 225
Annette von Droste-Hülshoff: An die Weltverbesserer 225
Arnulf Zitelmann: Ach ja 225
Annette von Droste-Hülshoff: Friedrich Mergel 226
Alexander Solschenizyn: Ein Tag im Leben des Iwan Denissowitsch 230
Katharina Bromberger / Claudia Möllers: Schüler und Lehrer in Todesangst 232
Juli Zeh: Spieltrieb 234
Bernd Graff: Die Verdoomung der Republik 236

Extra: Projekt
239 Gewalt wahrnehmen – Zivilcourage zeigen

Auf Gewalt reagieren

Grete Weil: Warum habt ihr euch nicht gewehrt? 240
Dorothee von Meding: Die Frauen des 20. Juli 241
Weiße Rose: Aufruf an alle Deutschen! 242
Katrin Sachse: Das Beste für mein Volk 243
Else Lasker-Schüler: Mein blaues Klavier 247
Erich Fried: Als deutschsprachiger Jude Deutschland heute sehen 248
Gudrun Pausewang: Trau dich, Paps! 250
Ingeborg Bachmann: Alle Tage 253
Mahatma Ghandi: Widerstandskämpfer 254
Martin Luther King: Zehn Gebote der gewaltlosen Bewegung 254

Arbeitswelt im Wandel

Äußere Zwänge – Anforderungen

Kurt Bartsch: Poesie 257
Ursula Krechel: Die Taschenfrauen 257
Robert Walser: Der Beruf 258
Gerold Späth: Helmut Knecht 259
What's hot? What's not? 260
Anzeige 262
Bewerbungsschreiben 263
Bewerbungen – Vorstellungsgespräch 264
Ralf Gunkel: Zehn Tipps für Ihre Bewerbung 264
Florian Streibl: Die geheime Sprache … 265
Marie Luise Kaschnitz: Drohbrief 266
Günter Kunert: Die Maschine 266
Ingo Butters: Die Flucht aus der Klinik 267
Nina von Hardenberg: Von der Software bis zum Schweißbrenner 269

Lust auf Arbeit – Selbstverwirklichung

Friedemann W. Nerdinger: Motivation 270
Stephen C. Lundin: Fish! 272
Auszüge aus den Schülerberichten über das Sozialpraktikum 274
Ludger Hicking: Ein Kriegsdienstverweigerer 276
Judith Raupp: Herr Wunderlich geht ins Gefängnis 277
Volker W. Degener: Terre des Hommes – Wind, Sand und Sterne 278
Irmgard Keun: Die Künstlerin 280
Heinrich Böll: Anekdote zur Senkung der Arbeitsmoral 281

Literaturfrauen – Frauenliteratur

Frauenperspektiven

Rose Ausländer: Wer bin ich 285
Elisabeth Frenzel: Medea – aus einem Lexikon 286
Dagmar Nick: Medea, ein Monolog 287
Helga M. Novak: Brief an Medea 288
Ingeborg Bachmann: Undine geht 289
Ulla Hahn: Mit Haut und Haar 292
Helga M. Novak: kann nicht steigen nicht fallen 292
Ursula Krechel: Umsturz 293
Renate Rasp: Suffragetten 293
Elfriede Jelinek: Was geschah, nachdem Nora ihren Mann verlassen hatte oder Stützen der Gesellschaften 294
Virginia Woolf: Ein Zimmer für sich allein 297

Frauenporträts

Annette von Droste-Hülshoff: Das Spiegelbild 298
Irina Korschunow: Das Spiegelbild 299
Else Lasker-Schüler 300
Else Lasker-Schüler: An mich 301
Else Lasker-Schüler: Ein alter Tibetteppich 301
Gerlind Reinshagen: Leben und Tod der Marilyn Monroe 302
Assia Djebar: Rede zur Verleihung des Friedenspreises des Deutschen Buchhandels 304

Frauen, die lesen, sind gefährlich

Ruth Klüger: Frauen lesen anders 306
Christoph Kochhan / Christine Rutz: Jugendliche und das Lesen 307
Elke Heidenreich: Über das Gefährliche, wenn Frauen zu viel lesen 308

Extra: Projekt
310 Des Redners Glück

Schiller lebt

Schillers Lebensbild

Rüdiger Safranski: Prolog 313
Michael Klonovsky: Wunderlicher, großer Mensch 313
Johannes Lehmann: Unser armer Schiller. Eine respektlose Annäherung 314
Friedrich Schiller: An die Freude 316
Friedrich Schiller: Lied von der Glocke 318
Briefwechsel 320

Schiller wirkt

Sigrid Damm: Das Leben des Friedrich Schiller 324
Geist ist geil 327

Schillers „Räuber"

Rainald Goetz: Was ist ein Klassiker? 328
Friedrich Schiller: Vorrede zur ersten Auflage der „Räuber" 329
Friedrich Schiller: Die Räuber 331
Walter Benjamin: Räuberbanden im alten Deutschland 337

Extra: Projekt
338 Schiller vor Ort

Nachschlagen

Verzeichnis der Textsorten 9
Fachlexikon 340
Methodenlexikon 342
Sachregister 344
Textquellen 345
Bildquellen 350

Verzeichnis der Textsorten

Anzeige
Stellenangebot Goethe-Institut 262

Berichte
E. Fried: Als deutschsprachiger Jude Deutschland heute sehen 248

Bildbeschreibungen
B. Werche: Beschreibung eines Stilllebens 54
E. Heidenreich: Über das Gefährliche, wenn Frauen zu viel lesen 308

Biografien
Franz Kafka 32
Annette von Droste-Hülshoff 49
Andreas Gryphius 52
Else Lasker-Schüler 300
R. Safranski: Schiller 313
M. Klonovsky: Schiller 313
J. Lehmann: Unser armer Schiller 314
S. Damm: Das Leben des Friedrich Schiller 324

Briefe/Briefromane
J. W. v. Goethe: Die Leiden des jungen Werthers 156
F. Schiller: An Herzog Karl Eugen 161
Bewerbungsschreiben 263
Briefwechsel (Goethe–Schiller) 320

Dialogische Texte/Spieltexte
Im Abteil 57
W. Weyrauch: Der grüne Drache 210

Dramatische Texte
Gendarmenmarkt. Außen. Nacht. 58
F. Schiller: Maria Stuart 60
M. Frisch: Andorra 76
Sophokles: Antigone 140
W. Shakespeare: Romeo und Julia 142
F. Schiller: Die Räuber 162, 331
J. W. v. Goethe: Faust 198
G. Büchner: Woyzeck 200
F. Dürrenmatt: Die Physiker 207
E. Jelinek: Was geschah, nachdem Nora ihren Mann verlassen ... 294
G. Reinshagen: Leben und Tod der Marilyn Monroe 302

Drehbuchauszüge
Mario und der Zauberer 113, 116

Erzählungen/Kurzgeschichten
R. Anders: Was ich fühle 12
M. Wirz: Biografie eines lebendigen Tages 13
P. Stamm: Das schönste Mädchen 14
F. Dürrenmatt: Der Tunnel 15
P. Bichsel: Hugo 18
S. Berg: Eine Karrierefrau 26
G. Guben: So 122
B. Strauß: Mädchen mit Zierkamm 174
R. Walser: Der Beruf 258
G. Späth: Helmut Knecht 259
M. L. Kaschnitz: Drohbrief 266
G. Kunert: Die Maschine 266
I. Keun: Die Künstlerin 280
H. Böll: Anekdote zur Senkung ... 281
H. M. Novak: Brief an Medea 288
I. Bachmann: Undine geht 289
V. Woolf: Ein Zimmer für sich allein 297
I. Korschunow: Das Spiegelbild 299
E. Lasker-Schüler: An mich 301

Flugblatt
Weiße Rose: Aufruf an alle Deutschen! 242

Gedichte
R. Ausländer: Im Chagall-Dorf 39
P. Behnke: keine ist wie du 40
T. Dückers: Ohne Titel 40
L. Uhland: Ohne Titel 40
H. Bingel: :-) perspektive:-) 40
J. W. v. Goethe: In deinem Herzen 40
Unbekannt: Du bist min ... 40
B. Brecht: Terzinen über die Liebe 41
E. Kästner: Sachliche Romanze 44
K. Krolow: Unterhaltung 44
B. Brecht: Über das Zerpflücken ... 45
J. W. v. Goethe: Willkommen und Abschied 46
J. W. v. Goethe: Es schlug mein Herz 47
A. v. Droste-Hülshoff: Am Turme 48
A. Gryphius: Thränen des Vatterlandes 52
G. Eich: Inventur 55
R. Kunze: die mauer 55
J. v. Eichendorff: Das zerbrochene Ringlein 127

E. Mörike: Das verlassene Mägdlein 127
J. W. v. Goethe: Prometheus 157
P. Härtling: Zwei Versuche ... 168
G. Heidenreich: Die reden 169
R. Ausländer: Bekenntnis 193
M. L. Kaschnitz: Hiroshima 206
E. Fried: Fragen nach Tschernobyl 214
W. Biermann: Aufbaut!!! Aufbaut! ... 225
A. v. Droste-Hülshoff: An die Weltverbesserer 225
A. Zitelmann: Ach ja 225
E. Lasker-Schüler: Mein blaues Klavier 247
I. Bachmann: Alle Tage 253
K. Bartsch: Poesie 257
U. Krechel: Die Taschenfrauen 257
R. Ausländer: Wer bin ich 285
D. Nick: Medea, ein Monolog 287
U. Hahn: Mit Haut und Haar 292
H. M. Novak: kann nicht steigen ... 292
U. Krechel: Umsturz 293
R. Rasp: Suffragetten 293
A. v. Droste-Hülshoff: Das Spiegelbild 298
E. Lasker-Schüler: Ein alter Tibetteppich 301
F. Schiller: An die Freude 316
F. Schiller: Lied von der Glocke 318

Glosse
R. Gunkel: Zehn Tipps für Ihre Bewerbung 264

Informationstexte/Sachtexte
Werbeprospekt: Winter an der Nordsee 36
R. Klüger: Ein Mann, mindestens 51
Der Dreißigjährige Krieg 53
Leitgedanken der Epoche 53
M. Frisch: Andorra – mein Stoff 74
H. M. Enzensberger: Andorra 74
Die Handlung 75
R. Sander: Mail-Missgeschicke 86
Th. Michel: BIBALUR und „knuddelknutsch" 88
SMS – Die Sprache der Jugend 90
U. Eco: Wie man das Mobiltelefon nicht benutzt 92
M. Küpper: Sprachenmix 100
T. Schleider: Arme Sprache ... 103
B. Sick: Krieg der Geschlechter 105
M. Luserke: Die Leiden des jungen Werthers 159
G. Hodgson: Flower Power ... 170
Easy Rider 173
M. Friedrich: Inszenierte Blasiertheit ... 180
H. Ehmann: Merkmale der Jugendsprache 182
B. Hübner: Authentisch sein ... 184
K. Janke: Stars, Idole, Vorbilder 186

E. Mozes Kor: Heilung von Auschwitz 194
H. Markl: Die Schuld deutscher Wissenschaftler 196
F. Dürrenmatt: 21 Punkte 209
H. Kipphardt: Vor der Atomenergiekommission 212
Gelöbnis – Eid für Wissenschaftler 215
J. Rifkin: Vertrag über das genetische Erbe 216
N. Hoerster: Die Schutzwürdigkeit des Embryos 217
H. Jonas: Forschung: jenseits von Gut und Böse? 221
G. Weil: Warum habt ihr euch nicht gewehrt? 240
D. v. Meding: Die Frauen des 20. Juli 241
K. Sachse: Das Beste für mein Volk 243
Mahatma Ghandi: Widerstandskämpfer 254
M. Luther King: Zehn Gebote ... 254
What's hot? What's not? 260
Bewerbung – Vorstellungsgespräch 264
F. Streibl: Die geheime Sprache ... 265
F. W. Nerdinger: Motivation 270
L. Hicking: Ein Kriegsdienstverweigerer 276
V. W. Degener: Terre des Hommes – Wind, Sand und Sterne 278
E. Frenzel: Medea 286
R. Klüger: Frauen lesen anders 306
Chr. Kochhan / Chr. Rutz: Jugendliche und das Lesen 307
R. Goetz: Was ist ein Klassiker? 328
W. Benjamin: Räuberbanden im alten Deutschland 337

Interviews
Norbert Beilharz im Gespräch mit Klaus Maria Brandauer 120
E.-L. Winnacker: „Wir wollen keine Menschen züchten" 219

Jugendbuchauszüge
U. Luhn: Küss mich, Frosch 128
S. Cassim: Am besten, man verliebt sich gar nicht 130
P. Nilsson: So lonely 133
Ch. Kerner: Blueprint 204
G. Pausewang: Trau dich, Paps! 250
St. C. Lundin: Fish! 272

Liedtexte
G. Ragno / J. Rado: Hair – Haare 172
Falco: Helden von heute 190

Novellenauszüge
Th. Mann: Mario und der Zauberer 112
G. Keller: Romeo und Julia auf dem Dorfe 146
A. v. Droste-Hülshoff: Die Judenbuche 226

Parabeln
Nach Zen: Öffne deine eigene Schatzkammer 28
T. Livius: Parabel des Menenius Agrippa 29
J. G. Herder: Die Ratte in der Bildsäule 30
F. Kafka: Im Tunnel 33
F. Kafka: Kleine Fabel 33
F. Kafka: Auf der Galerie 34
G. Kunert: Die Schreie der Fledermäuse 35
B. Brecht: Herr Keuner und die Flut 35

Reden
A. Djebar: Rede zur Verleihung … 304
F. Schiller: Vorrede zur ersten Auflage der „Räuber" 329

Rezensionen
W. Beimdick: Peter Dieter Schnitzler inszeniert „Maria Stuart" in Dortmund 72
B. Henrichs: Nicolas Brieger inszeniert „Maria Stuart" in Bremen 72
M. Linzer: Thomas Langhoff inszeniert Schiller am Deutschen Theater 73
Der doppelte Andri von Johannesburg 85

Romanauszüge
Th. Brussig: Am kürzeren Ende der Sonnenallee 16, 177
T. Aitmatow: Dshamilja 20, 21
A. Goeb: Er war sechzehn, als man ihn hängte 152
I. Drewitz: Gestern war Heute 164
Chr. Kracht: Faserland 178
A. Huxley: Schöne neue Welt 202
A. Solschenizyn: Ein Tag im Leben des Iwan Denissowitsch 230
J. Zeh: Spieltrieb 234

Schülertexte
Schülertexte 37
Auszüge aus der Gedichtinterpretation … 41
Erfahrungsberichte 123
Auszüge aus den Schülerberichten über das Sozialpraktikum 274

Stilübung
Nach R. Queneau: Stilübungen 24

Zeitungsartikel
R. Sander: Mail-Missgeschicke 86
Handy: 380 000 SMS-Süchtige in Deutschland 87
S. Stillich: Happy Birthday, WWW! 96
K. Bromberger / C. Möllers: Schüler und Lehrer in Todesangst 232
B. Graff: Die Verdoomung der Republik 236
I. Butters: Die Flucht aus der Klinik 267
N. v. Hardenberg: Von der Software bis zum Schweißbrenner 269
J. Raupp: Herr Wunderlich geht ins Gefängnis 277
Geist ist geil 327

Geschichten

WERKSTATT: GESCHICHTEN

Geschehen zu Geschichten machen

> Ich schreibe sehr viel, vor allem Tagebuch. Ich wüsste heute nicht, wie ich ohne zu schreiben leben könnte. Höchstwahrscheinlich würde ich platzen.
> *Dorothee*

> Schreiben ist für mich kein Ventil, sondern eine Kletterstange aus dem unübersichtlichen Gedankengewühl.
> *Iris*

Was ich fühle *Renate Anders*

Diesen Text hat die Autorin (geboren 1965) als Schülerin im Alter von 15 Jahren geschrieben.

Manchmal ist da so ein Gefühl, ein Gefühl, das mir so fremd und doch so bekannt ist. Dann muss ich ganz viel Luft holen und ich fühle mich plötzlich so stark, dass ich glaube, nichts wäre mir mehr zu schwer. Und ich möchte etwas ganz Besonderes tun, die ganze Welt befreien oder mich gegen die Ungerechtigkeit auflehnen. Aber dann, dann werde ich plötzlich ganz müde und traurig und ich möchte alles hinter mir lassen. Und ich merke, dass ich allein bin, dass ich niemanden befreien kann und auch nicht den Mut habe, mich gegen die Ungerechtigkeit aufzulehnen. Und ich weine, warte auf jemanden, der mich versteht, der tröstend seinen Arm um mich legt, und ich habe gleichzeitig Angst, jemand könnte erkennen, dass ich in Wirklichkeit gar nicht stark bin.

1. „Schreiben ist für mich …" Setze eine Metapher ein.
2. Vergleicht eure Vorstellungen.

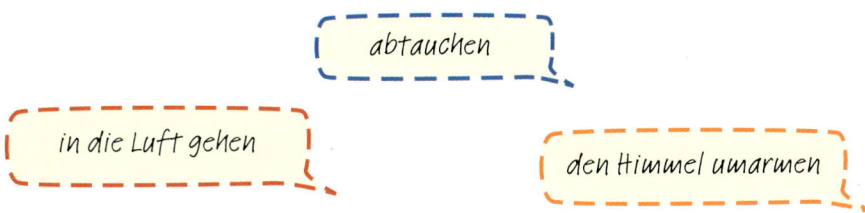

3. Schließe die Augen. Welches Gefühl nimmst du wahr? Versuche mit der Methode des automatischen Schreibens (siehe Info-Kasten), dieses Gefühl in Worte zu fassen.

Biografie eines lebendigen Tages   *Mario Wirz*

Von dem blauen U erzählen, dem ich jetzt folge, mit der U-Bahn in mein unverändertes Zimmer, mein Unabänderliches, in mein Unausweichliches. Nicht ersticken im Körperkäfig, nicht aufschreien, Harmloses denken. Einatmen. Ausatmen. Nicht verrückt werden. Durch die Gesichtsmauer springen, ins Freie, in
5 etwas Mögliches. Irgendetwas sagen, mit einem Wort den Fluch bannen, die Versteinerten erlösen. Irgendetwas tun, jetzt, sofort, den Turnschuhen das Buch aus der Hand schlagen, der Flanellhose die Zeitung vom Gesicht reißen, dem gestreiften Hemd den Walkman wegnehmen. […] Jetzt verliere ich mich in meiner Erschöpfung. Große, stille Landschaft. Dem Schicksal, das mir blüht, wachse ich
10 entgegen. Leise und geduldig.

4. Überlege, welchem Schreibimpuls der Autor in diesem Textauszug seines Romans gefolgt sein könnte, und begründe deine Vermutung.
5. Beschreibe ausgehend von einem Erinnerungsgegenstand eine eigene Erfahrung.

INFO Automatisches Schreiben

Mit geschlossenen Augen lässt man mehrere Minuten lang einen vorgegebenen Impuls (ein Stichwort, Bild o. Ä.) wirken und schreibt dann alles auf, was einem durch den Kopf geht (Wörter, Satzfetzen, Wiederholungen, Vergleiche usw.) – ganz gleich, ob die Gedanken zusammenpassen. Wenn der Schreibfluss ins Stocken gerät, schreibt man das letzte Wort immer wieder neu oder zeichnet Wellenlinien, bis der Gedankenstrom wieder einsetzt.

Das schönste Mädchen   *Peter Stamm*

Peter Stamm, 1963 geboren, lebt in Zürich und Winterthur. Seit 1990 ist er freier Autor und Journalist und verfasst Romane und Erzählungen. Das Schreiben ist für Stamm eine Beschäftigung, die ihn nie langweilt und die ihn immer herausfordert.

Nach fünf milden und sonnigen Tagen auf der Insel zogen Wolken auf. In der Nacht regnete es, und am nächsten Morgen war es zehn Grad kälter. Ich ging über den Rif, eine riesige Sandebene im Südwesten, die nicht mehr Land und noch nicht Meer ist. Ich konnte nicht sehen, wo das Wasser begann, aber es war mir, als sähe ich die Krümmung der Erde. Manchmal kreuzte ich die Spur eines anderen Wanderers. Weit und breit war kein Mensch zu sehen. Nur hier und da lag ein Haufen Tang oder ragte ein schwarzer, vom Meerwasser zerfressener Holzpfahl aus dem Boden. Irgendwo hatte jemand mit bloßen Füßen ein Wort in den feuchten Sand gestampft. Ich ging um die Schrift herum und las „ALIEN".

In der Ferne hörte ich das Fährschiff, das in einer halben Stunde anlegen würde. Es war mir, als hörte ich das monotone Vibrieren mit meinem ganzen Körper. Dann begann es zu regnen, leicht und unsichtbar, ein Sprühregen, der sich wie eine Wolke um mich legte. Ich kehrte um und ging zurück.

Ich war der einzige Gast in der Pension. Wyb Jan saß mit Anneke, seiner Freundin, in der Stube und trank Tee. Der Raum war voller Schiffsmodelle, Wyb Jans' Vater war Kapitän gewesen. Anneke fragte, ob ich eine Tasse Tee mit ihnen trinken wolle. Ich erzählte ihnen von der Schrift im Sand.

„Alien", sagte ich, „genauso habe ich mich gefühlt auf dem Rif. Fremd, als habe die Erde mich abgestoßen." Wab Jan lachte, und Anneke sagte: „Alien ist ein holländischer Frauenname. Alien Post ist das schönste Mädchen der Insel."

„Du bist das schönste Mädchen der Insel", sagte Wyb Jan zu Anneke und küsste sie. Dann klopfte er mir auf die Schulter und sagte: „Bei diesem Wetter ist es besser, zu Hause zu bleiben. Draußen verliert man leicht den Verstand."

Er ging in die Küche, um eine Tasse für mich zu holen. Als er zurückkam, machte er Licht und sagte: „Ich werde dir einen Elektroofen ins Zimmer stellen."

„Ich möchte wissen, wer das geschrieben hat", sagte Anneke. „Meinst du, Alien hat endlich einen Freund gefunden?"

1. Beschreibe die Situation, die den Erzähler zu seiner Geschichte angeregt hat.
2. Unterscheide die Reaktionen der Personen. Wie hättest du an Stelle des Erzählers reagiert? Schreibe die Geschichte entsprechend um.

Der Tunnel* *Friedrich Dürrenmatt*

*Text in alter Rechtschreibung

Ein Vierundzwanzigjähriger, fett, damit das Schreckliche hinter den Kulissen, welches er sah (das war seine Fähigkeit, vielleicht seine einzige), nicht allzu nah an ihn herankomme, der es liebte, die Löcher in seinem Fleisch, da doch gerade durch sie das Ungeheuerliche hereinströmen konnte, zu verstopfen, derart, daß er Zigarren rauchte (Ormond-Brasil 10) und über seiner Brille eine zweite trug, eine Sonnenbrille, und in den Ohren Wattebüschel: Dieser junge Mann, noch von seinen Eltern abhängig und mit nebulosen Studien auf einer Universität beschäftigt, die mit einer zweistündigen Bahnfahrt zu erreichen war, stieg eines Sonntagnachmittags in den gewohnten Zug, Abfahrt siebzehnuhrfünfzig, Ankunft neunzehnuhrsiebenundzwanzig, um anderntags ein Seminar zu besuchen, das zu schwänzen er schon entschlossen war. Die Sonne schien an einem wolkenlosen Himmel, als er seinen Wohnort verließ. Es war Sommer. Der Zug hatte sich zwischen den Alpen und dem Jura fortzubewegen, an reichen Dörfern und kleineren Städten vorbei, später an einem Fluß entlang, und tauchte denn auch nach noch nicht ganz zwanzig Minuten Fahrt, gerade nach Burgdorf, in einen kleinen Tunnel. Der Zug war überfüllt. Der Vierundzwanzigjährige war vorne eingestiegen und hatte sich mühsam nach hinten durchgearbeitet, schwitzend und einen leicht vertrottelten Eindruck erweckend. Die Reisenden saßen dicht gedrängt, viele auf Koffern, auch die Coupés zweiter Klasse waren besetzt, nur die erste Klasse schwach belegt. Als sich der junge Mann endlich durch das Wirrwarr der Familien, Rekruten, Studenten und Liebespaare gekämpft hatte, bald, vom Zug hin und her geschleudert, gegen diesen fallend und bald gegen jenen, gegen Bäuche und Brüste torkelnd, fand er im hintersten Wagen Platz, so viel sogar, daß er in diesem Abteil der dritten Klasse – in der es sonst Wagen mit Coupés selten gibt – eine ganze Bank für sich alleine hatte: Im geschlossenen Raume saß ihm einer gegenüber, noch dicker als er, der mit sich selber Schach spielte, und in der Ecke der gleichen Bank, gegen den Korridor zu, ein rothaariges Mädchen, das einen Roman las. So saß er schon am Fenster und hatte eben eine Osmond Brasil 10 in Brand gesteckt, als der Tunnel kam, der ihm länger als sonst zu dauern schien ...

3. Entwickelt in Gruppen aus dem Erzählanfang eine Geschichte. Greift einige Textsignale, die euch besonders wichtig erscheinen, heraus.
4. Lest die Erzählung von Dürrenmatt. Klärt den Spannungsaufbau der Geschichte und diskutiert die Wirkung des Schlusses.

Erzählbausteine untersuchen

Am kürzeren Ende der Sonnenallee Thomas Brussig

Thomas Brussig, 1965 in Berlin geboren, arbeitete zunächst als Museumspförtner oder Reiseleiter, bevor er ab 1995 freiberuflicher Schriftsteller wurde. Er erhielt für „Sonnenallee" zusammen mit Leander Haussmann 1999 den Drehbuchpreis der Bundesregierung.

Von 1948 bis 1989 war Deutschland geteilt in die Bundesrepublik Deutschland und die Deutsche Demokratische Republik. Auf der Potsdamer Konferenz beschlossen die Siegermächte Russland, USA und Großbritannien die Aufteilung des Deutschen Reichs. Die Grenze gehörte fortan zum so genannten Eisernen Vorhang zwischen dem mit den USA verbündeten kapitalistischen Westen und dem sozialistischen Osten Europas unter der Vorherrschaft der UdSSR.

Es gibt im Leben zahllose Gelegenheiten, die eigene Adresse preiszugeben, und Michael Kuppisch, der in Berlin in der Sonnenallee wohnte, erlebte immer wieder, dass die Sonnenallee friedfertige, ja sogar sentimentale Regungen auszulösen vermochte. Nach Michael Kuppischs Erfahrung wirkt die Sonnenallee gerade in unsicheren Momenten und sogar in gespannten Situationen. Selbst feindselige Sachsen wurden fast immer freundlich, wenn sie erfuhren, dass sie es mit einem Berliner zu tun hatten, der in der Sonnenallee wohnt. Michael Kuppisch konnte sich gut vorstellen, dass auch auf der Potsdamer Konferenz im Sommer 1945, als Josef Stalin, Harry S. Truman und Winston Churchill die ehemalige Reichshauptstadt in Sektoren aufteilten, die Erwähnung der Sonnenallee etwas bewirkte. Vor allem bei Stalin; Diktatoren und Despoten sind bekanntlich prädestiniert dafür, poetischem Raunen anheim zu fallen. Die Straße mit dem so schönen Namen Sonnenallee wollte Stalin nicht den Amerikanern überlassen, zumindest nicht ganz. So hat er bei Harry S. Truman einen Anspruch auf die Sonnenallee erhoben – den der natürlich abwies. Doch Stalin ließ nicht locker, und schnell drohte es handgreiflich zu werden. Als sich Stalins und Trumans Nasenspitzen fast berührten, drängte sich der britische Premier dazwischen und trat selbst vor die Berlin-Karte. Er sah auf den ersten Blick, dass die Sonnenallee über vier Kilometer lang ist. Churchill stand traditionell auf Seiten der Amerikaner, und jeder im Raum hielt es für ausgeschlossen, dass er Stalin die Sonnenallee zusprechen würde. Und wie man Churchill kannte, würde er an seiner Zigarre ziehen, einen Moment nachdenken, dann den Rauch ausblasen, den Kopf schütteln und zum nächsten Verhandlungspunkt übergehen. Doch als Churchill an seinem Stumpen zog, bemerkte er zu seinem Missvergnügen, dass der schon wieder kalt war. Stalin war so zuvorkommend, ihm Feuer zu geben, und während Churchill seinen ersten Zug auskostete und sich über die Berlin-Karte beugte, überlegte er, wie sich Stalins Geste adäquat erwidern ließe. Als Churchill den Rauch wieder ausblies, gab er Stalin einen Zipfel von sechzig Metern Sonnenallee und wechselte das Thema.

So muss es gewesen sein, dachte Michael Kuppisch. Wie sonst konnte eine so lange Straße so kurz vor dem Ende noch geteilt worden sein? Und manchmal

dachte er auch: Wenn der blöde Churchill auf seine Zigarre aufgepasst hätte, würden wir heute im Westen leben.

Michael Kuppisch suchte immer nach Erklärungen, denn viel zu oft sah er
35 sich mit Dingen konfrontiert, die ihm nicht normal vorkamen. Dass er in einer Straße wohnte, deren niedrigste Hausnummer die 379 war – darüber konnte er sich immer wieder wundern. Genauso wenig gewöhnte er sich an die *tägliche Demütigung*, die darin bestand, mit Hohnlachen vom Aussichtsturm auf der Westseite begrüßt zu werden, wenn er aus seinem Haus trat – ganze Schulklas-
40 sen johlten, pfiffen und riefen „Guckt mal, 'n echter Zoni!" oder „Zoni, mach mal winke, winke, wir woll'n dich knipsen!" Aber all diese Absonderlichkeiten waren nichts gegen die schier unglaubliche Erfahrung, dass sein erster Liebesbrief vom Wind in den Todesstreifen getragen wurde und dort liegen blieb – bevor er ihn gelesen hatte.

> Die Fortsetzung dieses Ausschnitts findet ihr auf S. 177.

1. Recherchiert die besondere Situation Berlins vor dem Fall der Mauer (Tagesgeld, Berliner Mauer).
2. Formuliert in Bezug auf diese Ort- und Zeitbesonderheiten eure Erwartungen an die Handlung.
3. Stellt Bildmaterial zu Orten für Geschichten zusammen (Fotos/Postkarten/Zeichnungen).
   Überlegt Themen und Probleme, um die es in den Geschichten gehen könnte: Liebe, Abenteuer, Verbrechen, usw.

Hugo *Peter Bichsel*

Peter Bichsel, 1935 in Luzern geboren, war zunächst als Lehrer tätig, bevor er zu schreiben begann. Er ist besonders für seine Kurzgeschichten und Kolumnen bekannt.

Habe ich Ihnen schon erzählt, wie still und leise man mit ihm trinken konnte? Habe ich Ihnen schon erzählt, dass er trotzdem morgens um zwei seinen Kopf, seinen runden Sonnenkopf, hob und Nein sagte? Habe ich Ihnen schon erzählt, dass ich ihn im Verdacht hatte, dass er Mundharmonika spielen konnte, nämlich Schwyzerörgeli, was ein besonders schwer zu spielendes Instrument ist, das, so klein es auch ist, erstaunlich laut Traurigkeit in die Welt hinaus orgelt?

Sollte ich Ihnen das wirklich erzählt haben, vergessen Sie es. Es ist nicht wahr. Aber seit er tot ist, erfinde ich Geschichten, das ist mein gutes Recht. Doch sanft und leise wie mit keinem anderen konnte man mit ihm trinken, und einen roten runden Sonnenkopf hatte er auch, und ab und zu – morgens um zwei – hob er seinen Sonnenkopf und sagte leise und trotzig Nein.

Doch seine Geschichte ist eine andere.

Er hatte einen Vater, der zur Welt gehörte, der ab und zu heimkam in die Wohnung, wo sie wohnten, aber er gehörte zur Welt, betrieb Import und Export und erzählte am Stammtisch davon. Er hatte eine blinde Tante, die ihm das „Heidi" von Johanna Spyri vorlas, mit ihren Fingern über die Brailleschrift glitt und mit ihren leeren Augen zur Decke schaute. Und er saß da und kicherte in sich hinein, ganz still, sodass sie es nicht hören konnte, und so wurde er leise, und so kriegte er seinen Sonnenkopf, der still in sich hineinlachte.

[...]

Doch seine Geschichte ist eine andere.

Er wurde, als er aus der Schule kam, ins Engadin geschickt, um das Arbeiten zu lernen – nicht einen Beruf, nur das Arbeiten, und er putzte Schuhe in einem Hotel.

Und so schlimm war das nicht, wenn auch der Portier ihn quälte, denn es gab einen Koch, der ihn mochte und mit dem er sich über John Kling unterhalten konnte. Aber so eine Uniform mit einer Käseschachtel auf dem Kopf, wie sich

das die zu Hause in Sursee vorgestellt haben mochten, so eine Uniform hatte er nicht. Er wusste auch nicht recht, was das ist, ein Laborant. Aber er las ein Inserat, dass man das lernen könne in Basel und dass man dort eine Prüfung machen könne, und er setzte sich nachts auf ein gestohlenes Fahrrad und fuhr Richtung Basel.

[...]

Doch seine Geschichte ist eine andere.

Habe ich Ihnen schon erzählt, wie still und leise man mit ihm trinken konnte? Und ich will Ihnen selbstverständlich auch nicht verschweigen, dass aus ihm – selbstverständlich – etwas geworden ist. Denn das ist eine Geschichte und in Geschichten wird man etwas.

Er könnte zum Beispiel nach seiner Lehre – vier Jahre – die Matura nachgeholt haben, in einem katholischen Internat, er könnte eine Leidenschaft für die uralten Bücher in Pergament entwickelt und dabei an seine Tante gedacht haben, die blinde. Er könnte Fußballschiedsrichter geworden sein, ein Spiel zwischen Real Madrid und dem Hamburger Sportverein geleitet haben, für ein umstrittenes Tor in die Schlagzeilen gekommen sein, oder er könnte nach seiner Lehre nichts anderes mehr getan haben als Fremdsprachen gelernt, Albanisch und Kurdisch und Aramäisch, Haussa und Altslawisch, Gälisch und Katalanisch – Französisch nicht.

Doch seine Geschichte ist das nicht.

Es ist meine Geschichte, ich habe ihn überlebt, und ich sitze jetzt allein in der Kneipe und vermisse in der Stille und im Lärm seine Stille.

Was aus ihm geworden ist? Ein toter Mann, und ich stand an seinem Grab und dachte mir, da unten liegt es, sein Albanisch und sein Gälisch.

Da unten liegt sie, seine Stille, und vermodert.

1. Bestimme die **Erzählperspektive** und finde dafür kennzeichnende sprachliche Erzählmerkmale.
2. Kläre, was der Erzähler von Hugo real weiß, und verfasse einen knappen Bericht.
3. Schreibe eine fiktionale Geschichte über Hugo. Probiere verschiedene Erzählperspektiven.

Erzählperspektive
→ S. 27

INFO Person und literarische Figur

Der lateinische Begriff persona bedeutet Maske und meint somit nicht das Eigentliche, sondern etwas Vorgetäuschtes. Heute bezeichnet man mit dem Wort Person den Menschen als individuelles Wesen. Die Beschäftigung mit interessanten, real existierenden Personen kann für einen Autor ein wesentlicher Impuls sein, fiktionale (lat. erdachte) Figuren mit ähnlichen Charakterzügen für Geschichten zu „erfinden".

Dshamilja *Tschingis Aitmatow*

Tschingis Aitmatow, 1928 in einem Dorf in Kirgisien geboren, schrieb 1958 seine Erzählung „Dshamilja", die ihm Weltruhm einbrachte. Aitmatow erhielt für seine Romane und Erzählungen viele Preise, u. a. den Österreichischen Staatspreis für Europäische Literatur (1993).

Da stehe ich nun wieder vor dem kleinen Bild mit dem schlichten Rahmen. Morgen früh muss ich in den Ail fahren – ich betrachte es lange und unverwandt, als könnte es mir ein gutes Geleit geben.

Ich habe dieses Bild noch nie auf einer Ausstellung gezeigt, ja, ich verberge es, wenn Verwandte aus dem Ail zu mir kommen. Es stellt nichts Anstößiges dar, aber es ist alles andere als ein Kunstwerk. Schlicht und einfach ist es wie die Landschaft, die es wiedergibt.

Den Hintergrund bildet der sich neigende fahle Herbsthimmel. Der Wind treibt rasch dahin eilende scheckige Wölkchen über eine ferne Gebirgskette. Davor wogt die mit Wermut bewachsene rotbraune Steppe. Eine Straße, noch schwarz und feucht vom letzten Regen, durchzieht sie. Zu ihren Seiten liegt in dichten Büscheln verdorrtes umgeknicktes Steppengras. Der ausgewaschenen Räderspur folgen, je weiter, desto verschwommener, die Fußstapfen zweier Wanderer. Die beiden Fußgänger selbst scheinen nur noch einen Schritt machen zu müssen, um hinter dem Rahmen zu verschwinden. Der eine von ihnen ... Doch ich greife vor ...

1. Skizziere mit Bleistift das beschriebene Bild. Wer sind deiner spontanen Vorstellung nach die beiden Wanderer, deren Fußstapfen zu sehen sind?
2. Vergleicht eure Ideen und entwickelt einen Handlungsplot für eine Liebesgeschichte.

INFO Handlungsplot

Mit Plot bezeichnet man den Zusammenhang zwischen den in einer Erzählung, einem Theaterstück oder einem Film dargestellten Ereignissen und ihrem Ende. Der Plot kann als ein Handlungsmuster für verschiedene Erzählvarianten verstanden werden, so sind z. B. bekannte Grundmuster
- die Jagd (jemand wird unaufhörlich verfolgt)
- die Romanze (zwei Menschen sind füreinander bestimmt, werden getrennt und finden schließlich zusammen oder bleiben ewig getrennt)
- das Abenteuer (ein Held führt ein Vorhaben trotz Widerständen aus).

Danijar und Dshamilja

[...] Fern über den Bergen rollte der Donner. Einen Augenblick lang stand Dshamiljas Profil im Licht eines Blitzes. Sie sah sich um und warf sich an Danijars Brust. Ihre Schultern zuckten in seinen Armen. Dann legte sie sich neben ihn ins Stroh.

Ein heftiger, sengender Wind fegte aus der Steppe herüber. Er wirbelte das Stroh auf, rüttelte an der Jurte, die am Rand der Dreschtenne stand, und tanzte wie ein schiefer Kreisel über den Weg. Wieder zuckten in den Wolken die blauen Blitze, und nun krachte ganz in unserer Nähe mit trockenem Knall auch der Donner. Es war unheimlich und großartig zugleich. Das Gewitter zog heran, das letzte Sommergewitter.

„Hast du wirklich gedacht, ich gebe dich seinetwegen her?", flüsterte Dshamilja inbrünstig. „Nein, niemals! Er hat mich nie geliebt. In seinen Briefen schreibt er nur ganz zum Schluss an mich. Ich brauche ihn nicht mit seiner verspäteten Liebe, sollen die Leute reden, was sie wollen! Du mein Lieber, Einsamer, ich gebe dich niemand! Ich liebe dich seit langem, schon als ich dich noch gar nicht kannte, liebte ich dich; ich habe auf dich gewartet, und du bist gekommen, als hättest du es gewusst." Einer nach dem anderen fuhren die gezackten blauen Blitze hinter der Uferböschung in den Fluss. Die ersten schräg einfallenden, kühlen Regentropfen raschelten auf dem Stroh.

„Dshamiljam, liebe, traute Dshamaltai!", flüsterte Danijar. Er gab ihr die zärtlichsten kasachischen und kirgisischen Kosenamen. „Ich liebe dich auch schon lange; in den Schützengräben habe ich von dir geträumt, ich wusste, dass meine Liebe zur Heimat die Liebe zu dir war, meine Dshamilja!"

„Dreh dich um, lass mich deine Augen sehen!"

Das Gewitter entlud sich. Ein von der Jurte losgerissenes Stück Schafwollfilz flatterte im Wind wie der Flügel eines verwundeten Vogels. Stürmische Böen trieben den Regen prasselnd auf die Erde; es sah aus, als küsse er sie. Schräg über uns krachten mächtige Donnerschläge, die am Himmel rollend nachhallten. Bei jedem Aufzucken erglühten die Berge wie ein Tulpenfeld im Frühling. Wütend heulte der Sturm.

Es goss in Strömen. Ich lag ins Stroh eingegraben und fühlte unter meiner Hand das Herz schlagen. Ich war glücklich. Mir war zumute, als sähe ich nach langer Krankheit zum ersten Mal wieder die Sonne. Der Regen und auch das Leuchten der Blitze drangen bis zu mir unters Stroh, doch ich fühlte mich wohl; ich schlief lächelnd ein, ohne recht zu begreifen, ob es das Flüstern Danijars und Dshamiljas oder das Rascheln des nachlassenden Regens war, was ich noch vernahm.

[...]

Bald begann der Steppenwind zu blasen, der Himmel wurde trübe und kalter Regen fiel, der Vorbote des Schnees. Da kam ein Tag, an dem das Wetter noch erträglich war, und ich ging zum Fluss, um mir die flammendroten Ebereschen am Ufer anzusehen, die mir so sehr gefielen. Ich setzte mich unweit der Furt unter Purpurweide. Der Abend sank hernieder. Da erblickte ich zwei Gestalten, die offenbar den Fluss durchwatet hatten. Es waren Danijar und Dshamilja. Ich vermochte den Blick nicht von ihren ernsten, erregten Gesichtern abzuwenden. Danijar trug einen Soldatensack auf dem Rücken; er strebte, das Bein nachziehend, hastig vorwärts, sodass sein offener Uniformmantel um die Schäfte seiner ausgetretenen Stiefel schlug. Dshamilja hatte einen weißen Schal um Kopf und Hals geschlungen; sie trug ihr bestes Kleid, das bunte, in dem sie sich an Markttagen so gern gezeigt hatte, und darüber eine gesteppte Wattejacke. In der einen Hand hielt sie ein kleines Bündel, mit der anderen klammerte sie sich an den Tragriemen, der über Danijars Schulter lief. Sie sprachen miteinander. Jetzt bogen sie in einen Fußpfad ein, der abseits vom Hauptweg durch dichtes Steppengras führte. Ich sah ihnen hilflos nach. Sollte ich rufen? Doch meine Zunge schien am Gaumen angetrocknet zu sein.

Die letzten blutroten Strahlen der Sonne glitten am Gebirgskamm über eine rasch dahinziehende Herde scheckiger Wolken, und mit einem Mal wurde es dunkel. Danijar und Dshamilja wanderten, ohne sich umzusehen, in Richtung auf die Ausweichstelle der Eisenbahn weiter. Zweimal tauchten ihre Köpfe noch über dem Dickicht des Steppengrases auf, dann waren sie verschwunden.

„Dshamiljaaa!", schrie ich, was meine Stimme hergab.

„-aaa!", antwortete das Echo.

„Dshamiljaaa!", rief ich noch einmal und stürzte den beiden wie von Sinnen mitten durch den Fluss nach.

Eiskaltes Wasser spritzte mir ins Gesicht, meine Kleider wurden nass und schwer, doch ich lief weiter, ohne auf den Weg zu achten, bis ich über etwas stolperte und mit aller Wucht lang hinschlug. Ich blieb liegen, ohne den Kopf zu heben. Tränen rannen über mein Gesicht. Die Dunkelheit schien sich schwer auf meine Schultern zu senken. In feinem, traurigem Ton pfiff der Wind durch die biegsamen Halme des Steppengrases.

„Dshamilja! Dshamilja!", schluchzte ich, an den Tränen fast erstickend. Ich verlor die Menschen, die mir am liebsten waren, mir am nächsten standen. Und erst jetzt, als ich verzweifelt auf der Erde lag, begriff ich, dass ich Dshamilja liebte. Ja, sie war meine erste, noch kindliche Liebe gewesen. [...]

Es ist nicht schwer zu erraten, dass dieses Bild Danijar und Dshamilja zeigt. Sie wandern auf einem herbstlichen Steppenweg dahin. Vor ihnen liegt die weite, lichte Ferne.

Wenn mein Bild auch nicht vollendet ist – zur Meisterschaft führt ein langer Weg –, so liebe ich es doch über alles, denn es ist die Frucht meiner ersten bewussten schöpferischen Unruhe.

Auch heute habe ich noch Misserfolge, auch heute gibt es Augenblicke, in denen ich den Glauben an mich selbst verliere. Dann zieht es mich zu diesem lieben Bild, zu Danijar und Dshamilja. Lange sehe ich sie an, und ich unterhalte mich mit ihnen: „Wo seid ihr jetzt, auf welchen Straßen wandert ihr? Viele neue Wege gibt es jetzt bei uns in der Steppe, in Kasachstan, im Altaigebirge, in Sibirien! Viele kühne Menschen arbeiten dort. Vielleicht seid auch ihr unter ihnen! Du bist fortgegangen, meine Dshamilja, durch die weite Steppe, und hast nicht zurückgeblickt. Vielleicht bist du müde geworden, vielleicht hast du den Glauben an dich verloren. Lehn dich an Danijar! Er soll dir sein Lied von der Liebe, der Erde und dem Leben singen! Lass die Steppe in all ihren Farben vor dir erblühen! Denk an jene Augustnacht! Geh vorwärts, Dshamilja, bereue nichts, du hast dein schweres Glück gefunden!"

Ich betrachte die beiden und höre Danijars Stimme. Er ruft auch mich auf den Weg – es ist Zeit aufzubrechen. Ich werde durch die Steppe in meinen Ail gehen und dort neue Farben finden.

In jedem Pinselstrich soll der Gesang Danijars ertönen! In jedem das Herz Dshamiljas schlagen!

3. Rekonstruiere aus den Erzählausschnitten den Handlungsplot der Erzählung. Vergleiche ihn mit deiner Ausgangsidee.

> Die Geschichte spielt 1943 in einem kleinen Ort im Altaigebirge. Die Figuren leben fest eingebunden in die Lebensform der Großfamilie. Danijar ist als verwundeter, fremder Soldat im Dorf aufgenommen worden. Dshamiljas Ehemann liegt während der Zeit der Handlung in einem Soldatenlager.

4. Überlegt, wie wichtig diese Vorgaben zum Verständnis der Handlung sind.
5. Der Erzähler schildert eine Erfahrung, die er als 15-Jähriger gemacht hat. Wie strukturiert er die erzählte Zeit?

INFO Zeitstrukturen

Es gibt verschiedene Möglichkeiten, die **erzählte Zeit,** also den Zeitraum, über den sich die Geschichte erstreckt, zu strukturieren. Die Erzählung kann
- **chronologisch**
- mit **Rückblenden**
- mit **Vorausblenden**
- oder in **montierten Ausschnitten** erzählt werden.

erzählte Zeit → S. 27

Erzählformen untersuchen

Stilübungen *nach Raymond Queneau*

Angaben
Im Autobus der Linie S, zur Hauptverkehrszeit. Ein Kerl von etwa sechsundzwanzig Jahren, weicher Hut mit Kordel an Stelle des Bandes, zu langer Hals, als hätte man daran gezogen. Leute steigen aus. Der in Frage stehende Kerl ist über seinen Nachbarn erbost. Er wirft ihm vor, ihn jedesmal, wenn jemand vorbeikommt, anzurempeln. Weinerlicher Ton, der bösartig klingen soll. Als er einen leeren Platz sieht, stürzt er sich darauf.

Zwei Stunden später sehe ich ihn an der Gare de Rome, vor der Gare Saint-Lazare, wieder. Er ist mit einem Kameraden zusammen, der zu ihm sagt: „Du solltest dir noch einen Knopf an deinen Überzieher nähen lassen." Er zeigt ihm wo (am Ausschnitt) und warum.

Erzählung
Eines Tages gegen Mittag erblickte ich in der Gegend des Parc Monceau auf der hinteren Plattform eines fast besetzten Autobusses der Linie S (heute 84) eine Person mit sehr langem Hals, die einen mit geflochtener Kordel anstelle eines Bandes umrandeten weichen Filzhut trug. Dieses Individuum stellte sich plötzlich seinen Nachbarn zur Rede, indem es behauptete, dass er ihm jedes Mal, wenn Fahrgäste ein- oder ausstiegen, absichtlich auf die Füße trete. Es gab den Wortwechsel übrigens schnell auf, um sich auf einen frei gewordenen Platz zu stürzen.

Zwei Stunden später sah ich es vor der Gare Saint-Lazare in eifriger Unterhaltung mit einem Freunde wieder, der ihm riet, den Ausschnitt seines Überziehers zu verkleinern, indem es den obersten Knopf von irgendeinem zuständigen Schneider höher setzen lassen sollte.

Rückwärts
Du solltest noch einen Knopf an deinen Überzieher nähen, sagte sein Freund zu ihm. Ich traf ihn mitten auf der Cour de Rome, nachdem ich ihn, sich gierig auf einen Sitzplatz stürzend, zurückgelassen hatte. Er hatte gerade gegen die Knüffe eines anderen Fahrgastes protestiert, der, sagte er, ihn jedes Mal anstieß, wenn jemand ausstieg. Dieser abgezehrte junge Mann war Träger eines lächerlichen Hutes. Dies geschah heute Mittag auf der Plattform eines vollbesetzten S.

Die subjektive Seite
Ich war gar nicht so unzufrieden mit meiner Kleidung, an diesem Tag heute. Ich weihte einen neuen, recht kecken Hut ein und einen Überzieher, von dem ich wirklich nur das Beste dachte. Vor der Gare Saint-Lazare X getroffen, der es

darauf anlegt, mir den Spaß zu verderben, indem er mir zu beweisen suchte, dass dieser Überzieher zu weit ausgeschnitten sei und dass ich noch einen zusätzlichen Knopf daran anbringen sollte ...

Andere Subjektivität

Im Autobus – auf der Plattform – stand heute eine dieser Rotznasen neben mir, wie sie zum Glück nicht mehr fabriziert werden, sonst würde ich am Ende noch eine davon umbringen. Diese jedenfalls, ein Bengel von sechsundzwanzig, dreißig Jahren, regte mich ganz besonders auf, weniger wegen ihres großen, gerupften Truthahnhalses als wegen der Beschaffenheit ihres Hutbandes ...

Beiseite Gesprochenes

Der Autobus kam an, vollgestopft mit Fahrgästen. HOFFENTLICH VERPASSE ICH IHN NICHT; DA IST JA NOCH EIN SITZPLATZ FÜR MICH. Einer von ihnen ER HAT NE ULKIGE BIRNE MIT SEINEM MASSLOSEN HALS trug einen weichen Filzhut mit einer Art Kordel anstelle des Bandes WIE ANGEBERISCH DAS AUSSIEHT und begann plötzlich WAS HAT ER DENN AUF EINMAL ...

Ungezwungen

Ich steige in den Bus.
„Ist das die Richtung Porte Champerret?"
„Sie können wohl nicht lesen?"
„Entschuldigung."
Er kurbelt meinen Fahrschein auf seinem Bauch ...

1. Analysiert die Erzählmerkmale der Texte. Klärt, was charakteristisch für den jeweiligen Stil ist. Ergänzt die unvollständigen Texte stilgemäß.
2. Verfasse den Text als SMS.
3. Wie verändern heutige Kommunikationsformen (Handy, E-Mail, Web-Site, Chatroom) den Erzählstil? Diskutiert darüber.

INFO Stil

Der Begriff Stil (lat. stilus = Griffel, Schreibweise) bezeichnet die Art des sprachlichen Ausdrucks. Jeder Stil hat charakteristische erzählerische Merkmale, die sowohl die individuelle Eigenart eines Schriftstellers als auch dessen Anlehnung an die literarischen Vorbilder seiner Zeit aufzeigt.

Eine Karrierefrau   *Sybille Berg*

Sybille Berg, 1962 in Weimar geboren, arbeitete zuerst als Lexikonverkäuferin, Puppenspielerin und Tierpräparatorin, bevor sie Autorin wurde. Sie schreibt u. a. für verschiedene Zeitungen wie Die Zeit, Stern oder Allegra. 1997 erschien ihr erster Roman „Ein paar Leute suchen das Glück und lachen sich tot".

Unter ihresgleichen sitzt die junge Frau, das Mädchen, sieht aus wie alle, nicht hässlich, was an Hübschem ist, durch unschöne Kleider verbaut, ein Gesicht und die Aussicht darauf durch Make-up verstellt. Wie alle. In ihrem Alter, mit ihrem Geld, mit ihrer Wichtigkeit. Zu wichtig für einen jungen Menschen, zu viele BusinessClass-Flüge, zu viel gesehen, zu viel möglich. Alles möglich. Ein Jahr aussteigen, ein Monat Beauty-Farm, ein Sprachkurs, ein Auto, ein Appartement. Immer Taxi fahren. Nichts mehr zum Erreichen. Nichts zum Hinwollen, wenn alles geht, man alles kennt. Was kommt nach Bass und Drum'. Nach Techno. Egal. Hauptsache schneller. Musikkanäle sind von gestern. Internet ist von gestern. Wenn Cyber endlich richtig funktionieren würde. Wenn doch was passieren würde. Zu den Eltern gehen, heißt essen. Sushis kennen sie auch schon. Die Eltern kennen alles, sind gegen nichts. Fanden Sven Väth gut, waren bei der Love Parade. Nichts geht mehr, wenn alles geht. Kati sieht um sich. Sie kennt alle in der Bar. Fernsehleute, Zeitungsleute, PR-Leute und viele aus der Musikbranche, alle Gehälter zusammen könnten Schwarzafrika retten. Die Langeweile zusammen könnte, in Wasser umgewandelt, die Erde überfluten. Alle existieren nur, wenn sie arbeiten, wenn sie eine Wichtigkeit haben, mit Millionen hantieren, im Flieger sitzen, vor dem Computer sitzen. Außerhalb dieses Rahmens fallen sie zu Gerippen zusammen, notdürftig von Designerlabeln gestützt. Schwatzen ins Leere über ihre Wichtigkeit. Wichtig ist nichts. War es mal oder hatten die Menschen früher nur mehr Zeit, sich Wichtigkeiten einzureden? Noch nicht einmal Lust auf Jungs. Die Fremden trifft Kati nicht und die ihresgleichen kennt sie so gut, dass ihr die Knie ganz schwer werden, ein Junge mit kurzen Haaren, mit T-Shirt und Oversize-Hosen, der so alt ist wie sie, etwas macht wie sie, 20 Stunden arbeitet, sonst in seiner Dachwohnung sitzt und unter seinen 1000 CDs wählt, der zu Raves geht, Pillen schluckt, der sagt, dass Theater out ist, nur noch Tarantino-Filme sieht oder Hongkong-Filme, der sagt, Geld sei nicht wichtig, aber Tausende für Essengehen ausgibt. Mit dem sie essen geht, in angesagte Läden, mit dem sie über Kinofilme redet, mit dem sie über ihresgleichen redet. […]

1. Klärt die für euch unbekannten Begriffe.
   Erschließt anhand der Textsignale, wann der Text verfasst worden ist.
2. Analysiere den Text im Hinblick auf die Darstellung der Personen.
   Orientiere dich an den Informationen des Info-Kastens.
3. Beschreibt die Karrierefrau aus verschiedenen Perspektiven:
   z. B. als Freund, als Elternteil, als Kati selbst (**innerer Monolog**).
   Diskutiert die Textunterschiede.

innerer Monolog → S. 27

INFO Erzähltexte analysieren

Was wird erzählt?
- Die erzählte Geschichte ist grundsätzlich fiktional, auch wenn Ort, Zeit und Personen reale Bezüge aufweisen.
- Die Handlung folgt oft bestimmten Grundmustern, den **Handlungsplots,** die vielseitig variierbar sind.

Handlungsplot → S. 20

Wer erzählt?
- Der Erzähler darf nicht mit dem Autor gleichgesetzt werden.
- Der Erzähler kann in der Er-Form oder in der Ich-Form erzählen. Als Ich-Erzähler ist der Erzähler zugleich erlebende und erzählende Person.

Wie wird erzählt?
- **Zeit**
  Man unterscheidet die Erzählzeit (Zeit, die man für das Erzählen bzw. Lesen einer Geschichte benötigt) und die erzählte Zeit (Zeitraum, über den sich die erzählte Handlung erstreckt).
  – Zeitdeckung: Erzählte Zeit und Erzählzeit sind weitgehend identisch.
  – Zeitraffung: Die Erzählzeit ist wesentlich kürzer als die erzählte Zeit.
  – Zeitdehnung: Die Erzählzeit ist länger als die erzählte Zeit (Zeitlupe).
- **Erzählperspektive**
  Man bezeichnet damit die Sicht, aus der erzählt wird.
  – auktorial: Der Erzähler weiß mehr als seine Figur. (Übersicht)
  – personal: Der Erzähler weiß genauso viel wie die Figur (Innensicht)
  – neutral: Der Erzähler weiß weniger über die Figur. (Außensicht)
- **Figurenrede**
  Man unterscheidet zwischen gesprochenen und gedachten Reden.
  Zu den gesprochenen Reden gehören
  – die direkte Rede
  – die indirekte Rede
  – die erlebte Rede (Gedankenwiedergabe in der 3. Pers., Indikativ, Präteritum).
  Zu den gedachten Reden gehören
  – die Gedankenrede
  – der innere Monolog (stummes Selbstgespräch in der Ich-Form, Präsens).
- **Erzählstil**
  Der Erzählstil lässt sich anhand der eingesetzten sprachlichen Mittel bestimmen. Der Stil ist z. B. sachlich beschreibend, metaphorisch, dialogisch, ironisch, reflektierend, appellativ.

Verschlüsselte Texte verstehen

Öffne deine eigene Schatzkammer *nach Zen*

Daiju besuchte den Meister Baso in China. Baso fragte: „Was suchst du?"
 „Erleuchtung", erwiderte Daiju.
 „Du hast deine eigene Schatzkammer. Warum suchst du außerhalb?", fragte Baso.
 Daiju erkundigte sich: „Wo ist meine Schatzkammer?"
 Baso antwortete: „Das, was du fragst, ist deine Schatzkammer."
 Daiju war erleuchtet! Danach empfahl er stets seinen Freunden: „Öffnet eure eigene Schatzkammer und benützt diese Schätze."

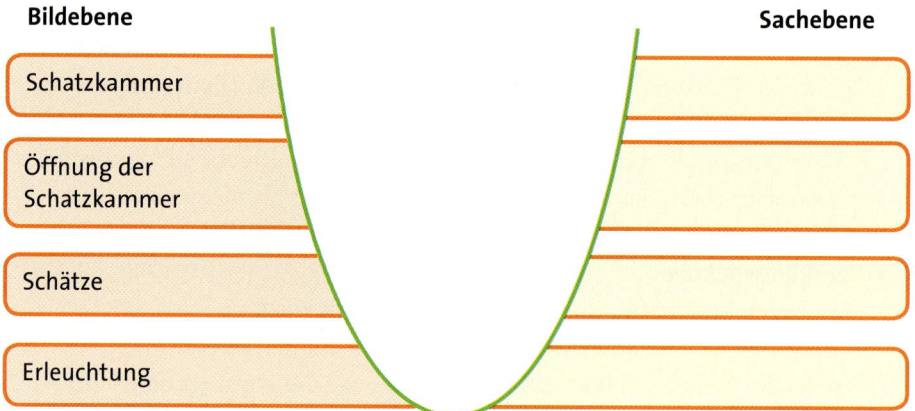

1. Finde für die genannten Bilder passende Entsprechungen auf der Sachebene.
2. Forme die bildhafte Überschrift in eine sachliche um.

INFO Verschlüsselte Texte

Verschlüsselte Texte können nicht wörtlich verstanden werden. Vielmehr müssen die „verschlüsselten" Botschaften (Sachebene) aus Bildern, Vergleichen oder beispielhaften Handlungen (Bildebene) erschlossen werden. Der Leser kann daraus Rückschlüsse auf eine allgemeine Erkenntnis oder Verhaltensregel ziehen.

Parabel des Menenius Agrippa   *Titus Livius*

Im 5. Jahrhundert vor Chr. kam es im Römischen Reich zu einem Streit zwischen der breiten bäuerlichen Bevölkerung (plebs) und den regierenden adligen Großgrundbesitzern (patres). Die Bauern verweigerten den Kriegsdienst und zogen auf einen der sieben Hügel Roms.

Ohne jeden Anführer, in einem durch Wall und Graben befestigten Lager, nichts sich holend als nur den täglichen Nahrungsbedarf, hielten sie sich dort ruhig mehrere Tage lang, weder herausgefordert noch herausfordernd.

In der Stadt herrschte ungeheurer Schrecken, gegenseitige Furcht ließ alles im Ungewissen schweben. Angst herrschte beim allein zurückgelassenen Teil der plebs vor Gewaltmaßnahmen der patres. Angst bei den patres vor der in der Stadt verbliebenen plebs, von der sie nicht wussten, ob sie bleiben oder gehen würde. Andererseits: Wie lange würde die Menge, die ausgezogen war, sich still verhalten? Schließlich: Was würde geschehen, wenn inzwischen irgendein auswärtiger Krieg ausbräche? Es gab nach ihrer Ansicht in der Tat keine Hoffnung als die Eintracht aller Bürger; sie musste um jeden Preis dem Staat zurückgewonnen werden.

Es wurde also beschlossen, einen Sprecher zur Plebs zu entsenden: Menenius Agrippa, einen guten Redner und, da er aus ihrer Mitte stammte, bei der plebs geschätzten Mann. Der hat, so die Überlieferung, nichts getan, als in altertümlicher, spröder Weise folgende Geschichte zu erzählen:

In jener Zeit, als im Menschen noch nicht alles in Einheit harmonisiert, sondern die einzelnen Glieder ein jedes seine eigenen Vorstellungen, seine eigene Stimme gehabt habe, hätten sich alle übrigen Teile entrüstet, dass durch ihre Fürsorge, ihre Arbeit und Dienstleistung alles dem Magen zuteil werde, der Magen aber in ihrer Mitte behaglich nichts tue, als die gebotenen Genüsse zu verzehren; daraufhin hätten sie sich verschworen: Die Hand solle dem Mund keine Nahrung zuführen, der Mund Gereichtes nicht annehmen, die Zähne Empfangenes nicht verarbeiten. Durch dieses Wüten seien, während sie doch den Magen durch Hunger bezwingen wollten, die Glieder und mit ihnen der ganze Körper selber schrecklich verfallen. Da habe sich gezeigt, dass auch der Magen einen nicht geringen Dienst leiste und dass er Nahrung nicht so sehr nehme als gebe: indem er an alle Teile des Körpers austeile, was uns Leben und Kraft gibt: das gleichmäßig auf die Adern verteilte, aus der verdauten Nahrung zubereitete Blut.

Hieraus habe Menenius einen Vergleich gezogen, wie der innere Aufruhr im Körper dem Wüten der plebs gegen die patres gleiche, und so die Leute umgestimmt. Daraufhin begannen Verhandlungen über eine Einigung.

Die Ratte in der Bildsäule
Johann Gottfried Herder

Hoan-Kong fragte einst seinen Minister, den Koang-Tschong, wofür man sich wohl in einem Staat am meisten fürchten müsse. Koang-Tschong antwortete: „Prinz, nach meiner Einsicht hat man nichts mehr zu fürchten, als was man nennet: die Ratte in der Bildsäule." Hoan-Kong verstand diese Vergleichung nicht; Koang-Tschong erklärte sie ihm also: „Ihr wisset, Prinz, dass man an vielen Orten dem Geiste des Orts Bildsäulen aufzurichten pflegt, diese hölzernen Statuen sind inwendig hohl und von außen bemalet. Eine Ratte hatte sich in eine hineingearbeitet, und man wusste nicht, wie man sie verjagen sollte. Feuer dabei zu gebrauchen, getrauete man sich nicht, aus Furcht, dass solches das Holz der Statue angreife; die Bildsäule ins Wasser zu setzen, getrauete man sich auch nicht, aus Furcht, man möchte die Farben an ihr auslöschen. Und so bedeckte und beschützte die Ehrerbietung, die man vor der Bildsäule hatte, die – Ratte." „Und wer sind die Ratten im Staat?", fragte Hoan-Kong. „Leute", sprach der Minister, „die weder Verdienst noch Tugend haben und gleichwohl die Gunst des Fürsten genießen. Sie verderben alles; man siehet es und seufzet darüber; man weiß aber nicht, wie man sie angreifen, wie man ihnen beikommen soll. Sie sind die Ratten in der Bildsäule."

1. Informiert euch über den historischen Kontext der beiden Parabeln und deutet die Bilder entsprechend.
2. Überlegt euch Gründe, warum die Autoren ihre Botschaften verschlüsselt haben.

INFO Kontext

Der Begriff Kontext bezeichnet die Ideen, Sinngehalte, Situationen, politischen Ereignisse, Lebensverhältnisse usw., auf die die Aussagen eines Textes Bezug nehmen. Sie entsprechen der historischen Zeit, in der der Text entstanden ist und aus der heraus er verstanden werden soll.

INFO Parabel

Der Begriff Parabel geht auf das griechische Wort „parabole" zurück, das sich aus der Präposition para (daneben) und dem Verb ballein (werfen) zusammensetzt. Es handelt sich um einen zentralen Begriff der antiken Rhetorik, der eine Sprechform bezeichnet, die nicht im eigentlichen und wörtlichen, sondern im **übertragenen Sinn** verstanden werden will.

Merkmale der Parabel:
- Ein allgemein interessierender Sachverhalt wird in einem **Bild** verschlüsselt und als kurze, abgeschlossene Erzählung dargestellt.
- Die Bedeutung des Erzählten **(Sachbereich)** unterscheidet sich vom Wortlaut des Textes **(Bildbereich)** und muss entschlüsselt werden.
- Parabeln enthalten allgemeine **Wahrheiten**, **Erkenntnisse** oder **Lehren**, die vom Leser durch einen Analogieschluss entschlüsselt werden müssen.
- Zur Übertragung des Bildbereichs auf den Sachbereich und zur Deutung der Aussage braucht man **Kontextinformationen.**
- In der **traditionellen** Parabel erzählt ein Wissender, der eine bestimmte Weltsicht wiedergeben will, wobei er Bild- und Vergleichsbereich einander gegenüberstellt.
- Das **religiöse Gleichnis** ist mit der Parabel verwandt, allerdings sind hier im Unterschied zur Parabel die Bildebene und die Sachebene direkt miteinander verknüpft (so – wie).
- Die **politisch ausgerichtete Parabel** als geeignete Form zur indirekten Kritik erlebte im 18. Jahrhundert in der Epoche der Aufklärung eine Blütezeit. Bekannte Autoren sind Gotthold Ephraim Lessing und Johann Gottfried Herder.
- In der **modernen Parabel** des 20. Jahrhunderts sparen die Autoren Hinweise auf die Sachebene häufig aus. Der Leser muss sich selbst um einen Schlüssel für das Verständnis der Parabel bemühen. Bekannte Autoren der modernen Parabel sind Franz Kafka, Bertolt Brecht und Günter Kunert.

Franz Kafka

Franz Kafka (1883–1924) war ein deutschsprachiger Prager Schriftsteller, Jurist und Versicherungsbeamter. Er lebte als Junggeselle in der elterlichen Familie, die ihn einengte und bevormundete. Besonders schwierig war das Verhältnis zu seinem dominanten Vater. In seiner Neigung zum Ostjudentum wurde Kafka von dem Hauptdarsteller einer polnisch-jüdischen Theatergruppe geprägt, die seit 1910 mehrfach in Prag gastierte. Im Juni 1914 kam es zur Verlobung mit Felice Bauer, die nur einen Monat später gelöst wurde. 1917 verlobten sich beide ein zweites Mal, trennten sich aber noch im selben Jahr endgültig – angeblich wegen Kafkas Lungenerkrankung. Auf Grund dieser Krankheit musste er 1922 seinen Beruf als Jurist in einer Versicherungsgesellschaft, den er als unerträglich empfand, vorzeitig aufgeben. 1923 lernte er die Ostjüdin Dora Diamant kennen, mit der er nach Berlin zog. Nur kurz entkam er so seiner Geburtsstadt, die er als Ausdruck seiner persönlichen Gefangenschaft empfand, denn seine Krankheit zwang ihn zur Rückkehr nach Prag.

Sein Freund Max Brod veröffentlichte Kafkas Texte nach dessen Tod, obwohl Kafka selbst gewünscht hatte, sie nach seinem Tod zu vernichten. Charakteristisch für Kafkas Erzählungen und Romane ist eine mysteriöse Unwirklichkeit und nicht konkret fassbare Bedrohlichkeit. Wiederkehrende Themen sind Isolation, Rettungsversuche, Scheitern und Verwandlungen.

ein Käfig ging einen Vogel suchen

1. Beziehe das Vogelbild auf die Informationen über Franz Kafka und ergänze die Grafik entsprechend.

Im Tunnel *Franz Kafka*

Wir sind, mit dem irdisch befleckten Auge gesehn, in der Situation von Eisenbahnreisenden, die in einem langen Tunnel verunglückt sind, und zwar an der Stelle,
5 wo man das Licht des Anfangs nicht mehr sieht, das Licht des Endes aber nur so winzig, dass der Blick es immerfort suchen muss und immerfort verliert, wobei Anfang und Ende nicht einmal sicher
10 sind. Rings um uns aber haben wir in der Verwirrung der Sinne oder in der Höchstempfindlichkeit der Sinne lauter Ungeheuer und ein je nach der Laune und Verwundung des Einzelnen entzückendes
15 oder ermüdendes kaleidoskopisches Spiel. Was soll ich tun? oder: Wozu soll ich es tun? sind keine Fragen dieser Gegenden.

Kleine Fabel *Franz Kafka*

„Ach", sagte die Maus, „die Welt wird enger mit jedem Tag. Zuerst war sie so breit, dass ich Angst hatte, ich lief weiter und war glücklich, dass ich endlich
5 rechts und links in der Ferne Mauern sah, aber diese Mauern eilen so schnell aufeinander zu, dass ich schon im letzten Zimmer bin, und dort im Winkel steht die Falle, in die ich laufe." – „Du musst nur
10 die Laufrichtung ändern", sagte die Katze und fraß sie.

Franz Kafka

2. Interpretiere eine der Parabeln im Hinblick auf den biografischen Kontext. Welche Lebenssituation oder Schlüsselerfahrung des Autors könnte sich darin widerspiegeln?

Auf der Galerie *Franz Kafka*

Wenn irgendeine hinfällige, lungensüchtige Kunstreiterin in der Manege auf schwankendem Pferd vor einem unermüdlichen Publikum vom peitschenschwingenden erbarmungslosen Chef monatelang ohne Unterbrechung im Kreise rundum getrieben würde, auf dem Pferde schwirrend, Küsse werfend, in der Taille sich wiegend, und wenn dieses Spiel unter dem nicht aussetzenden Brausen des Orchesters und der Ventilatoren in die immerfort weiter sich öffnende graue Zukunft sich fortsetzte, begleitet vom vergehenden und neu anschwellenden Beifallsklatschen der Hände, die eigentlich Dampfhämmer sind – vielleicht eilte dann ein junger Galeriebesucher die lange Treppe durch alle Ränge hinab, stürzte in die Manege, riefe das: Halt! durch die Fanfaren des sich immer anpassenden Orchesters.

Da es aber nicht so ist: eine schöne Dame, weiß und rot, hereinfliegt, zwischen den Vorhängen, welche die stolzen Livrierten vor ihr öffnen: der Direktor, hingebungsvoll ihre Augen suchend, in Tierhaltung ihr entgegenatmet: vorsorglich sie auf den Apfelschimmel hebt, als wäre sie seine über alles geliebte Enkelin, die sich auf gefährliche Fahrt begibt: sich nicht entschließen kann, das Peitschenzeichen zu geben: schließlich in Selbstüberwindung es knallend gibt: neben dem Pferde mit offenem Munde einherläuft: die Sprünge der Reiterin scharfen Blickes verfolgt: ihre Kunstfertigkeit kaum begreifen kann: mit englischen Ausrufen zu warnen versucht: die reifenhaltenden Reitknechte wütend zu peinlichster Achtsamkeit ermahnt: vor dem großen Salto mortale das Orchester mit aufgehobenen Händen beschwört, es möge schweigen: schließlich die Kleine vom zitternden Pferde hebt, auf beide Backen küsst und keine Huldigung des Publikums für genügend erachtet: während sie selbst, von ihm gestützt, hoch auf den Fußspitzen, vom Staub umweht, mit ausgebreiteten Armen, zurückgelehntem Köpfchen ihr Glück mit dem ganzen Zirkus teilen will – da dies so ist, legt der Galeriebesucher das Gesicht auf die Brüstung und, im Schlussmarsch wie in einem schweren Traum versinkend, weint er, ohne es zu wissen.

1. Analysiere den Aufbau und die Syntax der Parabel. Welche Besonderheit stellst du fest?
2. Beschreibe das Verhalten des Galeriebesuchers und die Rolle, die der Erzähler ihm zugedacht hat.
3. Deute die Parabel in Bezug auf eine mögliche Lebenserfahrung des Autors und belege deine Vermutung am historischen Kontext.

Die Schreie der Fledermäuse *Günter Kunert*

Während sie in der Dämmerung durch die Luft schnellen, hierhin, dorthin, schreien sie laut, aber ihr Schreien wird nur von ihresgleichen gehört. Baumkronen und Scheunen, verfallende Kirchtürme werfen ein Echo zurück, das sie im Fluge vernehmen und das ihnen meldet, was sich an Hindernissen vor ihnen erhebt und wo ein freier Weg ist. Nimmt man ihnen die Stimme, finden sie keinen Weg mehr; überall anstoßend und gegen Wände fahrend, fallen sie tot zu Boden. Ohne sie nimmt, was sonst sie vertilgen, überhand und großen Aufschwung: das Ungeziefer.

Herr Keuner und die Flut* *Bertolt Brecht*

* Text in alter Rechtschreibung

Herr Keuner ging durch ein Tal, als er plötzlich bemerkte, daß seine Füße in Wasser gingen. Da erkannte er, daß sein Tal in Wirklichkeit ein Meeresarm war und daß die Zeit der Flut herannahte. Er blieb sofort stehen, um sich nach einem Kahn umzusehen, und solange er auf einen Kahn hoffte, blieb er stehen. Als aber kein Kahn in Sicht kam, gab er diese Hoffnung auf und hoffte, daß das Wasser nicht mehr steigen möchte. Erst als ihm das Wasser bis an das Kinn ging, gab er auch diese Hoffnung auf und schwamm. Er hatte erkannt, daß er selber ein Kahn war.

4. Erarbeitet in beiden Texten die Schlüsselbegriffe. Überlegt, wofür sie stehen könnten, und ersetzt sie durch konkrete Begriffe. Formuliert mögliche Deutungshypothesen und diskutiert sie.
5. Informiert euch über Bertolt Brecht.
Welche biografischen Kontextinformationen könnt ihr zum besseren Verständnis der Parabel heranziehen?

WERKSTATT: GEDICHTE

Mein Gedicht

Winter an der Nordsee
(Auszug aus einem Werbeprospekt)

[...] Beim Spaziergang auf dem Deich ist oft kilometerweit kein Mensch zu sehen, träge hocken die Möwen auf den Bootsstegen. Die Luft am Flutsaum ist erfüllt
5 von windzerstäubten, feinsten Salzwassertropfen – ein unendliches Inhalatorium[1]. Kopf und Seele werden frei, der Alltagsstress macht sich davon.
   Dem durchgepusteten Wanderer
10 winken verlockend mollig warme Freizeitbäder oder eine Strandsauna. Ferienorte laden zum Vortrag über „Die große Flut", zum Kreativ-Kursus oder zum Teeseminar ein.
15   In gemütlichen Gaststuben hinterm Deich dampfen die Groggläser, die Teepunschtassen, duftet der „Pharisäer"[2]. Wohlige Entspannung.
   Und dazu werden aufregende Geschich-
20 ten erzählt von Sturmfluten und Strandräubern und lustige von Land und Leuten. [...]

1 **Inhalatorium**: Raum zum Inhalieren
2 **Pharisäer**: hier: Kaffee mit Rum und geschlagener Sahne

Winter an der Nordsee
(Jasper/Schüler)

Winter an der Nordsee
Spaziergang auf dem Deich
kilometerweit

Winter an der Nordsee
5 kilometerweit kein Mensch
zu sehen

Winter an der Nordsee
zu sehen Möwen
am Flutsaum

10 Winter an der Nordsee
am Flutsaum Salzwassertropfen –
unendliches Inhalatorium

Winter an der Nordsee
unendliches Inhalatorium für
            Kopf und Seele
15 hinterm Deich

Winter an der Nordsee
hinterm Deich ...

wohlige Entspannung.

Winter an der Nordsee
(Ira/Schülerin)

Auf dem Deich
spazieren gehen
kilometerweit
kein Mensch
5 die Luft erfüllt von
feinsten Salzwassertropfen
Kopf und Seele
durchgepustet

Hinterm Deich
10 wohlig entspannen
in gemütlichen Gaststuben
bei Grog und Teepunsch.

1. Die Schüler und Schülerinnen haben einen Sachtext als Ausgangspunkt für ihre jeweiligen Gedichte genommen. Sprecht darüber, welche Aussage in den beiden Gedichten jeweils im Vordergrund steht. Belegt eure Überlegungen mit Hilfe der Stilmittel, die die Schülerin und der Schüler in ihrem Gedicht verwendet haben.

2. Gestaltet zu zweit einen Sachtext zu einem Gedicht um. Geeignet sind u. a. Werbetexte oder Anzeigentexte (z. B. Heiratsanzeigen). Nutzt bei eurer Arbeit die Hinweise im Info-Kasten. Präsentiert euer Gedicht und erklärt, welche Gestaltungsmittel ihr benutzt habt, um eure Aussageabsicht deutlich zu machen.

INFO Sprachverdichtung in lyrischen Texten

Gedichte unterscheiden sich in ihrer Sprachform von Prosa- und Sachtexten durch eine visuelle, lautliche und inhaltliche Verdichtung:
- **visuell:** Lyrische Texte sind anders als Prosa- oder Alltagstexte keine Fließtexte, sondern setzen sich aus einzelnen Verszeilen (kürzere und längere Verszeilenanordnung, Gruppierung in Strophen) zusammen.
- **lautlich:** Lyrische Texte werden im Unterschied zu Prosa- und Sachtexten mit mehr Betonungen und Pausen gelesen. Die lautliche Darstellung kann sowohl auf Metrum und Reim zurückgeführt werden als auch – bei freien Rhythmen – durch die Gestaltung der Verszeilen (z. B. Enjambement) hervorgerufen werden.
- **inhaltlich:** Lyrische Texte werden inhaltlich durch bestimmte Bildformen (Vergleiche, Metaphern) sowie bestimmte lyrische Wort- und Satzformen (z. B. Wiederholungen, Parallelismus, Inversion) strukturiert und inhaltlich verdichtet.

Die visuelle, lautliche und inhaltliche Strukturierung lyrischer Texte ermöglicht es, besondere Akzente zu setzen und Sinnzusammenhänge hervorzuheben. Sie dient dem Leser als Schlüssel zum Verständnis lyrischer Texte.

Gedichte zu Bildern verfassen

Marc Chagall: *Ich und das Dorf,* 1923/26

Im Chagall-Dorf *Rose Ausländer*

Schiefe Giebel
hängen am
Horizont

Der Brunnen schlummert
5 beleuchtet von
Katzenaugen

Die Bäuerin
melkt die Ziege
im Traumstall

10 Blau
der Kirschbaum am Dach
wo der bärtige Greis
geigt

Die Braut
15 schaut ins Blumenaug
schwebt auf dem Schleier
über der Nachtsteppe

Im Chagall-Dorf
weidet die Kuh
20 auf der Mondwiese
goldne Wölfe
beschützen die Lämmer

1. Rose Ausländer reagiert mit ihrem Gedicht auf Bilder von Marc Chagall, in denen er sein Heimatdorf gemalt hat.
Besorgt euch weitere Bilder aus Chagalls Bilderreihe „Ich und mein Dorf". Welche Motive hebt Rose Ausländer besonders hervor?
Informiert euch über die Lebensläufe von Marc Chagall und Rose Ausländer (siehe auch S. 285). Welche Parallelen stellt ihr fest?
2. Wählt Bilder aus, zu denen ihr gern ein Gedicht schreiben würdet. Gestaltet aus den ausgewählten Bildern und euren Texten eine kleine Ausstellung. Bittet eure Kunstlehrerin oder euren Kunstlehrer um Unterstützung.

TIPP
Ihr könnt auch bei einem gemeinsamen Museumsbesuch ein Bild auswählen und vor Ort Gedichte dazu verfassen.

Keine ist wie du *Peter Behncke*

du oder keine
keine ist wie du
du die eine
du die ich meine

Ludwig Uhland
Was zagst du Herz, in solchen Tagen,
Wo selbst die Dorne Rosen tragen?

Tanja Dückers
denke so oft an dich
schreibend schreibend
einmal pro stunde ein leises
stolpern der finger

:-) Perspektive :-) *Horst Bingel*
Ich weiß, ich
möchte mit Dir
leben, Du
gestattest, ich
lege Augen auf
den Boden, ich
sehe.

Unbekannt
Du bist min, ich bin din:
Des solt du gewis sin.
Du bist beslozen
In minem herzen:
Verloren ist daz slüzzelin:
Du muost immer drinne sin.

Johann Wolfgang von Goethe
In deinem Herzen
Ist nicht viel Platz
Drum alle Tage
Einen neuen Schatz

> „SMS-Lyrik – 160-Zeichen-Poesie" nennt der Herausgeber eines Lyrik-Bändchens diese poetischen Kurztexte. Besonderes Merkmal dieser Gedichte: Jedes Gedicht kann in einer SMS per Handy versendet werden.
> **Hinweise zu den Autoren:** Peter Behncke (geb. 1956), Horst Bingel (geb. 1933), Tanja Dückers (geb. 1968), Johann Wolfgang von Goethe (1749–1832), Ludwig Uhland (1787–1862)

1. Stellt für die Homepage eurer Schule eine Seite mit SMS-fähigen Gedichten zusammen. Entscheidet euch für ein Oberthema: z. B. Abschied, Warten, Frühling. Ihr könnt selbst Texte verfassen oder aus entsprechenden Lyrik-Anthologien passende Gedichte auswählen. Dabei sollt ihr euch an folgende Vorgaben halten: Es dürfen maximal 160 Zeichen verwendet werden (einschließlich Satzzeichen und Leerzeichen), es dürfen keine Abkürzungen verwendet werden.

Über das „Zerpflücken von Gedichten"

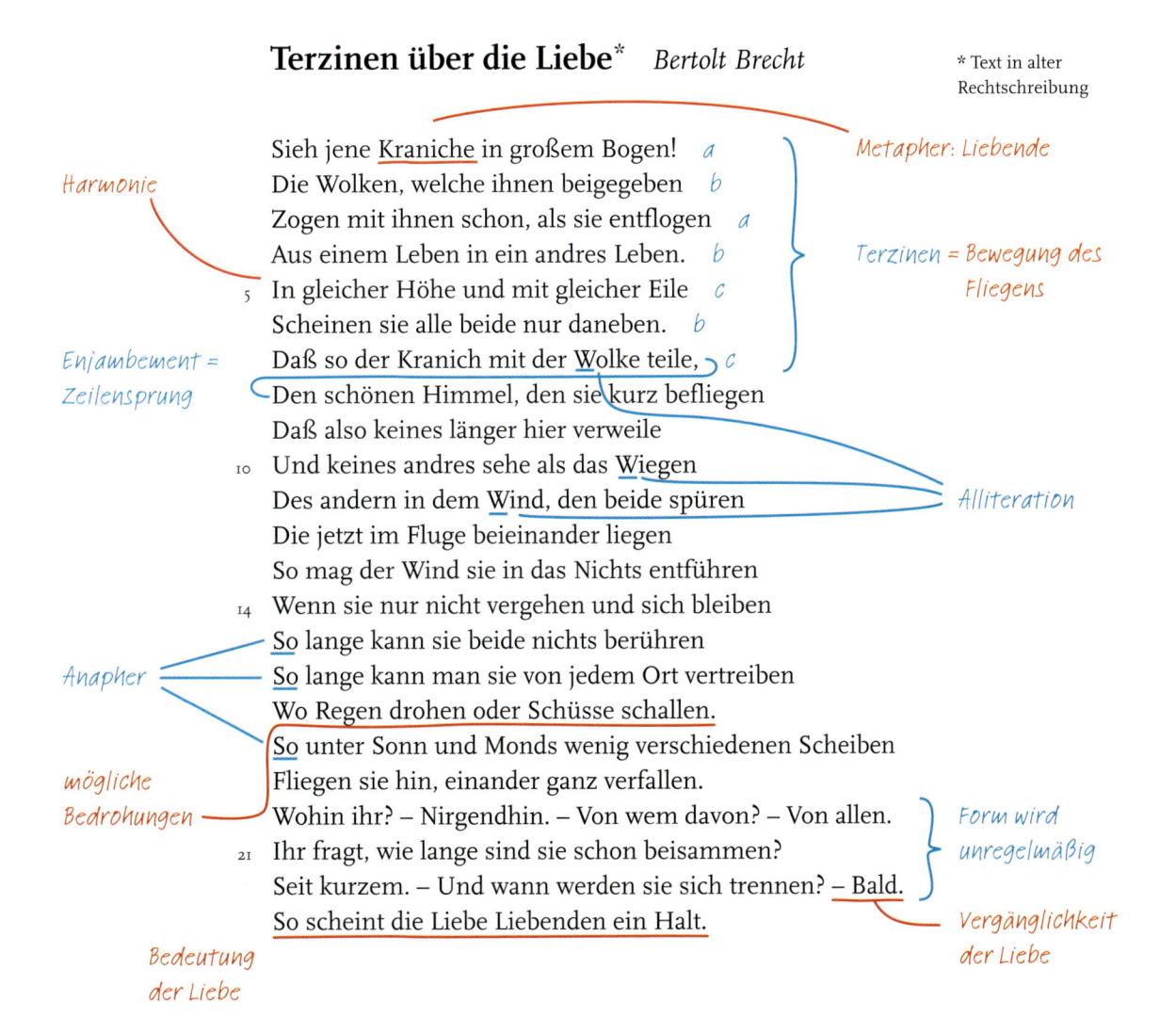

Terzinen über die Liebe*   *Bertolt Brecht*   ** Text in alter Rechtschreibung*

Harmonie — *Metapher: Liebende*

Sieh jene Kraniche in großem Bogen!   a
Die Wolken, welche ihnen beigegeben   b
Zogen mit ihnen schon, als sie entflogen   a
Aus einem Leben in ein andres Leben.   b
5   In gleicher Höhe und mit gleicher Eile   c
Scheinen sie alle beide nur daneben.   b
Daß so der Kranich mit der Wolke teile,   c
Den schönen Himmel, den sie kurz befliegen
Daß also keines länger hier verweile
10   Und keines andres sehe als das Wiegen
Des andern in dem Wind, den beide spüren
Die jetzt im Fluge beieinander liegen
So mag der Wind sie in das Nichts entführen
14   Wenn sie nur nicht vergehen und sich bleiben
So lange kann sie beide nichts berühren
So lange kann man sie von jedem Ort vertreiben
Wo Regen drohen oder Schüsse schallen.
So unter Sonn und Monds wenig verschiedenen Scheiben
Fliegen sie hin, einander ganz verfallen.
Wohin ihr? – Nirgendhin. – Von wem davon? – Von allen.
21   Ihr fragt, wie lange sind sie schon beisammen?
Seit kurzem. – Und wann werden sie sich trennen? – Bald.
So scheint die Liebe Liebenden ein Halt.

Terzinen = Bewegung des Fliegens

Enjambement = Zeilensprung

Alliteration

Anapher

mögliche Bedrohungen

Form wird unregelmäßig

Vergänglichkeit der Liebe

Bedeutung der Liebe

Auszüge aus der Gedichtinterpretation einer Schülerin

In dem Gedicht „Terzinen über die Liebe" von Bertolt Brecht aus dem Jahr 1928/29 wird bildhaft eine Liebesbeziehung beschrieben.
    Ein lyrisches Subjekt schildert aus der Perspektive eines Beobachters den harmonischen Flug eines Kranichs und einer Wolke.
5   Der Kranich und die Wolke strahlen Gemeinsamkeit aus. Sie verkörpern ein Liebespaar, das eins mit sich ist und die gemeinsame Zeit genießt.

Einleitung:
- *Textsorte, Autor, Titel, Entstehungszeit*
- *Thema*
- *Erster Eindruck/ Wirkung*

Hauptteil, gekürzt:
Detailinterpretation
- *Beschreibung der äußeren Form mit Bezug zum Inhalt*

- *Interpretation an übergeordneten Gesichtspunkten ausrichten, z. B. wie wird das Thema im Verlauf des Textes entwickelt?*
- *Zitate als Belege für die eigenen Aussagen*

Das Gedicht besteht aus einer Strophe. Die Verse haben die Reimform aba bcb cdc ... Diese Reimanordnung nennt man Terzinen; je drei Verse bilden eine Einheit, wobei der mittlere Vers einer Einheit jeweils das Reimpaar der nächsten Einheit (Terzine) bildet. Dadurch erhält die Aussage eine Dynamik, der Leser wird gleichsam zum Weiterlesen gedrängt. Diese Bewegung passt zum Bild von fliegendem Kranich und Wolke.

Zu Beginn des Gedichts fordert das lyrische Ich ein Du auf, den Flug der Kraniche am Himmel und die vorbeiziehenden Wolken zu betrachten. Das Auge des Betrachters folgt den Bewegungen am Himmel. Der Flug von Kranich und Wolke ist aufeinander abgestimmt; sie bilden nicht nur äußerlich eine Einheit und fliegen „In gleicher Höhe und mit gleicher Eile" (Z. 5), sondern beide haben auch die gleichen Wahrnehmungen und Empfindungen. „Und keines andres sehe als das Wiegen / Des andern in dem Wind, den beide spüren" (Z. 10/11). Diese Verbundenheit wird durch den Zeilensprung, das Enjambement, noch verstärkt. Solange diese Verbundenheit besteht, ist die Gemeinschaft von Kranich und Wolke nicht gefährdet, können sie weder durch Unwetter, z. B. „Regen" (Z. 17), noch durch andere Gefahren, „Schüsse" (Z. 17), getrennt werden. Die Kraniche dienen als Metapher für ein Liebespaar. Dass die Liebe Garantie für ihre Unversehrtheit ist, wird durch die Verwendung der Anapher „So lange" unterstützt. Allerdings ist diese Verbundenheit nicht auf ewig angelegt. Schon zu Beginn äußert das beobachtende lyrische Ich, dass sie den „schönen Himmel" nur „kurz" (Z. 8) befliegen; und am Ende wird durch die Zeitangabe „bald" (Z. 22) eine Trennung angedeutet. Auch die formalen Unregelmäßigkeiten im Schlussteil verstärken diese Aussage. Der letzte Vers fasst die Beobachtung als Ergebnis zusammen: Liebende stützen sich gegenseitig, die Liebe macht sie stark gegenüber Anfechtungen von außen. Diese Aussage wird durch den Wechsel von klingenden zu stumpfen Kadenzen besonders hervorgehoben.

Schlussteil:
- *(eigene) Beurteilung begründen*
- *evtl. Vergleich mit anderen Gedichten*

Das Bild des gemeinsamen Fluges von Kranich und Wolke kennzeichnet meines Erachtens sehr gut die Situation einer harmonischen Liebesbeziehung. Inhaltliche und formale Aspekte sind gut aufeinander abgestimmt.

1. Was haltet ihr an der Schülerarbeit für gut gelungen, was für verbesserungswürdig? Begründet eure Meinung. Nutzt dafür den Info-Kasten: Lyrische Texte analysieren.

INFO Lyrische Texte analysieren

1. Schritt: Einen ersten Eindruck festhalten
Wie wirkt das Gedicht auf dich?
Welches Thema hat das Gedicht?

2. Schritt: Analyse des Textes auf der Basis des ersten Eindrucks
Wie kommt die Wirkung zustande?
Wie wird das Thema des Gedichts inhaltlich und sprachlich entfaltet?
- **Inhaltliche Beobachtungspunkte**
  - Welche Schwerpunkte werden in den einzelnen Strophen gesetzt?
  - In welcher Beziehung stehen die inhaltlichen Schwerpunkte der einzelnen Strophen zum Thema des Gedichts (roter Faden)?
  - Welche Bedeutung hat der Titel des Gedichts?
- **Sprachliche Beobachtungspunkte**
  - Mit Hilfe welcher sprachlichen Mittel werden die inhaltlichen Aussagen verdeutlicht?
  - visuelle Gestaltung: Strophenanzahl, Strophenform, Verslänge
  - lautliche Gestaltung: Metrum, Reim, Betonungen, Pausen
  - sprachliche Gestaltung: Wortwahl (Bedeutung von Adjektiven, Substantiven, Verben; Wortwiederholungen; Wortfelder usw.), Bilder (Metaphern, Vergleiche usw.), Satzformen (Inversion, verkürzte Syntax, Enjambement usw.), Sprecher im Gedicht (lyrisches Ich, gestaltloser Sprecher)

3. Schritt: Ausformulierung einer zusammenhängenden Textanalyse
- **Einleitung**
  Benennung der äußeren Textmerkmale
  (Autor/Autorin, Textsorte, Titel, Entstehungszeit, Thema, Inhalt)
- **Hauptteil**
  Zusammenstellung der Ergebnisse der Detailanalyse
  (siehe zweiten Schritt); inhaltliche und sprachliche Aspekte müssen miteinander verknüpft werden.
- **Schlussteil**
  kurze Zusammenfassung der Ergebnisse mit Blick auf den ersten Eindruck; evtl. Vergleich zu anderen Texten, die im Unterricht besprochen worden sind; Vergleichspunkte können inhaltlicher oder sprachlicher Art sein.

2. Wählt euch ein Gedicht aus diesem oder einem anderen Kapitel aus und analysiert es mit Hilfe der Arbeitsanweisungen des Info-Kastens.

Sachliche Romanze *Erich Kästner*

Als sie einander acht Jahre kannten
(und man kann sagen: sie kannten sich gut),
kam ihre Liebe plötzlich abhanden.
Wie anderen Leuten ein Stock oder Hut.

5 Sie waren traurig, betrugen sich heiter,
versuchten Küsse, als ob nichts sei,
und sahen sich an und wussten nicht weiter.
Da weinte sie schließlich. Und er stand dabei.

Vom Fenster aus konnte man Schiffen winken.
10 Er sagte, es wäre schon Viertel nach Vier
und Zeit, irgendwo Kaffee zu trinken.
Nebenan übte ein Mensch Klavier.

Sie gingen ins kleinste Café am Ort
und rührten in ihren Tassen.
15 Am Abend saßen sie immer noch dort.
Sie saßen allein, und sie sprachen kein Wort
und konnten es einfach nicht fassen.

Unterhaltung *Karl Krolow*

Zwischen Daumen und Zeigefinger
Halten sie still ihre Wassergläser.
Hin und wieder
Setzen sie sie an den Mund,
5 Während die kleinen Feuer
Ihrer Zigaretten sterben.
Sie haben sich viel zu sagen.
Deshalb sind die Bewegungen
Ihrer Beine unter dem Tisch unruhig.
10 Nervös scharren sie
Mit den Schuhen.
Aber überm Tisch zwingen sie sich
Zu Anstand und Ruhe.
Es gelingt ihnen gut,
15 Die Wassergläser nach einiger Zeit
In die Luft zu stellen
Und dort schweben zu lassen.
Unterdessen bilden sie Sätze,
Die nur unterhalb des Herzens
20 Verständlich sind.

1. Vergleiche die beiden Gedichte.
   Dabei kannst du auf folgende Aspekte eingehen:
   – Art der Liebesbeziehung
   – Verhältnis der beiden Partner zueinander
   – Kommunikation zwischen den Partnern
   – Zusammenhang zwischen Titel und Inhalt des Gedichts.
   Berücksichtige dabei auch, welche stilistischen Mittel der jeweilige Autor
   benutzt, um seine Aussagen deutlich zu machen.
   Orientiere dich bei deiner Arbeit an den Hinweisen im Info-Kasten
   auf S. 45.

INFO Gedichte miteinander vergleichen

Ein Gedichtvergleich verdeutlicht, wie Autoren einer oder verschiedener Epochen ein bestimmtes Thema inhaltlich sehen und sprachlich gestalten. Dazu wählt man **Vergleichspunkte**, unter denen die Texte betrachtet werden, wie z. B.:
- Welcher Aspekt des gemeinsamen Themas wird jeweils in den Vordergrund gestellt? (vgl. u. a. Titel des Gedichts)
- Wie wird dieser Aspekt im Detail entfaltet?
- Welche sprachlichen Gestaltungsmittel nutzen die Autoren, um ihre Aussageabsicht zu verdeutlichen?

Man kann bei einem Gedichtvergleich methodisch folgendermaßen vorgehen:
- **linear:** Man analysiert zunächst das eine Gedicht im Hinblick auf die zentralen Vergleichsaspekte und wendet sich anschließend dem anderen Gedicht zu.
- **vernetzt:** Man analysiert beide Gedichte parallel im Hinblick auf die jeweiligen Vergleichspunkte.

Über das Zerpflücken von Gedichten* *Bertolt Brecht*

* Text in alter Rechtschreibung

Der Laie hat für gewöhnlich, sofern er ein Liebhaber von Gedichten ist, einen lebhaften Widerwillen gegen das, was man das Zerpflücken von Gedichten nennt, ein Heranführen kalter Logik, Herausreißen von Wörtern und Bildern aus diesen zarten blütenhaften Gebilden. Demgegenüber muß gesagt werden, daß nicht einmal Blumen verwelken, wenn man in sie hineinsticht. Gedichte sind, wenn sie überhaupt lebensfähig sind, ganz besonders lebensfähig und können die eingreifendsten Operationen überstehen. Ein schlechter Vers zerstört ein Gedicht noch keineswegs ganz und gar, so wie ein guter es noch nicht rettet. Das Herausspüren schlechter Verse ist die Kehrseite einer Fähigkeit, ohne die von wirklicher Genußfähigkeit an Gedichten überhaupt nicht gesprochen werden kann, nämlich der Fähigkeit, gute Verse herauszuspüren. Ein Gedicht verschlingt manchmal sehr wenig Arbeit und verträgt manchmal sehr viel. Der Laie vergißt, wenn er Gedichte für unnahbar hält, daß der Lyriker zwar mit ihm jene leichten Stimmungen, die er haben kann, teilen mag, daß aber ihre Formulierung in einem Gedicht ein Arbeitsvorgang ist und das Gedicht eben etwas zum Verweilen gebrachtes Flüchtiges ist, also etwas verhältnismäßig Massives, Materielles. Wer das Gedicht für unnahbar hält, kommt ihm wirklich nicht nahe. In der Anwendung von Kriterien liegt ein Hauptteil des Genusses. Zerpflücke eine Rose und jedes Blatt ist schön.

2. Was versteht Bertolt Brecht unter dem Ausdruck „Über das Zerpflücken von Gedichten"? Nehmt auf dem Hintergrund eurer Erfahrungen zu Brechts Position Stellung.

Willkommen und Abschied
Johann Wolfgang von Goethe

Es schlug mein Herz, geschwind zu Pferde!
Es war getan fast eh gedacht.
Der Abend wiegte schon die Erde,
Und an den Bergen hing die Nacht;
5 Schon stand im Nebelkleid die Eiche,
Ein aufgetürmter Riese, da,
Wo Finsternis aus dem Gesträuche
Mit hundert schwarzen Augen sah.

Der Mond von einem Wolkenhügel
10 Sah kläglich aus dem Duft hervor,
Die Winde schwangen leise Flügel,
Umsausten schauerlich mein Ohr;
Die Nacht schuf tausend Ungeheuer,
Doch frisch und fröhlich war mein Mut:
15 In meinen Adern welches Feuer!
In meinem Herzen welche Glut!

Dich sah ich, und die milde Freude
Floss von dem süßen Blick auf mich;
Ganz war mein Herz an deiner Seite
20 Und jeder Atemzug für dich.
Ein rosenfarbnes Frühlingswetter
Umgab das liebliche Gesicht,
Und Zärtlichkeit für mich – ihr Götter!
Ich hofft' es, ich verdient' es nicht!

25 Doch ach, schon mit der Morgensonne
Verengt der Abschied mir das Herz:
In deinen Küssen welche Wonne!
In deinem Auge welcher Schmerz!
Ich ging, du standst und sahst zur Erden
30 Und sahst mir nach mit nassem Blick:
Und doch, welch Glück, geliebt zu werden!
Und lieben, Götter, welch ein Glück!

Es schlug mein Herz

Johann Wolfgang von Goethe

Es schlug mein Herz. Geschwind, zu Pferde!
Und fort, wild wie ein Held zur Schlacht.
Der Abend wiegte schon die Erde,
Und an den Bergen hing die Nacht.
5 Schon stund im Nebelkleid die Eiche
Wie ein getürmter Riese da,
Wo Finsternis aus dem Gesträuche
Mit hundert schwarzen Augen sah.

Der Mond von einem Wolkenhügel
10 Sah schläfrig aus dem Duft hervor,
Die Winde schwangen leise Flügel,
Umsausten schauerlich mein Ohr.
Die Nacht schuf tausend Ungeheuer,
Doch tausendfacher war mein Mut,
15 Mein Geist war ein verzehrend Feuer,
Mein ganzes Herz zerfloss in Glut.

Ich sah dich, und die milde Freude
Floss aus dem süßen Blick auf mich.
Ganz war mein Herz an deiner Seite,
20 Und jeder Atemzug für dich.
Ein rosenfarbnes Frühlingswetter
Lag auf dem lieblichen Gesicht
Und Zärtlichkeit für mich, ihr Götter,
Ich hofft' es, ich verdient' es nicht.

25 Der Abschied, wie bedrängt, wie trübe!
Aus deinen Blicken sprach dein Herz.
In deinen Küssen welche Liebe,
O welche Wonne, welcher Schmerz!
Du gingst, ich stund und sah zur Erden
30 Und sah dir nach mit nassem Blick.
Und doch, welch Glück, geliebt zu werden,
Und lieben, Götter, welch ein Glück!

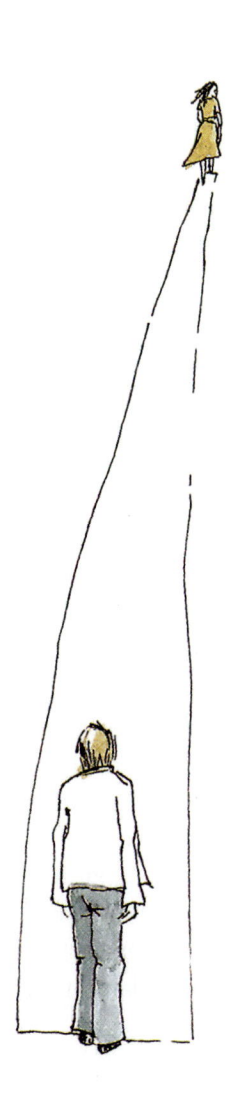

1. Vergleicht die beiden Fassungen unter inhaltlichen und formalen Aspekten. Welche der beiden Fassungen spricht euch mehr an?
2. Welche ist eurer Meinung nach die erste, welche die bearbeitete zweite Fassung? Begründet eure Meinung.

Am Turme *Annette von Droste-Hülshoff*

Ich steh auf hohem Balkone am Turm,
Umstrichen vom schreienden Stare,
Und lass gleich einer Mänade den Sturm
Mir wühlen im flatternden Haare;
5 O wilder Geselle, o toller Fant,
Ich möchte dich kräftig umschlingen,
Und, Sehne an Sehne, zwei Schritte vom Rand
Auf Tod und Leben dann ringen!

Und drunten seh ich am Strand, so frisch
10 Wie spielende Doggen, die Wellen
Sich tummeln rings mit Geklaff und Gezisch,
Und glänzende Flocken schnellen.
O, springen möcht' ich hinein alsbald,
Recht in die tobende Meute,
15 Und jagen durch den korallenen Wald
Das Walross, die lustige Beute!

Und drüben seh ich ein Wimpel wehn
So keck wie eine Standarte,
Seh auf und nieder den Kiel sich drehn
20 Von meiner luftigen Warte;
O, sitzen möcht' ich im kämpfenden Schiff,
Das Steuerruder ergreifen,
Und zischend über das brandende Riff
Wie eine Seemöwe streifen.

25 Wär' ich ein Jäger auf freier Flur,
Ein Stück nur von einem Soldaten,
Wär' ich ein Mann doch mindestens nur,
So würde der Himmel mir raten;
Nun muss ich sitzen so fein und klar,
30 Gleich einem artigen Kinde,
Und darf nur heimlich lösen mein Haar,
Und lassen es flattern im Winde!

Mänade: sich wild gebärdende Frau

Fant: unreifer, leichtfertiger Bursche

Standarte: Flagge einer berittenen Truppe

Annette von Droste-Hülshoff wird 1797 auf Schloss Hülshoff in der Nähe von Münster in Westfalen geboren. Sie stammt aus einer alten westfälischen Adelsfamilie. Bereits in ihrer Kindheit und Jugend verfasst sie Gedichte und kleinere literarische Texte und komponiert Musikstücke. Sie erhält eine sorgfältige Ausbildung, die sich nicht nur auf die traditionellen Aspekte der Mädchenerziehung der damaligen Zeit erstreckt, sondern sowohl Mathematik und naturwissenschaftliche Fächer als auch verschiedene Sprachen wie Latein, Griechisch und Holländisch umfasst. Auch spricht sie passabel Italienisch und Englisch.

1820 verliebt sie sich in einen Jura-Studenten mit einer Vorliebe für Literatur. Die Familie ist gegen diese Beziehung und es gelingt diese mittels einer Intrige zu beenden. Annette kann diese Erfahrung nur schwer verwinden, sie hört beinahe ganz auf zu schreiben und leidet unter Depressionen.

1825 verlässt sie Münster und reist zu Verwandten an den Rhein. Ein Jahr bleibt sie in Bonn und Köln, lernt ihre späteren Freundinnen Sibylle Mertens und Adele Schopenhauer kennen. Mit 29 Jahren kehrt sie zurück nach Münster. Im gleichen Jahr stirbt der Vater. Annette zieht mit ihrer älteren Schwester und ihrer Mutter ins fünf Kilometer entfernte Rüschhaus, den Witwensitz der Mutter. Als unverheiratetes adeliges Fräulein bekommt sie vom Bruder 300 Taler Jahresrente, wovon die Mutter 100 Taler Kostgeld erhält. Mit 32 Jahren beginnt sie, wieder zu schreiben, was durch ihre ausgeprägte Kurzsichtigkeit nicht unproblematisch ist. Sie ist häufig krank, leidet unter Magenproblemen, Durchblutungsstörungen und Kopfschmerzen.

1837, mit 40 Jahren, lernt Annette von Droste-Hülshoff den 17 Jahre jüngeren Levin Schücking kennen. Levin Schücking arbeitet als Bibliothekar auf der Meersburg am Bodensee. Dort lebt ihre inzwischen verheiratete Schwester Jenny, die Annette häufiger besucht. Die Beziehung zu Levin Schücking, vor der Familie und der Gesellschaft weitgehend geheim gehalten, wirkt sich positiv auf ihr schriftstellerisches Arbeiten aus. Es entstehen mehrere Gedichtbände sowie die bekannte Novelle „Die Judenbuche". Annette verdient als Schriftstellerin erstmals eigenes Geld. 1842 verlässt Levin Schücking die Meersburg, verlobt sich mit einer anderen Frau, die Beziehung zu Annette zerbricht. Annette erholt sich von dieser Trennung nicht mehr. 1843 ersteigert sie auf der Meersburg das so genannte Fürstenhäusle wo sie 1848 an einer schweren Lungenentzündung stirbt.

Zitatensplitter

Lutz Görner (*1945) Rezitator, hat u. a. literarische Abende zu Leben und Werk von Annette von Droste-Hülshoff veranstaltet: „Zu Lebzeiten der Dichterin hatten die Frauen keine bürgerlichen Rechte. Sie hatten kein aktives und kein passives Wahlrecht, sie waren nicht als Zeugen vernehmbar und konnten keine Geschworenen sein; sie hatten keine Möglichkeit sich scheiden zu lassen, im Gegensatz zu den Männern, denen dann auch automatisch die Kinder zugesprochen wurden."

Sophie von Laroche (1731–1802), eine der bekanntesten Schriftstellerinnen im 18. Jahrhundert: „Die gebildete Frau verbreitet Angst. Sie ist eine Ausnahme. Eigentlich schon gar keine richtige Frau mehr. In Männeraugen eine Witzfigur, ein Schreckgespenst, das so manchem Mann kalte Schauer über den Rücken jagt."

Arthur Schopenhauer (1788–1860), Bruder von Adele Schopenhauer, einer engen Freundin von Annette von Droste-Hülshoff, schreibt allgemein „über die Weiber": „Das Weib ist das niedrig gewachsene, schmalschultrige, breithüftige und kurzbeinige Geschlecht, das man das unästhetische nennen könnte. Das Weib ist eine Art Mittelstufe zwischen dem Kinde und dem Manne, als welcher der eigentliche Mensch ist."

Wilhelm Grimm (1786–1859) über die Droste-Hülshoff: „Es war nicht gut mit ihr fertig zu werden, sie wollte ständig brillieren."

Werner von Haxthausen (1792–1866), der Lieblingsonkel von Annette von Droste-Hülshoff, nennt sie „überaus gescheut, talentvoll", sie sei „voll hoher Eigenschaften und dabei doch gutmütig", „eigensinnig und gebieterisch, fast männlich", sie habe „mehr Verstand als Gemüt", sei „durchbohrend witzig".

1. Nutzt diese Zusatzmaterialien zur Beantwortung folgender Aufgaben:
   Kennzeichnet anhand der Zitate das Frauenbild zu Lebzeiten Annette von Droste-Hülshoffs. Stellt anhand des Sekundärtextes und der Bildmaterialien heraus, inwiefern Annette von Droste-Hülshoff dem zeitgenössischen Frauenbild entspricht.
2. Erarbeitet in Kleingruppen eine Sprechcollage.
   Vernetzt das Gedicht „Am Turme" mit Aussagen aus den Zusatzmaterialien, sodass einerseits das Selbstverständnis des lyrischen Ichs und andererseits Merkmale des zeitgenössischen Frauenbildes deutlich werden.
   Tragt eure Sprechcollagen vor und begründet eure Vortragsweise.

Ein Mann, mindestens *Ruth Klüger*

[...] „Am Turme" stammt aus Meersburg am Bodensee, in dem die Dichterin, nach der zweiten Strophe zu schließen, nicht ungern gebadet hätte. Sie war damals, im Jahr 1842, Mitte vierzig, eine unverheiratete, also unabhängige, privilegierte Frau, soweit man als Frau unabhängig und privilegiert sein konnte. Ebendas bestreitet sie: Die Erwachsene sieht sich zum Kind erniedrigt, fein und klar, nur Männer werden mündig.

Doch die Gedanken sind frei, gerade im Turm, im Gefängnis. Es beginnt mit einer kaum verhüllten erotischen Fantasie, worin das weibliche Ich einen „wilden Gesellen", wenn er auch nur der Wind ist, „kräftig umschlingt". Auffallend ist die aktive Rolle, die die Frau sich dabei erträumt. Die Betonung liegt deutlich auf der Gleichheit bei einem Körperkontakt, der sich ja nicht umsonst als Männersport, als Ringkampf gibt, den sie sogar gewinnen könnte, wenn auch unter Einsatz ihres Lebens.

Ich denke dabei an das Märchen von Rapunzel, die, gefangen im Turm, auch ihr Haar für einen Mann löst. Man kann unser Gedicht als moderne Umkehrung des Märchens lesen, denn Rapunzel wünscht sich nur den Geliebten, der an ihren Haaren hochklettert, während Drostes „Mänade" sich in kein passives Frauenschicksal retten, sondern kämpfend aus einem solchen hinaus in einen aktiven Beruf, wie Steuermann, Jäger, Soldat, treten möchte. Drunten am Strand ist Freiheit, der Bodensee weitet sich zum Weltmeer, mit Walross und Korallen. Die zwei mittleren Strophen sind ein Schrei nach körperlicher Betätigung. Die Sprecherin möchte mitjagen, handeln, eingreifen in ein Leben, das sie jetzt nur aus der Distanz beobachtet.

Der Steuermann hat es ihr besonders angetan: Selbst steuern hieße fliegen können. Schließlich kommt das eigentliche Problem unverblümt zur Sprache: Sogar der Himmel hält's mit den Männern, das Mindeste, was man sein müsste, wäre ein Mann. An dieser Stelle sackt ihre Lebenskraft zusammen, die Frau schrumpft zum kleinen Mädchen, das mit seinen Haaren spielt, das Gedicht endet in Betrübnis, in einem Rückzug aus der Fantasie in die Wirklichkeit.

Annette von Droste-Hülshoff war politisch konservativ und konnte, wie die meisten Menschen, nicht über ihren Schatten, sprich Erziehung und Stand, springen. Bevormundet von ihrer Familie, ließ sie sich diese Bevormundung auch weitgehend gefallen und hat doch die unsinnigen Beschränkungen, die den Frauen auferlegt wurden, die der geistigen wie die der Bewegungsfreiheit, immer als Last und als ungerecht empfunden.

Schon als Neunzehnjährige hatte sie geschrieben: Fesseln will man uns am eigenen Herde! / Unsere Sehnsucht nennt man Wahn und Traum, / Und das Herz, dies kleine Klümpchen Erde, / Hat doch für die ganze Schöpfung Raum! In „Am Turme" fand sie Bild und Ausdruck für diese Fesseln und diese Sehnsucht. Existenziell empfunden statt ideologisch angehaucht, gelang ihr so das erste und vielleicht das beste feministische Gedicht in deutscher Sprache.

FAZ, Frankfurter Anthologie, 17.5.97

3. Welche Aspekte hebt Ruth Klüger in ihrer Interpretation besonders hervor? Sucht nach Textbelegen für ihre Aussagen.

4. Stimmst du mit Ruth Klüger darin überein, dass es sich bei dem Gedicht um ein „feministisches Gedicht" handelt? Beziehe dein historisches Hintergrundwissen, deine biografischen Kenntnisse über Annette von Droste-Hülshoff sowie dein Textverständnis in deine Stellungnahme ein.

Thränen des Vaterlandes *Andreas Gryphius (Anno 1636)*

Wjr sind doch nunmehr gantz / ja mehr deñ gantz verheeret!
    Der frechen Völcker Schaar / die rasende Posaun
    Das vom Blutt fette Schwerdt / die donnernde Carthaun /
Hat aller Schweiß / und Fleiß / und Vorrath auffgezehret.
5 Die Türme stehn in Glutt / die Kirch ist umgekehret.
    Das Rathauß ligt im Grauß / die Starcken sind zerhaun /
    Die Jungfern sind geschänd't / und wo wir hin nur schaun
Jst Feuer / Pest / und Tod / der Hertz und Geist durchfähret.
    Hir durch die Schantz und Stadt / rinnt allzeit frisches Blutt.
10   Dreymal sind schon sechs Jahr / als unser Ströme Flutt /
Von Leichen fast verstopfft / sich langsam fort gedrungen
    Doch schweig ich noch von dem / was ärger als der Tod /
    Was grimmer denn die Pest / und Glutt und Hungersnoth
Das auch der Seelen Schatz / so vilen abgezwungen.

Carthaun: großes Geschütz

Andreas Gryphius: geb. 1616 in Glogau/Schlesien, gestorben 1664 in Schlesien.

Wie viele Schlesier gehörte auch Gryphius' Familie der protestantischen Religion an; sein Vater, ein protestantischer Geistlicher, kam 1621 – vermutlich in den ersten Auseinandersetzungen des Dreißigjährigen Krieges zwischen Katholiken und Protestanten – ums Leben. 1628 starb Gryphius' Mutter, Gryphius wuchs bei seinem Stiefvater auf. 1634 ging Gryphius als Hauslehrer nach Danzig. Er unterrichtete die Söhne des ehemals kaiserlichen Beamten Georg von Schönborn. Mehrere Reisen führten ihn nach Frankreich und Italien. 1647 kehrte er nach Schlesien zurück und übernahm die Aufgabe des Rechtsberaters der Landstände im Fürstentum Glogau. Er setzte sich für die Interessen des protestantischen Fürstentums gegen die zentralistischen Bestrebungen der katholischen Habsburger Kaiser ein.

1649 heiratete Gryphius Rosine Deutschländer, die Tochter eines vornehmen Ratsherren und Kaufmanns in Fraustadt/Schlesien. Vier ihrer sieben Kinder starben in jugendlichem Alter. Während einer verheerenden Pestepidemie in Schlesien im Jahre 1656 zog Gryphius mit seiner Familie vorübergehend auf das Landgut von J. Christoph Schönborner.

Am 16. Juli 1664 starb Gryphius „am plötzlichen Schlagflusse".

Der Dreißigjährige Krieg (1618–1648)

Der Dreißigjährige Krieg ging aus konfessionellen Gegensätzen hervor. In Deutschland standen sich seit dem 16. Jahrhundert katholische und protestantische Fürsten feindlich gegenüber. Der Krieg begann als Religionskrieg, weitete sich aber mehr und mehr zu einem Machtkampf zwischen den protestantischen Fürsten und dem katholischen Kaiser und seinen Anhängern um die Vorherrschaft in Deutschland aus. Auch außerdeutsche Mächte, wie Schweden und Frankreich, griffen in das Kriegsgeschehen ein. Der zentrale Kriegsschauplatz war Deutschland. Die Bevölkerung sank in den Kriegsjahren von ca. 16 auf 10 bis 11 Millionen Menschen. Ganze Landstriche waren entvölkert. Viele Städte und Dörfer waren verwüstet, die Landwirtschaft lag in weiten Gebieten brach.

Zerstörung der Stadt Magdeburg am 20. Mai 1631

Leitgedanken der Epoche

Das Denken dieser Zeit wird durch Gegensätze bestimmt: Diesseits und Jenseits, Spiel und Ernst, irdische Nichtigkeit und himmlische Erfüllung.

Die Aufforderung des „memento mori" (aus dem Lat.: denke daran, dass du sterben wirst) und der Hinweis auf die irdische „vanitas" (Vergänglichkeit, oft als „Eitelkeit" bezeichnet) durchziehen die Kunstwerke der Zeit.

Die ständige existenzielle Bedrohung des Menschen durch Krieg, Krankheit und Tod lässt jedoch auch das Bewusstsein entstehen, dass jeder Tag, jeder Augenblick des Lebens ausgekostet werden muss. Der Gedanke des „carpe diem" (aus dem Lat.: nutze den Tag) findet sich dementsprechend in der Kunst dieser Zeit.

Pieter Claesz
Stillleben mit Brief und Kerze,
1625 Haaslern/Niederlande

Beschreibung eines Stilllebens *Bettina Werche*

Auf einer grauen, flachen Platte sind einige der gebräuchlichsten Vergänglichkeitssymbole mit der Darstellung eines geöffneten, aber noch zusammengefalteten Briefes kombiniert. Zum Motivbereich des Briefes, der rechts von einem Totenkopf und links von einer nahezu vollständig heruntergebrannten Kerze flankiert wird, gehört im Hintergrund noch die auf einem Tintenfass abgelegte Schreibfeder. Im Vordergrund, ganz dicht an der Kante der Platte, liegen neben der Taschenuhr und dem dazugehörenden Schlüssel eine Anemonenblüte und eine geknackte, halb geöffnete Walnuss. Von der Kerze ist ein Stück Glut heruntergefallen, die langsam verglimmt und darauf anspielt, dass auch das Menschenleben verfliegt, wie Rauch. Die Taschenuhr erinnert ebenfalls an die verrinnende Zeit. Die Blüte, deren Schicksal es ist, nur für kurze Zeit Freude zu bereiten und dann zu verblühen, steht für die Vergänglichkeit von äußerlicher Schönheit. Dagegen kann in der Walnuss ein Hinweis auf den christlichen Erlösungsgedanken gesehen werden, denn so wie die Nussschale den fruchtbaren Kern verbirgt, so steckt in der sterblichen Hülle des Menschen die unsterbliche Seele.

1. Übertrage das Gedicht von Andreas Gryphius (S. 52) in die heutige Rechtschreibung.
2. Analysiere das Gedicht mit Hilfe der Hintergrundinformationen über seine Entstehungszeit.

Inventur *Günter Eich*

Dies ist meine Mütze,
dies ist mein Mantel,
hier mein Rasierzeug
im Beutel aus Leinen.

5 Konservenbüchse:
Mein Teller, mein Becher,
ich hab in das Weißblech
den Namen geritzt.

Geritzt hier mit diesem
10 kostbaren Nagel,
den vor begehrlichen
Augen ich berge.

Im Brotbeutel sind
ein Paar wollene Socken
15 und einiges, was ich
niemand verrate,

so dient es als Kissen
nachts meinem Kopf.
Die Pappe hier liegt
20 zwischen mir und der Erde.

Die Bleistiftmine
lieb ich am meisten:
Tags schreibt sie mir Verse,
die nachts ich erdacht.

25 Dies ist mein Notizbuch,
dies meine Zeltbahn,
dies ist mein Handtuch,
dies ist mein Zwirn.

Die mauer *Reiner Kunze*

Zum 3. oktober 1990

Als wir sie schleiften, ahnten wir nicht,
wie hoch sie ist
in uns

Wir hatten uns gewöhnt
5 an ihren horizont

Und an die windstille

In ihrem schatten warfen
alle keinen schatten

Nun stehen wir entblößt
10 jeder entschuldigung

Beide Lyriker setzen sich mit einem für ihre jeweilige Entstehungszeit aktuellen Zeitgeschehen auseinander: Günter Eich mit dem Zweiten Weltkrieg und seinen Folgen für die Soldaten, Reiner Kunze mit dem Fall der Mauer und dem Beginn der deutschen Einheit.

3. Wählt ein Gedicht aus und recherchiert über den Autor und den Zeithintergrund des Gedichts.
4. Stellt das Gedicht und ausgewählte Materialien in einer Text-Bild-Collage so zusammen, dass sich Gedicht und Zusatzinformationen gegenseitig erklären.

Theater

WERKSTATT: THEATER

Dramatische Sprechformen

Dialog → S. 57

1. Bildet Kleingruppen. Nutzt den Bildimpuls als Ausgangspunkt für die Improvisation eines **Dialogs**.
2. Lasst eine weitere Person hinzutreten, die das Geschehen beobachtet und sich dann in den Dialog einmischt.
3. Tretet aus euren Rollen heraus und haltet stichwortartig fest:
   – Thema des Gesprächs
   – die Charaktere und ihre Beziehung zueinander
   – Schauplatz und Situation
   – Gesprächsentwicklung und Konfliktlösung.

Im Abteil

A Na hören Sie mal! Ich war doch wohl zuerst da! Das ist mein Fensterplatz! Ist das klar? Also – ein für allemal – hier sitze ich! – Haben Sie mich nicht verstanden?

B Verzeihen Sie bitte – darf ich Sie freundlich darauf hinweisen, dass ich mit meinen Koffern lange vor Ihnen hier war? Ich suche genau wie Sie einen guten Platz. Und ich werde von hier nicht weggehen!

4. Wählt euch einen Partner und führt dieses Streitgespräch weiter.
5. Untersucht, welche unterschiedlichen Gesprächsstrategien ihr verwendet habt.
6. Nutzt eure Überlegungen, um das Streitgespräch mit einer klaren Zielvorgabe noch einmal zu führen.
7. Improvisiert zu den folgenden Spielanregungen passende Gesprächssituationen (Monologe, Dialoge). Macht euch vorher genau klar, was für ein Ziel ihr mit dem Gespräch erreichen wollt, und probiert verschiedene Gesprächsstrategien.

> Im Theater ist die Improvisation das Spielen ohne Vorbereitung, das einem Impuls folgt, z. B.:
> - Wort, Satz (Au ja! Ich war zuerst da!)
> - Situation (A trifft B)
> - Gromolo (Dialog in Nonsenssprache)
> - Gegenstand (leerer Stuhl)
> - Imagination (eine Maus im Raum).

Was mache ich,
- wenn ich irgendwo jemanden sehe, den ich gerne kennen lernen möchte
- wenn jemand in meiner Nähe raucht und mich damit stört
- wenn kein Tisch mehr frei ist und ich mich irgendwo dazu setzen muss
- wenn ich keine Zeit habe und trotzdem anstehen und warten muss
- wenn ich zu einer wichtigen Verabredung zu spät komme?

INFO Dramatische Sprechformen

Die wesentlichen dramatischen Sprechformen sind:
- **Dialog** (griech. dialogos = Wechsel-, Zwiegespräch, logos = Rede), die von zwei oder mehreren Personen abwechselnd geführte Rede und Gegenrede
- **Monolog** (griech. monos = allein, logos = Rede), die „Einzelrede", das Selbstgespräch mit unterschiedlichen Funktionen: Im **Botenbericht** informiert ein Bote über etwas, das zuvor geschehen ist und nicht auf der Bühne dargestellt wurde. Der **lyrische Monolog** drückt die Gefühle einer Person aus. Im **Konfliktmonolog** werden Entscheidungen getroffen, die für den Fortgang der Handlung wichtig sind.

Gendarmenmarkt. Außen. Nacht.

Der Komponist Mimi Nachtigal und die Sängerin Venus Morgenstern haben sich nach sieben Jahren getrennt, obwohl sie geglaubt hatten, sich auf ewig und unsterblich zu lieben. Erst später wird ihnen schmerzlich bewusst, dass sie die große Liebe ihres Lebens verloren haben. Doch zunächst versucht jeder von ihnen, seinen Kummer pragmatisch zu bewältigen.

Gendarmenmarkt. Außen. Nacht.
Groß: Venus wirft noch einen Blick hinauf zu den Fenstern von Mimis Wohnung, dann wendet sie sich ab, um zum Lokal zurückzugehen. Totale des großen Platzes: Von rechts kommt Venus ins Bild, von links Mimi. Betont langsam, als gingen sie ziel-
5 *los spazieren, schlendern sie aufeinander zu, bis sie in der Mitte des Platzes aufeinander treffen. Nah: Mimi und Venus bleiben voreinander stehen und schauen sich an.*

    Venus   Gehst du ... ah ... spazieren?
    Mimi   Jaja, ich geh' jetzt meistens ... um die Zeit noch 'n bisschen spazieren ... vor dem Schlafengehen. Und du?
10   Venus   Ich auch ... Ich geh' jetzt auch viel öfter spazieren als früher. Am liebsten schon ganz früh morgens vor dem Aufstehen ... äh, ich meine: nach dem Aufstehen ... vor dem Frühstück.
    Mimi   Ich ... äh ... frühstück' ja jetzt neuerdings gar nicht mehr, ich ... trink' nur 'ne Tasse Kaffee und ess' dann erst gegen Mittag so 'ne Kleinig-
15   keit ... kleinen Toast mit Rührei oder ... so 'ne Putenwiener.
    Venus   Ich ess' überhaupt kein Fleisch mehr. Ich ess' nur noch Gemüse ... und Obst.
    Mimi   Aja, das ist auch 'ne sehr gute Sache.
    Venus   Jaja, sehr gut.
20   Mimi   Welches?
    Venus   Welches was?
    Mimi   Gemüse.
    Venus   Zucchini ... äh.
    Mimi   *erstaunt* Zucchini? Du isst Zucchini?
25   Venus   Ja, wieso nicht?
    Mimi   *mit gespielter Begeisterung* Das finde ich ja toll! Zucchini – die hast du ja früher nie gegessen ... äh ... Zucchini. Weißt du noch, wie ich immer gesagt hab': „Iss doch mal Zucchini! Probier sie wenigstens! Die sind doch sehr gut!"
30   Venus   Sind sie auch. Sind sehr gut. Wenn ich da zwei, drei esse am Tag, dann reicht's mir schon ... mehr will ich dann gar nicht mehr. Tut mir aber wahnsinnig gut.
    Mimi   Ich hab' jetzt schon drei ... bis vier Kilo abgenommen.

VENUS   Ich auch. So gesehen war das … äh … wahrscheinlich eine gute
35   Sache, dass wir uns … getrennt haben.
MIMI   Ja, das ist sehr gut, dass es jetzt so ist … wie es ist … und …,
              dass man jetzt auch ganz offen und freundschaftlich mal feststellen
              kann, dass man sich nicht mehr … äh liebt.
VENUS   Ja, das ist gut. Ich finde das auch sehr gut, dass man sich da jetzt mal
40   nichts mehr vormacht und ehrlich sagt, dass man sich einfach nicht
              mehr … liebt.
Beide nicken. Es entsteht eine Pause.
VENUS   Du liebst mich doch nicht mehr? Oder?
MIMI   Nein, nein, natürlich nicht. Du doch auch nicht?
45 VENUS   Ich? Dich? Glaub' ich ganz bestimmt nicht.
Wieder entsteht eine Pause. Die beiden schauen sich an.
VENUS   Ich … äh … muss jetzt wieder zurück zu meinen Leuten … ich muss
              auch bald ins Bett. Wir … gehen morgen auf Tournee.
MIMI   Ich muss auch dringend nach Hause und meine … Koffer packen und
50 VENUS   Ach – du fährst auch weg?
MIMI   Jaja. Ich brauch' jetzt mal Ruhe. Und Abstand und mal wieder 'n
              bisschen frischen Wind um die Ohren … und die Nase.
VENUS   Ja … ich auch … dann – gute Nacht, Mimi. Und schlaf gut!
MIMI   Du auch. Gute Nacht, Sternchen!

55 *Totale: Für einen Moment stehen die beiden noch unschlüssig voreinander.
Dann gehen sie in entgegengesetzten Richtungen über den leeren Platz davon.*

> **TIPP**
> Folgende Hinweise sind beim szenischen Gestalten hilfreich. Ihr könnt:
> - einen Raum als Schauplatz imaginieren
> - den Dialogpart in einer für diese Figur charakteristischen Sprechweise, Mimik, Gestik und Körperhaltung lesen
> - euch als Figur während des Lesens so in den imaginierten Raum setzen, stellen, bewegen, dass die Beziehung zu den anderen Figuren deutlich wird.

1. Lest das Gespräch mit verteilten Rollen. Wie stellt ihr euch die Figuren vor? In welchem Verhältnis stehen sie in dieser Szene zueinander?
2. Wähle eine Figur aus und entwickle eine **Rollenbiografie**. Beziehe darin die Liebesbeziehung bis zur Trennung mit ein.
3. Ergänzt auf dem Hintergrund eures Textverständnisses die Regieanweisungen und gestaltet den Dialog szenisch nach.

Rollenbiografie → S. 343

INFO Regieanweisungen

Regieanweisungen sind zusätzliche Angaben, die der Autor, Dramaturg oder Regisseur zur Inszenierung macht:
    Im **Theater** handelt es sich um weitere Hinweise zu Ort, Zeit und Haltung der Figuren.
    Im Drehbuch zu einem **Film** werden darüber hinaus Regieanweisungen zur Kameraperspektive (z. B. Totale) und zur Einstellungsgröße (z. B. Groß, Nah) gegeben.

Ein klassisches Drama: Maria Stuart

Maria Stuart *Friedrich Schiller*

Im Schloss Fotheringhay

Im Schloss zu Fotheringhay, etwa 100 km nördlich von London, wird die schottische Königin Maria Stuart als Staatsgefangene der englischen Königin Elisabeth in Verwahrung gehalten. Amias Paulet, ein englischer Ritter, hat den Auftrag, Maria zu bewachen. Voller Misstrauen gegenüber der „ränkevollen Königin" ist er soeben dabei, gewaltsam einen ihrer Schränke aufzubrechen, um ihren noch verbliebenen Schmuck und geheime Briefschaften, in denen er verräterische Absprachen vermutet, an sich zu nehmen.

Hanna Kennedy, während ihrer fast zwei Jahrzehnte langen Gefangenschaft Marias vertrauteste Kammerfrau, „in heftigem Streit" mit ihm:

> **TIPP**
> Weitere Texte zu und von Friedrich Schiller findet ihr in dem Kapitel „Schiller lebt".

Exposition → S. 71

Erster Aufzug – Erster Auftritt

KENNEDY Was macht Ihr, Sir? Welch neue Dreistigkeit!
        Zurück von diesem Schrank!
PAULET   Wo kam der Schmuck her?
        Vom obern Stock ward er herabgeworfen,
5   Der Gärtner hat bestochen werden sollen
        Mit diesem Schmuck – Fluch über Weiberlist!
        Trotz meiner Aufsicht, meinem scharfen Suchen
        Noch Kostbarkeiten, noch geheime Schätze!
        Sich über den Schrank machend. [...]
10 KENNEDY Seid gütig, Sir. Nehmt nicht den letzten Schmuck
        Aus unserm Leben weg! Die Jammervolle
        Erfreut der Anblick alter Herrlichkeit,
        Denn alles andre habt Ihr uns entrissen.
PAULET Es liegt in guter Hand. Gewissenhaft
15   Wird es zu seiner Zeit zurückgegeben!
KENNEDY Wer sieht es diesen kahlen Wänden an,
        Dass eine Königin hier wohnt? Wo ist
        Die Himmeldecke über ihrem Sitz?
        Muss sie den zärtlich weichgewöhnten Fuß
20   Nicht auf gemeinen, rauen Boden setzen?
        Mit grobem Zinn – die schlechtste Edelfrau
        Würd es verschmähn – bedient man ihre Tafel.
PAULET So speiste sie zu Sterlyn ihren Gatten,
        Da sie aus Gold mit ihrem Buhlen trank.
25 KENNEDY Sogar des Spiegels kleine Notdurft mangelt.

PAULET   Solang sie noch ihr eitles Bild beschaut,
         Hört sie nicht auf zu hoffen und zu wagen.
KENNEDY   An Büchern fehlts, den Geist zu unterhalten.
PAULET   Die Bibel ließ man ihr, das Herz zu bessern.
30 KENNEDY   Selbst ihre Laute ward ihr weggenommen.
PAULET   Weil sie verbuhlte Lieder drauf gespielt.
KENNEDY   Ist das ein Schicksal für die Weicherzogne,
         Die in der Wiege Königin schon war,
         Am üpp'gen Hof der Mediceerin
35   In jeder Freuden Fülle aufgewachsen!
         Es sei genug, dass man die Macht ihr nahm,
         Muss man die armen Flitter ihr missgönnen?
         In großes Unglück lehrt ein edles Herz
         Sich endlich finden, aber wehe tut's,
40   Des Lebens kleine Zierden zu entbehren.
PAULET   Sie wenden nur das Herz dem Eiteln zu,
         Das in sich gehen und bereuen soll.
         Ein üppig lastervolles Leben büßt sich
         In Mangel und Erniedrigung allein.
45 KENNEDY   Wenn ihre zarte Jugend sich verging,
         Mag sies mit Gott abtun und ihrem Herzen –
         In England ist kein Richter über sie.
PAULET   Sie wird gerichtet, wo sie frevelte.
KENNEDY   Zum Freveln fesseln sie zu enge Bande.
50 PAULET   Doch wusste sie aus diesen engen Banden
         Den Arm zu strecken in die Welt, die Fackel
         Des Bürgerkrieges in das Reich zu schleudern
         Und gegen unsre Königin, die Gott
         Erhalte! Meuchelrotten zu bewaffnen.
55   Erregte sie aus diesen Mauern nicht
         Den Böswicht Parry und den Babington
         Zu der verfluchten Tat des Königsmords?
         Hielt dieses Eisengitter sie zurück,
         Das edle Herz des Norfolk zu umstricken?
60   Für sie geopfert fiel das beste Haupt
         Auf dieser Insel unterm Henkerbeil –
         Und schreckte dieses jammervolle Beispiel
         Die Rasenden zurück, die sich wetteifernd
         Um ihretwillen in den Abgrund stürzen?
65   Die Blutgerüste füllen sich für sie
         Mit immer neuen Todesopfern an,
         Und das wird nimmer enden, bis sie selbst,

          Die Schuldigste, darauf geopfert ist.
          – O Fluch dem Tag, da dieses Landes Küste
70   Gastfreundlich diese Helena empfing.
    KENNEDY   Gastfreundlich hätte England sie empfangen?
          Die Unglückselige, die seit dem Tag,
          Da sie den Fuß gesetzt in dieses Land,
          Als eine Hilfeflehende, Vertriebne
75   Bei der Verwandten Schutz zu suchen kam,
          Sich wider Völkerrecht und Königswürde
          Gefangen sieht, in enger Kerkerhaft
          Der Jugend schöne Jahre muss vertrauern. –
          Die jetzt, nachdem sie alles hat erfahren,
80   Was das Gefängnis Bittres hat, gemeinen
          Verbrechern gleich vor des Gerichtes Schranken
          Gefordert wird und schimpflich angeklagt
          Auf Leib und Leben – eine Königin!
    PAULET   Sie kam ins Land als eine Mörderin,
85   Verjagt von ihrem Volk, des Throns entsetzt,
          Den sie mit schwerer Gräueltat geschändet.
          Verschworen kam sie gegen Englands Glück,
          Der spanischen Maria blut'ge Zeiten
          Zurückzubringen, Engelland katholisch
90   Zu machen, an den Franzmann zu verraten.
          Warum verschmähte sies, den Edinburger
          Vertrag zu unterschreiben, ihren Anspruch
          An England aufzugeben und den Weg
          Aus diesem Kerker schnell sich aufzutun
95   Mit einem Federstrich? Sie wollte lieber
          Gefangen bleiben, sich misshandelt sehn,
          Als dieses Titels leerem Prunk entsagen.
          Weswegen tat sie das? Weil sie den Ränken
          Vertraut, den bösen Künsten der Verschwörung,
100   Und Unheil spinnend diese ganze Insel
          Aus ihrem Kerker zu erobern hofft. [...]

1. Bildet Gruppen und lest den Text kommentierend.
   Klärt eure Fragen und recherchiert die historischen Fakten.
2. Formuliert Texte, mit denen eine neu eingeführte
   passende Figur dem Zuschauer Zusatzinformationen gibt,
   und lest den Text mit verteilten Rollen.
3. Welcher Konflikt bahnt sich an?

INFO Methoden szenischer Interpretation

- **Kommentierend Lesen**
  Im Text werden Bemerkungen, Einwände, Berichtigungen, Fragen, Ausrufe usw. notiert. Auch die Figur eines Kommentators kann diese Funktion übernehmen.
- **Eine Szene mit eigenen Worten erspielen**
  Zuerst wird überlegt, was die Figur beabsichtigt, tut und sagt und wie ihre Beziehung zu den anderen Figuren ist, dann wird die Szene frei und mit eigenen Worten nachgespielt.
- **Sprechhaltungen von Figuren erarbeiten**
  Ein für die Figuren jeweils prägnanter Satz wird herausgesucht und es werden die Situation, die Gemütslage, die dazu passende Körperhaltung, Mimik und Sprechweise probiert.
- **Stellungen von Dialogpartnern im Raum erarbeiten**
  Stellungen und Bewegungen der Dialogpartner werden erprobt: stehen, setzen, parallel zueinander oder diagonal, zu- oder abgewandt, mit oder ohne Körper- oder Blickkontakt, dem Publikum oder einander zugewandt, ruhig oder in Bewegung.
- **Innere Vorgänge der Figuren bewusst machen**
  An auffälligen Textstellen kann sich die Figur unterbrechen oder unterbrochen werden, um in einem an das Publikum gerichteten Monolog über ihre nicht im Rollentext ausgedrückten Gefühle „privat" zu sprechen. Eine hinter der Figur stehende Schattenfigur artikuliert beispielsweise für den Zuschauer deren innere Gefühle als „Subtext", auf den die Figur aber nicht reagiert.
- **Neue Figuren einführen**
  Unabhängige Beobachter oder weitere am Geschehen beteiligte Figuren können mit improvisierten oder vorbereiteten Texten Zusammenhänge, Hintergründe oder weitere Fakten einbringen, die entweder nur den Zuschauer informieren oder auch das Spiel beeinflussen.

Der Streit der Königinnen

Das oberste Gericht hat über Maria Stuart das Todesurteil gesprochen. Diese jedoch erkennt in stolzer, selbstbewusster Haltung weder die Richter noch das Urteil an. In einem Brief bittet sie die „königliche Schwester", die sie bisher nie persönlich gesehen hat, um eine Unterredung. Elisabeth verweigert diese zunächst, wird dann jedoch durch ihren Günstling Graf Leicester dazu überredet, bei einer Jagd in der Nähe von Schloss Fotheringhay „wie von ohngefähr" auf die gedemütigte Rivalin zu stoßen. Maria ist auf diese plötzliche Begegnung nicht vorbereitet.

Dritter Aufzug – Vierter Auftritt
[...]
ELISABETH   Wer ist die Lady?
  Ein allgemeines Schweigen.
LEICESTER   – Du bist zu Fotheringhay, Königin.
5 ELISABETH   *stellt sich überrascht und erstaunt, einen finstern Blick auf*
  Leicestern richtend.
  Wer hat mir das getan? Lord Leicester!
LEICESTER   Es ist geschehen, Königin – Und nun
  Der Himmel deinen Schritt hierher gelenkt,
10 So lass die Großmut und das Mitleid siegen.
SHREWSBURY   Lass dich erbitten, königliche Frau,
  Dein Aug auf die Unglückliche zu richten,
  Die hier vergeht vor deinem Anblick.
MARIA   *rafft sich zusammen und will auf die Elisabeth zugehen,*
15 *steht aber auf halbem Weg schaudernd still, ihre Gebärden drücken*
  den heftigsten Kampf aus.
ELISABETH   Wie, Mylords?
  Wer war es denn, der eine Tiefgebeugte
  Mir angekündigt? Eine Stolze find ich,
20 Vom Unglück keineswegs geschmeidigt.
MARIA   Seis!
  Ich will mich auch noch diesem unterwerfen.
  Fahr hin, ohnmächtger Stolz der edeln Seele!
  Ich will vergessen, wer ich bin, und was
25 Ich litt; ich will vor ihr mich niederwerfen,
  Die mich in diese Schmach herunterstieß.
  Sie wendet sich gegen die Königin.
  Der Himmel hat für Euch entschieden, Schwester!
  Gekrönt vom Sieg ist Euer glücklich Haupt,
30 Die GOTTHEIT bet' ich an, die Euch erhöhte!
  Sie fällt vor ihr nieder.
  Doch seid auch Ihr nun edelmütig, Schwester!

Lasst mich nicht schmachvoll liegen, Eure Hand
Streckt aus, reicht mir die königliche Rechte,
Mich zu erheben von dem tiefen Fall.
ELISABETH *zurücktretend.*
Ihr seid an Eurem Platz, Lady Maria!
Und dankend preis ich meines Gottes Gnade,
Der nicht gewollt, dass ich zu Euren Füßen
So liegen sollte, wie Ihr jetzt zu meinen.
MARIA *mit steigendem Affekt.*
Denkt an den Wechsel alles Menschlichen!
Es leben Götter, die den Hochmut rächen!
Verehrt, fürchtet sie, die schrecklichen,
Die mich zu Euren Füßen niederstürzen –
Um dieser fremden Zeugen willen, ehrt
In mir Euch selbst, entweiht, schändet nicht
Das Blut der Tudor, das in meinen Adern
Wie in den Euren fließt – O Gott im Himmel!
Steht nicht da, schroff und unzugänglich, wie
Die Felsenklippe, die der Strandende
Vergeblich ringend zu erfassen strebt.
Mein Alles hängt, mein Leben, mein Geschick
An meiner Worte, meiner Tränen Kraft:
Löst mir das Herz, dass ich das Eure rühre!
Wenn Ihr mich anschaut mit dem Eisesblick,
Schließt sich das Herz mir schaudernd zu, der Strom

          Der Tränen stockt, und kaltes Grausen fesselt
          Die Flehensworte mir im Busen an.
60 ELISABETH *kalt und streng.*
          Was habt Ihr mir zu sagen, Lady Stuart?
          Ihr habt mich sprechen wollen. Ich vergesse
          Die Königin, die schwer beleidigte,
          Die fromme Pflicht der Schwester zu erfüllen,
65   Und meines Anblicks Trost gewähr ich Euch.
          Dem Trieb der Großmut folg ich, setze mich
          Gerechtem Tadel aus, dass ich so weit
          Heruntersteige – denn Ihr wisst,
          Dass Ihr mich habt ermorden lassen wollen.
70 MARIA Womit soll ich den Anfang machen, wie
          Die Worte klüglich stellen, dass sie Euch
          Das Herz ergreifen, aber nicht verletzen!
          O Gott, gib meiner Rede Kraft und nimm
          Ihr jeden Stachel, der verwunden könnte!
75   Kann ich doch für mich selbst nicht sprechen, ohne Euch
          Schwer zu verklagen, und das will ich nicht.
          – Ihr habt an mir gehandelt, wie nicht recht ist,
          Denn ich bin eine Königin wie Ihr,
          Und Ihr habt als Gefangne mich gehalten;
80   Ich kam zu Euch als eine Bittende,
          Und Ihr, des Gastrechts heilige Gesetze,
          Der Völker heilig Recht in mir verhöhnend,
          Schlosst mich in Kerkermauern ein, die Freunde,
          Die Diener werden grausam mir entrissen,
85   Unwürdgem Mangel werd ich preisgegeben,
          Man stellt mich vor ein schimpfliches Gericht –
          Nichts mehr davon! Ein ewiges Vergessen
          Bedecke, was ich Grausames erlitt.
          – Seht! Ich will alles eine Schickung nennen:
90   Ihr seid nicht schuldig, ich bin auch nicht schuldig,
          Ein böser Geist stieg aus dem Abgrund auf,
          Den Hass in unsern Herzen zu entzünden,
          Der unsre zarte Jugend schon entzweit.
          Er wuchs mit uns, und böse Menschen fachten
95   Der unglückselgen Flamme Atem zu.
          Wahnsinn'ge Eiferer bewaffneten
          Mit Schwert und Dolch die unberufne Hand –
          Das ist das Fluchgeschick der Könige,
          Dass sie, entzweit, die Welt in Hass zerreißen

100	Und jeder Zwietracht Furien entfesseln.
	– Jetzt ist kein fremder Mund mehr zwischen uns,
	nähert sich ihr zutraulich und mit schmeichelndem Ton.
	Wir stehn einander selbst nun gegenüber.
	Jetzt, Schwester, redet! Nennt mir meine Schuld,
105	Ich will Euch völliges Genügen leisten.
	Ach, dass Ihr damals mir Gehör geschenkt,
	Als ich so dringend Euer Auge suchte!
	Es wäre nie so weit gekommen, nicht
	An diesem traurgen Ort geschähe jetzt
110	Die unglückselig traurige Begegnung.

ELISABETH   Mein guter Stern bewahrte mich davor,
　　　　　　Die Natter an den Busen mir zu legen.
　　　　　　– Nicht die Geschicke, Euer schwarzes Herz
　　　　　　Klagt an, die wilde Ehrsucht Eures Hauses.
115　　　　Nichts Feindliches war zwischen uns geschehn,
　　　　　　Da kündigte mir Euer Ohm, der stolze,
　　　　　　Herrschwüt'ge Priester, der die freche Hand
　　　　　　Nach allen Kronen streckt, die Fehde an,   **Fehde:** Streit
　　　　　　Betörte Euch, mein Wappen anzunehmen,
120　　　　Euch meine Königstitel zuzueignen,
　　　　　　Auf Tod und Leben in den Kampf mit mir
　　　　　　Zu gehn – Wen rief er gegen mich nicht auf?
　　　　　　Der Priester Zungen und der Völker Schwert,
　　　　　　Des frommen Wahnsinns fürchterliche Waffen,
125　　　　Hier selbst, im Friedenssitze meines Reichs,

Sankt Barthelemi:
In der Bartholomäusnacht (24.8.1572) wurde nahezu der gesamte protestantische Adel Frankreichs ermordet.

            Blies er mir der Empörung Flammen an –
            Doch Gott ist mit mir, und der stolze Priester
            Behält das Feld nicht – Meinem Haupte war
            Der Streich gedrohet, und das Eure fällt!
130   MARIA Ich steh in Gottes Hand. Ihr werdet Euch
            So blutig Eurer Macht nicht überheben –
      ELISABETH Wer soll mich hindern? Euer Oheim gab
            Das Beispiel allen Königen der Welt,
            Wie man mit seinen Feinden Frieden macht:
135   Die Sankt Barthelemi sei meine Schule!
            Was ist mir Blutsverwandtschaft, Völkerrecht?
            Die Kirche trennet aller Pflichten Band,
            Den Treubruch heiligt sie, den Königsmord,
            Ich übe nur, was Eure Priester lehren.
140   Sagt! Welches Pfand gewährte mir für Euch,
            Wenn ich großmütig Eure Bande löste?
            Mit welchem Schloss verwahr ich Eure Treue,
            Das nicht Sankt Peters Schlüssel öffnen kann?
            Gewalt nur ist die einz'ge Sicherheit,
145   Kein Bündnis ist mit dem Gezücht der Schlangen.
      MARIA O, das ist Euer traurig finstrer Argwohn!
            Ihr habt mich stets als eine Feindin nur
            Und Fremdlingin betrachtet. Hättet ihr
            Zu Eurer Erbin mich erklärt, wie mir
150   Gebührt, so hätten Dankbarkeit und Liebe
            Euch eine treue Freundin und Verwandte
            In mir erhalten.

ELISABETH   Draußen, Lady Stuart,
Ist Eure Freundschaft, Euer Haus das Papsttum,
Der Mönch ist Euer Bruder – Euch! zur Erbin
Erklären! Der verräterische Fallstrick!
Dass Ihr bei meinem Leben noch mein Volk
Verführtet, eine listige Armida,
Die edle Jugend meines Königreichs
In Eurem Buhlernetze schlau verstricktet –
Dass alles sich der neu aufgehnden Sonne
Zuwendete, und ich –

MARIA   Regiert in Frieden!
Jedwedem Anspruch auf dies Reich entsag ich.
Ach, meines Geistes Schwingen sind gelähmt,
Nicht Größe lockt mich mehr – Ihr habt's erreicht,
Ich bin nur noch der Schatten der Maria.
Gebrochen ist in langer Kerkerschmach
Der edle Mut – Ihr habt das Äußerste an mir
Getan, habt mich zerstört in meiner Blüte!
– Jetzt macht ein Ende, Schwester. Sprecht es aus,
Das Wort, um dessentwillen Ihr gekommen,
Denn nimmer will ich glauben, dass Ihr kamt,
Um Euer Opfer grausam zu verhöhnen.
Sprecht dieses Wort aus. Sagt mir: „Ihr seid frei,
Maria! Meine Macht habt Ihr gefühlt,
Jetzt lernet meinen Edelmut verehren."
Sagt's, und ich will mein Leben, meine Freiheit
Als ein Geschenk aus Eurer Hand empfangen.
– Ein Wort macht alles ungeschehn. Ich warte
Darauf. O lasst michs nicht zu lang erharren!
Weh Euch, wenn Ihr mit diesem Wort nicht endet!
Denn wenn Ihr jetzt nicht segenbringend, herrlich
Wie eine Gottheit von mir scheidet – Schwester!
Nicht um dies ganze reiche Eiland, nicht
Um alle Länder, die das Meer umfasst,
Möcht ich vor Euch so stehn, wie Ihr vor mir!

ELISABETH   Bekennt Ihr endlich Euch für überwunden?
Ists aus mit Euren Ränken? Ist kein Mörder
Mehr unterweges? Will kein Abenteurer
Für Euch die traur'ge Ritterschaft mehr wagen?
– Ja, es ist aus, Lady Maria. Ihr verführt
Mir keinen mehr. Die Welt hat andre Sorgen.
Es lüstet keinen, Euer – vierter Mann

Armida: listige Angreiferin; geht zurück auf „Armada" = schwer bewaffnete Kriegsflotte des span. Königs Philipp I.

Eiland: Insel

Höhe- und Wendepunkt analysieren

                Zu werden, denn Ihr tötet Eure Freier
                Wie Eure Männer!
   MARIA *auffahrend.*
                          Schwester! Schwester!
200   O Gott! Gott! Gib mir Mäßigung!
   ELISABETH *sieht sie lange mit einem Blick stolzer Ver-*
       achtung an.
       Das also sind die Reizungen, Lord Leicester,
       Die ungestraft kein Mann erblickt, daneben
205   Kein andres Weib sich wagen darf zu stellen!
       Fürwahr! Der Ruhm war wohlfeil zu erlangen:
       Es kostet nichts, die a l l g e m e i n e Schönheit
       Zu sein, als die g e m e i n e sein für a l l e!
   MARIA Das ist zu viel!
210 ELISABETH *höhnisch lachend.*
                   Jetzt zeigt Ihr Euer wahres Gesicht,
       Bis jetzt war's nur die Larve. [...]
   MARIA Der Thron von England ist durch einen Bastard
       Entweiht, der Briten edelherzig Volk
215   Durch eine list'ge Gauklerin betrogen.
       – Regierte Recht, so läget i h r vor mir
       Im Staube jetzt, denn i c h bin Euer König.
   ELISABETH *geht schnell ab, die Lords folgen ihr in der höchsten Bestürzung.*

Larve: Maske

1. Überlegt in Gruppen, welche Erwartungen Maria an Elisabeth hat und welche Absicht Elisabeth Maria gegenüber in diesem Gespräch verfolgen wird. Bezieht die Szenenfotos in eure Überlegungen ein. Gebt jeder Figur einen Leitsatz und improvisiert zielgerichtet einen Dialog. Welche Gesprächsstrategien habt ihr eingesetzt? Waren sie erfolgreich?
2. Lest den Dialog und gestaltet ihn szenisch. Setzt dabei die Szenenanweisungen in Sprache, Gestik, Körperhaltung und Stellungen zueinander um.
3. Analysiert den Dialog und legt Höhepunkt und Peripetie fest. Wer ist eurer Meinung nach in dieser großen Begegnungsszene die „Siegerin"?

INFO Dramatische Texte analysieren

Grundbegriffe zur Dialoganalyse

- In welcher **Situation** treffen die Gesprächspartner zusammen?
  Beispiele: Ort, Raum, Zeit, Atmosphäre, zusätzliche Personen
- Welche **Absicht** verfolgen die Gesprächspartner?
  Beispiele: nicht bereit oder bereit einen Konflikt zu lösen
- Welche **Handlungen** vollziehen die Personen während des Dialogs?
  Beispiele: konkret (stehen, gehen, zurücktreten, lachen, sich niederwerfen usw.), non-verbal (Körpersprache)
- Welchen **Verlauf** nimmt der Dialog?
  Beispiele: Phasen, Redeanteile, Sprecherwechsel, Zu- und Abwendungen, Leitmotive, Gedanken, Rede und Gegenrede, Ausgangspunkt und Ergebnis
- Welche **sprachlichen Mittel** werden eingesetzt?
  Beispiele: Anredeform, Schlüsselbegriffe, Sprachstil, Frageform, Bekräftigung, Umschreibung, Andeutung, Vergleich

Grundbegriffe zum Aufbau eines klassischen Dramas

- Der **Akt** bzw. **Aufzug** ist die große Struktureinheit im Drama, die meist einen Ort umfasst. Bei der **Szene** bzw. dem **Auftritt** handelt es sich um einen Teil eines Aktes.
- Der griechische Philosoph Aristoteles untergliedert den Aufbau eines Dramas in drei Stufen: **Exposition**, **Peripetie** und **Katastrophe**. Bei der Exposition handelt es sich um die Einführung in Ort, Zeit, Personen und weitere für das Verständnis der Handlung wichtige Voraussetzungen. Die steigende Handlung läuft auf den Höhepunkt zu, an dem sich das Schicksal der Hauptfigur entscheidet. Von Peripetie (griech. „plötzliches Umschlagen") spricht man, wenn sich die Handlung zum Guten oder Schlimmen wendet.
- Nach Gustav Freytag hat das klassische Drama einen **fünfstufigen Aufbau**:

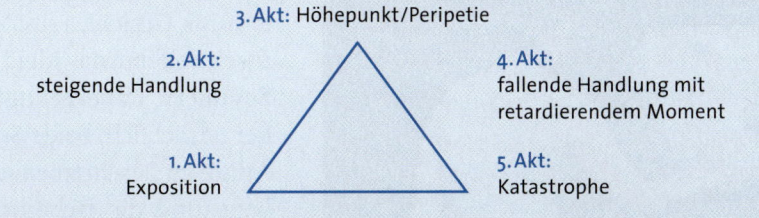

```
                3. Akt: Höhepunkt/Peripetie
     2. Akt:                           4. Akt:
  steigende Handlung                 fallende Handlung mit
                                     retardierendem Moment
     1. Akt:                           5. Akt:
    Exposition                       Katastrophe
```

- Das klassische Drama hat eine **geschlossene Form** mit einer zielgerichteten Handlungsführung und den drei Einheiten von Ort, Zeit und Handlung, d. h., es besteht aus einer einzigen Handlung, spielt an einem einzigen Ort und ist innerhalb von 24 Stunden abgeschlossen.

Peter Dieter Schnitzler inszeniert „Maria Stuart" in Dortmund (1973)   *Walter Beimdick*

Hier ist Elisabeth nicht eine kleinliche, schwache, angstvolle Frau […], sondern eine von machtpolitischen Überlegungen eingeengte Herrscherin. […] Auch Maria bekommt starke politische Bedeutung, durch ihre kaltblütige Beherrschtheit, durch ihre Bemühung, Leicester für sich zu gewinnen sowie Elisabeth zu sehen und umzustimmen, durch Mortimers Befreiungspläne, die von Frankreich und den katholischen Mächten beeinflusst sind. Nach solcher Konzeption kann das Treffen im Park des Schlosses Fotheringhay nicht als Streit zweier königlicher ‚Huren' gelten, wie Goethe meinte, auch nicht als das Gezänk zweier Geschlechtsgenossinnen, die „in blindem Henneneifer, der vor dem Gockel Leicester siegen will" (Rischbieter), aufeinander losgehen, sondern als Zusammenprall gegensätzlicher weltanschaulicher, religiöser und politischer Mächte.

Nicolas Brieger inszeniert „Maria Stuart" in Bremen (1978)   *Benjamin Henrichs*

Langsam, wie in Trance, schreiten die beiden Königinnen zur Rampe, keine wagt es, zur Seite zu blicken, die andere anzuschauen. Dann ein zögerndes, angstvolles Umwenden, ein endloses Anstarren, ein gelähmtes Schweigen. Dann, als seien sie Wesen von zwei verschiedenen Sternen, fassen die beiden einander ungläubig an, wie fassungslos jede, dass auch die andere ein Mensch ist aus Fleisch. Einen Moment lang scheinen sich Hass und Angst zu lösen, entsteht eine seltsame, schöne Schwesterlichkeit zwischen den beiden Frauen – die dann abrupt in Jähzorn wieder umschlägt: Elisabeth schleift die Stuart wie eine große Puppe über den Bühnenboden, schmiert ihr Lippenstift ins Gesicht, reißt ihr, höhnisch keifend, das Kleid von den Schultern. Dabei gelingt es Brieger tatsächlich, beide Seiten der Affäre zu beschreiben, die erhabene und die lächerliche: den Endkampf zweier Königinnen, das Gezänk zweier Dirnen.

Inszenierung am Schauspielhaus Leipzig

Thomas Langhoff inszeniert Schiller am Deutschen Theater – Maria Stuart oder der Streit der Fischweiber *Martin Linzer*

Gero Troike, einer unserer „sparsamsten" Bühnenbildner […] stellte nach einer Art Schachtel-Prinzip – schwarz verhängt bei Maria, weiß bei Elisabeth – enge, verschachtelte Zimmer auf die Bühne, an Quadratmeterzahl kaum unterschieden, weder als „Gefängnis" noch als „Thronsaal" deutlich markiert. Darin Maria
5 kaum mehr Gefangene als Elisabeth, diese kaum „freier" als jene. Mit gleichem, gleichermaßen anfechtbarem und angefochtenem Anspruch auf Legitimität und Alleinvertretungsrecht führen beide ihren Kampf mit allen ihnen zur Verfügung stehenden Mitteln, die sie kalkuliert und bedenkenlos einsetzen. […]
   Elisabeth hat für das Picknick in Fotheringhay ein fesches Kapotthütchen auf-
10 gesetzt, Maria ein wärmendes Tuch um die in der Haft offenbar angegriffenen Nieren geschlungen, die Gegnerinnen belauern sich, lassen sich nicht aus den Augen – zwei Wildkatzen (da werden Weiber zu Hyänen), am Ende werden sie sich gar, von Leicester die eine, von Shrewsbury die andere festgehalten, mit Füßen treten wollen. Ein Höhepunkt der Aufführung. So hinreißend – alle Ironie
15 beiseit – habe ich diese Szene auf dem Theater noch nie gesehen …

1. Vergleiche die drei Regiekonzepte und kläre die unterschiedlich gesetzten Schwerpunkte.
   Welches Konzept spricht dich mehr an? Begründe deine Wahl.
2. Erarbeitet in der Gruppe ein Regiekonzept für die Begegnungsszene.
   Erstellt dazu eine Strichfassung.
   Der Text darf auf etwa die Hälfte gekürzt werden.
3. Entwickelt aus euren Vorarbeiten eine Spielszene und filmt sie.

INFO Strichfassung

Bei der Strichfassung handelt es sich um eine dramatische Textbearbeitung, die durch Streichung von Worten, Sätzen und Passagen die Stückaussagen entsprechend des Regiekonzepts akzentuiert. Zum Beispiel kann der persönliche oder der politische Konflikt betont werden.

Ein modernes Drama: Andorra

Andorra – mein Stoff* *Max Frisch*

Andorra ist ein kleines Land, sogar ein sehr kleines Land, und schon darum ist das Volk, das darin lebt, ein sonderbares Volk, ebenso mißtrauisch wie ehrgeizig, mißtrauisch gegen alles, was aus den eignen Tälern kommt. Ein Andorraner, der Geist hat und daher weiß, wie sehr klein sein Land ist, hat immer die Angst, daß er die Maßstäbe verliere. Eine begreifliche Angst, eine lebenslängliche Angst, eine löbliche Angst, eine tapfere Angst. Zuzeiten ist es sogar die einzige Art und Weise, wie ein Andorraner zeigen kann, daß er Geist hat. Daher das andorranische Wappen: Eine heraldische Burg, drinnen ein gefangenes Schlänglein, das mit giftendem Rachen nach seinem eignen Schwanze schnappt. Ein schmuckes Wappen, ein ehrliches Wappen; deutet auf das Verhältnis zwischen Andorraner und Andorraner, welches ein leidiges ist wie meistens in kleinen Ländern.

Das Mißtrauen –

Die andorranische Angst, Provinz zu sein, wenn man einen Andorraner ernst nähme; nichts ist provinzieller als diese Angst.

Das Andorra dieses Stücks hat nichts zu tun mit dem wirklichen Kleinstaat dieses Namens, gemeint ist auch nicht ein andrer wirklicher Kleinstaat; Andorra ist der Name für ein Modell.

Max Frisch (1911–1991), Schweizer Schriftsteller und Dramaturg

* Text in alter Rechtschreibung

Andorra* *Hans Magnus Enzensberger*

Andorra ist kein historisches Drama, und es ist erst recht keine Aktualität in jenem Sinn, der die bekannten kurzen Beine hat … Das Stück ist ein Modell: will sagen, nicht die Darstellung dessen, was war, sondern dessen, was jederzeit und überall möglich ist … Gemeint ist nicht die andere Gegend, nicht der seinerzeit und anderswo wird der Prozeß gemacht, sondern der je eigenen; der am meisten, die sich am schuldlosesten vorkommt, aufs Weltgewissen beruft und in die Brust wirft, in der Meinung, bei uns könne dergleichen nie und nimmer passieren.

* Text in alter Rechtschreibung

1. Erkläre deinen Mitschülern in einer kurzen Vorrede, was der Autor ihnen als Zuschauer in seinem Stück zeigen will, wenn er von Andorra als einem „Modell" spricht.

Die Personen

Andorra
- Andri
- Barblin
- der Lehrer
- die Mutter
- die Senora
- der Pater
- der Soldat
- der Wirt
- der Tischler
- der Doktor
- der Geselle
- der Jemand

stumm
- ein Idiot
- die Soldaten in schwarzer Uniform
- der Judenschauer
- das andorranische Volk

Maria Stuart
- Elisabeth, Königin von England
- Maria Stuart, Königin von Schottland, Gefangene in England
- Robert Dudley, Graf von Leicester
- Georg Talbot, Graf von Shrewsbury
- Wilhelm Cecil, Baron von Burleigh, Großschatzmeister
- Graf von Kent
- Wilhelm Davison, Staatssekretär
- Amias Paulet, Ritter, Hüter der Maria
- Mortimer, sein Neffe
- Graf Aubespine, französischer Gesandter
- Graf Bellievre, außerord. Botschafter von Frankreich
- Okelly, Mortimers Freund
- Drugeon Drury, zweiter Hüter der Maria
- Melvil, ihr Haushofmeister
- Burgoyn, ihr Arzt
- Hanna Kennedy, ihre Amme
- Margareta Kurl, ihre Kammerfrau
- Sheriff der Grafschaft
- Offizier der Leibwache
- Französische und englische Trabanten
- Hofdiener der Königin von England
- Diener und Dienerinnen der Königin von Schottland

Die Handlung

Andorra ist „weiß" und grenzt sich vom Land der „Schwarzen" ab, vor denen die Andorraner Angst haben. Es besteht die Gefahr, einer Judenschau unterzogen zu werden, weil Juden im Land der „Schwarzen" verfolgt werden. Barblin und Andri leben in Andorra und lieben sich, doch ist ihre Liebe belastet, denn Andri gilt als Jude. Barblins Vater, der Lehrer, hat ihn angeblich als kleines Kind vor den „Schwarzen" gerettet und aufgenommen. Doch Andri ist in Wahrheit sein Sohn. Um nicht zugeben zu müssen, dass Andris Mutter, die Senora, eine „Schwarze" ist, hat der Lehrer die Rettung Andris vorgetäuscht. Andri weiß davon nichts und versteht nicht, warum sein Pflegevater ihm die Hochzeit mit Barblin verweigert. Die Wahrheit stellt sich heraus, als die Senora überraschend kommt, doch es ist zu spät. Andri hat die Identität als Jude angenommen und wird im Verlauf der Handlung Sündenbock für den Mord an der Senora, den er nicht begangen hat. Barblin wird als seine Braut wie eine Mitschuldige behandelt und verliert, als Andri hingerichtet wird, fast den Verstand.

1. Vergleiche die Personenverzeichnisse beider Stücke.
   Welche Rückschlüsse auf die Personen und die mögliche Handlung lassen sich ziehen?
2. Erstellt anhand der Inhaltsangabe eine Skizze zur Personenkonstellation.

*Text in alter Rechtschreibung

Aufbau des Stücks:
Das Stück ist in zwölf Bilder bzw. Stationen gegliedert. Jedes Bild ist weitgehend selbstständig, erzählt einen Aspekt der Geschichte und beschreibt eine Station der Handlung. Dazwischen stehen Aussagen der Figuren, die in der Rückschau Stellung zu dem Geschehen beziehen. Sie richten sich an den Zuschauer und werden im Vordergrund gesprochen.

Andorra – Stück in zwölf Bildern* *Max Frisch*

Erstes Bild

Vor einem andorranischen Haus. Barblin weißelt die schmale und hohe Mauer mit einem Pinsel an langem Stecken. Ein andorranischer Soldat, olivgrau, lehnt an der Mauer.

BARBLIN Wenn du nicht die ganze Zeit auf meine Waden gaffst, dann kannst du ja sehn, was ich mache. Ich weißle. Weil morgen Sanktgeorgstag ist, falls du das vergessen hast. Ich weißle das Haus meines Vaters. Und was macht ihr Soldaten? Ihr lungert in allen Gassen herum, eure Daumen am Gurt, und schielt uns in die Bluse, wenn eine sich bückt.
Der Soldat lacht. Ich bin verlobt.
SOLDAT Verlobt!
BARBLIN Lach nicht immer wie ein Michelin-Männchen.
SOLDAT Hat er eine Hühnerbrust?
BARBLIN Wieso?
SOLDAT Daß du ihn nicht zeigen kannst.
BARBLIN Laß mich in Ruhe!
SOLDAT Oder Plattfüße?
BARBLIN Wieso soll er Plattfüße haben?
SOLDAT Jedenfalls tanzt er nicht mit dir.
Barblin weißelt.
Vielleicht ein Engel!
Der Soldat lacht.
Daß ich ihn noch nie gesehen hab.
BARBLIN Ich bin verlobt!
SOLDAT Von Ringlein seh ich aber nichts.
BARBLIN Ich bin verlobt,
Barblin taucht den Pinsel in den Eimer.
und überhaupt – dich mag ich nicht. […]
Auftritt Pater, der ein Fahrrad schiebt.
PATER So gefällt es mir, Barblin, so gefällt es mir aber. Wir werden ein weißes Andorra haben, ihr Jungfraun, ein schneeweißes Andorra, wenn bloß kein Platzregen kommt über Nacht.
Der Soldat lacht.
Ist Vater nicht zu Hause?
SOLDAT Wenn bloß kein Platzregen kommt über Nacht! Nämlich seine Kirche ist nicht so weiß, wie sie tut, das hat sich herausgestellt, nämlich seine Kirche ist auch nur aus Erde gemacht, und die Erde ist rot, und wenn ein Platzregen kommt, das saut euch jedesmal die Tünche herab, als hätte man eine Sau drauf geschlachtet, eure schneeweiße Tünche von eurer schneeweißen Kirche.

Aufführung in Stuttgart, 1997

40 *Der Soldat streckt die Hand nach Regen aus.*
Wenn bloß kein Platzregen kommt über Nacht!
Der Soldat lacht und verzieht sich.
PATER Was hat der hier zu suchen?
BARBLIN Ist's wahr, Hochwürden, was die Leut sagen? Sie werden uns über-
45 fallen, die Schwarzen da drüben, weil sie neidisch sind auf unsre weißen
Häuser. Eines Morgens, früh um vier, werden sie kommen mit tausend
schwarzen Panzern, die kreuz und quer durch unsre Äcker rollen und mit
Fallschirmen wie graue Heuschrecken vom Himmel herab.
PATER Wer sagt das?
50 BARBLIN Peider, der Soldat.
Barblin taucht den Pinsel in den Eimer. [...]
PATER Ich hoffe, dieser Peider hat kein Glück bei dir.
BARBLIN Nein.
PATER Der hat schmutzige Augen.
55 *Pause*
Hat er dir Angst gemacht? Um wichtig zu tun. Warum sollen sie uns
überfallen? Unsere Täler sind eng, unsere Äcker sind steinig und steil,
unsere Oliven werden nicht saftiger als anderswo. Was sollen die wollen
von uns? Wer unsern Roggen will, der muß ihn mit der Sichel holen und
60 muß sich bücken Schritt für Schritt. Andorra ist ein schönes, aber ein ar-
mes Land. Ein friedliches Land, ein schwaches Land – ein frommes Land,
so wir Gott fürchten und das tun wir, mein Kind, nicht wahr?
Barblin weißelt.
Nicht wahr?
65 BARBLIN Und wenn sie trotzdem kommen?
Eine Vesperglocke, kurz und monoton.
PATER Wir sehn uns morgen, Barblin, sag deinem Vater, Sankt Georg möchte
ihn nicht betrunken sehn.
Der Pater steigt auf sein Rad.
70 Oder sag lieber nichts, sonst tobt er nur, aber hab acht auf ihn.
Der Pater fährt lautlos davon. [...]
SOLDAT Wo ist sie?
WIRT Das hat doch keinen Zweck, Peider. Wenn ein Mädchen nicht will, dann
will es nicht. Steck deine Schlegel ein! Du bist blau. Denk an das Ansehen
75 der Armee!
Der Wirt geht in die Pinte.
SOLDAT Hosenscheißer! Sie sind's nicht wert, daß ich kämpfe für sie.
Nein, aber ich kämpfe. Das steht fest. Bis zum letzten Mann, das steht
fest, lieber tot als Untertan und drum sage ich: Also – ich bin Soldat und
80 hab ein Aug auf sie ...
Auftritt Andri, der seine Jacke anzieht.

SOLDAT Wo ist sie?
ANDRI Wer?
SOLDAT Deine Schwester.
85 ANDRI Ich habe keine Schwester.
SOLDAT Wo ist die Barblin?
ANDRI Warum?
SOLDAT Ich hab Urlaub und ein Aug auf sie ...
Andri hat seine Jacke angezogen und will weitergehen, der Soldat stellt ihm ein
90 *Bein, so daß Andri stürzt, und lacht.*
Ein Soldat ist keine Vogelscheuche. Verstanden? Einfach vorbeilaufen.
Ich bin Soldat, das steht fest und du bist Jud.
Andri erhebt sich wortlos.
Oder bist du vielleicht kein Jud?
95 *Andri schweigt.*

Vordergrund:
Der Wirt, jetzt ohne die Wirtsschürze, tritt an die Zeugenschranke.
WIRT Ich gebe zu: Wir haben uns in dieser Geschichte alle getäuscht. Damals. Natürlich habe ich geglaubt, was alle geglaubt haben damals. Er selbst
100 hat's geglaubt. Bis zuletzt. Ein Judenkind, das unser Lehrer gerettet habe von den Schwarzen da drüben, so hat's immer geheißen, und wir fanden's großartig, daß der Lehrer sich sorgte wie um einen eigenen Sohn. Ich jedenfalls fand das großartig. Hab ich ihn vielleicht an den Pfahl gebracht? Niemand von uns hat wissen können, daß Andri wirklich sein
105 eigener Sohn ist, der Sohn von unserem Lehrer. Als er mein Küchenjunge war, hab ich ihn schlecht behandelt? Ich bin nicht schuld, daß es dann so gekommen ist. Das ist alles, was ich nach Jahr und Tag dazu sagen kann. Ich bin nicht schuld.

1. Verteilt die Rollen und stellt die Darsteller im Bühnenhintergrund in einer Reihe auf. Bestimmt einen in der Gruppe, der den Text und die Szenenanweisungen liest, und setzt beides in Gestik, Mimik, Körpersprache und Position im Raum um. Überlegt, was dem Zuschauer in diesem ersten Bild gezeigt werden soll.
2. Lasst Peider in den Vordergrund treten und Stellung zu seinem Verhalten beziehen. Entwickelt gemeinsam einen passenden Text. Klärt daran seine Beziehung zu Andri und seine gesellschaftliche Position in Andorra.

Die Aussprache

Neuntes Bild
Nachdem die Senora, Andris Mutter, unerwartet nach Andorra gekommen ist, bittet der Lehrer den Pater, Andri die Wahrheit zu sagen. Diese Aussprache, bei der beide allein miteinander sind, findet in der Stube des Lehrers statt.

PATER Andri –
ANDRI Sie sind so feierlich!
PATER Ich bin gekommen, um dich zu erlösen.
ANDRI Ich höre.
PATER Auch ich, Andri, habe nichts davon gewußt, als wir das letzte Mal miteinander redeten. Er habe ein Judenkind gerettet, so hieß es seit Jahr und Tag, eine christliche Tat, wieso soll ich nicht dran glauben! Aber nun, Andri, ist deine Mutter gekommen –
ANDRI Wer ist gekommen?
PATER Die Senora.
Andri springt auf.
Andri – du bist kein Jud.
Schweigen.
Du glaubst nicht, was ich dir sage?
ANDRI Nein.
PATER Also glaubst du, ich lüge?
ANDRI Hochwürden, das fühlt man.
PATER Was fühlt man?
ANDRI Ob man Jud ist oder nicht.
Der Pater erhebt sich und nähert sich Andri.
Rühren Sie mich nicht an. Eure Hände! Ich will das nicht mehr.
PATER Hörst du nicht, was ich dir sage?
Andri schweigt.
Du bist sein Sohn.
Andri lacht.
Andri, das ist die Wahrheit.
ANDRI Wieviele Wahrheiten habt ihr?
Andri nimmt sich eine Zigarette, die er dann vergißt.
Das könnt ihr nicht machen mit mir …
PATER Warum glaubst du uns nicht?
ANDRI Euch habe ich ausgeglaubt.
PATER Ich sage und schwöre beim Heil meiner Seele, Andri: Du bist sein Sohn, unser Sohn und von Jud kann nicht die Rede sein.
ANDRI 's war aber viel die Red davon …
Großer Lärm in der Gasse.

Aufführung in Erfurt, 2002

PATER Was ist denn los?
Stille.
ANDRI Seit ich höre, hat man mir gesagt, ich sei anders und ich habe geachtet drauf, ob es so ist, wie sie sagen. Und es ist so, Hochwürden: Ich bin anders. Man hat mir gesagt, wie meinesgleichen sich bewege, nämlich so und so und ich bin vor den Spiegel getreten fast jeden Abend. Sie haben Recht: Ich bewege mich so und so. Ich kann nicht anders. Und ich habe geachtet darauf, ob's wahr ist, daß ich alleweil denke ans Geld, wenn die Andorraner mich beobachten und denken, jetzt denke ich ans Geld und sie haben abermals Recht: Ich denke alleweil ans Geld. Es ist so. Und ich habe kein Gemüt, sondern Angst. Und man hat mir gesagt, meinesgleichen ist feig. Auch darauf habe ich geachtet. Viele sind feig, aber ich weiß es, wenn ich feig bin. Ich wollte es nicht wahrhaben, was sie mir sagten, aber es ist so. Sie haben mich mit Stiefeln getreten und es ist so, wie sie sagen: Ich fühle nicht wie sie. Und ich habe keine Heimat. Hochwürden haben gesagt, man muß das annehmen und ich hab's angenommen. Jetzt ist es an Euch, Hochwürden, Euren Jud anzunehmen.
PATER Andri –
ANDRI Jetzt, Hochwürden, spreche ich.
PATER – du möchtest ein Jud sein?
ANDRI Ich bin's. Lang habe ich nicht gewußt, was das ist. Jetzt weiß ich's.
Pater setzt sich hilflos.
Ich möchte nicht Vater noch Mutter haben, damit ihr Tod nicht über mich komme mit Schmerz und Verzweiflung und mein Tod nicht über sie. Und keine Schwester und keine Braut: Bald wird alles zerrissen, da hilft kein Schwur und keine Treue. Ich möchte, daß es bald geschehe. [...] Ich brauche jetzt keine Feinde mehr. Die Wahrheit reicht aus. Ich erschrecke, sooft ich noch hoffe. Das Hoffen ist mir nie bekommen. Ich erschrecke, wenn ich lache und ich kann nicht weinen. Meine Trauer erhebt mich über euch alle und so werde ich stürzen. Meine Augen sind groß von Schwermut, mein Blut weiß alles und ich möchte tot sein. Aber mir graut vor dem Sterben. Es gibt keine Gnade –

1. Untersucht in Partnerarbeit die Dialogführung.
   Achtet dabei auf die Setzung der Personalpronomen.
   Wie begründet Andri seine Handlungsposition?
2. Vergleicht diesen Dialog mit dem der beiden Königinnen in Maria Stuart.
   Wie nimmt Maria ihr Schicksal an?
   In welcher Haltung übernimmt Andri das seine?
3. Inszeniert den Dialog zwischen Andri und dem Pater
   entsprechend euren Arbeitsergebnissen.

Die handelnden Personen nehmen Stellung

Der Soldat, jetzt in Zivil, tritt an die Zeugenschranke. (nach dem 6. Bild)
SOLDAT Ich gebe zu: Ich hab ihn nicht leiden können. Ich hab ja nicht gewußt, daß er keiner ist, immer hat's geheißen, er sei einer. Übrigens glaub ich noch heut, daß er einer gewesen ist. Ich hab ihn nicht leiden können von Anfang an. Aber ich hab ihn nicht getötet. Ich hab nur meinen Dienst getan. Order ist Order. Wo kämen wir hin, wenn Befehle nicht ausgeführt werden! Ich war Soldat.

Der Pater kniet. (nach dem 7. Bild)
PATER Du sollst dir kein Bildnis machen von Gott, deinem Herrn und nicht von den Menschen, die seine Geschöpfe sind. Auch ich bin schuldig geworden damals. Ich wollte ihm mit Liebe begegnen, als ich gesprochen habe mit ihm. Auch ich habe mir ein Bildnis gemacht von ihm, auch ich habe ihn gefesselt, auch ich habe ihn an den Pfahl gebracht.

Der Lehrer und die Senora vor dem weißen Haus wie zu Anfang. (nach dem 8. Bild)
SENORA Du hast gesagt, unser Sohn sei Jude.
Lehrer schweigt.
Warum hast du diese Lüge in die Welt gesetzt?
Lehrer schweigt. [...]
SENORA Du hast mich gehaßt, weil ich feige war, als das Kind kam. Weil ich Angst hatte vor meinen Leuten. Als du an die Grenze kamst, sagtest du, es sei ein Judenkind, das du gerettet hast vor uns. Warum? Weil auch du feige warst, als du wieder nach Hause kamst. Weil auch du Angst hattest vor deinen Leuten.
Pause.
War es nicht so?
Pause.
Vielleicht wolltest du zeigen, daß ihr so ganz anders seid als wir. Weil du mich gehaßt hast. Aber sie sind hier nicht anders, du siehst es, nicht viel.
Lehrer schweigt.
Er sagte, er wolle nach Haus und hat mich hierher gebracht; als er dein Haus sah, drehte er um und ging weg, ich weiß nicht wohin.
LEHRER Ich werde es sagen, daß er mein Sohn ist, unser Sohn, ihr eignes Fleisch und Blut –
SENORA Warum gehst du nicht?
LEHRER Und wenn sie die Wahrheit nicht wollen?
Pause.

Der Jemand tritt an die Zeugenschranke. (nach dem 9. Bild)

JEMAND   Ich gebe zu: Es ist keineswegs erwiesen, wer den Stein geworfen hat gegen die Fremde damals. Ich persönlich war zu jener Stunde nicht auf dem Platz. Ich möchte niemand beschuldigen, ich bin nicht der Weltenrichter. Was den jungen Burschen betrifft: natürlich erinnere ich mich an ihn. Er ging oft ans Orchestrion, um sein Trinkgeld zu verklimpern und als sie ihn holten, tat er mir leid. Was die Soldaten, als sie ihn holten, gemacht haben mit ihm, weiß ich nicht, wir hörten nur seinen Schrei … Einmal muß man auch vergessen können, finde ich.

Der Doktor tritt an die Zeugenschranke. (nach dem 11. Bild)

DOKTOR   Ich möchte mich kurz fassen, obschon vieles zu berichtigen wäre, was heute geredet wird. Nachher ist es immer leicht zu wissen, wie man sich hätte verhalten sollen, abgesehen davon, daß ich, was meine Person betrifft, wirklich nicht weiß, warum ich mich anders hätte verhalten sollen. Was hat unsereiner denn eigentlich getan? Überhaupt nichts. Ich war Amtsarzt, was ich heute noch bin. Was ich damals gesagt haben soll, ich erinnere mich nicht mehr, es ist nun einmal meine Art, ein Andorraner sagt, was er denkt – aber ich will mich kurz fassen … Ich gebe zu: Wir haben uns damals alle getäuscht […] Ich glaube im Namen aller zu sprechen, wenn ich, um zum Schluß zu kommen, nochmals wiederhole, daß wir den Lauf der Dinge – damals – nur bedauern können.

1. Übernehmt die Rollen als Zeugen und sprecht nacheinander euren Text. Reduziert dann euren Text auf den eurer Meinung nach für die Haltung eurer Figur zentralen Satz. Diskutiert eure Vorschläge.
2. Barblin und Andri treten nicht an die Zeugenschranke und auch nicht, wie die Senora und der Lehrer gemeinsam in den Vordergrund, um sich an die Zuschauer zu wenden. Finde eine Erklärung.
3. Überlege, warum Max Frisch viele seiner Figuren an eine Zeugenschranke treten lässt und was er modellhaft daran zeigen will.

INFO Verfremdungseffekt

Der **Zuschauer** soll mit dem Verstand an dem Geschehen teilnehmen und **Distanz halten** zum Handeln der Personen, statt sich mit ihnen zu identifizieren. Zu diesem Zweck soll der Schauspieler die Rolle z. B. eher erläutern als verkörpern, es werden Erklärungen geliefert oder die Handlung durch Songs unterbrochen. Damit wollte **Bertolt Brecht**, auf den dieser Darstellungseffekt zurückgeht, vermeiden, dass die Zuschauer zu stark mitfühlen.

INFO Episches Theater

Das epische Theater ist eine vor allem von Bertolt Brecht Anfang des 20. Jahrhunderts entwickelte Form des modernen Theaters, die sich gegen das traditionelle Drama richtet. Im Gegensatz zum traditionellen Drama will das epische Theater im Zuschauer nicht „Furcht und Mitleid" wecken, vielmehr sollen Emotionen verbannt werden.

Grundbegriffe des epischen Theaters nach Bertolt Brecht

- Die **Handlung** wird in offener Szenenfolge erzählt. Sie soll die gesellschaftlichen und politischen Umstände zeigen, die das Handeln der Personen bestimmen.
- Die **Personen** vollziehen im Lauf der Handlung Veränderungen, entweder ihrer Natur gemäß oder als Folge von Einflussnahmen, z. B. übernimmt Andri das Vorurteil. In diesem Fall handelt eine Person von sich selbst entfremdet.
- Die **offene Form** löst die geschlossene Raum-, Zeit- und Handlungseinheit auf. So kann der Ausgang eines Geschehens zu Beginn schon bekannt sein. Gezeigt und bewusst gemacht werden soll, wie es dazu kommen konnte.
- Der **Verfremdungseffekt** ist ein wesentliches Formmerkmal des epischen Theaters. Er soll die Handlung „brechen" und die Ursachen, Verhältnisse und Beweggründe bewusst machen, die das Verhalten der Personen und den Ablauf des Geschehens bestimmen. V-Effekte, die das Bekannte fremd erscheinen lassen, werden im modernen Theater als abstraktes Bühnenbild eingesetzt, als kontrastierende Masken, Kostüme und Requisiten, als kommentierende Personen oder Lieder, als Heraustreten des Schauspielers aus seiner Rolle, als Mitsprechen von Regieanweisungen usw.
- Der **Zuschauer** soll sich nicht mit den handelnden Personen identifizieren, sondern aus der Distanz deren Beweggründe erkennen. Das Bewusstmachen der gesellschaftlichen Verhältnisse, die das Sein des Menschen bestimmen, war für Bertolt Brecht die wesentliche Wirkungsabsicht. Erkennt der Zuschauer die Widersprüche und Missstände, so kann er sich für deren Veränderung zum Besseren einsetzen und sein eigenes Verhalten dementsprechend verändern.

Episches Theater

Schauspiel Köln, 2003/2004

Münchner Schauburg, 1992

1. Überlegt, inwiefern diese Bühnenbilder der Andorra-Inszenierungen den Merkmalen des epischen Theaters entsprechen.

Der doppelte Andri von Johannesburg

Bis in deutsche Zeitungen hat 1995 eine Theateraufführung der Deutschen Schule im südafrikanischen Johannesburg Schlagzeilen gemacht. Dort hat man „Andorra" aufgeführt.

[...]

Warum hat diese Schüleraufführung in Johannesburg ein solch starkes Echo gefunden? Es war vor allem ein Regieeinfall: Man hat die Rolle des Andri, des vermeintlichen Juden, doppelt besetzt, und zwar mit einem schwarzen und einem weißen Schüler, die sich im Stück mehrfach abwechseln. Deutlicher kann man kaum veranschaulichen, was Max Frisch mit diesem Stück sagen will: „Andorra ist überall". „Die Schuldigen sitzen im Parkett".

Wir sind es, die Zuschauer: Die Weißen, die Vorurteile gegenüber Schwarzen haben, und die Schwarzen, die Vorurteile gegenüber Weißen haben. Was in „Andorra" geschieht, spielt sich überall und immer wieder ab.

Das kann beispielsweise der Fall sein zwischen Deutschen und Ausländern, Jugendlichen und Eltern, Jugendlichen, die jemanden zum Außenseiter abstempeln, Mädchen und Jungen.

Bei all diesen Beispielen ist man mittendrin im Thema Vorurteile und seinen verhängnisvollen Auswirkungen. Man kann anderen Rollen aufzwingen, die sie gar nicht möchten. Wer ständig Opfer von Vorurteilen ist, neigt oft dazu, sich mit anderen Vorurteilen zur Wehr zu setzen. So können Kettenreaktionen ausgelöst werden.

2. Überlegt euch einfache Verfremdungseffekte für eine Schultheaterinszenierung, die das Modellhafte des Stücks verdeutlichen:
z. B. Farbwahl im Bühnenbild und in den Kostümen.

Sachtexte

WERKSTATT: SACHTEXTE

Moderne Kommunikationsprobleme

Mail-Missgeschicke – Wenn die E-Mail fremdgeht
Ralf Sander

Kommunikation per Mail ist kinderleicht. Ebenso einfach ist es aber auch, mit einem unachtsamen Mausklick Post an falsche Empfänger zu schicken. „stern.de" sammelt lustige, aber auch peinliche Fälle.

Danke. Mehr wollte ich eigentlich nicht sagen. Zum Glück. Liebesschwüre, Wutausbrüche oder Lästereien über Bekannte – hätte so etwas in dieser Mail gestanden, 30 000 Personen hätten einen Text in die Hände bekommen können, der gegen mich zu verwenden gewesen wäre. […]

Handy: 380 000 SMS-Süchtige in Deutschland

Immer mehr Menschen in Deutschland sind nach Expertenmeinung danach süchtig, über ihr Handy Kurzmitteilungen zu verschicken.

Der Psychotherapeut und Buchautor Andreas Herter aus Hannover schätzt die Zahl der Menschen, die zwanghaft SMS verschicken und empfangen, auf 380 000, wie die „Neue Osnabrücker Zeitung" berichtet. Die Tendenz sei
5 steigend, das Erkrankungsalter sinke deutlich. Auf den Inhalt ihrer Mitteilungen komme es SMS-Süchtigen dabei nicht unbedingt an. Typisch für das Krankheitsbild seien auffällige Veränderungen im Verhalten. „Sie werden zurückgezogener und stiller, ein Schatten ihrer
10 selbst. Dann bauen sie plötzlich eine Art Erregungspotenzial auf", sagt Herter.

6000 Euro in zwei Monaten
Extrem sei der Fall eines Ehepaars: „Er ist Mitte 30, sie Anfang 30. Im Wohnzimmer sitzen sie Rücken an
15 Rücken und ‚simsen' sich zu, weil sie sich nichts mehr zu sagen haben." Zu den Patienten des Psychotherapeuten gehört auch ein 17-Jähriger, der durch das Simsen innerhalb von zwei Monaten eine Handyrechnung in Höhe von 6000 Euro verursacht hat. Oft werden SMS-
20 Süchtige auch am Arbeitsplatz auffällig. Bei den Erwachsenen seien häufig alleinstehende und einsame Menschen oder so genannte „soziale Absteiger" betroffen, wie Herter mitteilte.

- Visas, die Mehrzahl gönn' ich mir!
- Clarissa's Haarstudio
- Gewinnen ist das Maximalste!
- Rudi's Bierkneipe
- Helga's Hähncheneck

1. Formuliert ausgehend von den Materialien Fragen oder Themen, mit denen ihr euch gern intensiver beschäftigen würdet. Beispiele:
   – Welche Möglichkeiten und welche Gefahren birgt die Kommunikation per E-Mail?
   – Wie viel Geld geben Jugendliche monatlich fürs Handy aus?
2. Entscheidet euch in Kleingruppen für eine Frage, recherchiert entsprechendes Material (Internetrecherche, Fragebogenaktion in der Klasse, usw.) und stellt eure Ergebnisse in der Klasse vor. Zu einigen Themen findet ihr sicher ergänzende Materialien in diesem Kapitel.

Simsen, Chatten, Surfen

BIBALUR und *knuddelknutsch*   *Thomas Michel*

Die SMS-Sprache kennt keine Grenzen; 70 Millionen SMS pro Tag

Sie tun es ungeniert und überall – im Bus, auf dem Schulhof und im Supermarkt. Selbst auf der Straße tauschen sie ihre geheimnisvollen Botschaften aus: „WZTSD?:-@" – „KO15MISPÄ;-)" – „OK WWW." Ein alltäglicher Dialog zwischen zwei Handy-Nutzern über SMS – nur ein wenig verschlüsselt. Übersetzt heißt der Buchstabenwust: „Wo zum Teufel steckst du?" (erbost) – „Komme 15 Minuten später." (verschmitzt grinsend) – „Okay, wir werden warten." Die Mehrheit der 55 Millionen Handy-Besitzer in Deutschland macht mit beim „SMSen" oder „Simsen": Fast 70 Millionen Kurznachrichten jagen sie täglich über die Mobilfunknetze – insgesamt zwölf Milliarden in den ersten sechs Monaten dieses Jahres hat der Mobilfunkverband GSM Association in London errechnet. Damit sind die Bundesbürger europäische Spitzenreiter. Doch da besonders eifrigen Schreibern beim mühsamen Tastendrücken schnell die Fingerkuppen schmerzen [...], hat sich eine Hochgeschwindigkeitssprache entwickelt, die bei Uneingeweihten nur Fragezeichen hinterlässt. Ein ganzer Satz wie „Bin bald im Urlaub" schrumpft dann zu der kurzen und komischen Buchstabenkolonne „BIBALUR".

   Doch damit nicht genug. Um der digitalen Botschaft etwas Gefühl einzuhauchen, fügen ihr die meist jugendlichen Sprachakrobaten die aus den Internet-Chats bekannten „Emoticons" hinzu, hat Peter Schlobinski, Germanistik-Professor an der Universität Hannover, in einer Studie über SMS-Kommunikation festgestellt. Zu den gängigsten Emoticons gehören etwa Gesichter wie :-} (strahlend) und :'-((weinend). „Häufig sind auch Kürzel für Emotionsäußerungen anzutreffen, wie *fg* (frech grinsen) oder *lol* (engl.: laughing out loud – lauthals lachen)", ergänzt Schlobinski. Die ebenfalls den Chats entlehnten Verniedlichungsformen wie *knuddelknutsch* oder *kaffetrink* rundeten den SMS-Jargon ab. Die vor allem von Teenagern benutzte Code-Sprache ist demnach mehr als zweckmäßige Kurzschreiberei. „Die Jugendlichen grenzen sich so bewusst von älteren Menschen ab und identifizieren sich als Gruppe", sagt Peter Wippermann, Geschäftsführer des Trendbüros in Hamburg. Kindern mache es Freude, wenn ihre Eltern die SMS-Sprache nicht verstehen. „Die denken dann: Ich bin zwar kleiner, aber schlauer als ihr", so der Trendforscher. Überhaupt gehe es den Jugendlichen beim „Simsen" weniger um echte Inhalte als um die Pflege von Netzwerken. „Man teilt sich mit, ohne dass man wirklich etwas zu sagen hat", sagt Wippermann. Das geschehe etwa mit einem humorvollen Beitrag zum Alltag oder einer elektronischen Liebkosung.

   Im Gegensatz zur Generation der Schüler nutzen erwachsene Handy-Nutzer das Medium SMS zweckmäßiger, aber seltener. So hat eine Befragung des

Online-Forschungsinstituts Speedfacts in Frankfurt/Main ergeben, dass nur 20 Prozent der über 30-Jährigen mehr als zwei SMS pro Tag verschicken – im Gegensatz zu 47 Prozent der Jugendlichen unter 20 Jahren. „Bei den Erwachsenen steht der Informationsaustausch im Vordergrund", sagt Trendforscher Wippermann. Der ernstere Umgang mit dem Kurznachrichtendienst zeigt sich laut Germanistik-Professor Schlobinski zudem darin, „dass die über 30-Jährigen eher die Grammatik befolgen und Satzzeichen setzen".

Bedenken, dass sich die Schüler durch das bunte Kauderwelsch aus Abkürzungen, Anglizismen und Verniedlichungen ihren Sprachschatz verderben, hegen Experten nicht. „Jugendliche haben in ihren Wortspielen Narrenfreiheit", sagt Walter Krämer vom Verein Deutsche Sprache (VDS) in Dortmund. „Grund zur Panik" gebe es daher nicht, findet der Sprachhüter. „Kinder und Jugendliche haben doch schon immer in Abkürzungen oder Geheimsprachen geredet", gibt auch Ludger Jochmann zu bedenken. Der Kinderbuchautor aus Wesel am Niederrhein findet es gut, wenn sich Jugendliche überhaupt schreiben: „SMS ist für die junge Generation moderne Lyrik", sagt Jochmann.

TIPP
So genannte SMS-Lyrik findet ihr auf S. 40.

1. Welche Merkmale kennzeichnet nach Meinung des Verfassers die SMS-Sprache? Erstelle eine Mind-Map, die sowohl die Merkmale als auch entsprechende Beispiele anführt.
2. Kennst du weitere Besonderheiten der SMS-Sprache? Ergänze deine Mind-Map.

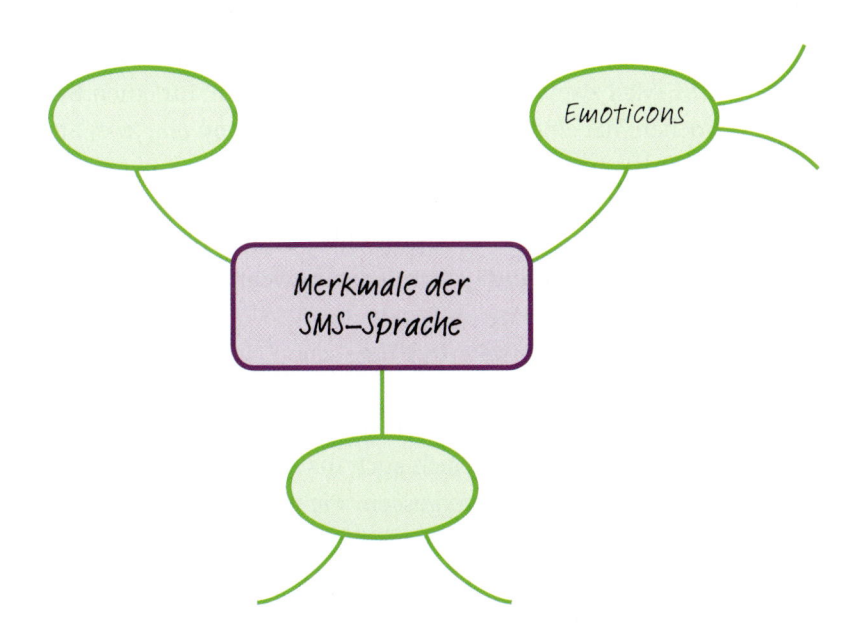

Merkmale der SMS-Sprache

Emoticons

SMS – Die Sprache der Jugend

Joachim Höflich, 49, ist Professor für Kommunikationswissenschaft in Erfurt. Er hat in mehreren Studien das Kommunikationsverhalten vor allem Jugendlicher mit Handy und SMS untersucht.

Süddeutsche Zeitung Eine SMS kostet 19 Cent, umfasst aber nur 160 Zeichen – eigentlich eine recht teure Kommunikationsform. Warum ist sie dennoch so erfolgreich?

Höflich Für Jugendliche sind das Handy im Allgemeinen und die SMS im Besonderen ihr erstes eigenes Medium. Vorher musste jede Kommunikation über die Barriere des Familientelefons laufen. Das Handy ermöglicht es, an den Eltern vorbei zu kommunizieren und gleichzeitig engste Kontakte mit dem Freundeskreis zu haben. Der Großteil der SMS-Botschaften wird, wie unsere Studien zeigen, von zu Hause aus verschickt. Außerdem hat die SMS den Vorteil, dass sie nicht aufdringlich ist und nebenbei benutzt werden kann. Dieses Moment ist gerade für die älteren Nutzer wichtig: Man kann eben überall, auch da, wo das Klingeln von Handys nicht gerne gehört wird, eine Botschaft empfangen oder senden. So hat man die Möglichkeit, überall erreichbar zu sein und zu kommunizieren, ohne dass man anderen auf den Wecker geht.

Süddeutsche Zeitung Dieses „nicht aufdringlich" steht aber doch im Gegensatz zu dem, was Sie den „Zwang zur Reziprozität" nennen, den Zwang, sofort antworten zu müssen. Wie geht das zusammen?

Höflich Unaufdringlichkeit heißt nur, dass ich Dritte nicht störe. Das andere würde ich als Eindringlichkeit bezeichnen, und das hat das Medium natürlich schon. Man dringt in dem Sinne in andere ein, dass man von ihnen etwas verlangt. Bei der SMS haben wir ein Medium, das auf Schnelligkeit setzt – buchstäbliche Instant-Kommunikation. Während man sich für eine E-Mail zwei, drei Tage Zeit nehmen kann, für einen Brief zwei, drei Wochen, hat eine SMS eine Halbwertszeit von ein, zwei Stunden. Sonst wundert man sich schon, wenn der andere sich nicht meldet. Da wird ein Druck erzeugt.

Süddeutsche Zeitung Die SMS wird gegenüber anderen Kommunikationsformen als die unglaubwürdigste und die unwichtigste bewertet. Ist das nicht paradox?

Höflich Ja, zwar ist die erwähnte Umfrage schon zwei Jahre alt – da mag sich vielleicht etwas geändert haben –, aber ich denke, die SMS wird immer noch schlechter abschneiden, weil sich das klassische Telefon einfach so etabliert hat und Menschen sich auch ins Auge sehen wollen. Und zum Vertrauen: Man darf nicht vergessen, wie viele Flirt-Lines es gibt, in die man die Jugendlichen hineinbugsiert und die ja genau dieses falsche Vertrauen schamlos ausnutzen. Es gibt also schon gute Gründe, misstrauisch zu sein, dass man nicht in solche elektronische Räuberhöhlen gerät.

Süddeutsche Zeitung Warum schreiben Mädchen häufiger SMS als Jungen?

Höflich Mädchen lernen weitaus früher sprechen als Jungen, sie lesen mehr und schreiben mehr Briefe. Mädchen und Frauen haben eine viel größere

Affinität zur Schriftlichkeit als Jungen, vor allem bei Kommunikation, bei der es um Emotionen geht. Was auch daran liegt, dass Frauen in der Familie die sozialen Außenkontakte übernehmen. Das ist aber kein spezielles Phänomen der SMS.

Süddeutsche Zeitung Kann man sagen, dass die SMS so eine Art Renaissance des Telegramms darstellt?

Höflich So falsch ist das gar nicht. Nur ist die SMS ein Telegramm, das weitaus flexibler ist. Und der Übergang zur MMS, der sich jetzt ja anbahnt, wird die ganze Kommunikationsform verändern. Dann wird sich zeigen, dass die MMS quasi ein Telegramm mit Anhang ist oder dass die MMS vom Telegramm buchstäblich zur mobilen E-Mail wird.

Süddeutsche Zeitung Rechtschreibung, Stil, Grammatik spielen ja fast keine Rolle bei der SMS – wird das Auswirkungen haben?

Höflich Vor einiger Zeit hat ein englischer Schüler einen ganzen Aufsatz in SMS-Kürzeln verfasst. Da sind die Pädagogen gleich erschrocken und haben den Untergang des Abendlandes eintreten sehen. Aber Sprache verändert sich chronisch, und die Jugend hat immer schon eine eigene Sprache entwickelt, auch zur Abgrenzung gegenüber den Älteren. Und so ist auch die SMS eine Etappe, in der Jugend eine eigene Schriftsprache benutzt. SMS ist sicherlich kein Katalysator, dass man besser schreibt, aber die Ursachen dafür, dass Sprache verkümmern kann, liegen nicht in diesem Medium. Es gibt sogar Experimente, in denen man Schreibschwachen mittels SMS auf die Sprünge geholfen hat.

Thema:
Verkümmerung der Sprache

Paraphrase:
Die Verwendung der SMS-Sprache bedeutet nicht die Verkümmerung der Schreibkompetenz Jugendlicher

1. **Überfliege** den **Text** und mache dich mit Thema und Inhalt des Interviews vertraut. Erarbeite die Abschnitte anhand folgender Leitgedanken:
   – Welches Thema wird in dem jeweiligen Absatz behandelt?
   – Formuliere ein entsprechendes Schlagwort bzw. eine Überschrift.
   – Welche zentrale Aussage zum Thema wird in diesem Absatz gemacht?
   – Notiere die Aussage in Form eines Aussagesatzes.
   – Schreibe auf der Basis deiner Vorarbeiten eine Zusammenfassung.
2. Wähle eine Behauptung Joachim Höflichs aus und nimm dazu Stellung.

Texte überfliegen
→ S. 343

INFO Paraphrasieren

Paraphrasieren heißt, die grundlegenden Gedanken eines Textes mit eigenen Worten zu wiederholen. Dies hilft, einen schwierigen Text besser zu verstehen und die Sichtweise des Autors herauszufinden. Das gelingt umso besser, je mehr man sich von den Formulierungen im Text löst. Die Paraphrase ist ein möglicher Weg, einen Text zusammenzufassen. Sie kann als Basis für eine Stellungnahme dienen.

Wie man das Mobiltelefon nicht benutzt   *Umberto Eco*

Es ist leicht, sich über die Besitzer von Mobiltelefonen lustig zu machen. Man muss nur sehen, zu welcher der folgenden Kategorien sie gehören. Zuerst kommen die Behinderten, auch die mit einem nicht sichtbaren Handicap, die gezwungen sind, ständig in Kontakt mit dem Arzt oder dem Notdienst zu sein. Gelobt sei die Technik, die ihnen ein so nützliches Gerät zur Verfügung gestellt hat. Dann kommen jene, die aus schwerwiegenden beruflichen Gründen gehalten sind, immer erreichbar zu sein (Feuerwehrhauptmänner, Gemeindeärzte, Organverpflanzer, die auf frische Leichen warten, oder auch Präsident Bush, da sonst die Welt in die Hände von Quayle fällt). Für diese ist das Mobiltelefon eine bittere Notwendigkeit, die sie mit wenig Freude ertragen.

Drittens die Ehebrecher. Erst jetzt haben sie, zum ersten Mal in der Geschichte, die Möglichkeit zum Empfang von Botschaften ihrer geheimen Partner, ohne dass Familienmitglieder, Sekretärinnen oder boshafte Kollegen den Anruf abfangen können. Es genügt, dass nur sie und er die Nummer kennen (oder er und er, sie und sie – andere mögliche Kombinationen entgehen mir). Alle drei aufgelisteten Kategorien haben ein Recht auf unseren Respekt. Für die ersten beiden sind wir bereit, uns im Restaurant oder während einer Beerdigungsfeier stören zu lassen, und die Ehebrecher sind gewöhnlich sehr diskret.

Zwei weitere Kategorien benutzen das Mobiltelefon jedoch auf eigene Gefahr (und nicht nur auf unsere). Zum einen die Leute, die nirgendwo hingehen können, ohne weiter mit Freunden und Angehörigen, die sie eben verlassen haben, über dies und das zu schwatzen. Es ist schwierig ihnen zu sagen, warum sie das nicht tun sollten: Wenn sie nicht imstande sind, sich dem Drang zur Interaktion zu entziehen und ihre Momente der Einsamkeit zu genießen, sich für das zu interessieren, was sie gerade tun, das Fernsein auszukosten, nachdem sie die Nähe gekostet haben, wenn sie nicht vermeiden können, ihre Leere zu zeigen, sondern sie sich sogar noch auf ihre Fahnen schreiben, so ist das ein Fall für den Psychologen. Sie sind uns lästig, aber wir müssen Verständnis für ihre schreckliche innere Ödnis haben, müssen dankbar sein, dass wir besser dran sind, und ihnen verzeihen (doch hüten wir uns, der luziferischen Freude anheimzufallen, nicht so zu sein wie jene da, das wäre Hochmut und Mangel an Nächstenliebe). Anerkennen wir sie als unsere leidenden Nächsten und leihen wir ihnen auch das andere Ohr.

Die letzte Kategorie (zu der, auf der untersten Stufe der sozialen Leiter, auch die Käufer von falschen Mobiltelefonen gehören) besteht aus Leuten, die öffentlich zeigen wollen, wie begehrt sie sind, besonders für komplexe Beratungen in geschäftlichen Dingen: Die Gespräche, die wir in Flughäfen, Restaurants oder Zügen mit anhören müssen, betreffen stets Geldtransaktionen, nicht eingetroffene Lieferungen von Metallprofilen, Zahlungsmahnungen über eine Partie Krawatten und andere Dinge, die in den Vorstellungen des Sprechers sehr nach Rockefeller klingen.

Umberto Eco, 1932 in Alessandria geboren, ist mit Romanen wie „Baudolino" oder dem Krimi „Der Name der Rose" der meist gelesene italienische Autor der Gegenwart. Eco, der auch als Essayist bekannt ist, war Kulturredakteur beim Fernsehen und an verschiedenen Universitäten in der Lehre tätig. Er forscht in verschiedenen Bereichen wie Ästhetik, Poetik und Massenkommunikation.

Nun ist die Trennung der Klassen ein grausamer Mechanismus, der bewirkt, dass der Neureiche, selbst wenn er enorme Summen verdient, einem atavistischen proletarischen Stigma zufolge nicht mit dem Fischbesteck umgehen kann, das Äffchen ins Rückfenster des Ferrari hängt, das Christophorus-Bildchen ans Armaturenbrett des Privatjets klebt oder „Manädschment" sagt; und so wird er nicht zur Herzogin von Guermantes eingeladen (und fragt sich verzweifelt, warum nicht, wo er doch eine so lange Yacht hat, das sie praktisch eine Brücke von Küste zu Küste ist).

atavistisch: von Atavismus, Wiederauftreten der Merkmale der Vorfahren

Diese Leute wissen nicht, dass Rockefeller kein Mobiltelefon braucht, da er ein so großes und effizientes Sekretariat hat, dass äußerstenfalls, wenn wirklich der Großvater im Sterben liegt, der Chauffeur kommt und ihm etwas ins Ohr flüstert. Der wahrhaft Mächtige ist der, der nicht gezwungen ist, jeden Anruf zu beantworten, im Gegenteil, er lässt sich – wie man so sagt – verleugnen. Auch auf der unteren Ebene des Managements sind die beiden Erfolgssymbole der Schlüssel zur Privattoilette und eine Sekretärin, die sagt: „Der Herr Direktor ist nicht im Hause."

Wer also das Mobiltelefon als Machtsymbol vorzeigt, erklärt damit in Wirklichkeit allen seine verzweifelte Lage als Subalterner, der gezwungen ist, in Habachtstellung zu gehen, auch wenn er gerade einen Beischlaf vollzieht, wann immer ihn der Geschäftsführer anruft, der Tag und Nacht hinter seinen Schuldnern her sein muss, um überleben zu können, der von der Bank sogar noch während der Erstkommunion seiner Tochter wegen eines ungedeckten Schecks verfolgt wird. Die Tatsache, dass er sein Mobiltelefon so prahlerisch benutzt, ist der Beweis dafür, dass er all diese Dinge nicht weiß, und somit die letzte Bestätigung seiner unwiderruflichen sozialen Marginalisierung.

Subalterner: Untergeordneter

1. Erarbeite, welche Nutzungsweisen Eco beim Umgang mit dem Mobiltelefon unterscheidet. Gehe folgendermaßen vor:
   - Überfliege den Essay, um einen Gesamteindruck zu bekommen.
   - Lies den Essay mit dem Stift in der Hand und mache dir Randnotizen.
   - Erkläre einer Mitschülerin oder einem Mitschüler mündlich die zentralen Aussagen des Essays.
   - Bitte sie oder ihn, dich zu unterbrechen, wenn etwas nicht verstanden wird. Stelle diesen Gedanken dann noch einmal dar.
2. Der Text von Umberto Eco stammt aus dem Jahr 1991. Heute wird das Handy auch genutzt, um SMS und Fotos zu verschicken, Filme anzusehen, im Internet zu surfen usw. Greife eine dieser Verwendungsmöglichkeiten auf und ergänze den Essay von Eco um einen weiteren Abschnitt.
   Behalte dabei den Titel im Auge.

INFO Cartoons und Karikaturen analysieren

Cartoons und Karikaturen sind Zeichnungen oder Bilder, die zu Personen oder allgemein gesellschaftlichen Sachverhalten komisch oder auch satirisch Stellung beziehen. Sie bestehen zumeist aus einem Bildteil, der durch entsprechende Textteile in Form von Sprechblasen und Bildunterschriften oder -überschriften ergänzt wird.

Die **Karikatur** (ital. caricare: überzeichnen) kommentiert und kritisiert als spöttischer visueller Kommentar die aktuelle Tagespolitik und ihre Vertreter. Karikaturen sind häufig nur vor dem aktuellen politischen Geschehen verständlich. Karikaturen findet man in der Tagespresse.

Der Begriff **Cartoon** stammt aus dem Französischen (frz. carton: Pappe). Er bezeichnet ursprünglich auf Pappe gezeichnete Entwürfe für Fresken und Tapisserien. Der Cartoon beschäftigt sich nicht nur mit Ereignissen der Tagespolitik, sondern greift grundsätzlich alle Aspekte des gesellschaftlichen Lebens auf und setzt sie in ein witziges Bild um. Cartoons erscheinen vorwiegend in Zeitschriften und als Sammelbände auf dem Buchmarkt. Die Übergänge zwischen Cartoon und Karikatur sind fließend.

Bei der **Analyse und Deutung von Cartoons und Karikaturen** bietet sich folgende Vorgehensweise an:

- **Klärung des Themas**
  Womit beschäftigt sich die Karikatur bzw. der Cartoon, zu welchem tagespolitischen bzw. gesellschaftlichen Problem wird Stellung bezogen?
- **Beschreibung**
  Welche Szenerie, welche Personen, welche Gegenstände, welche Handlungen und Beziehungen werden dargestellt?
- **Deutung**
  Was wird kritisiert? Welche Position zu dem dargestellten Problem vertritt der Zeichner?

Bei der Deutung eines Cartoons bzw. einer Karikatur ist es wichtig, dass man das eigene Vorwissen über das dargestellte Problem mit der Aussage der Zeichnung verknüpft.

- **Stellungnahme**
  Stimmst du mit der in der Karikatur bzw. in dem Cartoon dargebotenen Sichtweise überein oder vertrittst du – aufgrund deiner eigenen Kenntnisse – eine andere Meinung?

Cartoons und Karikaturen verstehen 95

1. Werte eine der beiden Zeichnungen nach der im Info-Kasten beschriebenen Methode aus. Handelt es sich bei den beiden Zeichnungen eher um Cartoons oder Karikaturen? Begründe deine Meinung.

Happy Birthday, WWW!

Das WWW wird 10 Jahre alt. Herzlichen Glückwunsch.

Von: stern (Sven Stillich)
An: World Wide Web (***@w3.org)
Betreff: Herzlichen Glückwunsch!

Liebes World Wide Web,
leider bist du kein Flugzeug. Oder eine Druckerpresse. Wie schön wäre es, wenn du nur ein Fernseher wärst oder ein Telefon oder eine andere große Erfindung der vergangenen Jahrhunderte. Denn dann fiele es uns viel leichter, dir zum Geburtstag zu gratulieren. Ein Flieger bringt uns nur schnell von einem Ort zum fernen anderen, eine Presse macht aus einer Information schnell ganz viele für ganz viele, ein Fernseher bringt uns zwar die Welt nach Hause, und mit dem Telefon können wir mit Nachbarn reden oder mit Freunden auf der anderen Seite des Planeten – du jedoch gibst uns von allem etwas und noch viel mehr: Du bist Buch, Bank und Bordell, Spielplatz und Spelunke, Marktplatz und Museum. Du bist eine Maschine der Möglichkeiten. Und vor allem: Du bist so unglaublich schnell gewachsen.

Erst zehn Jahre bist du jetzt alt und wirkst doch wie ein Erwachsener. Es war 1993, als hierzulande gerade alle ganz aufgeregt waren, weil die Postleitzahlen um eine läppische Stelle länger wurden, da hat man dich ohne viel Tamtam der Welt übereignet – kostenlos und ohne weitere Verpflichtungen. In der Schweiz. An einem Forschungsinstitut, dem CERN. Dort hatte schon seit Jahren ein junger Brite mit Konzentrationsproblemen über ein digitales Ersatzhirn nachgedacht, in dem jeder Gedanke mit jedem anderen verknüpft und leicht wieder zu finden sein sollte. Als er dann darauf kam, dass dieses Hirn viel mehr Sinn machen würde, wenn alle etwas hineinstopfen und alle auch etwas herausholen könnten, nannte er seine Idee „World Wide Web" – ein „mächtiges globales Informationssystem" mit einem Riesenvorteil: Wer darin die Gedanken anderer lesen will, muss keine Ahnung von Computern haben, „er braucht nur mit einer Maus auf Links zu klicken (wenn er eine Maus besitzt)", um die ganze Welt der Daten zu bereisen. Das fand Zuspruch. Das konnte erfolgreich sein.

Tim Berners-Lee heißt der Vater des World Wide Web. [...] Und deswegen feiern wir den 30. April 1993 als Geburtstag des WWW – jenen Tag, an dem das CERN offiziell bekannt gab, dass ab sofort der Eintritt frei sei für alle. Der Tag, an dem eine Mauer fiel. Ja, für viele ist eine Mauer gefallen an diesem 30. April 1993. Für alle Menschen, denen „Tagesschau" oder „Auslandsjournal" nie genug waren und die nun im WWW Nachrichten bekommen aus fast der ganzen Welt. Für Kunden, die mehr über ein Produkt wissen wollen, bevor sie es kaufen, und nun den günstigsten Preis finden. Für Reisende, die, bevor sie in ein Land fahren, sich dort schon einmal umschauen wollen, für Blinde, die plötzlich vieles lesen

Tim Berners-Lee

können, für Handwerker, die auf einmal Kunden im Ausland haben. Und viele, die vor Computern Angst hatten, haben einen Blick gewagt über ihre eigene Mauer. Bevor sie sie eingerissen haben. [...]

Wie wachsen Kinder auf, die nichts anderes kennen, die dich für selbstverständlich nehmen? Welche Bilder haben sie im Kopf? Denken sie schneller oder anders? Ist für sie die Welt kleiner? Macht es für sie noch einen Unterschied, ob sie jemanden per E-Mail kennen gelernt haben oder nach der Schule, beim Kicken im Park? Fragen, die wir erst in vielen Jahren beantworten können. Wir können nur reden über die zehn Jahre, die wir heute feiern.

Fett bist du geworden in dieser Zeit. Das ist nicht böse gemeint, entschuldige. Rund 50 Millionen Domains wiegst du heute, mit Namen, die auf .com, .fr, .uk oder .de enden. In Deutschland sind es mehr als 6,3 Millionen. Im Jahr 2000 bist du aufgegangen wie ein Hefeteig. Da haben die Deutschen alle zehn Sekunden eine Domain angemeldet! Mehr als 1500 täglich! Mehr als sechs Jahre zuvor in einem ganzen Jahr! Das klingt viel, aber heute können es mehr als 4000 sein an einem Werktag. Damals gingen jede Woche mehr als eine Million Menschen zum ersten Mal ins Netz, um herumzusurfen in deinen Datenströmen. Und natürlich, um das Wort „surfen" erst einmal zu lernen (wie so viele Wörter, die heute aus der Sprache nicht mehr wegzudenken sind). Stündlich tauchten damals rund 65 000 neue Webseiten auf, und du hast jährlich zwischen einer und zwei Milliarden Gigabytes an Daten zugelegt. 250 Megabytes sind das durchschnittlich pro Kopf weltweit. Rund 414 Millionen Menschen waren im Jahr 2000 online, und die haben pro Tag mehrere Milliarden E-Mails verschickt.

Ach ja, das Jahr 2000. So viel Aufregung wie zum Ende des Jahrtausends gab es wohl nie um dich und das Internet. Als gerade alle aufgeatmet hatten, weil dieser blöde Datumsfehler die Welt nun doch nicht zum Absturz gebracht hatte, schloss jemand die Pforten von Ebay, Yahoo und Amazon mit einer gewaltigen Netzattacke. Und am 4. Mai ließ ein junger Mann von den Philippinen die Netzgemeinde eine Liebes-Mail verschicken: Ein „I LOVE YOU" blinkte in mehreren Millionen Briefkästen auf, und die Empfänger waren dermaßen entzückt, dass sie die Mail öffneten und so ein Computervirus über den ganzen Globus verbreiteten. [...]

Doch viel wichtiger ist, was dich wirklich ausmacht: dass du Grenzen sprengst. Grenzen zwischen Nationen, zwischen oben und unten, zwischen innen und außen. Was bedeutet es, dass inzwischen mehr als 33 Millionen Deutsche online sind und mehr als 660 Millionen Menschen auf der ganzen Welt? Was bedeutet es, dass sich diese Menschen täglich rund 30 Milliarden E-Mails zuschicken werden? Was zeigt uns, dass Länder wie China versuchen, den Zugang zu dir zu begrenzen? Dass die einen etwas zu sagen haben – ihrem Verlobten, einer US-Soldatin im Irak oder ihrem Chef. Und die anderen Angst davor haben, dass so etwas möglich sein soll ohne Kontrolle.

Schon der Marktplatz im alten Athen war dazu da, dass Menschen miteinander reden, zusammen „chatten" (noch so ein neues Wort) – und im Web machen sie das mit Fremden, mit Leuten, denen sie meist nie begegnen werden. Und die gar nicht wissen wollen, wie ihr Gegenüber aussieht, sich kleidet oder riecht, weil es viel interessanter ist, was es denkt und schreibt. Oder weil es auch Überraschungseier sammelt. Sie suchen über das Netz nach Klassenkameraden oder nach ihren Vorfahren. Sie sind hungrig nach Information – und sie finden Hilfe zur Krebsvorsorge, Aktienkurse, das Wetter von morgen, den Kantinenplan oder den Stand eines wichtigen Fußballspiels. Menschen wollen gehört werden und zeigen, dass es sie gibt, und deswegen basteln sie sich ihre Homepage zusammen, so gut sie können, und zeigen dann ihre Frau vor, die Oma, den Hund und sich selbst. Sie wissen nicht, wer sich das ansieht, aber sie freuen sich über jeden Gast. Täglich wächst das WWW um mehrere Millionen Seiten, das Universum der Worte und Bilder weitet sich aus. Viele, die nie auf die Idee kommen würden, jemandem einen Brief zu schreiben, eine Marke draufzukleben und ihn in den Briefkasten zu stecken, schreiben jetzt jeden Tag E-Mails. Nichts zeigt mehr, dass es doch sehr viel zu bereden gibt auf dieser Welt. Mit dieser Welt. Über diese Welt.

Dir ist das egal. Du kümmerst dich nicht darum, wer was wo wann mit dir macht. Du bist einfach nur da, du bildest dir nichts ein, du bildest sie nur ab, die Welt da draußen, die guten und schlechten Seiten mit guten und schlechten Seiten. Und du bist genauso verwirrend. Denn nichts ist geordnet in dir, du bist ein Zettelkasten ohne Sortierung – und wer nach etwas sucht, seien wir ehrlich, der findet zwar meist etwas, hat aber oft das Gefühl, am wirklich Wichtigen knapp vorbeigesurft zu sein. Manchmal ist zu viel eben auch gar nichts. Und vieles ist sogar falsch. Denn nicht jede Information, die aus dem World Wide Web kommt, muss wahr sein. Keiner weiß, ob der andere wirklich der Traumtyp ist, wie er behauptet. Und niemand darf sicher sein, dass Julia wirklich an Leukämie erkrankt ist und Blutspender sucht – auch wenn sie in einer E-Mail darum bitten lässt. Dieser falsche Kettenbrief kursiert im Netz seit Jahren, niemand kann ihn stoppen.

Wir werden einander erziehen müssen zu mündigen Surfern, die kritisch mit dir umgehen und sich immer zuerst die Frage stellen, ob etwas auch stimmen kann, egal, ob es sich um Klatsch über einen Popstar oder eine Nachricht über den Fund von Massenvernichtungswaffen handelt. [...] Wir müssen lernen, mit deiner dunklen Seite umzugehen und Grenzen zu setzen. Und wir müssen beobachten, wer diese Grenzen setzt. Zurück können wir nicht mehr. Du bist der größte Beschleuniger, den wir je gebaut haben: Wenn auf der Welt etwas passiert, können alle es in Sekunden erfahren. [...] Wir werden darauf nicht mehr verzichten wollen. Und du bist noch jung. Niemand weiß, wie du in zehn Jahren aussehen wirst und ob wir dich noch mögen werden. Du bist nicht fertig. Du wirst größer werden. Vielleicht kannst du dann sogar selbst die Kerzen auf deiner Geburtstagstorte auspusten. Alles ist möglich. Herzlichen Glückwunsch, WWW!

1. Untersucht, welche Besonderheiten des WWW der Autor hervorhebt. Verwendet die Sechs-Schritt-Lesemethode.
2. Sind Inhalt und Layout des Textes deiner Ansicht nach aufeinander abgestimmt? Begründe deine Meinung.
3. Inzwischen ist das WWW wieder einige Jahre älter geworden. Ergänze den Geburtstagsbrief um weitere Besonderheiten.

INFO Sechs-Schritt-Lesemethode

1. Schritt: Orientierendes Lesen
Überfliege den Text. Achte auf Überschrift, Zwischenüberschriften, Absatzanfänge. Mache dir klar, um welches Thema es geht.
Ziel: erste Orientierung über Thema und Inhalt

2. Schritt: Konzentriertes Lesen mit dem Stift in der Hand
Lies den Text konzentriert durch. Markiere dabei Schlüsselbegriffe, die sich auf die Aufgabenstellung beziehen. Gehe mit den Markierungen sparsam um.
Ziel: Erarbeitung des Informationsgehalts im Detail

3. Schritt: Zusammenfassendes Lesen
Gliedere den Text in Sinnabschnitte. Notiere am Rand zu jedem Sinnabschnitt eine Überschrift in Form von Stichwörtern oder kurzen Sätzen, um die zentrale Aussage des Abschnitts zu verdeutlichen.
Ziel: Erkennen des Sinnzusammenhangs und des Aufbaus der einzelnen Abschnitte

4. Schritt: Lesen im Hinblick auf sprachliche Besonderheiten
Lies den Text erneut und markiere dabei formale und sprachliche Besonderheiten wie Satzbau, Wortwahl, rhetorische Figuren usw.
Ziel: Erkennen der sprachlichen Machart eines Textes

5. Schritt: Lesen unter besonderer Berücksichtigung des Layouts
Sieh dir die visuelle Machart des Textes an und mache dir Notizen zu Verwendung von Bildmaterial und Grafiken, Einsatz von Zwischenüberschriften, Benutzung von Schrifttypen usw.
Ziel: Erkennen der visuellen Gestaltung des Textes und der damit verbundenen Leserlenkung

6. Schritt: Wiedergeben der Informationen
Halte die zentralen Aussagen des Textes auf der Basis deiner Vorarbeit schriftlich fest. Wähle eine der folgenden Möglichkeiten: Inhaltsangabe, Mind-Map, Schaubild.
Ziel: Festhalten der Kernaussagen eines Textes

Führe die einzelnen Schritte zunächst systematisch der Reihe nach aus. Bei mehr Routine gehen sie automatisch ineinander über.

Moderner Sprachenmix

Sprachenmix – Wie die „Kanaksprak" salonfähig wurde
Moritz Küpper

Gökhan (14), Serhat (15) und Nuri (14) sind zweisprachig, eine Eigenschaft, die im Zeitalter der Globalisierung immer mehr gefordert wird. Die drei Frankfurter Schüler, als Kinder türkischer Eltern in Deutschland geboren, sprechen fließend deutsch und türkisch. Manchmal wird aus den beiden Sprachen auch eine dritte, ein Sprachenmix. Der deutsch-türkische Jugendslang ist durch Literatur und Fernsehen salonfähig geworden.

„Wir wechseln häufig zwischen den verschiedenen Sprachen und mischen diese dabei auch", erklärt Nuri, „meistens merken wir das gar nicht." Auch junge Deutsche greifen inzwischen türkische Begriffe auf. „Lan", „Abo" und „Çüs" (gesprochen „tschüsch") stehen dabei an der Spitze der Hitliste. Das sieht auch Serhat so: „‚Lan' heißt ‚Alles klar', ‚Abo' sagt man, wenn man überrascht ist", erläutert er, „und ‚Çüs' bedeutet so viel wie ‚Oh ha!'." Auch viele ihrer deutschen Freunde benutzten diese Wörter, erzählt Nuri. „Dabei fragen die noch nicht mal, was das heißt."

Sprache des Schulhofs
Einem breiten Publikum vertraut wurde der Sprachmix durch die Bücher des türkischstämmigen Kieler Schriftstellers Feridun Zaimoglu, Filme wie „Kanak Attack" von Lars Becker oder die SAT.1-Comedysendung „Was guckst Du?!" von Kabarettist Kaya Yanar. Yanar, Träger des Deutschen Fernsehpreises, sagt: „Ich habe Türk-Deutsch vielleicht salonfähig gemacht, aber nicht erfunden. So wurde schon vor 15 Jahren auf dem Schulhof gesprochen."

Die Idee für sein Programm erhielt Yanar durch die in den USA und Großbritannien beliebten Stand-up-Comedians, die die Unterschiede zwischen Schwarzen und Weißen, Engländern und Indern parodieren. „Ich habe früher an der Konstablerwache in der Frankfurter Innenstadt gewohnt", sagt der 29-Jährige, „auf dem Weg zur Schule habe ich da genug mitbekommen." Die Sprache der Türkischstämmigen wandelt sich von Generation zu Generation. „Unsere Väter haben ja noch versucht, so deutsch wie möglich zu sprechen", sagt Yanar, „während Türk-Deutsch heute mit großem Selbstbewusstsein vorgetragen wird."

Kaya Yanar

„Prestigegewinn" durch „Kanaksprak"

Zwischen der so genannten Kanaksprak und dem Sprachenmischmasch von mehrsprachigen Jugendlichen unterscheidet Volker Hinnenkamp, Professor für Interkulturelle Kommunikation an der Fachhochschule Fulda. Während ausländische Jugendliche öfters auch mitten im Satz zwischen zwei herkömmlichen Sprachen wechselten, sei Kanaksprak ein Code unter Jugendlichen, der sich durch Stakkatosprechweise, vereinfachte Grammatik und starke Generalisierung auszeichne. „Diese Sprache hat zwei Aufgaben", erklärt Hinnenkamp, „zum einen soll sie den Jugendlichen Prestige verschaffen, zum anderen dient sie als einfaches Kommunikationsmittel." Trotz mittlerweile großer Verbreitung scheint der Sprachmix vor allem auf Jugendliche beschränkt zu bleiben. „Sprachengemische und Kanaksprak sind zwar keine Eintagsfliegen, aber auch nur ein Übergangsphänomen", sagt Hinnenkamp, „wenn die Jugendlichen im Job oder mit einer Familie Verantwortung übernehmen, verliert der Sprachcode seine Attraktivität."

Feridun Zaimoglu

„Das bleibt Umgangssprache unter Jugendlichen"

Das sieht auch Yanar so: „Ich kann mir nicht vorstellen, dass daraus mal eine eigene Sprache entsteht." Er habe Verständnis für Sorgen, dass Jugendliche nicht mehr „ordentlich" deutsch sprechen können. „Aber in meiner Sendung wird deutlich zwischen Hochdeutsch und Türk-Deutsch unterschieden." Auch Nuri glaubt nicht, dass sich eine eigenständige Sprache entwickelt. „Das bleibt Umgangssprache unter Jugendlichen", sagt der 14-Jährige. „Haben Sie schon einmal einen Vater ‚Hey Alter' sagen hören?"

1. Kläre mit Hilfe eines Fremdwörterlexikons den Begriff Kanaksprak.
2. Untersuche den Aufbau des Textes „Sprachenmix" von Moritz Küpper. Zeige seine Makro- und Mikrostruktur auf.
   Du kannst den Info-Kasten sowie die auf der folgenden Seite angelegte Tabelle als Ausgangspunkt für deine Untersuchung benutzen.
   Halte deine Ergebnisse in einem zusammenhängenden Text fest.
3. Nimm Stellung zu der These des Autors.

INFO Aufbau eines Sachtextes untersuchen

In einer Textanalyse werden u. a. der gedankliche Aufbau und die sprachliche Gestaltung eines Textes untersucht. Man unterscheidet dabei die Makrostruktur und die Mikrostruktur des Textes. Unter der **Makrostruktur** versteht man die Darstellung der zentralen Themen bzw. Gedanken, mit denen sich ein Text bezogen auf ein Oberthema auseinandersetzt. Mit der **Mikrostruktur** des Textes bezeichnet man die detaillierte inhaltliche und sprachliche Gestaltung der einzelnen Gedanken.

Die unten stehende Tabelle kann bei der Analyse des Aufbaus eines Sachtextes hilfreich sein.

Zur **Beschreibung des Textaufbaus** erweisen sich folgende Kategorien als hilfreich:
- Thema, Unterthema, Problemdarstellung
- These, Antithese, Argument, Gegenargument, Beispiel
- Vergleich, Entgegensetzung, Gegenüberstellung
- Erläuterung, Einschränkung, Exkurs
- Zusammenfassung, Schlussfolgerung
- Wertung, Beurteilung, Stellungnahme, Weiterführung.

Darüber hinaus kann mit Hilfe folgender **Formulierungshilfen** der Textaufbau zusätzlich deutlich gemacht werden. Hier einige Beispiele:
- darüber hinaus …, außerdem …, daneben …, ebenso …
- im Unterschied dazu …, im Gegensatz dazu …
- veranschaulichend …, die Aussage unterstützend …, den vorigen Gedanken aufgreifend …, weiterführend …

Sprachenmix – Wie die „Kanaksprak" salonfähig wurde
Moritz Küpper

Zeilen	Makrostruktur	Mikrostruktur	Sprachl. Darstellungsmittel
1–12	**Einleitung** *Thema:* Der deutsch-türkische Jugendslang *These:* Der deutsch-türkische Jugendslang ist durch die Verwendung in den Medien gesellschaftlich akzeptiert.	*Beispiele* a) Sprachverhalten junger Türken und Deutscher b) Vorstellung von Wörtern des deutsch-türkischen Jugendslang	Veranschaulichung der Aussagen durch Zitate, Namen, Altersangaben
13	…	…	…

Arme Sprache, reiche Sprache – Ein Leben ohne Denglisch
Tim Schleider

Sprache und Heimat – diese beiden hängen eng miteinander zusammen. Ach, es gibt so viele schöne Ziele auf der Welt! Wenn wir sie aber endlich erreicht haben und dann ständig mühevoll in unseren Wörterbüchern nachschlagen müssen, um im Restaurant das richtige Essen und in der Apotheke die richtigen Pillen zu bekommen, merken wir schnell, dass wir dort zwar womöglich gern gesehen, aber dennoch nur ein Gast sind.

Und was, wenn wir Gast im eigenen Land werden? So jedenfalls fühlen sich offenbar viele Menschen – vor allem ältere, aber keineswegs ausschließlich solche –, wenn sie tagtäglich die Zeitung lesen, den Fernseher einschalten, ihrer Arbeit nachgehen, zum Einkaufen in die Stadt fahren oder eben dort einen netten Abend verbringen wollen. Denn in der Zeitung lesen sie von Börsenboom, Experten-Hearing und Nation-Building, ihr Fernsehsender ist inzwischen „powered by emotion" oder bietet „XXL-Entertainment", auf der Arbeit müssen sie Controllern und Chief Assistant busy, busy Erfolge vorweisen, zum Einkaufen hernach Backshop oder Multistore aufsuchen. Und das Lokal, in dem es bisher abends nach dem Kino immer so nett war, ist inzwischen zur Lounge geworden.

Denglisch nennen Sprachwissenschaftler alle diese Worte, die vom Englischen und Amerikanischen ins Deutsche übertragen wurden und hier nun stehen, als gäb es sie schon immer. Sprachschützer vielerlei geistiger und politischer Herkunft protestieren gegen dieses Denglisch, weil sie befürchten, dass über kurz oder lang die deutsche Sprache Kraft und Eigenart verlieren wird. Und ob man besagten Schützern und ihren Ängsten nun immer folgen mag oder nicht – zugestehen muss man wohl, dass es zwar schon immer seit Walther von der Vogelweide, ach, wenn nicht noch viel, viel früher Fremdworte im Deutschen gegeben hat. Aber noch nie so viel englischstämmigen Blödsinn wie in jüngster Zeit.

Walther von der Vogelweide (1170–1230): bekannter deutschsprachiger Autor des Mittelalters

Darum stimmen wir gern und sofort in die Denglisch-Klage ein überall dort, wo Unternehmen versuchen, sich mit Quatschbegriffen moderner und windschnittiger zu machen, als sie es eigentlich sind. Sei es nun mit Servicepoint (Hallo, Bahn!), mit Day-and-Night-Hotline (Hallo, Telekom!) oder mit Jeans-House (Hallo, Jeans-House!). Wobei wir andererseits auch weiterhin zur Jeans am liebsten „Jeans" sagen wollen und nicht wie früher unsere Großmutter „Nietenhose", weil wir eben diese Hose in Material und Grundform ja frank und frei aus dem amerikanischen Westen übernommen haben. Gern stimmen wir aber wieder ein in die Klage überall dort, wo sich Menschen mittels Denglisch-Titeln wichtiger und interessanter machen, als sie es eigentlich sind, seien es nun die Legionen der Art Directors und Creative Consultants aus der Medien- und Werbewelt, die Stockmanager und Moneymaker aller deutschen Banken und Kreissparkassen oder die Wellness- und Feelgoodmagier aus dem Land des edlen, aber kostspieligen Gesundblubberns. Andererseits ist letztlich nichts daran auszusetzen, wenn sich in Wissenschaft und Kultur Fachbegriffe aus dem englischsprachigen Raum durchsetzen, die eben dort ihre inhaltlichen Wurzeln haben oder doch zumindest wesentlich geprägt wurden, wie Pop-Art, Thriller oder Show.

Die Frage ist im Grunde ganz einfach, und gerade darum weitreichend. Drückt ein Fremdwort wirklich etwas Eigenes, Besonderes aus? Trägt es darum, wenn ich es kenne und richtig zu benutzen weiß, zu meiner Ausdrucksfähigkeit bei? Hilft es mir, die Welt um mich herum genauer wahrzunehmen, mich in ihr besser zurechtzufinden? Kurzum: Macht es meine Sprache (und also mich selbst) reicher oder nicht? Um bei den Beispielen zu bleiben: Ein Thriller ist halt noch ein klein bisschen was anderes als ein Spannungsroman. Aber die hunderttausend Hotlines dieser Welt sind zu 90 Prozent schlicht Geld-, Zeit- und Nervenschinderei.

Denglisch ist trendy. Sagen und glauben offenbar ganz, ganz fest die Trendforscher und Trendmacher dieses Landes, die Medien- und Marketingmächtigen und sonstigen kreativen Köpfe. Aber ist es wirklich so undenkbar, die Dinge wieder in eine ganz andere Richtung zu lenken? Statt ständig unnützes und armseliges Denglisch zu verbreiten oder nachzuplappern, wieder nach dem besseren, dem treffenden deutschen Wort zu suchen? Und zwar nicht aus Sprach- oder Heimattümelei, verkniffen oder gar rechthaberisch, allen armen Zeitgenossen ein schlechtes Gewissen verbreitend, die nicht sofort mittun! Sondern um einen Eindruck zu vermitteln, dass treffende Sprache schön sein kann, ja eigentlich sogar – schick. Oder ganz frei nach Arthur Schopenhauer: Benutze gewöhnliche Wörter und sage ungewöhnliche Dinge … Wobei eines ja wohl klar ist: wenn überhaupt „schick", dann ganz allein dank der Franzosen.

1. Formuliere die zentrale These des Textes.
   Orientiere dich dabei an folgender Frage: Welche Bedeutung hat nach Meinung des Autors Denglisch für die deutsche Sprache?
2. Wie versucht Tim Schleider, seine Leser zu überzeugen?
   Untersuche Inhalt und Aufbau des Textes.
3. Überprüft euren eigenen Sprachgebrauch.
   Welche Anglizismen verwendet ihr?
   Diskutiert die Behauptung der Trendforscher und Trendmacher „Denglisch ist trendy." vor dem Hintergrund eures persönlichen Sprachgebrauchs.

Krieg der Geschlechter *Bastian Sick*

Aus: Der Dativ ist dem Genitiv sein Tod

Die oder das Nutella – diese Frage hat schon Tausende Gemüter am Frühstückstisch bewegt. Seit Generationen wird in Wohnküchen debattiert, gezankt und gestritten. Der, die, das – wieso, weshalb, warum – welchen Artikel haben Markenartikel?

Am Morgen sitzt das junge Paar am Frühstückstisch. Er rührt – noch reichlich unausgeschlafen – in seinem (deutschen!) Kaffee und liest, nur um sich nicht unterhalten zu müssen, in einem drei Wochen alten Magazin. Sie schmiert sich ordentlich Butter aufs Brötchen, streift sich kontrollierend über die Problemzonen in der Hüftgegend und sagt dann zu ihm: „Kannst du mir mal die Nutella rüberreichen?" Und als hätte er nur darauf gewartet, kommt es wie aus der Pistole geschossen: „Du meinst ja wohl das Nutella." „Nein", stellt sie richtig, „ich meine die Nutella!" – „Produktnamen sind grundsätzlich sächlich", behauptet er. „Wie kommst du denn darauf?", fragt sie fassungslos, „es heißt doch schließlich die Haselnusscreme." – „Es heißt aber trotzdem das Nutella. Glaub mir, Schatz, isso!"

„Isso" ist die Kurzform für „Ich schrei sonst" und bedeutet sinngemäß: „Weitere Argumente fallen mir im Moment nicht ein." Damit ist das Thema jedoch noch lange nicht vom Tisch. [...]

Nach dem Frühstück springt er unter die Dusche, anschließend stylt er sich die Haare und cremt sich mit seiner Lieblings-„Looschn" ein. „Schatz, die Nivea ist alle," ruft er in männertypischer Hilflosigkeit, „haben wir noch irgendwo eine neue?" Sie spielt die Überraschte: „Die Nivea? Hast du nicht eben behauptet, Produktnamen seien prinzipiell sächlich?" – „Du, ich hab's leider eilig und absolut keinen Nerv auf deine Spielchen. Also wo ist die Nivea?" – „Im Unterschrank – wo auch das Colgate und das Always stehen!", erwidert sie gelassen.

Der Punkt geht an sie. Um das Geschlecht eines Produktnamens bestimmen zu können, muss man sich Klarheit darüber verschaffen, was das Produkt darstellt. Namen wie Colgate, Blendamed, Sensodyne, Elmex und Dentagard sind weiblich, weil sie für die weiblichen Begriffe Zahnpasta und Zahncreme stehen.

Ariel, Omo, Dash, Persil und Lenor hingegen sind sächlich, weil es das Waschmittel heißt. Bifi ist weiblich, weil man an die Salami denken soll, Labello ist männlich, weil es der Lippenstift heißt. Tempo und Kleenex sind sächlich, weil dahinter das Papiertaschentuch steckt.

Ausnahmen bilden gelegentlich solche Produktnamen, die sich aus bekannten Hauptwörtern zusammensetzen: der Weiße Riese (obwohl das Waschmittel), der General (obwohl das Putzmittel), der Flutschfinger (obwohl das Speiseeis).

Doch auch diese Ausnahmeregel gilt nicht immer: Bei einigen Markennamen ist das dahinter stehende Produkt einfach zu mächtig, es dominiert selbst dann noch das Geschlecht des Namens, wenn dieser sein eigenes Geschlecht hat. Dies ist zum Beispiel bei Bieren der Fall. Die sind immer sächlich, selbst wenn sie

„König" („DasKönigunterdenBieren") oder „Urquell" heißen. [...] Somit findet man in der deutschen Sprache sowohl das Astra (Bier) als auch den Astra (Auto). Wer Astra trinkt und Astra fährt, kann Sterne sehen, denn „astra" ist der Plural des lateinischen Wortes „astrum", und das bedeutet „Stern". Auch Zigarettenmarken sind durchgehend gleichen Geschlechts, nämlich weiblich, daran vermögen weder das Kamel noch der Prinz etwas zu ändern.

Medikamente sind – als Heilmittel oder Packung gesehen – sächlich: das Aspirin, das Viagra. Wenn jedoch eine einzelne Pille gemeint ist, kann es durchaus auch die Aspirin oder die Viagra heißen.

In grammatischer Hinsicht ist die Haselnuss eine ziemlich harte Nuss – nicht nur als Creme, sondern auch zwischen Waffeln: Heißt es das oder die Hanuta? Man mag argumentieren, dass Hanuta die Abkürzung für HAselNUssTAfel sei – und dass die Tafel ja nun unbestreitbar weiblich sei. Doch wer weiß denn schon, dass der Name Hanuta ein Akronym ist? Wenn Hanuta weiblich ist, weil „Tafel" weiblich ist, dann müsste eigentlich auch Duplo weiblich sein: denn werben die Hersteller nicht mit dem Slogan, dass es sich um eine Praline handelt? Eine besonders lange sogar?

Trotzdem sind Schokoriegel in der Regel sächlichen Geschlechts: Kitkat, Mars, Bounty, Snickers, MilkyWay, Twix – wann immer man sie mit Artikel nennt, so ist es „das". Obwohl es doch der Schokoriegel heißt. Aber Mars, Bounty und Co gibt es schon länger, als es das Wort „Schokoriegel" gibt. Früher sagte man dazu noch „Süßigkeiten" oder „Naschwerk". Eine sprachwissenschaftlich fundierte Begründung, warum Schokoriegel immer sächlich sind, hat der Verfasser dieses Textes momentan nicht zur Hand. Daher bedient er sich des ultimativen Arguments: Isso! Und damit zurück zur Anfangsfrage:

Bei Ferrero, dem Hersteller von Nutella, hat man die Frage nach dem Geschlecht des Markennamens natürlich schon oft gehört. Auf der firmeneigenen Homepage gibt es daher einen erklärenden Eintrag, der den Kunden allerdings auch nicht vollständig befriedigen kann: „Nutella ist ein im Markenregister eingetragenes Fantasiewort", heißt es dort, „das sich einer genauen femininen, maskulinen oder sachlichen Zuordnung entzieht."

Manchmal ist eben einfach Fantasie gefragt – nicht nur bei der Suche nach neuen Namen, sondern auch bei der Suche nach einem passenden Geschlecht – oder einer Möglichkeit, die Geschlechterfrage zu umgehen: „Schatz, reich mir doch bitte mal das Nutella-Glas rüber!"

1. Welches grammatikalische Geschlecht haben die folgenden Markennamen: Nutella, Blendamed, Mars, Hanuta, Aspirin, Caprisonne, Cornetto, Merci, Fanta. Was sagt euer Sprachgefühl?
2. Überprüft euer Sprachgefühl anhand des vorliegenden Textes.
Fasst eure Ergebnisse in einem informativen Text für die Schülerzeitung zusammen. Arbeitet mit Textbelegen und Zitaten.

INFO Mit Textbelegen arbeiten

Zum wissenschaftlichen Arbeiten gehört es, seine Ausführungen mit Zitaten und Textbelegen abzusichern.

Grundregeln beim Zitieren

- **Anführungszeichen:** Zitate werden durch Anführungszeichen kenntlich gemacht. Beinhalten Zitate ein weiteres Zitat, verwendet man einfache Anführungszeichen.
  Beispiel: Der Mann reagiert „wie aus der Pistole geschossen: ‚Du meinst ja wohl das Nutella.'"
- **exakter Wortlaut:** Zitate dürfen in ihrem Wortlaut nicht verändert werden; Zeichensetzung und Rechtschreibung des zitierten Textes werden unverändert übernommen, auch Flexionsendungen darf man nicht einfach abändern.
- **Auslassungen:** Auslassungen (Punkte in Klammern) und Einfügungen (Zusätze in Klammern) müssen entsprechend gekennzeichnet werden.
  Beispiel: „Ariel, Omo, Dash […] sind sächlich, weil es das Waschmittel heißt. Bifi [eine Wurstspezialität] ist weiblich, weil man an die Salami denken soll."
- **Redeeinleitung:** Zitate sollten mit einer Redeeinleitung verbunden werden oder als Teilzitate in die eigenen Ausführungen integriert werden.
  Beispiel: Der Autor wirft nun die Frage auf: „Heißt es das oder die Hanuta?" Er erläutert, dass „Hanuta die Abkürzung für HAselNUssTAfel sei", und belegt so seine Behauptung.
- **Schriftgröße:** Wenn man mit dem PC arbeitet, werden Zitate von mehr als drei Zeilen eine Schriftgröße kleiner oder kursiv gesetzt und eingerückt.
  Beispiel: Der Autor setzt sich mit dem grammatischen Geschlecht von Markennamen auseinander. Bereits in der Einleitung des Artikels heißt es:
  Die oder das Nutella – diese Frage hat schon Tausende Gemüter am Frühstückstisch bewegt. Seit Generationen wird in Wohnküchen debattiert, gezankt und gestritten.
  Zitate sollten sparsam verwendet werden.

Grundregeln für die Angaben von Textbelegen

- **Seitenverweis:** Der Bezug auf eine bestimmte Textstelle wird durch Seiten- und Zeilenverweis am Satzende verdeutlicht. Der Textbeleg wird in Klammern gesetzt. Der Punkt als Satzschlusszeichen steht hinter der Klammer.
  Beispiel: Der Autor verweist darauf, dass häufig ein Zusammenhang zwischen dem grammatischen Geschlecht des Markennamens und dem Begriff der dahinter steht, zu erkennen ist (Z. X).
- **Abkürzung:** Bezieht man sich auf eine Seite bzw. Zeile, lautet die Angabe (S. X) bzw. (Z. X), bezieht man sich auf zwei aufeinanderfolgende Seiten oder Zeilen schreibt man (S. X–X) oder (Z. X f.), sind mehrere Seiten oder Zeilen der Bezugspunkt, heißt es (S. X–X) bzw. (Z. X–X).
- **Tipp:** Die Angabe (S. X ff.) sollte man wegen Ungenauigkeit möglichst vermeiden.

WERKSTATT: MEDIEN

Verfilmte Literatur – Mario und der Zauberer

Kameraperspektiven *nach Werner Kamp, Manfred Rüsel*

Ob die Kamera von einem erhöhten oder niedrigeren Standpunkt aus blickt, ob sie das Geschehen aus der normalen Perspektive oder aus der Sicht eines Protagonisten einfängt, immer erhält das Bild eine andere Aussagekraft.

Die gebräuchlichste Kameraperspektive ist die **Normalsicht**. Sie fängt das Geschehen in Augenhöhe der Protagonisten ein und versucht, unsere „normale" perspektivische Wahrnehmung abzubilden.

Die **Untersicht** kann die abgebildete Person heroisch-überlegen wirken lassen, ebenso kann sie einen lächerlichen Effekt haben. In der Regel soll so jedoch eine bedrohliche Atmosphäre kreiert werden.

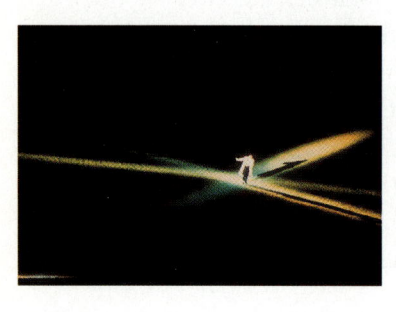

In der **Aufsicht** (auch **Obersicht**) wirken Objekte und Personen kleiner, hilfloser, einsamer. Die extreme Aufsicht filmt vertikal von oben. Diesen Kamerastandpunkt nennt man **Vogelperspektive**.

Die **subjektive** Kamera suggeriert dem Publikum, das Geschehen auf der Leinwand durchgängig aus dem Blickwinkel eines Protagonisten zu sehen.

Einstellungsgrößen *nach Werner Kamp, Manfred Rüsel*

Panorama/Weit: Landschaftsaufnahme, der Einzelne verliert sich in der Umgebung, häufig Einführungs- oder Schlussbilder.

Totale: Abbildung einer oder mehrerer Personen, wobei die Umgebung im Vordergrund steht; Ziel ist die räumliche Orientierung für den Zuschauer.

Halbtotale: Personen in ihrer unmittelbaren Umgebung, in einem ausgewogenen Verhältnis; die Person gewinnt Eigengewicht.

Halbnah: Person nicht mehr vollständig zu sehen, wichtig wird die Gestik der Person als Ausdrucksmittel.

Amerikanisch: abgeleitet von einer Einstellung in Western, wo die Person ab Pistolengurt aufwärts zu sehen ist.

Nah: Brustbild bzw. Darstellung der Person bis zum Bauch; Mimik steht im Vordergrund; Position des Nachrichtensprechers.

Groß: Aufnahme eines Gesichts, nicht die äußere Situation steht jetzt im Mittelpunkt des Interesses, sondern die innere Befindlichkeit der Person.

Detail: Bildfüllend zu erkennen sind nur noch Details, Teile des Gesichts – Augenpartie, zusammengekniffener Mund usw. –, einzelne Details sprechen für das Ganze – Pars pro toto.

1. Nehmt per Video kurze Filmsequenzen aus dem Schulalltag auf, z. B. „Pausenaufsicht" – „Fußballwettkampf" – „Schulbeginn: 5 vor 8!" Setzt die aufgeführten Kameraperspektiven und Einstellungsgrößen ein und überprüft sie auf ihre Wirkungen.

Der Inhalt

Die Novelle beginnt mit einer ausführlichen Natur- und Milieuschilderung des italienischen Badeortes Torre di Venere und seines Strandlebens. Die zum Sommerurlaub anreisende Familie des Ich-Erzählers findet eine unangenehme Atmosphäre vor: „Ärger, Gereiztheit, Überspannung lagen von Anfang an in der Luft". Die Sonne zeigt ihre „Schreckensherrschaft", die unduldsame, auf die „Würde" und „die Idee der Nation" sich ständig berufende Mittelmäßigkeit des Strandpublikums macht ihnen das Leben schwer. Ein „naiver Missbrauch der Macht, der Ungerechtigkeit, der kriecherischen Korruption" führt zur Ausquartierung der Familie aus dem Grand Hotel und Umsiedlung in die Pension Eleonora; auf die unschuldige Nacktheit der kleinen Tochter am Strand reagiert das Strandpublikum wie auf eine Verletzung der Ehre Italiens usw.

An diese Schilderung schließt sich der Auftritt des buckligen Zauberers und Hypnotiseurs Cipolla an, „in dessen Person sich das eigentümlich Bösartige der Stimmung auf verhängnishafte und übrigens menschlich sehr eindrucksvolle Weise zu verkörpern und bedrohlich zusammenzudrängen schien". Seine taschenspielerischen Fähigkeiten und seine „Demonstration der Willensentziehung und -aufnötigung", seine hässliche und zugleich übersteigerte „Führer-" und „Verführerpersönlichkeit" ziehen Einheimische wie Gäste in den Bann. Erst die Tat des unglücklich verliebten Kellners Mario, der unter hypnotischem Zwang Cipolla mit seiner geliebten Silvestra verwechselt, den hässlichen Alten küsst und aus tiefster Demütigung erwachend den Hypnotiseur erschießt, durchbricht den Teufelskreis der Massenpsychose.

> „Es ist bezeichnend für das innere Verhältnis von Thomas Mann zu seiner Novelle *Mario und der Zauberer*, dass er sich in den Jahren seines Schweizer Exils immer wieder mit ihr beschäftigte. Vielleicht hat ihn im Nachhinein die klare Voraussicht auf die nicht vorhandene Willensfreiheit Deutschlands, die das Reiseerlebnis Mario und Cipolla in ihm auslöste, selbst erstaunt."
> (Eberhard Görner in „Mario und der Zauberer". Das Buch zum Film, S. 106)

1. Informiert euch über die politische Situation Italiens in den 20er Jahren des 20. Jahrhunderts.
2. Erkundigt euch über den Autor: über sein Leben, seine Familie, seine Bücher. Welche Stellung bezog Thomas Mann zunächst – und später – gegenüber dem Nationalsozialismus?

Aus dem Anfang der Novelle *Thomas Mann*

… es wimmelt von zeterndem, zankendem, jauchzendem Badevolk, dem eine wie toll herabbrennende Sonne die Haut von den Nacken schält; flachbodige, grell bemalte Boote, von Kindern bemannt, deren tönende Vornamen, ausgestoßen von Ausschau haltenden Müttern, in heiserer Besorgnis die Lüfte erfüllen, schaukeln auf der blitzenden Bläue, und über die Gliedmaßen der Lagernden tretend bieten die Verkäufer von Austern, Getränken, Blumen, Korallenschmuck und Cornetti al burro, auch sie mit der belegten offenen Stimme des Südens, ihre Ware an.

So sah es am Strande von Torre aus, als wir ankamen – …

Cornetti al burro: *ital.:* Butterhörnchen

3. Fertigt zu dieser Szene – nach folgendem Muster – ein **Storyboard** an. Beschreibt mit Hilfe der auf den Seiten 108–109 dargestellten filmtechnischen Mittel, wie ihr diese Szene aufbauen und ausschmücken wollt.

Storyboard → S. 341

Sequenz	Bildinhalt	Dialog	Geräusche/Musik	Kameraführung	Zeit
1	…	…	…	…	…
2	…	…	…	…	…
3	…	…	…	…	…
4	…	…	…	…	…

Im Grand Hotel* *Aus der Novelle*

* Text in alter Rechtschreibung

[...] Mit gewissen Verandaklienten, oder richtiger wohl nur mit der Hotelleitung, die vor ihnen liebedienerte, ergab sich sogleich einer dieser Konflikte, die einem Aufenthalt von Anfang an den Stempel des Unbehaglichen aufdrücken können. Römischer Hochadel befand sich darunter, ein Principe X. mit Familie, und da die Zimmer dieser Herrschaften in Nachbarschaft der unsrigen lagen, war die Fürstin, große Dame und leidenschaftliche Mutter zugleich, in Schrecken versetzt worden durch die Restspuren eines Keuchhustens, den unsere Kleinen kurz zuvor gemeinsam überstanden hatten, und von dem schwache Nachklänge zuweilen noch nachts den sonst unerschütterlichen Schlaf des Jüngsten unterbrachen. Das Wesen dieser Krankheit ist wenig geklärt, dem Aberglauben hier mancher Spielraum gelassen, und so haben wir es unserer eleganten Nachbarin nie verargt, daß sie der weitverbreiteten Meinung anhing, der Keuchhusten sei akustisch ansteckend, und einfach für ihre Kleinen das schlechte Beispiel fürchtete. Im weiblichen Vollgefühl ihres Ansehens wurde sie vorstellig bei der Direktion, und diese, in der Person des bekannten Gehrockmanagers, beeilte sich, uns mit vielem Bedauern zu bedeuten, unter diesen Verhältnissen sei unsere Umquartierung in den Nebenbau des Hotels eine unumgängliche Notwendigkeit. Wir hatten gut beteuern, die Kinderkrankheit befinde sich im Stadium letzten Abklingens, sie habe als überwunden zu gelten und stelle keinerlei Gefahr für die Umgebung mehr dar. Alles, was uns zugestanden wurde, war, daß der Fall vor das medizinische Forum gebracht und der Arzt des Hauses – nur dieser, nicht etwa ein von uns bestellter – zur Entscheidung berufen werden möge. Wir willigten in dieses Abkommen, überzeugt, so sei zugleich die Fürstin zu beruhigen und für uns die Unbequemlichkeit eines Umzuges zu vermeiden. Der Doktor kommt und erweist sich als ein loyaler und aufrechter Diener der Wissenschaft. Er untersucht den Kleinen, erklärt das Übel für abgelaufen und verneint jede Bedenklichkeit. Schon glauben wir uns berechtigt, den Zwischenfall für beigelegt zu halten: da erklärt der Manager, daß wir die Zimmer räumten und in der Dependance Wohnung nähmen, bleibe auch nach den Feststellungen des Arztes geboten. Dieser Byzantinismus empörte uns. Es ist unwahrscheinlich, daß die wortbrüchige Hartnäckigkeit, auf die wir stießen, diejenige der Fürstin war. Der servile Gastwirt hatte wohl nicht einmal gewagt, ihr von dem Votum des Doktors Mitteilung zu machen. Jedenfalls verständigten wir ihn dahin, wir zögen es vor, das Hotel überhaupt und sofort zu verlassen, – und packten.

Byzantinismus: Kriecherei

Im Grand Hotel *Aus dem Drehbuch*

Grand Hotel – Suite der Fuhrmanns
Innen, Nacht

Rachel liegt mit schmerzverzerrtem Gesicht auf dem Bauch im Bett.

FUHRMANN (Off/On)
  Du musst lernen, dich bei großer Hitze so zu verhalten, wie es die Helden der Antike getan haben.
  Man sieht, dass Fuhrmann eine Gurke in Scheiben schneidet und die Stücke vorsichtig auf Rachels sonnenverbrannte Schultern legt. Aus dem Kinderzimmer hört man gelegentlich Stephan husten.
RACHEL Und das wäre?
FUHRMANN Suche ein schattiges Plätzchen im nächsten Café und beobachte den Sommer aus sicherer Entfernung. Besser?
RACHEL Mmmmm.
  In diesem Moment ein lautes Klopfen. Rachel wendet den Kopf – sieht Fuhrmann fragend lächelnd an – hat er eine Überraschung bestellt? Im Bademantel öffnet Fuhrmann die Tür; Pastore steht im Gang
FUHRMANN Ja?
PASTORE Entschuldigen Sie, Professore Fuhrmann, aber wenn Sie nichts gegen den Husten unternehmen können, müssen wir Sie leider in eines der Nebengebäude verlegen, wo nicht so viele andere Gäste gestört werden.
FUHRMANN Wissen Sie, wie spät es ist?
PASTORE Das tut mir leid, aber einige der Gäste sind besorgt wegen der Ansteckungsgefahr.
  Rachel kommt in den Gang, um nachzusehen, was los ist.
  Fuhrmann nickt nachdenklich.
FUHRMANN Sie befürchten Kontagiosität?
  Pastore sieht Fuhrmann verblüfft an – er hat dieses Wort nie gehört.
PASTORE Ich ... bin wirklich nicht in der Lage, das zu beurteilen.
FUHRMANN Nicht? Nun, dann holen Sie einen Arzt.
  Kurze Pause.

Kontagiosität: Ansteckungsmöglichkeit

1. Welche Schwerpunkte setzt der Drehbuchtext gegenüber der Novelle? Was hebt der Regisseur heraus und wie setzt er dies filmisch um?

Aus dem Schluss der Novelle*

In einem Lokal gibt der Zauberkünstler und Hypnotiseur Cipolla eine Vorstellung. Gerade hat Cipolla Mario, den jungen Kellner, auf die Bühne geholt, um an ihm ein Experiment vorzuführen.

„Halt da!" sagte er. „Das wäre. Du willst ausreißen, Ganymed, im besten Augenblick oder dicht vor dem besten? Hier geblieben, ich verspreche dir schöne Dinge. Ich verspreche dir, dich von der Grundlosigkeit deines Kummers zu überzeugen. Dieses Mädchen, das du kennst und das auch andere kennen, diese – wie heißt sie gleich? Warte! Ich lese den Namen in deinen Augen, er schwebt mir auf der Zunge, und auch du bist, sehe ich, im Begriffe, ihn auszusprechen ..."
„Silvestra!" rief der Giovanotto von unten. Der Cavaliere verzog keine Miene.

„Gibt es nicht vorlaute Leute?" fragte er, ohne hinunterzublicken, vielmehr wie in ungestörter Zwiesprache mit Mario. „Gibt es nicht überaus vorlaute Hähne, die zur Zeit und Unzeit krähen? Da nimmt er uns den Namen von den Lippen, dir und mir, und glaubt wohl noch, der Eitle, ein besonderes Anrecht auf ihn zu besitzen. Lassen wir ihn! Die Silvestra aber, deine Silvestra, ja, sage einmal, das ist ein Mädchen, was?! Ein wahrer Schatz! Das Herz steht einem still, wenn man sie gehen, atmen, lachen sieht, so reizend ist sie. Und ihre runden Arme, wie sie wäscht und dabei den Kopf in den Nacken wirft und das Haar aus der Stirn schüttelt! Ein Engel des Paradieses!"

Mario starrte ihn mit vorgeschobenem Kopfe an. Er schien seine Lage und das Publikum vergessen zu haben. Die roten Flecken um seine Augen hatten sich vergrößert und wirkten wie aufgemalt. Ich habe das selten gesehen. Seine dicken Lippen standen getrennt.

„Und er macht dir Kummer, dieser Engel", fuhr Cipolla fort, „oder vielmehr, du machst dir Kummer um ihn ... Das ist ein Unterschied, mein Lieber, ein schwerwiegender Unterschied, glaube mir! In der Liebe gibt es Mißverständnisse, – man kann sagen, daß das Mißverständnis nirgends so sehr zu Hause ist wie hier. Du wirst meinen, was versteht der Cipolla von der Liebe, er mit seinem kleinen Leibesschaden? Irrtum, er versteht gar viel davon [...] Aber lassen wir den Cipolla, lassen wir ihn ganz aus dem Spiel, und denken wir nur an Silvestra, deine reizende Silvestra! Wie? Sie sollte irgendeinem krähenden Hahn vor dir den Vorzug geben, so daß er lachen kann und du weinen mußt? Den Vorzug vor dir, einem so gefühlvollen und sympathischen Burschen? Das ist wenig wahrscheinlich, das ist unmöglich, wir wissen es besser, der Cipolla und sie. Wenn ich mich an ihre Stelle versetze, siehst du, und die Wahl habe zwischen so einem geteerten Lümmel, so einem Salzfisch und Meeresobst – und einem Mario, einem Ritter der Serviette, der sich unter den Herrschaften bewegt, der den Fremden gewandt Erfrischungen reicht und mich liebt mit wahrem, heißem Gefühl, – meiner Treu, so ist die Entscheidung meinem Herzen nicht schwer gemacht, so weiß ich wohl, wem ich es schenken soll, wem ganz allein ich es längst

*Text in alter Rechtschreibung

schon errötend geschenkt habe. Es ist Zeit, daß er's sieht und begreift, mein Erwählter! Es ist Zeit, daß du mich siehst und erkennst, Mario, mein Liebster ... Sage, wer bin ich?"

Es war greulich, wie der Betrüger sich lieblich machte, die schiefen Schultern kokett verdrehte, die Beutelaugen schmachten ließ und in süßlichem Lächeln seine splittrigen Zähne zeigte. Ach, aber was war während seiner verblendenden Worte aus unserem Mario geworden? Es wird mir schwer, es zu sagen, wie es mir schwer wurde, es zu sehen, denn das war eine Preisgabe des Innigsten, die öffentliche Ausstellung verzagter und wahnhaft beseligter Leidenschaft. Er hielt die Hände vorm Munde gefaltet, seine Schultern hoben und senkten sich in gewaltsamen Atemzügen. Gewiß traute er vor Glück seinen Augen und Ohren nicht und vergaß eben nur das eine dabei, daß er ihnen wirklich nicht trauen durfte. „Silvestra!" hauchte er überwältigt, aus tiefster Brust.

„Küsse mich!" sagte der Bucklige. „Glaube, daß du es darfst! Ich liebe dich. Küsse mich hierher", und er wies mit der Spitze des Zeigefingers, Hand, Arm, und kleinen Finger wegspreizend, an seine Wange, nahe dem Mund. Und Mario neigte sich und küßte ihn.

Es war recht still im Saal geworden. Der Augenblick war grotesk, ungeheuerlich und spannend, – der Augenblick von Mario's Seligkeit.

[...]

Zugleich aber auch schon [...] ließ der oben Geliebkoste unten, neben dem Stuhlbein, die Reitpeitsche pfeifen, und Mario, geweckt, fuhr auf und zurück. Er stand und starrte, hintübergebogenen Leibes, drückte die Hände an seine mißbrauchten Lippen, eine über der anderen, schlug sich dann mit den Knöcheln beider mehrmals gegen die Schläfen, machte kehrt und stürzte, während der Saal applaudierte und Cipolla, die Hände im Schoß gefaltet, mit den Schultern lachte, die Stufen hinunter. Unten, in voller Fahrt, warf er sich mit auseinandergerissenen Beinen herum, schleuderte den Arm empor, und zwei flach schmetternde Detonationen durchschlugen Beifall und Gelächter.

Alsbald trat Lautlosigkeit ein.

[...] Cipolla war mit einem Satz vom Stuhle aufgesprungen. Er stand da mit abwehrend seitwärtsgestreckten Armen, als wollte er rufen: ‚Halt! Still! Alles weg von mir! Was ist das?', sackte im nächsten Augenblick mit auf die Brust kugelndem Kopf auf den Sitz zurück und fiel im übernächsten seitlich davon herunter, zu Boden, wo er liegen blieb, reglos, ein durcheinandergeworfenes Bündel Kleider und schiefer Knochen. Der Tumult war grenzenlos. Damen verbargen in Zuckungen das Gesicht an der Brust ihrer Begleiter. Man rief nach einem Arzt, nach der Polizei. Man stürmte das Podium. Man warf sich im Gedränge auf Mario, um ihn zu entwaffnen. [...]

Aus dem Schluss des Drehbuchs

Der Auftritt Cipollas ist in vollem Gange. Mario steht mit fest geschlossenen Augen auf der Bühne. Wie in Trance schreitet Cipolla durch den Zuschauerraum, reicht Silvestra freundlich, aber bestimmt die Hand und führt sie auf die Bühne. Mario öffnet die Augen, scheint überrascht, verlegen.

5 CIPOLLA Ich möchte um absolute Ruhe bitten, denn mein nächstes Experiment verlangt höchste Konzentration. Die kleinste Ablenkung könnte die zarte Verbindung zwischen uns stören.

Er blickt einen Augenblick fest ins Publikum, wendet sich dann zu Mario und Silvestra um. Er spricht langsam, eindringlich, ruhig,
10 *er sieht Mario an, dann Silvestra.*

CIPOLLA Hört gut zu, Mario und Silvestra. Einige Minuten lang werdet ihr nur meine Stimme hören, werdet nur meinen Anweisungen folgen …

Eindrücke von den Zuschauern, die das Geschehen konzentriert verfolgen und versuchen, Cipollas Worte, die leise an Mario und Silvestra gerichtet sind,
15 *zu verstehen.*

CIPOLLA *zu Mario* … du wirst mir gehorchen, weil du es willst, *zu Silvestra* weil ich euch an einen Ort führen werde, nach dem ihr euch schon lange sehnt.

Mario und Silvestra stehen bewegungslos auf der Bühne. Ein lautes, nervöses
20 *Lachen aus dem Publikum.*
   Cipolla führt seine Hand dicht an Marios Gesicht, winkt: Marios Gesicht nähert sich Silvestras. Cipolla unterbricht die Annäherung auf halber Strecke, macht das gleiche mit Silvestra.
   Rachel und Fuhrmann sehen gespannt zu.
25 *Silvestras Kopf bewegt sich auf Marios zu, Cipolla unterbricht die Annäherung.*

CIPOLLA Ihr werdet mir gehorchen, weil meine Befehle und eure Wünsche identisch sind. Und nun, wenn ich es sage, werdet ihr euch küssen, *zu Silvestra* wie ihr es euch seit langem wünscht …

30 *Marios und Silvestras Gesichter nähern sich an, sind nur noch wenige Zentimeter auseinander, Silvestra öffnet die Lippen; Cipolla spricht derweil fortwährend mit dunkler, eindringlicher Stimme.*
   Die Zuschauer sehen gespannt auf die Bühne.

CIPOLLA *zu Mario*   ... wie ihr es euch seit langem gewünscht habt,
nur ihr wart zu schüchtern. *fast flüsternd* Küsst euch, küsst euch.

Mario öffnet die Lippen. Plötzlich wird sich Silvestra der Anwesenheit des Publikums bewusst – die Art, wie die Zuschauer das Geschehen auf der Bühne beobachten, hat etwas Voyeuristisches. Sie sieht Mario an, schüttelt den Kopf.

SILVESTRA *kaum hörbar* Nein...

Silvestra wendet sich unsicher ab, will die Bühne verlassen. Cipolla deutet plötzlich mit dem Finger auf sie, ruft:

CIPOLLA   Silvestra – Stopp!

Sie hält inne. Steht still, wie erstarrt, schaut um sich – fast Hilfe suchend – ... in die Richtung, in der Fuhrmann und die anderen sitzen; die Kinder sind nach wie vor fasziniert, nicht nervös, aber Fuhrmann und Rachel – die Augen auf das Geschehen geheftet – fühlen sich langsam sehr unbehaglich.
Mario, der immer noch bewegungslos an der gleichen Stelle steht, sieht mit Entsetzen im Blick, wie ...
Cipolla schnell zu Silvestra humpelt.

CIPOLLA   Nicht so schnell, schöne Silvestra, du möchtest doch nicht mitten im größten Spaß aufhören? Oder sollte ich besser sagen, dass der Spaß erst richtig anfängt?

Die Zuschauer sind absolut still. Cipolla spürt die Einzigartigkeit des Augenblicks, spürt, dass dies die größte Vorstellung seines Lebens werden könnte. Er tritt dicht an sie heran, senkt seine Stimme ein wenig.

CIPOLLA   Vergiss die anderen, nur einer zählt in diesem Augenblick, er, der dich begehrt, der alles für dich täte. Mario, den es schmerzt, wenn du nicht in der Nähe bist, den deine Schönheit überwältigt, der dich aufrichtig und ehrlich liebt, nicht wie die anderen, dessen Liebe unwiderstehlich ist, den auch du lieben musst. Wir haben es nicht ausgesprochen, doch weißt du genau, dass ich mein Herz bereits vor langer Zeit dir gab ...
Silvestra wendet sich Cipolla zu, hat das Publikum scheinbar vergessen.
CIPOLLA   ... und es ist an der Zeit, dass du mich erkennst, Silvestra, meine Liebe. Sag mir, wer ich bin.

SILVESTRA *fast flüsternd* Mario?
CIPOLLA Ja. Küss mich, Silvestra, vertraue mir. Ich werde dich ewig lieben. Ich brauche dich. Küss mich.

Silvestra scheint zu zögern, nimmt dann plötzlich seinen Kopf in die Hände und küsst ihn auf den Mund. Mario kann seinen Augen nicht trauen, krümmt sich vor Schmerz, stößt tief aus der Brust einen verzerrten Laut aus.
  Viele der Zuschauer beginnen zu lachen, einige klatschen.
  Der Lärm scheint den Bann zu brechen: Silvestra weicht langsam von Cipolla zurück; zunächst scheint sie ein wenig desorientiert, dann zunehmend geekelt, abgestoßen.
  Mario sieht Cipolla an.

MARIO Warum ...?

Cipolla breitet die Arme aus, um Nachsicht bittend? entschuldigend?
  Silvestra bleibt abrupt neben dem kleinen Tisch stehen, nimmt die Pistole, richtet sie auf Cipolla.
  Rachel ergreift instinktiv den Arm ihres Mannes.

RACHEL Mein Gott ...
SILVESTRA Monster!

Sie schießt wild um sich, verfehlt Cipolla. Marcello greift nach ihrem Arm, wieder löst sich ein Schuss ...
  ... und trifft einen Scheinwerfer unter dem Zeltdach ...
  ... die Glassplitter rieseln auf den Bereich im Zuschauerraum nieder, wo die Fuhrmanns sitzen. Rachel und Fuhrmann mit überraschtem, beinahe entsetztem Gesichtsausdruck.
  Wieder löst sich ein Schuss, als Marcello Silvestra schließlich die Pistole aus der Hand winden kann.
  Mit völlig fassungslosem Gesicht tritt Mario einen Schritt zurück, fällt auf den einzigen Stuhl auf der Bühne.
  Wie aus einem Traum erwachend, sieht Silvestra Mario fragend an.
  Unvermittelt erhebt sich tosender, begeisterter Beifall, die Zuschauer brechen in übermütiges Gelächter aus.
  Cipollas Ausdruck ist schockiert und gleichsam triumphierend, als er den Blick von Silvestra abwendet und über die Menge schweifen lässt. Er lächelt, will sich verbeugen, sieht dann aber plötzlich zu Mario hinüber.
  Sophie applaudiert gemeinsam mit den anderen Zuschauern, Stephan blickt unsicher zu Rachel und Fuhrmann, die immer noch herauszufinden versuchen, was eigentlich vorgeht.

STEPHAN   Mutti...?

Mario erhebt sich, es scheint, als wolle er etwas sagen, Blut rinnt aus seinem Mund, er fällt zu Boden. Christiana geht zu ihm, kniet nieder.
   Marcello lässt Silvestra los; sie begreift nun, was vorgefallen ist, legt eine Hand auf den Mund.
   Mario liegt am Boden, versucht, den Kopf zu heben.
   Subjektive Mario: fragmentarische Eindrücke – Chaos im Raum, unter den lachenden Gesichtern auch betroffene Mienen, vereinzelte konfuse Rufe, Silvestra, erstarrt, erschreckt; Cipollas Gesicht kommt kurz ins Bild; der Arzt, schwarze Tasche in der Hand, läuft auf ihn zu.
   Auf der Bühne kniet der Arzt neben Mario, der auf dem Rücken ausgestreckt liegt, Augen geschlossen. Neben ihm der Arztkoffer, einige Instrumente über den Boden verstreut.
   Der Arzt nimmt sein Stethoskop ab, beugt sich über Mario, beginnt mit einer Herzmassage.

ARZT   Nun komm schon, komm, komm ...

Aber Marios Augen bleiben geschlossen.

2. Beschreibt, welche Änderung Klaus Maria Brandauer am Schluss des Films vorgenommen hat und interpretiert die Absicht, die er damit verfolgte.
3. Seht euch den Cipolla des Films genauer an:
   sein Äußeres, seine Wesenszüge, sein Auftreten, seine Umgebung.
   Entspricht er dem Cipolla der Novelle oder findet ihr Unterschiede zwischen beiden?
   Versucht zu deuten, was Thomas Mann bzw. Klaus Maria Brandauer jeweils in der Figur des Cipolla zum Ausdruck bringen möchte.
4. Silvestra tritt in der gesamten Novelle niemals persönlich in Erscheinung. Sie wird lediglich im Schlusskapitel durch Cipolla einige Male genannt. Sucht Begründungen dafür, weshalb die Filmemacher das Mädchen Silvestra in dieser Szene direkt und so erregend ins Bild bringen.

Norbert Beilharz im Gespräch mit Klaus Maria Brandauer, dem Regisseur und Hauptdarsteller des Films

Norbert Beilharz:
Herr Brandauer [...] Sie sagen ja, Literatur, aus der man einen Film macht, die kann man nur respektlos behandeln. Einen sehr starken Einschnitt haben Sie vorgenommen am Schluss des Films. Es ist ja so, dass Thomas Mann den Cipolla ein Experiment anstellen lässt mit dem Kellner Mario, demzufolge Mario im Zauberer seine Geliebte sieht und den Verführer, diesen hässlichen, gedemütigten Menschen, küsst. Und ich glaube, Thomas Mann redet in dem Zusammenhang von diesen missbrauchten Lippen. Sie haben das anders gelöst, indem nicht Mario, aus Scham und Bestürzung, Cipolla erschießt, sondern Mario durch ein Versehen selbst erschossen wird.

Klaus Maria Brandauer:
[...] Wenn bei uns am Schluss der Geschichte Cipolla überlebt, dann ist es einzig und allein aus dem Grund, weil er wirklich weiterlebt. Wenn die Literaturwissenschaft meint und Thomas Mann selber sagt: „Das ist das Synonym für Faschismus", dann kann er nicht gestorben sein, dann haben wir ihn! Aus diesem Grund wird der Cipolla bei uns nicht erschossen, sondern überlebt.

Wir haben aber eine Figur, den Mario, [...] und jeder, der die Novelle kennt, weiß, dass dieser Mario nur marginal in der Geschichte vorkommt. Nicht so bei uns. Wir haben das Unschuldige in diesem Menschen, das Thomas Mann beschreibt, sehr genau aufgezeigt, und da alle anderen sich mehr oder weniger schuldig machen am Zustand der Situation in diesem Sommer, [...] haben wir den am wenigsten Belasteten, den eigentlich Unschuldigen, zu Tode kommen lassen. [...]

Unsere Geschichte hat keinen Abschluss. Und wenn wir nur die politischen Strömungen anschauen, verblendet oder nicht, Jugend, die verführt ist, von wem auch immer: Momentan haben wir gar keinen Cipolla mehr, wir haben offensichtlich ein Nest von Cipollas, wenn wir beim Bild bleiben wollen, und dann wäre sein Tod nicht der richtige Weg.

Das ist ein wesentlicher Eingriff, keine Frage. Es gibt noch einige Eingriffe, wie zum Beispiel die Darstellung des Kellnerrennens, eines Balls, eines Feuerwerks, die Gestaltung einer Figur namens Graziano, die der Hoteldirektor in unserer Geschichte ist, der auch zu Tode kommt.

Das sind Eingriffe. Nur hätten wir sie nicht gemacht, wenn wir sie nicht aus der Geschichte, in der Verlängerung unseres Verständnisses aus Thomas Manns Novelle „Mario und der Zauberer", herausgelesen hätten.

1. Stellt die von Klaus Maria Brandauer erwähnten Veränderungen im Film zusammen.
2. Worin unterscheidet sich die Intention Thomas Manns von der Klaus Maria Brandauers?
3. Welche Eingriffe in die Novelle findet ihr gut, welche lehnt ihr ab? Begründet dies.
4. Welche Kernaussage würdet ihr einer neuen Verfilmung zu Grunde legen?

Einen eigenen Videofilm produzieren

So *Günther Guben*

Da sitzt man so. Und da redet man. Und da betrachtet man sich. Und da lächelt man. Und da denkt man sich was. Und da redet man wieder was. Und das glaubt man vielleicht gar nicht. Und da sitzt man halt.

Da sitzt man also. Betrachtet sich gegenseitig. Lächelt. Nickt sich zu. Sagt etwas. Etwas, das stimmt. Etwas, das man vielleicht glaubt. Etwas, das man vielleicht nicht glaubt. So sitzt man da.

So sitzt man. Sitzt herum und redet. Betrachtet das Gegenüber. Man lächelt. Man nickt, ist freundlich, zeigt die Zähnchen. So sie geputzt sind oder sonst irgendwie anschaulich. Dann redet man. Was man so annimmt. Oder glaubt. Vielleicht nicht glaubt. Davon, worauf man steht. Worauf man sitzt. Worauf man eben so sitzt. Und eben so sitzt man da. Sitzt so und so. Na halt so. Da. Einfach so da.

1. Welches Thema wird in dem Text entfaltet?
   Was leisten Überschrift, Wortwahl und Syntax zur Verstärkung der Aussage?
2. Findet passende Situationen für diesen Text und gestaltet eine Situation in Form einer Pantomime.

Erfahrungsberichte

Gruppe 1

Am Anfang waren wir uns nicht einig: Wie sollen wir so eine Geschichte darstellen? Wir wollten eine besondere Form finden, die so auf die Zuschauer wirken sollte, dass sie sich nicht langweilten. Wir wollten aber zugleich den Text verständlich machen.

Wir haben uns daher entschieden, den Text pantomimisch darzustellen: Drei Personen sitzen an einem Tisch, während der Text von einer vierten Person im Hintergrund gelesen wird. Auf diese Weise sollte der Text verständlich gemacht werden. Der Leser machte immer wieder kleine Pausen, schob Laute wie „ähm" oder „äh" ein, um die Trägheit, die Gelassenheit und die Gleichgültigkeit zu unterstreichen. Die Schüler, die den Text pantomimisch darstellten, saßen an einem Tisch und zeigten sehr träge Aktionen, wie zum Beispiel das Aufstützen des Kopfes auf den Tisch. Zusätzlich spielten auch die Mimik, der leere Blick und das Gähnen, eine große Rolle.

Gruppe 2

Wir haben uns für ein Doppelspiel aus Lesen und Pantomime entschieden. Zwei Schülerinnen lesen den Text abwechselnd. Eine liest die oft wiederholten Wörter (z. B. und da, so etwas, man …), während die andere den übrigen Text übernimmt. Die restlichen Schülerinnen begleiten die Lesung pantomimisch.

Wir wollten auf diese Weise zeigen, dass in dem Text „So" viele Wortwiederholungen vorkommen. Wir haben den Text abwechselnd gelesen, um hervorzuheben, wie eintönig er ist. Die Pantomime sollte das unterstreichen.

Beispiel 1 – Und da betrachtet man sich
LESERIN 1 Und da …
LESERIN 2 … betrachtet man sich.
Die anderen schauen sich von oben bis unten an.

Beispiel 2 – Etwas, das man vielleicht glaubt
LESERIN 1 Etwas …
LESERIN 2 … das man vielleicht glaubt.
Die anderen Schülerinnen „sprechen" lautlos miteinander und nicken.

Gruppe 3

Unsere Idee bestand darin, den langweiligen, öden Text „So" in eine interessante Begegnung umzusetzen, ohne die vorgeschlagene Methode der Pantomime zu übernehmen. Wir wollten eine eigene Kreation ausprobieren. Unsere ersten Überlegungen, die Idee zu verwirklichen, waren folgendermaßen: Wo schaut man sich die ganze Zeit an? Wo beobachtet man so genau die Verhaltensweisen von sich und dem anderen? Es gibt unserer Ansicht nach eine Situation, bei der man sich genau auf den anderen konzentriert: bei einem Gespräch an irgendeinem Platz. Unser Gespräch sollte in einem Café stattfinden. Jedoch verschärften wir die Situation: In diesem Café begegnen sich zwei Fremde, die sich nicht kennen und sich neugierig anschauen. Sich beobachten, lächeln, um jeweils den anderen zu begutachten. Nun konnten wir uns in diese Situation hineinversetzen, und für uns war der Text plötzlich völlig einleuchtend. Jetzt war es nicht mehr schwer. Wir stellen uns die Situation bildlich vor und fingen ein Gespräch an ohne Drehbuch oder Vorlage. Aber wir wollten darauf achten, dass

- sich unsere Gespräch auf den Text bezieht. Damit meinen wir, dass diese Geschichte keine spannende und fröhliche, sondern langweilig und öde ist. Wir setzten uns also gelangweilt gegenüber, betrachteten einander und fingen ohne Lust an zu reden.
- sich nicht nur die Situation auf den Text bezieht, sondern auch unsere Verhaltensweisen. Wenn also im Text stand: „Man betrachtet sich", dann betrachteten wir uns.
- sich nicht nur unser Verhalten auf den Text bezieht, sondern auch unser Gespräch. Wenn also dort stand „Man sagt etwas, das man vielleicht glaubt", sprachen wir über etwas, das für jeden glaubwürdig erscheint.

3. Bildet Gruppen und setzt den Text per Video in eine Filmszene um:
   – Welche Aspekte wollt ihr besonders herausstellen, welche Schwerpunkte wollt ihr setzen?
   – Fertigt ein Storyboard an, in das ihr wie bei einem Comic die Kameraeinstellungen und -perspektiven Bild für Bild genau einzeichnet.
   – Setzt diese Bilder zu einen Drehbuch zusammen, in das ihr die Bilderfolge, Dialoge, Geräusche und die filmtechnischen Mittel (Kamerafahrten, Zooms, aber auch schnelle und ruhige Schnitte) eintragt.
   – Macht ein „Casting": Besetzt die Rollen in gut bedachter Auswahl.
   – Schaut euch die verschiedenen Verfilmungen an und vergleicht die unterschiedlichen Aussagen.

INFO Zoom und Kamerafahrt

- **Zoom:** Imitation einer Hin- oder Rückfahrt ohne Kamerabewegung; im Unterschied zur Fahrt verzeichnet der Zoom die tatsächlichen Größenverhältnisse im Raum.
- **Kamerafahrt:** Die Kamera verlässt den Standort; ständige Veränderung der Perspektive zur Tiefenwirkung des dreidimensionalen Raums.

Liebe ohne Zukunft

Innerer Widerstand: Gefühle

Das zerbrochene Ringlein
Joseph von Eichendorff

In einem kühlen Grunde
Da geht ein Mühlenrad,
Mein Liebste ist verschwunden,
Die dort gewohnet hat.

5 Sie hat mir Treu versprochen,
Gab mir ein'n Ring dabei,
Sie hat die Treu gebrochen,
Mein Ringlein sprang entzwei.

Ich möcht als Spielmann reisen
10 Weit in die Welt hinaus,
Und singen meine Weisen,
Und gehn von Haus zu Haus.

Ich möcht als Reiter fliegen
Wohl in die blutge Schlacht,
15 Um stille Feuer liegen
Im Feld bei dunkler Nacht.

Hör ich das Mühlrad gehen:
Ich weiß nicht, was ich will –
Ich möcht am liebsten sterben,
20 Da wärs auf einmal still!

Das verlassene Mägdlein
Eduard Mörike

Früh, wann die Hähne krähn,
Eh die Sternlein verschwinden,
Muss ich am Herde stehn,
Muss Feuer zünden.

5 Schön ist der Flammen Schein,
Es springen die Funken;
Ich schaue so drein,
In Leid versunken.

Plötzlich, da kommt es mir,
10 Treuloser Knabe,
Dass ich die Nacht von dir
Geträumet habe.

Träne auf Träne dann
Stürzet hernieder;
15 So kommt der Tag heran –
O ging er wieder!

---

1. Beschreibe in beiden Gedichten die Situation des lyrischen Ichs.
2. Versucht verschiedene Möglichkeiten des **Gedichtvortrags.**
3. Wie entsprechen sich Aussage und Form (Reim, **Metrum,** Wortwahl, Satzbau)?

Gedichte vortragen → S. 342

Metrum → S. 340

Küss mich, Frosch   *Usch Luhn*

Waren Merle und ich so unterschiedlich wie Sonne und Mond, dann konnte man Lauras und meine Gefühle füreinander nur mit denen zwischen Lassie und einem Pitbull vergleichen. Mit einem Wort: wir konnten uns auf den Tod nicht ausstehen.

Vincent und ich schrieben seit geraumer Zeit an einem Referat über Nistplätze am Baggersee. Weil es schon so sommerlich war, trafen wir uns dort fast jeden Nachmittag zum Baden und machten ein seltenes Wildgänsepärchen mit sechs Jungen ausfindig. Aus unserem Wasserversteck beobachteten wir, wie ihre Jungen allmählich heranwuchsen. Während Vincent protokollierte, wie die Wildgänse sich weiterentwickelten, fotografierte ich sie mit meiner Unterwasserkamera. Nach und nach kamen wir uns schon fast vor wie Eltern, die die ersten Schritte ihrer lieben Kleinen aufzeichneten. Weil Vincent und ich nur noch von „unseren" Babys sprachen, lästerte schon die halbe Klasse tierisch darüber. In den Schulpausen ließ Laura keine Gelegenheit aus, um nicht ganz zufällig in Vincents Nähe zu stehen. Jedes Mal, wenn er etwas Witziges über unsere tollpatschigen Gänse erzählte, lachte Laura am längsten und am lautesten von allen. Immer wieder musste er ihr die Fotos zeigen, die ich mit meiner Kamera geschossen hatte.

Schließlich überredete Laura Vincent, ihr die Jungen doch mal vorzuführen. Wie sich aber herausstellte, hatte diese falsche Schlange ganz andere Sachen im Sinn. Als sie endlich mit Vincent allein am See war, nutzte sie ihre Chance und gestand am Nest unserer Wildganskinder ihre heimliche Liebe zu ihm, dabei schwafelte sie lauter romantisches Blabla. Robbie aus meiner Klasse, der beiden hinterhergeschlichen war, berichtete mir anschließend empört, sie hätte sich ihm schluchzend an den Hals geworfen. Vincent war anscheinend ganz hingerissen gewesen von Lauras sensiblem Charakter und hatte sie höchst überzeugend getröstet.

Noch am selben Abend machte Vincent mit mir Schluss. Er behauptete allen Ernstes, Laura bräuchte ihn viel mehr als ich und wir könnten ja einfach weiter gute Freunde bleiben! Diese Begründung fand ich so dreist, dass ich einen schrecklichen Wutanfall bekam. Zuerst atomisierte ich unsere gemeinsamen Aufzeichnungen, danach zerschnitt ich die Negative der Gänsefotos in salzstangenbreite Schnipsel. Zum Schluss verpasste ich ihm mit meiner Unterwasserkamera eine fette Beule auf der Stirn.

„Siehst du", brüllte er völlig außer sich, „genau das meine ich. Dir fehlt eben jeder Funken Einfühlungsvermögen und Empfindsamkeit für die Gefühle anderer Menschen. Immer muss alles nach deinen Vorstellungen ablaufen. Wenn einer nicht so spurt, wie du es willst, zack bumm, Rübe ab! Laura hatte leider total Recht mit ihrer Einschätzung von dir. Du benimmst dich überhaupt nicht wie ein Mädchen. Und dass du an deinen Fingernägeln kaust, fand ich schon immer eklig."

Damit dampfte er stinkwütend ab.

Betroffen starrte ich auf meine Hände. Tatsächlich waren drei Nägel so weit heruntergekaut, dass das Nagelbett blutete.

Der Nagel am kleinen linken Finger existierte gar nicht mehr. Ich hatte schon verschiedene Tricks versucht, mir das Kauen abzugewöhnen, alles ohne Erfolg. Sobald ich irgendwie in Stress geriet, steckte ich meine Finger in den Mund, bis sie bluteten. Laura hatte immer gepflegte Hände mit langen gefeilten Fingernägeln. Seit kurzem verzierte sie den Lack darauf sogar mit verschiedenfarbenen Herzchen.

Pah. Wenn man nur auf diese Weise ein richtiges Mädchen war, konnte ich getrost auf diese Bezeichnung verzichten.

Ich kehrte die Überreste unseres Referates auf einen Haufen und kippte das Altpapier in einen Müllbeutel. Anschließend beschriftete ich den Beutel in Großbuchstaben mit Vincents und meinem Nachnamen und klebte ihn mit Paketband zu.

Überraschend begann ich, heftig zu schluchzen.

Ich konnte es einfach nicht fassen, dass Vincent mich wegen dieser Lachnummer Laura verlassen hatte. Als ich mich endlich völlig fertig ins Bett fallen ließ, waren zwei weitere Nägel so kurz gekaut, dass ich sie mit Heftpflaster zukleben musste, um nicht die frische Bettwäsche zu versauen.

Bereits am nächsten Morgen hatten Vincent und ich den Abgabetermin für unser Referat.

Ich kam zehn Minuten zu spät zum Unterricht.

Während Vincent bereits vor Herrn Martinsen herumeierte, warum unser Referat noch nicht fertig war, legte ich ohne Entschuldigung für meine Verspätung den Müllbeutel auf das Pult.

„Viel Spaß beim Lesen, Herr Martinsen", sagte ich und setzte mich neben Merle auf meinen Platz.

In der Klasse war es plötzlich totenstill. Herr Martinsen entfernte neugierig das Klebeband und griff in den Beutel. In Zeitlupentempo holte er eine Hand voll winziger Papierschnipsel hervor. In Sekundenschnelle verfärbte sich sein Gesicht krebsrot. Dann brüllte er los.

Meine Mitschüler duckten sich vor Entsetzen, aber ich nahm seine Standpauke gleichmütig hin. Im Gegenteil, ich empfand sogar eine gewisse Euphorie dabei, weil ich genau wusste, dass Vincent mich für diese Aktion zutiefst hasste. Als Herr Martinsen mit seinem Gebrüll fertig war, bewertete er unsere Arbeit mit einer glatten Sechs.

„Du hast wirklich Mut", flüsterte Robbie bewundernd in mein Ohr. „Ich hätte mich so was nie getraut."

Tja. Andere Jungen wussten meine Spontaneität offensichtlich mehr zu schätzen.

Leider hielt meine Euphorie viel zu kurz an. Stattdessen passierte etwas sehr Seltsames. Obwohl mir Vincent so übel mitgespielt hatte, wolle ich ihn um jeden Preis zurückerobern. Leider behandelte er mich seit der legendären Biologiestunde wie Luft und knutschte so oft wie möglich mit Laura vor meinen Augen herum. Wenn ich ihn anrief, legte er auf und meine SMS nahm er nicht zur Kenntnis. Schließlich kam sogar mein Brief, in dem ich ihn um eine Aussprache bat, ungeöffnet zurück. Ich war kurz davor, mich für die Referatnummer zu entschuldigen, so mies fühlte ich mich.

Am besten, man verliebt sich gar nicht *Shaïne Cassim*

Constance hat erfahren, dass ihr Freund Bastien auch mit anderen Mädchen intime Beziehungen hat.

„Liebling, du verheimlichst mir doch etwas."
„Aus guten Gründen."
Ich stand auf und zog den Bademantel über.
„Bist du müde, Mama?"
„Nein."
„Ich dusche kurz und danach reden wir, wenn du willst?"
Mama nickte.
Im Wohnzimmer trank sie einen Grappa, während ich einen Kräutertee schlürfte. Sie hatte mir ein paar Eier zubereitet, aber ich war nicht hungrig. Mama aß sie auf. Sie musste verliebt sein. Essen, nachdem man gerade aus dem Restaurant kommt, ist ausgesprochen verdächtig. Die Dusche hatte mir gut getan. Zu spüren, wie das Wasser die Müdigkeit wegfegte, machte auch die Gedanken klarer.

„Ich liebe einen, der mich nicht liebt", verkündete ich mit der Bestimmtheit eines Dickleibigen, der für immer auf Schokolade verzichtet.

Sie schwieg einige Sekunden. Sie nahm eine Zigarette.

„Gib mir das Feuerzeug."

„Wo ist es?"

„Auf der Lehne des Sessels, in dem du sitzt! Du solltest deine Brille wieder aufsetzen, mein Spatz."

Ich streckte ihr die Zunge raus und warf ihr das Feuerzeug zu. Sie zündete ihre Zigarette an.

„Man liebt nicht nach einer Nacht, so wundervoll sie auch gewesen sein mag. Du verwechselst das mit dem Begehren", erläuterte sie.

„Dem Begehren?"

„Manchmal findet man jemanden sexy und denkt deshalb, man würde ihn lieben."

„Es ist der Körper, der den Kopf verliert."

„Das hast du schön gesagt, Constance."

„Das ist mir scheißegal, ich würde lieber schöne Sachen erleben, statt sie zu sagen."

Sobald ich die Augen schloss, sah ich Bastiens Gesicht, über mich gebeugt, als sei ich das siebte Weltwunder. Seine Lippen, die meine Lippen berührten, seine geschlossenen Augenlider, die sich öffneten und sich mit einem Lächeln wieder schlossen, das mich erschauern ließ. Sein zartes und erotisches Streicheln, dann das Gewicht seines Körpers, der auf meinem zusammensackte, von einer glühenden Sonne zu Boden geschmettert. „Constance", murmelte er. Vielleicht war er auch mit Giovanna, Noémie und den anderen so. All den anderen, die ich nicht kannte. Der Gedanke, dass auch Mama in Papa verliebt war, der sie nicht mehr liebte, versetzte mir einen Stich. Ich weigerte mich zu glauben, dass ich mich absichtlich so verhielt wie sie. Irgendetwas in mir wehrte sich gegen diese Überlegung. Ich war mir sicher, dass ich mich von Bastien sexuell angezogen fühlte, aber da war auch noch etwas anderes. Ich nannte das Anziehungskraft ohne Schwerkraft.

[...] Kein Gefühl, als ich sie tanzen sah. Ich beobachtete sie wie eine Insektenforscherin. In Gedanken versuchte ich zu schreiben. Passende Sätze zu bilden. Viel Gefühl in die Worte zu legen. Ich wählte schöne Formulierungen, suchte nach Adjektiven, die auf Bastien zutrafen. Auf Giovanna. Ich hätte mir ein Messer ins Bein stechen können, ohne etwas zu spüren. Ich schrieb. Ich sah Giovanna spielen, den Kopf lachend nach hinten legen, um Bastien ihre Kehle, ihren weißen Hals darzubieten. Jede einzelne Bewegung, jedes einzelne Wort zielten darauf ab, genau dieses Gefühl, jene Reaktion bei Bastien auszulösen, der von ihr geradezu hypnotisiert schien. Schließlich ging ich unauffällig weg. Auf der Straße tat mir der ganze Körper weh und gleichzeitig fühlte ich mich leicht, befreit. Ein sanfter, frischer Wind streichelte meine Haare. Bastien rannte mir außer Atem nach, aber das hatte keine Bedeutung mehr. Ich war mir sicher, ihn zu lieben, sogar trotz seiner Treulosigkeit. Er lief neben mir her. Ich blieb stehen und nahm sein Gesicht zwischen meine Hände. Ich küsste ihn.

„Du kannst nichts dafür, Bastien, das ist halt so."

„Aber ich möchte bei dir bleiben."

„Nein. Ich möchte allein sein. Geh wieder zurück. Mach, was du willst, aber ich will es nicht sehen und auch nichts davon wissen."

Die Worte kamen aus meinem Mund, als ob sie schon lange da bereitlägen.

„Diese Geschichte zwischen Giovanna und dir geht mich nichts an. Das ist nicht meine Angelegenheit."

„Soll ich dich nach Hause bringen?", schlug er vor.

„Der Feigling!", dachte ich. Fast musste ich lächeln.

„Nein. Lass mich in Frieden. Rufst du mich morgen an?"

„Nein, ich bleibe bei dir."

Ich schob ihn weg.

„Und dann wirst du es immer bereuen."

„Sieht ja fast so aus, als wolltest du, dass ich wieder aufs Fest gehe!", brummte er.

„Nicht ich will es, du willst es."

Als er endlich auf dem Absatz kehrt machte, hätte ich am liebsten geschrien. Ihn wieder eingeholt. Mich in seine Arme geworfen. Aber ich wusste, dass zwischen uns alles aus wäre, wenn ich das machte. Giovannas Schatten würde alles zerstören.

Ich lief ein oder zwei Stunden herum. Auf der Place de la Sorbonne machten die Cafés gerade auf. Wie verschlafene Kinder, deren Lider noch zu schwer sind, um dem Tag ins Auge zu sehen. Ich setzte mich draußen an einen Tisch. Alleine. Ohne Bastien. Ohne Mama. Mit mir. Ich war sicher, mit meinem tiefsten Inneren im Einklang zu sein: Etwas Lebendiges, Zerbrechliches, Wundervolles war soeben aufgetaucht. So weich wie eine Feder. Als im Buchladen neben dem Café das Licht angemacht wurde, trank ich schnell meine Tasse aus und ging hinein. Die Buchhändlerin sah mich aus zusammengekniffenen Augen an:

„Es ist noch nicht geöffnet."

„Das macht nichts. Ich warte draußen."

„Also gut", seufzte sie hinter meinem Rücken, „womit kann ich dienen?"

Als ich mich umdrehte, lächelte sie mir zu.

„Ich hätte gern ein Heft. Und einen Stift."

Charakterisieren
→ S.342

Erörtern → S.342

1. Beide Ich-Erzählerinnen sind enttäuscht über das Verhalten ihres Freundes. Vergleiche die jeweilige Reaktion darauf und begründe sie.
2. **Charakterisiere** die beiden Mädchen.
   Achte dabei besonders auf ihre Ausdrucksweise.
3. **Erörtert,** wie Usch Luhns Geschichte weitergeführt werden könnte.
4. Nimm „ein Heft. Und einen Stift" und schreibe, was Constance am frühen Morgen in das Heft einträgt.

So lonely   *Per Nilsson*

Der Ich-Erzähler hat sich in Ann-Katrin verliebt, die er „Herztrost" nennt, und mit ihr eine Nacht verbracht, bevor er für vier Wochen in die USA gereist ist. Nach seiner Rückkehr will er ihr gleich am nächsten Morgen ein Geschenk bringen.

Herztrost und er und er

Nein, auch diese Szene kann man nicht streichen. Was würde es dann für einen Film geben? Das hier ist keine sentimentale Teenie-Liebesgeschichte, auch kein romantischer Kitschstreifen.

Das hier ist weder „Grease" noch „Die blaue Lagune". Das hier ist der pure Realismus. Das Publikum soll weinen. Und das Publikum besteht ja nur aus ihm, und natürlich weint er während der ganzen letzten Vorstellung, aber ausgerechnet diese Szene lässt ihn vor allem erröten.

Wie hatte er nur so dumm und blind sein können?

Er schämt sich und errötet und staunt über seine eigene Dummheit, wenigstens am Anfang. Danach tut es weh. So weh, wie es nur tun kann, wenn eine böse Ratte mit scharfen Zähnen an einem Herzen nagt.

Herztrost, 12. Szene
Ort: Ihre Wohnung
Zeit: Früher Morgen
Personen:
ER von ihm selbst dargestellt
HERZTROST dargestellt von Ann-Katrin
NAZI-HANS gespielt von Hans-Peter Schweizermann

(Nanu? Warum denn drei Rollen? Warum nicht nur zwei? Es sollte doch ihr erstes Treffen nach der USA-Reise werden, und er war schon frühmorgens mit seinem schönen Paket zu ihr gestürmt, obwohl er am Abend zuvor erst spät vom Flugplatz gekommen war. Warum drei Rollen?)

Psst! Still!
Wir fangen an! Aufnahme!

Klappe!

Er kommt die Treppe heraufgerannt, bleibt vor ihrer Tür stehen, holt kurz Luft, drückt dann auf die Türklingel; als nach fünf Sekunden niemand geöffnet hat, klingelt er noch einmal voller Ungeduld und schließlich noch einmal. Da wird die Tür geöffnet.

HERZTROST *verschlafen, im Morgenrock*
Was? Du bist das? Ich habe geglaubt …
ER *munter* Hallo! Guten Morgen, du Siebenschläferin! Kennst du mich noch?

Er will sie umarmen, zieht sie an sich, sie lässt sich umarmen, wirkt aber eher erstaunt als glücklich. Nach einer kleinen Weile schiebt sie ihn von sich weg.

HERZTROST Ich hab geglaubt …
Ich hab geglaubt, dass du erst morgen kommst.

Er will eintreten. Sie bleibt in der Türöffnung stehen.

Du hast doch geschrieben … dass du morgen Abend kommst … Oder?
ER Ja, eigentlich sollten wir drei Tage in New York bleiben, aber das ist dann abgekürzt worden.

Er lacht auf.

Du wirkst so nervös. Hast du einen heimlichen Geliebten im Schrank versteckt, oder was ist los?

Sie lacht nicht, legt ihm nur die Hand auf die Schulter.

HERZTROST Komm kurz rein. Ich hab noch nicht gefrühstückt. Komm.

Er folgt ihr in die Wohnung und setzt sich an den Küchentisch, während sie Brot und

Butter hervorholt und Teewasser aufstellt. Das
Paket legt er neben sich auf den Küchentisch.
Er schweigt. Sie schweigt ebenfalls, während
sie den Tisch deckt. Schließlich stellt sie zwei
65 Tassen Tee auf den Tisch und nimmt ihm
gegenüber Platz.

HERZTROST So …

Beide heben ihre Tassen hoch, pusten auf den
heißen Tee und trinken vorsichtig. Schweigen.
70 Dann schauen sie hoch.

ER und HERZTROST
    gleichzeitig Du / Hast …

Sie beginnen zu kichern.

ER Was wolltest du sagen?
75 HERZTROST Nein, sag du zuerst.
ER Hast … du meine Briefe bekommen?
HERZTROST Ja, sicher. Vielen Dank.
    Hab fast jeden Tag was am Strand zu lesen
    gehabt. Hier war eine Mordshitze, ich …
80 ER *unterbricht sie* Wie viele Briefe hast du
    gekriegt?
HERZTROST Viele.
ER Ich hab zwölf geschrieben.
HERZTROST *lacht kurz* Dann sind bestimmt
85 noch welche unterwegs …

Wieder wird es still. Sie steht auf und geht
zur Spüle, er folgt ihr, stellt sich hinter sie und
versucht den Gürtel ihres Morgenmantels zu
lösen.

90 HERZTROST Nein, lass das, warte …

Er tritt einen Schritt zurück.

ER Was ist? Ist was passiert? Ich …
    Was ist los?

Sie dreht sich zu ihm um und legt ihm
95 die Hand an die Wange.

HERZTROST Du ... wir müssen miteinander reden. Du und ich. Komm her und setz dich.

Er hält ihre Hand an seiner Wange fest und
100 küsst dann ihre Fingerspitzen, eine nach der anderen.

ER Mmm ... du schmeckst gut. Immer noch. Genauso gut wie ich ... du ... Ich ...

Er holt tief Luft.

105 ... ich hab ... die ganze Zeit nach dir Sehnsucht gehabt ...

Sie zieht ihre Hand an sich.

HERZTROST Da gibt es noch etwas, das du nicht weißt. Ich hab ...
110 NAZI-HANS *auf Deutsch* Guten Morgen!

Er fährt zusammen. Aus ihrem Zimmer tritt ein braun gebrannter junger Mann mit breiten Schultern und kurz geschnittenen Haaren. Er trägt ein offenes kurzärmliges
115 Hemd und knöpft gerade seine Hose zu, als er die Küche betritt und seine weißen Zähne in einem breiten Lächeln zeigt.

HERZTROST ... Besuch. Das ist Hans-Peter. Ich hab ihn beim Schifahren kennen gelernt. Als Lotta und ich in der Schweiz waren. Und jetzt sind er und sein Freund nach Schweden getrampt, um uns zu besuchen. Ich hab dir doch erzählt, dass ich Besuch bekomme, dass Hans-Peter kommt?
ER *sperrt verstummt den Mund auf* Öh ...?
NAZI-HANS *lächelt, streckt ihm die Hand hin, sagt wieder auf Deutsch* Guten Morgen, Servus. Hallo.

Zögernd nimmt er die Hand, die ihm entgegengestreckt wird. Nazi-Hans schüttelt sie energisch.

ER Öh ... hallo ...
HERZTROST Morgen fahren sie weiter nach Stockholm. Dann fahren sie über Finnland und ...

Er sieht sie verwundert an.

Was ist?

Als er nicht antwortet, wendet sie sich ab und

Klappe!

Das reicht, danke.
Gut.

Ja, so war es gewesen. Und was ihn erröten lässt, als er diese Szene sieht, ist, dass er nichts kapierte.

Er fand es ärgerlich, dass sie nicht allein war, dass er nicht mit ihr allein sein und von den USA erzählen konnte. Er hatte ihr alles Mögliche erklären wollen, was er in seinen Briefen geschrieben hatte, und sie hätte neugierig sein und eine Menge Fragen stellen sollen, und dann hätte er sein Geschenk überreicht und ihr erzählt, wie sehr er sich nach ihr gesehnt hatte und … und dann hatte er sie natürlich berühren wollen. Sie lieben wollen.

Nichts von alledem konnte er tun, da er nicht mir ihr allein war. Aber ihm traten keine Tränen in die Augen, weder vor Zorn noch vor Trauer.

Er wurde nicht einmal eifersüchtig.

Er dachte nur: Aha, sie hat einen Freund zu Besuch. Aha. Aber wenn sie das behauptet, dann wird es so sein. Schade. Kann man nichts machen. Wenigstens fährt er morgen wieder ab. Doch, das ist wahr. So dämlich war er damals.

Das ist tatsächlich wahr.

Also saßen sie zu dritt am Küchentisch, Herztrost und er und er.

„Blablablabla", sagte er. „Blabla."

„Blablabla blabla", sagte Herztrost.

„Wunderbutten wunderbutten", sagte Nazi-Hans auf Deutsch. „Wunderbutten."

„Wunderbutten", antwortete Herztrost. „Wunderbutten Wiener Schnitzel …"

„Bla blabla blabla", sagte er.

Und so weiter.

Er nannte Nazi-Hans nicht einmal in Gedanken Nazi-Hans. Er nannte Nazi-Hans einfach Hans-Peter, brav und höflich. Er kapierte nichts.

Er fragte sich nicht, wo Nazi-Hans geschlafen hatte, und wenn er das getan hätte, dann hätte er gedacht: Natürlich auf einer Matratze auf dem Fußboden oder in seinem Schlafsack auf einer Isomatte. Ist doch klar. Etwas anderes könnte er sich nicht mal vorstellen.

Das klingt unglaublich, ist aber wahr.

„Vielleicht können wir uns nachher treffen … oder wie wär's mit heute Abend?", schlug er nach einer Weile vor.

„Heute Abend gehen wir ins Kino", antwortete sie. „Lotta und Jürgen und … ja, Hans-Peter und ich. Und morgen fahren sie ja weiter. Also können wir doch …"

„Geht ihr um sieben oder um neun? Ich komme mit ins Kino, ist eine gute Idee! Das heißt, wenn es okay ist, natürlich …?", sagte er und lachte, als hätte er was Komisches gesagt.

Sie lächelte nicht.

Irgendetwas war mit ihrem Lächeln passiert, doch auch das merkte er nicht.

„Von mir aus", sagte sie schließlich und zuckte die Schultern.

Dann lächelte sie doch ein bisschen.

185 „Klar kannst du mitkommen. Natürlich. Wir treffen uns vor dem Scala. Um halb neun."

Er nickte zufrieden.

„Gut. Bestens", sagte er.

Dann herrschte wieder Schweigen am Küchentisch.

190 Sie begann abzuräumen und Nazi-Hans blieb sitzen und lächelte sein blendend weißes Lächeln. Keiner sagte etwas.

Schließlich stand er auf.

„Also, dann verzieh ich mich jetzt nach Hause und hau mich noch ein bisschen aufs Ohr", sagte er. „Acht Stunden im Flugzeug. Und heute Nacht bin ich 195 erst um zwei heimgekommen. Und dann der Jetlag. Bin total am Ende. Eigentlich."

Damals wusste er noch nicht, wie sehr er am Ende war.

„Bis heute Abend um halb neun, ja?"

„Ja." Sie nickte und sah fragend auf das Paket, das er beim Hinausgehen 200 wieder mitnahm. Er merkte ihren Blick, sagte aber nichts. Jetzt wollte er es nicht überreichen, das musste bis morgen warten. Die Geschenkübergabe war ebenfalls eine Zweimannvorstellung.

„Tschüss", sagte er und versuchte, seiner Stimme einen intimen Tonfall zu verleihen.

205 Sie beugte sich vor und gab ihm einen Kuss auf die Wange. „Tschüss. Bis heute Abend."

Er ahnte ein kleines Lächeln. Und die Ahnung dieses kleinen Lächelns ließ ihn übersehen, dass der Kuss ein Schon-gut-sieh-jetzt-zu-dass-du-endlich-fortkommst-Kuss gewesen war.

1. Wie hat der Erzähler die geschilderte Szene erlebt, wie schildert er sie im Rückblick?
2. Diskutiert darüber, warum der Erzähler seinen Bericht durch eine Filmszene unterbricht.
3. In welcher Form hat ER das Drehbuch für seinen Film angelegt? Wie wirkt es auf dich als Leser?
4. **Beschreibe** die äußere Situation, das Verhalten, die Gedanken und die Gefühle von Ann-Kathrin.

Beschreibung → S. 340

Äußerer Widerstand: Familie, Gesellschaft, Staat

Antigone *Sophokles*

Sophokles (496–406 v. Chr.) war der Sohn eines Waffenschmieds in der Nähe von Athen, er wurde ausgebildet wie ein vornehmer athenischer Bürger. Mit 28 Jahren gewann er zum ersten Mal den Theaterwettbewerb, danach noch achtzehnmal. Er soll 123 Dramen verfasst haben, sieben seiner Tragödien sind heute noch bekannt und werden auch noch aufgeführt, z. B. „König Ödipus". Ihre Stoffe nahmen die antiken Tragödiendichter aus der Mythologie. „Antigone" wurde 441 v. Chr. in Athen uraufgeführt.

Eteokles und Polyneikes, die Söhne des Ödipus, haben um Theben gekämpft und sind beide im Zweikampf gefallen. Ihr Onkel Kreon übernimmt die Herrschaft und ordnet an, Eteokles, der die Stadt verteidigt hat, ehrenhaft zu beerdigen, Polyneikes aber, der die Stadt angegriffen hat, den Geiern zum Fraß zu überlassen. Antigone, die Schwester der beiden, widersetzt sich dem Befehl Kreons, folgt dem Gebot der Götter und bestattet heimlich ihren Bruder. Als Kreon davon erfährt, lässt er Antigone lebend einmauern. Sein Sohn Haimon ist mit Antigone verlobt; er will, wenn sein Vater auf dem Urteil besteht, Antigone in den Tod folgen.

KREON   Nichtswürdiger – und rechtest mit dem Vater!
HAIMON   Ich sehe, dass du dich am Recht versündigst.
KREON   Wenn ich des Herrschers Würde heilig halte?
HAIMON   Heilig – und trittst der Götter Recht mit Füßen!
5 KREON   O die Verworfenheit! In Weibes Fron!
HAIMON   Doch niemals untertan dem Schändlichen!
KREON   Dein ganzes Reden geht ja nur um sie!
HAIMON   Und dich und mich und um die Götter drunten.
KREON   Weibshöriger! Geh mir mit dem Geschwätz!
10 HAIMON   Du willst nur reden, gar nicht reden lassen.
KREON   Die wird niemals im Leben dir vermählt.
HAIMON   So stirbt sie und vernichtet einen zweiten!
KREON   Sogar mit frecher Drohung kommst du mir?
HAIMON   Zu tauben Sinnen reden, heißt das drohn?
15 KREON   Die Sprüche reun dich noch, denn du bist taub!
HAIMON   Wärst du mein Vater nicht, spräch' ich: Du Narr!
KREON   Wahrhaftig? Nun, so wisse, beim Olympos,
              Nicht ungestraft fügst du zum Schimpf den Spott.
              Hol mir das Scheusal her! Vor seinen Augen,
20   Vor ihrem Bräutigam muss sie jetzt sterben! *Krieger ab.*
HAIMON   Vor meinen Augen wird sie niemals sterben,
              Das hoffe nicht! Mich aber wirst du nie mehr
              Vor deinen Augen sehen. Such dir Freunde,
              Die deinen Wahnsinn sich gefallen lassen!
25 *Stürzt davon.*
CHOR   Mein Fürst! Er ging so schnell in seinem Zorn!
              Schwer trägt an solchem Gram ein junges Herz. […]

CHOR   Eros, unbezwungen im Kampf,
        Eros, dein ist, was du anfällst!
30   Auf zarten Wangen
        Des Mädchens nächtigest du
        Über die Meere schweifst du,
        Über Gehöfte der Flur.
        Keiner der Götter entrinnt dir
35   Noch Eintagsmenschen,
        Wen es erfasst, die rasen.
        Auch den Gerechten in Unrecht
        Lockst du und Schande.
        Du hast diese Männer zerworfen
40   Zum Hader verwandten Bluts.
        Siegend bezeugt sich
        Auf bräutlichem Lager
        Lieblicher Augen Reiz.
        Hohen Gesetzen zur Seite
45   Thront er gewaltig.
        Unbekämpfbar treibt ihr Spiel
        Göttin Aphrodite.

Antigone wird aus dem Haus geführt.

1. Kennzeichne das Verhältnis zwischen Vater und Sohn. Beziehe dich dabei nicht nur auf ihre Aussagen, sondern auch auf ihre Ausdrucksweise (Satzarten, Wortwahl …).
2. Inwiefern spiegelt die Dialogführung die Dramatik der Szene wider?
3. Bestimme die Funktion des Chors – informiere dich in einem Lexikon.
4. Diskutiert darüber, was „tragischer Konflikt" bedeutet, warum es für den Konflikt zwischen Kreon und Haimon, aber auch zwischen Kreon und Antigone keine Lösung geben kann.

Romeo und Julia *William Shakespeare*

Zwei Adelsfamilien in Verona sind seit langem verfeindet. Romeo, der Sohn der Familie Montague, und Julia, die Tochter der Familie Capulet, verlieben sich ineinander und lassen sich heimlich trauen.

3. Akt, 5. Szene
*Juliens Zimmer
Romeo und Julia.*

JULIA Willst du schon gehn? Der Tag ist ja noch fern.
5   Es war die Nachtigall und nicht die Lerche,
   Die eben jetzt dein banges Ohr durchdrang:
   Sie singt des Nachts auf dem Granatbaum dort.
   Glaub, Lieber, mir: Es war die Nachtigall!
ROMEO Die Lerche wars, die Tagverkünderin,
10   Nicht Philomele: sieh den neid'schen Streif,
   Der dort im Ost der Frühe Wolken säumt.
   Die Nacht hat ihre Kerzen ausgebrannt,
   Der muntre Tag erklimmt die dunst'gen Höhn:
   Nur Eile rettet mich, Verzug ist Tod!
15 JULIA Trau mir, das Licht ist nicht des Tages Licht:
   Die Sonne hauchte dieses Luftbild aus,
   Dein Fackelträger diese Nacht zu sein,
   Dir auf dem Weg nach Mantua zu leuchten! …
   Drum bleibe noch: zu gehn ist noch nicht not!
20 ROMEO Lass sie mich greifen, ja, lass sie mich töten!
   Ich gebe gern mich drein, wenn du es willst!
   Nein, jenes Grau ist nicht des Morgens Auge,
   Der bleiche Abglanz nur von Kynthias Stirn:
   Das ist auch nicht die Lerche, deren Schlag
25   Hoch über uns des Himmels Wölbung trifft!
   Ich bleibe gern: zum Gehn bin ich verdrossen …
   Willkommen, Tod, hat Julia dich beschlossen!
   Nun, Herz? Noch tagt es nicht, noch plaudern wir!
JULIA Es tagt! es tagt! Auf! eile! fort von hier!
30   Es ist die Lerche, die so heiser singt
   Und falsche Weisen, rauen Misston gurgelt!
   Man sagt, der Lerche Harmonie sei süß –
   Nicht diese: sie zerreißt die unsre ja!
   Die Lerche, sagt man, wechselt mit der Kröte
35   Die Augen; möchte sie doch auch die Stimme!
   Die Stimm ists ja, die Arm aus Arm uns schreckt,

William Shakespeare (1564–1616), Sohn eines wohlhabenden Bürgers in Stratfort on Avon, heiratete mit 18 Jahren und ging nach London ans Theater. Er diente sich vom Zettelverteiler hoch bis zum Schauspieler und erfolgreichen Stückeschreiber. Überliefert sind 14 Komödien, zehn Königsdramen und zwölf Tragödien. Einige davon finden sich immer wieder in den Theaterspielplänen. „Romeo und Julia" wurde 1593 in London uraufgeführt.

Dich von mir jagt, da sie den Tag erweckt.
Stets hell und heller wirds: Wir müssen scheiden.
ROMEO Hell? Dunkler stets und dunkler unsre Leiden!
Die Amme kommt herein.
AMME Fräulein!
JULIA Amme?
AMME Die gnäd'ge Gräfin kommt in Eure Kammer:
Seid auf der Hut! Schon regt man sich im Haus! *Wärterin ab*
JULIA *das Fenster öffnend* Tag, schein herein! und Leben, flieh hinaus!
ROMEO Ich steig hinab; lass dich noch einmal küssen.
Er steigt aus dem Fenster.
JULIA *aus dem Fenster ihm nachsehend*
Freund! Gatte! Trauter! bist du mir entrissen?
Gib Nachricht jeden Tag, zu jeder Stunde –
Schon die Minut enthält der Tage viel!
Ach, so zu rechnen, bin ich hoch in Jahren,
Eh meinen Romeo ich wiederseh!
ROMEO *außerhalb* Leb wohl! Kein Mittel lass ich aus den Händen
Um dir, du Liebe, meinen Gruß zu senden!
JULIA O denkst du, dass wir je uns wiedersehn?
ROMEO Ich zweifle nicht, und all dies Leiden dient
In Zukunft uns zu süßerem Geschwätz!
JULIA O Gott! ich hab ein Unglück ahnend Herz,
Mir deucht, ich seh dich, da du unten bist,
Als lägst du tot in eines Grabes Tiefe ...
Mein Auge trügt mich, oder du bist bleich?
ROMEO So, Liebe, scheinst du meinen Augen auch:
Der Schmerz trinkt unser Blut! ... Leb wohl, leb wohl! *Ab*
JULIA O Glück! ein jeder nennt dich unbeständig –
Wenn du es bist: was tust du mit dem Treuen?
Sei unbeständig, Glück! Dann hältst du ihn
Nicht lange, hoff ich, sendest ihn zurück.
GRÄFIN CAPULET *hinter der Szene* He, Tochter, bist du auf?
JULIA Wer ruft mich? Ist es meine gnäd'ge Mutter?
Wacht sie so spät noch, oder schon so früh?
Welch ungewohnter Anlass bringt sie her?

Julia soll auf Wunsch ihrer Eltern mit dem Grafen Paris verheiratet werden. Pater Lorenzo, der sie getraut hat, ersinnt eine List: Sie soll einen Schlaftrunk zu sich nehmen und als Scheintote beigesetzt werden. Romeo werde brieflich benachrichtigt; nach wenigen Tagen werde sie erwachen und von Romeo befreit werden. Romeo erhält den Brief nicht, erfährt von Julias Tod und besorgt sich Gift, um an ihrem Grab zu sterben. Dort findet er Paris und tötet ihn.

5. Akt, 3. Szene

80 ROMEO   Hier, hier will ich bleiben
Mit Würmern, so dir Dienerinnen sind.
O, hier bau ich die ew'ge Ruhstatt mir
Und schüttle von dem lebensmüden Leibe
Das Joch feindseliger Gestirne! – Augen,
85 Blickt euer Letztes! Arme, nehmt die letzte
Umarmung! und o Lippen, ihr, die Tore
Des Odems, siegelt mit rechtmäß'gem Kusse
Den ewigen Vertrag dem Wuchrer Tod!
Komm, bittrer Führer! widriger Gefährt'!
90 Verzweifelter Pilot! Nun treib auf einmal
Dein sturmerkranktes Schiff in Felsenbrandung!
Dies meiner Lieben! *Er trinkt* ... O wackrer Apotheker,
Dein Trank wirkt schnell! Und so im Kusse sterb ich! *Er stirbt.*
Bruder Lorenzo kommt vom andern Ende des Kirchhofes mit Laterne, Brecheisen
95 *und Spaten.*
LORENZO   Helf mir Sankt Franz! Wie oft sind über Gräber
Nicht meine alten Füße schon gestolpert! ...
Wer ist da?
BALTHAZAR   Ein Freund, und einer, dem Ihr wohl bekannt!
100 LORENZO   Gott segne dich! Sag mir, mein guter Freund,
Welch eine Fackel ists, die dort ihr Licht
Umsonst den Würmern leiht und blinden Schädeln?
Mir scheint, sie brennt in Capulets Begräbnis?
BALTHAZAR   Ja, würd'ger Pater, und mein Herr ist dort:
105 Ein Freund von Euch.
LORENZO   Wer ist es?
BALTHAZAR   Romeo!
LORENZO   Wie lange schon?
BALTHAZAR   Voll eine halbe Stunde.
110 LORENZO   Geht mit mir zu der Gruft!
BALTHAZAR   Ich darf nicht, Herr.
Mein Herr weiß anders nicht, als ich sei fort,
Und drohte furchtbarlich den Tod mir an,
Blieb ich, um seinen Vorsatz auszuspähn.
115 LORENZO   So bleib, ich geh allein. Ein Graun befällt mich:
O, ich befürchte sehr ein schlimmes Unglück!
BALTHAZAR   Derweil ich unter dieser Ulme schlief,
Träumt ich, mein Herr und noch ein andrer föchten,
Und er erschlüge jenen.
120 LORENZO   Romeo! *Geht weiter nach vorn.*
O wehe, weh mir! Was für Blut befleckt

Die Steine hier an dieses Grabmals Schwelle?
Was wollen diese herrenlosen Schwerter,
Dass sie verfärbt hier liegen an der Stätte
125 Des Friedens? *Geht in das Begräbnis*
Romeo? ... Ach, bleich! Wer sonst?
Wie? Paris auch? und in sein Blut getaucht?
O welche mitleidlose Stund ist schuld
An dieser kläglichen Begebenheit? ...
130 *Das Fräulein regt sich.*
JULIA *erwachend* O Trostesbringer! wo ist mein Gemahl?
Ich weiß recht gut noch, wo ich sollte sein:
Da bin ich auch! ... Wo ist mein Romeo? *Lärm von Kommenden.*
LORENZO Ich höre Lärm! ... Kommt, Fräulein, flieht die Grube
135 Des Tods, der Seuchen, des erzwungnen Schlafs:
Denn eine Macht, zu hoch dem Widerspruch,
Hat unsern Rat vereitelt. Komm, o komm!
Dein Gatte liegt an deinem Busen tot,
Und Paris auch: komm, ich versorge dich
140 Bei einer Schwesterschaft von heil'gen Nonnen.
Verweil mit Fragen nicht: die Wache kommt ...
Geh, gutes Kind! *Geräusch hinter der Szene*
Ich darf nicht länger bleiben! *Ab*
JULIA Geh nur, entweich! denn ich will nicht von hinnen! ...
145 Was ist das hier? Ein Becher, festgeklemmt
In meines Trauten Hand? Gift, seh ich, war
Sein Ende vor der Zeit. O Böser: alles
Zu trinken, keinen güt'gen Tropfen mir
Zu gönnen, der mich zu dir brächt? – Ich will
150 Dir deine Lippen küssen: ach, vielleicht
Hängt noch ein wenig Gift daran und lässt mich
An einer Labung sterben. *Sie küsst ihn.* ... Deine Lippen
Sind warm!
WÄCHTER *hinter der Szene* Wo ist es, Knabe? Führ uns!
155 JULIA Wie? Lärm? dann schnell nur! ... *Sie ergreift Romeos Dolch.*
O willkommner Dolch!
Dies werde deine Scheide! *Ersticht sich* ... Roste da
Und lass mich sterben! *Sie fällt auf Romeos Leiche und stirbt.*

1. **Analysiere** den Dramenauszug.
2. Welche Gründe führen zu dem tragischen Ende?

Dramatische Texte
analysieren → S. 71

Romeo und Julia auf dem Dorfe *Gottfried Keller*

Der Beginn der Erzählung

Diese Geschichte zu erzählen würde eine müßige Nachahmung sein, wenn sie nicht auf einem wirklichen Vorfall beruhte. [...]

An dem schönen Flusse, der eine halbe Stunde entfernt an Seldwyl vorüberzieht, erhebt sich eine weit gedehnte Erdwelle und verliert sich selber wohl bebaut in der fruchtbaren Ebene. Fern an ihrem Fuße liegt ein Dorf, welches manche große Bauernhöfe enthält, und über die sanfte Anhöhe lagen vor Jahren drei prächtige lange Äcker weithin gestreckt gleich drei riesigen Bändern nebeneinander. An einem sonnigen Septembermorgen pflügten zwei Bauern auf zweien dieser Äcker, und zwar auf jedem der beiden äußersten; der mittlere schien seit langen Jahren brach und wüst zu liegen, denn er war mit Steinen und hohem Unkraut bedeckt und eine Welt von geflügelten Tierchen summte ungestört über ihm. Die Bauern aber, welche zu beiden Seiten hinter ihrem Pfluge gingen, waren lange knochige Männer von ungefähr vierzig Jahren und verkündeten auf den ersten Blick den sichern, gut besorgten Bauersmann. [...]

Wenn sie einen Stein in ihren Furchen fanden, so warfen sie denselben auf den wüsten Acker in der Mitte mit lässig kräftigem Schwunge, was aber nur selten geschah, da derselbe schon fast mit allen Steinen belastet war, welche überhaupt auf den Nachbaräckern zu finden gewesen. So war der lange Morgen zum Teil vergangen, als von dem Dorfe her ein kleines artiges Fuhrwerklein sich näherte, welches kaum zu sehen war, als es begann, die gelinde Höhe heranzukommen. Das war ein grün bemaltes Kinderwägelchen, in welchem die Kinder der beiden Pflüger, ein Knabe und ein kleines Ding von Mädchen, gemeinschaftlich den Vormittagsimbiss heranfuhren. Für jeden Teil lag ein schönes Brot, in eine Serviette gewickelt, eine Kanne Wein mit Gläsern und noch irgendein Zutätchen in dem Wagen, welches die zärtliche Bäuerin für den fleißigen Meister mitgesandt, und außerdem waren da noch verpackt allerlei seltsam gestaltete angebissene Äpfel und Birnen, welche die Kinder am Wege aufgelesen, und eine völlig nackte Puppe mit nur einem Bein und einem verschmierten Gesicht, welche wie ein Fräulein zwischen den Broten saß und sich behaglich fahren ließ. Dies Fuhrwerk hielt nach manchem Anstoß und Aufenthalt endlich auf der Höhe im Schatten eines jungen Lindengebüsches, welches da am Rande des Feldes stand, und nun konnte man die beiden Fuhrleute näher betrachten. Es war ein Junge von sieben Jahren und ein Dirnchen von fünfen, beide gesund und munter, und weiter war nichts Auffälliges an ihnen, als dass beide sehr hübsche Augen hatten und das Mädchen dazu noch eine bräunliche Gesichtsfarbe und ganz krause dunkle Haare, welche ihm ein feuriges und treuherziges Ansehen gaben. Die Pflüger waren jetzt auch wieder oben angekommen, steckten den Pferden etwas Klee vor und ließen die Pflüge in der halbvollendeten Furche stehen, während sie als gute Nachbarn sich zu dem gemeinschaftlichen Imbiss begaben [...]

Im Dorfe Altsellerhausen, bei Leipzig, liebten sich ein Jüngling von 19 Jahren und ein Mädchen von 17 Jahren. Beide Kinder armer Leute, die aber in einer tödlichen Feindschaft lebten und nicht in eine Vereinigung des Paares willigen wollten. Am 15. August begaben sich die Verliebten in eine Wirtschaft, wo sich arme Leute vergnügen, tanzten daselbst bis nachts 1 Uhr und entfernten sich hierauf. Am Morgen fand man die Leichen beider Liebenden auf dem Felde liegen; sie hatten sich durch den Kopf geschossen.

Zürcher Freitagszeitung, 3. September 1847

Das freundschaftliche Verhältnis der beiden Nachbarn Manz und Marti und ihrer Kinder Sali und Vrenchen zerbricht.

Wegen des „wüsten" Ackers kommt es zum erbitterten Streit zwischen den Bauern, wem der Acker gehört. Die Prozesskosten bringen beide Familien um ihren Besitz. Frau Marti, Vrenchens Mutter, stirbt; Salis Eltern betreiben erfolglos eine Gastwirtschaft in der Stadt.

Das Wiedersehen

Um wenigstens etwas Beißbares zu erwerben und die Zeit zu verbringen, verlegten sich Vater und Sohn auf die Fischerei, das heißt mit der Angelrute, soweit es für jeden erlaubt war, sie in den Fluss zu hängen. [...]

Mit der Angelrute zu stehen hatten er und sein Sohn indessen keine Geduld und sie erinnerten sich der Art, wie die Bauern auf manche andere Weise etwa Fische fangen, wenn sie übermütig sind, besonders mit den Händen in den Bächen; daher nahmen sie die Ruten nur zum Schein mit und gingen an den Borden der Bäche hinauf, wo sie wussten, dass es teure und gute Forellen gab.

Dem auf dem Lande zurückgebliebenen Marti ging es inzwischen auch immer schlimmer und es war ihm höchst langweilig dabei, sodass er, anstatt auf seinem vernachlässigten Felde zu arbeiten, ebenfalls auf das Fischen verfiel und tagelang im Wasser herumplätscherte. Vrenchen durfte nicht von seiner Seite und musste ihm Eimer und Gerät nachtragen durch nasse Wiesengründe, durch Bäche und Wassertümpel allerart, bei Regen und Sonnenschein, indessen sie das Notwendigste zu Hause liegen lassen musste. Denn es war sonst keine Seele mehr da und wurde auch keine gebraucht, da Marti das meiste Land schon verloren hatte und nur noch wenige Äcker besaß, die er mit seiner Tochter liederlich genug oder gar nicht bebaute.

So kam es, dass, als er eines Abends einen ziemlich tiefen und reißenden Bach entlang ging, in welchem die Forellen fleißig sprangen, da der Himmel voll Gewitterwolken hing, er unverhofft auf seinen Feind Manz traf, der an dem andern Ufer daherkam. Sobald er ihn sah, stieg ein schrecklicher Groll und Hohn in ihm auf; sie waren sich seit Jahren nicht so nahe gewesen, ausgenommen vor den Gerichtsschranken, wo sie nicht schelten durften, und Marti rief jetzt voll Grimm: „Was tust du hier, du Hund? Kannst du nicht in deinem Lotterneste bleiben, du Seldwyler Lumpenhund?"

„Wirst nächstens wohl auch ankommen, du Schelm!", rief Manz. „Fische fängst du ja auch schon und wirst deshalb nicht viel mehr zu versäumen haben!"

„Schweig, du Galgenhund!", schrie Marti, da hier die Wellen des Baches stärker rauschten, „du hast mich ins Unglück gebracht!" Und da jetzt auch die Weiden am Bache gewaltig zu rauschen anfingen im aufgehenden Wetterwind, so musste Manz noch lauter schreien: „Wenn dem nur so wäre, so wollte ich mich freuen, du elender Tropf!" „O du Hund!", schrie Marti herüber und Manz hinüber: „O du Kalb, wie dumm tust du!" Und jener sprang wie ein Tiger den Bach entlang und suchte herüberzukommen. Der Grund, warum er der Wütendere war, lag in seiner Meinung, dass Manz als Wirt wenigstens genug zu essen und zu trinken hätte und gewissermaßen ein kurzweiliges Leben führte, während es ungerechterweise ihm so langweilig wäre auf seinem zertrümmerten Hofe. Manz schritt indessen auch grimmig genug an der anderen Seite hin; hinter ihm sein Sohn, welcher, statt auf den bösen Streit zu hören, neugierig und verwundert nach Vrenchen hinübersah, welche hinter ihrem Vater ging, vor Scham in die Erde sehend, dass ihr die braunen krausen Haare ins Gesicht fielen. Sie trug einen hölzernen Fischeimer in der einen Hand, in der anderen hatte sie Schuh und Strümpfe getragen und ihr Kleid der Nässe wegen aufgeschürzt. Seit aber Sali auf der anderen Seite ging, hatte sie es schamhaft sinken lassen und war nun dreifach belästigt und gequält, da sie all das Zeug tragen, den Rock zusammenhalten und des Streites wegen sich grämen musste. Hätte sie aufgesehen und nach Sali geblickt, so würde sie entdeckt haben, dass er weder vornehm noch sehr stolz mehr aussah und selbst bekümmert genug war. Während Vrenchen so ganz beschämt und verwirrt auf die Erde sah und Sali nur diese in allem Elende schlanke und anmutige Gestalt im Auge hatte, die so verlegen und demütig dahinschritt, beachteten sie dabei nicht, wie ihre Väter still geworden, aber mit verstärkter Wut einem hölzernen Stege zueilten, der in kleiner Entfernung über den Bach führte und eben sichtbar wurde. Es fing an zu blitzen und erleuchtete seltsam die dunkle melancholische Wassergegend; es donnerte auch in den grauschwarzen Wolken mit dumpfem Grolle und schwere Regentropfen fielen, als die verwilderten Männer gleichzeitig auf die schmale, unter ihren Tritten schwankende Brücke stürzten, sich gegenseitig packten und die Fäuste in die vor Zorn und ausbrechendem Kummer bleichen zitternden Gesichter schlugen. Es ist nichts Anmutiges und nichts weniger als artig, wenn sonst gesetzte Menschen noch in den Fall kommen, aus Übermut, Unbedacht oder Notwehr unter allerhand Volk, das sie nicht näher berührt, Schläge auszuteilen oder welche zu

bekommen; allein dies ist eine harmlose Spielerei gegen das tiefe Elend, das zwei alte Menschen überwältigt, die sich wohl kennen und seit langem kennen, wenn diese aus innerster Feindschaft und aus dem Gange einer ganzen Lebensgeschichte heraus sich mit nackten Händen anfassen und mit Fäusten schlagen.
115 So taten jetzt diese beiden ergrauten Männer: Vor fünfzig Jahren vielleicht hatten sie sich als Buben zum letzten Mal gerauft, dann aber fünfzig lange Jahre mit keiner Hand mehr berührt, ausgenommen in ihrer guten Zeit, wo sie sich etwa zum Gruße die Hände geschüttelt, und auch dies nur selten bei ihrem trockenen und sichern Wesen. Nachdem sie ein- oder zweimal geschlagen, hielten sie inne
120 und rangen still zitternd miteinander, nur zuweilen aufstöhnend und elendiglich knirschend, und einer suchte den andern über das knackende Geländer ins Wasser zu werfen. Jetzt waren aber auch ihre Kinder nachgekommen und sahen den erbärmlichen Auftritt. Sali sprang eines Satzes heran, um seinem Vater beizustehen und ihm zu helfen, dem gehassten Feinde den Garaus zu machen,
125 der ohnehin der Schwächere schien und eben zu unterliegen drohte. Aber auch Vrenchen sprang, alles wegwerfend, mit einem langen Aufschrei herzu und umklammerte ihren Vater, um ihn zu schützen, während sie ihn dadurch nur hinderte und beschwerte. Tränen strömten aus ihren Augen und sie sah flehend den Sali an, der im Begriff war, ihren Vater ebenfalls zu fassen und vollends zu
130 überwältigen. Unwillkürlich legte er aber seine Hand an seinen eigenen Vater und suchte, denselben mit festem Arm von dem Gegner loszubringen und zu beruhigen, sodass der Kampf eine kleine Weile ruhte oder vielmehr die ganze Gruppe unruhig hin und her drängte, ohne auseinanderzukommen. Darüber waren die jungen Leute, sich mehr zwischen die Alten schiebend, in dichte Be-
135 rührung gekommen, und in diesem Augenblicke erhellte ein Wolkenriss, der den grellen Abendschein durchließ, das nahe Gesicht des Mädchens, und Sali sah in dies ihm so wohlbekannte und doch so viel anders und schöner gewordene Gesicht. Vrenchen sah in diesem Augenblicke auch sein Erstaunen und es lächelte ganz kurz und geschwind mitten in seinem Schrecken und in seinen Tränen ihn
140 an. Doch ermannte sich Sali, geweckt durch die Anstrengungen seines Vaters, ihn abzuschütteln, und brachte ihn mit eindringlich bittenden Worten und fester Haltung endlich ganz von seinem Feinde weg. Beide alte Gesellen atmeten hoch auf und begannen jetzt wieder zu schelten und zu schreien, sich voneinander abwendend; ihre Kinder aber atmeten kaum und waren still wie der Tod, gaben
145 sich aber im Wegwenden und Trennen, ungesehen von den Alten, schnell die Hände, welche vom Wasser und von den Fischen feucht und kühl waren.

Als die grollenden Parteien ihrer Wege gingen, hatten die Wolken sich wieder geschlossen, es dunkelte mehr und mehr und der Regen goss nun in Bächen durch die Luft. Manz schlenderte voraus auf den dunklen nassen Wegen, er
150 duckte sich, beide Hände in den Taschen, unter den Regengüssen, zitterte noch in seinen Gesichtszügen und mit den Zähnen, und ungesehene Tränen rieselten ihm in den Stoppelbart, die er fließen ließ, um sie durch das Wegwischen nicht zu verraten. Sein Sohn hatte aber nichts gesehen, weil er in glückseligen Bildern

verloren daherging. Er merkte weder Regen noch Sturm, weder Dunkelheit noch Elend; sondern leicht, hell und warm war es ihm innen und außen, und er fühlte sich so reich und wohlgeborgen wie ein Königssohn.

Sali und Vrenchen treffen sich heimlich auf dem Unglücks-Acker. Vrenchens Vater überrascht und bedroht die beiden, da schlägt Sali in Notwehr mit einem Stein zu. Marti überlebt, muss aber in eine Anstalt gebracht werden. Danach bleibt dem mittellosen Vrenchen keine andere Wahl, als sich als Dienstmagd zu verdingen. Sali versetzt seine Uhr, um noch einen gemeinsamen Sonntagsausflug bestreiten zu können. Nach dem Besuch einer Kirchweih feiern die beiden mit Nicht-Sesshaften bis spät in die Nacht. Doch deren Angebot, mit ihnen in die Berge zu ziehen und auf alle bürgerliche Ordnung zu verzichten, wollen sie nicht annehmen.

Das Ende

„Komm!", sagte Sali und zog es [Vrenchen] fort. Aber sie gingen nur einige Schritte und standen wieder still, um sich bequemer zu umschlingen und zu herzen. Die Stille der Welt sang und musizierte ihnen durch die Seelen, man hörte nur den Fluss unten sacht und lieblich rauschen im langsamen Ziehen.

„Wie schön ist es da rings herum! Hörst du nicht etwas tönen wie ein schöner Gesang oder ein Geläute?"

„Es ist das Wasser, das rauscht! Sonst ist alles still."

„Nein, es ist noch etwas anderes, hier, dort hinaus, überall tönts!"

„Ich glaube, wir hören unser eigenes Blut in unsern Ohren rauschen!"

Sie horchten ein Weilchen auf diese eingebildeten oder wirklichen Töne, welche von der großen Stille herrührten oder welche sie mit den magischen Wirkungen des Mondlichtes verwechselten, welches nah und fern über die weißen Herbstnebel wallte, welche tief auf den Gründen lagen.
[…]

Salis Herz klopfte bald wie mit Hämmern, bald stand es still, er atmete schwer und sagte leise: „Es gibt eines für uns, Vrenchen, wir halten Hochzeit zu dieser Stunde und gehen dann aus der Welt – dort ist das tiefe Wasser – dort scheidet uns niemand mehr und wir sind zusammen gewesen – ob kurz oder lang, das kann uns dann gleich sein. –"

Vrenchen sagte sogleich: „Sali – was du da sagst, habe ich schon lang bei mir gedacht und ausgemacht, nämlich dass wir sterben könnten und dann alles vorbei wäre – so schwör mir es, dass du es mit mir tun willst!"

„Es ist schon so gut wie getan, es nimmt dich niemand mehr aus meiner Hand als der Tod!", rief Sali außer sich. Vrenchen aber atmete hoch auf, Tränen der Freude entströmten seinen Augen; es raffte sich auf und sprang leicht wie ein Vogel über das Feld gegen den Fluss hinunter. Sie waren an einem Fahrweg gekommen, der vom Dorfe her an den Fluss führte, und hier war eine Landungsstelle, wo ein großes Schiff, hoch mit Heu beladen, angebunden lag. In wilder Laune begann er unverweilt, die starken Seile loszubinden. Vrenchen fiel ihm lachend in den Arm und rief: „Was willst du tun? Wollen wir den Bauern ihr Heuschiff stehlen zu guter Letzt?" „Das soll die Aussteuer sein, die sie uns geben, eine schwimmende Bettstelle und ein Bett, wie noch keine Braut gehabt! Sie werden überdies ihr Eigentum unten wiederfinden, wo es ja doch hin soll, und werden nicht wissen, was damit geschehen ist. Sieh, schon schwankt es und will hinaus!" [...]

Das Schiff legte sich eine Weile nachher unbeschädigt an eine Brücke und blieb da stehen. Als man später unterhalb der Stadt die Leichen fand und ihre Herkunft ausgemittelt hatte, war in den Zeitungen zu lesen, zwei junge Leute, die Kinder zweier blutarmen zugrunde gegangenen Familien, welche in unversöhnlicher Feindschaft lebten, hätten im Wasser den Tod gesucht, nachdem sie einen ganzen Nachmittag herzlich miteinander getanzt und sich belustigt auf einer Kirchweih. Es sei dies Ereignis vermutlich in Verbindung zu bringen mit einem Heuschiff aus jener Gegend, welches ohne Schiffleute in der Stadt gelandet sei, und man nehme an, die jungen Leute haben das Schiff entwendet, um darauf ihre verzweifelte und gottverlassene Hochzeit zu halten, abermals ein Zeichen von der um sich greifenden Entsittlichung und Verwilderung der Leidenschaften.

1. Fertige eine **Inhaltsangabe** zu diesen Textauszügen an.
2. Beschreibe die Stimmung, die am Anfang der **Novelle** herrscht.
   Mit welchen sprachlichen Besonderheiten wird diese Stimmung vermittelt?
3. Untersuche die dramatische Zuspitzung bei der Begegnung am Fluss:
   Wie entsprechen sich Handlung, Szenerie und sprachliche Gestaltung?
4. Entwerft in Gruppen ein Drehbuch für diese Szene.
5. Wie verstehst du das Zitat aus der Zeitung am Ende?
6. Erkläre den Titel der Novelle.

Inhaltsangabe → S. 340
Novelle → S. 341

Er war sechzehn, als man ihn hängte   Alexander Goeb

Ukrainischer Weizen

„Dass es das gibt." Barthel blickte ungläubig auf Wanja, die ihm gegenübersaß. Sie war vielleicht siebzehn oder achtzehn Jahre alt. Er kannte das Mädchen aus dem Zwangsarbeiterlager nun schon einige Zeit.

„Du kannst es wirklich glauben", sagte sie mit einer Stimme, die für ihn irgendwie nach Russland klang, „stundenlang kannst du fahren und kommst nur an Weizenfeldern vorbei, immer nur Weizenfelder …"

Barthel stocherte mit einem Stück Regenrinne in dem verglimmenden Feuer. Ein paar Kartoffeln schmorten noch. Die meisten hatte Wanja schon gegessen.

Sie hatten sich aus Ziegelsteinen zwei Sessel gebaut. Vorn im Haus hatten die Bomben alles zertrümmert. Aber hier hinten, im Garten, war es noch ganz idyllisch. Zwei alte Kirschbäume standen da, eine Kiefer, dazwischen ziemlich hohes Gras. Wanja hatte sich neben den Ziegelsteinsessel an einen der Kirschbäume gesetzt. Barthel hockte auf seinem Thron aus Stein.

Sie ist schön. Ukrainischer Weizen, dachte er, genauso sehen ihre Haare aus. Wie schön wäre sie erst, wenn diese Verbrecher sie nicht so verkommen ließen. Denn die Leute im Lager bekamen immer weniger zu essen. Manchmal heulten sie vor Hunger. Und Wanja war wie ein Wolf über die Röstkartoffeln hergefallen. Sie hatte nicht einmal warten wollen, bis sie gar waren, eine hatte sie noch roh hinuntergeschluckt. Bisher hatte Barthel sich nicht besonders für Mädchen interessiert, jedenfalls nicht so. Bei Wanja aber war das etwas anderes. Die konnte wunderbar erzählen. Manchmal verstand er sie nicht so ganz. Ihre Großmutter, die wohl eine Volksdeutsche gewesen war, hatte ihr ein wenig Deutsch beigebracht. Aber es klang fremdartig. Trotzdem hörte er ihr gern zu. Von der Ukraine hatte er keine Ahnung gehabt, das musste ein schönes Land sein!

„Ich glaube, wir werden alle sterben", sagte Wanja plötzlich.

Eben hatte sie noch gelacht. „Wir bekommen nur noch einmal am Tag eine wässrige Suppe und zweimal ein Stück Brot. Wenn ihr nicht wärt, wären schon mehr gestorben …"

„Verfluchte Verbrecher", stammelte Barthel vor sich hin. „Verfluchte Verbrecher".

Er wusste, wie es in den Zwangsarbeiterlagern aussah. Die Leute lebten zusammengepfercht in engen, dunklen Baracken mit dreistöckigen Betten. Manche hatten als Kleidung nur Kartoffelsäcke, manche keine Schuhe, selbst im Winter. Und überall grassierten Krankheiten, vor allem Tuberkulose. Die Edelweißpiraten wunderten sich oft, dass die Arbeiter nicht massenhaft ausbrachen. Noch immer waren es nur einzelne. Je härter die Bombenangriffe wurden, desto günstiger wurden auch die Verhältnisse draußen für sie: Sie konnten in den Trümmern Unterschlupf finden und darauf hoffen, dass bald alles vorbei war.

Lange schwiegen sie. Das Feuer war erloschen. Schließlich sagte Barthel: „Ich kann ihn verstehen."

Edelweißpiraten: Jugendorganisation gegen die Nazis

„Wen?"

„Den Roland. Der ist Deserteur, bei der Wehrmacht abgehauen. Jetzt macht er bei uns mit. Der dreht immer fast durch, wenn er einem Nazi in Uniform begegnet. Neulich hat ihn mal zufällig einer angerempelt, so im Vorbeigehen. Da hat der doch die Pistole rausgerissen und wollte losknallen. Wir konnten ihn gerade noch zurückhalten. Erst haben wir gedacht, der spinnt. Ich meine, bewaffnet sind wir ja alle. Aber einfach losknallen, ohne dass der andere sich verteidigen kann, das konnten wir nicht verstehen. Wir wussten eben nichts. Klar, wir wussten, die Nazis sind brutal, sie haben uns schließlich oft genug eingesperrt und verprügelt, bis wir nicht mehr gehen und stehen konnten. Von den anderen Sachen, von den KZ und wie es bei euch im Lager aussieht, das haben wir erst nach und nach erfahren, seit wir regelmäßig den Sender Nippes hören, das heißt den Ami-Sender oder BBC und Radio Moskau …"

Nippes: Kölner Stadtteil

Er redete nicht weiter. Wanja bog den Kopf vor und legte ihre Lippen auf Barthels Mund. Ganz zart, als wären sie aus Glas. „Wenn die Deutschen alle so wären wie du, würde es keinen Krieg geben, keinen Mord und all die schlimmen Sachen."

„Weißt du, was ich möchte", sagte Barthel, „ich möchte mit dir einen Sonntagsspaziergang im Blücher-Park machen. Dann sind da überall Leute, fein angezogen, Blumen blühen, alles sieht festlich aus. Vielleicht könnten wir nach dem Mittagessen – es gibt Schweinebraten, Kartoffeln und Rotkohl – zum Fußball gehen. Hast du Ahnung von Fußball, Wanja?"

„Njet", lachte sie.

„Also zum Fußballspiel. Auf Linksaußen würde der Büb stürmen. Büb ist der trickreichste Linksaußen von Ehrenfeld."

Ehrenfeld: Kölner Stadtteil

„Und abends", sagte Wanja zwinkernd, „was machen wir abends?"

Barthel strahlte über das ganze Gesicht. „Wir sind natürlich längst verheiratet und dürfen deshalb abends alles machen, was wir wollen, ins Kino gehen und so weiter …"

„Und jetzt dürfen wir das nicht?"

Barthel blickte Wanja ins Gesicht. „Meinst du?", sagte er. „Ich hab aber noch nie."

„Ich auch nicht", antwortete Wanja.

Barthel legte die 08 beiseite.

08: Pistole

„Ich gehe nicht mehr zurück, Barthel, ich bleibe draußen, und wenn sie mich erschießen. Wenn ich wieder reingehe, sterbe ich bald."

Barthel stand auf und setzte sich neben Wanja an den Baum. Sie drückte seinen Kopf in ihren Schoß und streichelte mit der einen Hand über seine Haare, mit der anderen angelte sie sich eine Kartoffel auf dem Feuer.

Kauend sagte sie: „Zu Hause haben wir auch schon Hunger gehabt." Sie kaute schweigend weiter. „Soll ich dir mal was erzählen", sagte sie plötzlich. Als Barthel nicht antwortete und sich auch nicht rührte, begann sie: „Ich erzähl dir mal von Ludmilla, die geht auch nicht mehr ins Lager zurück. Ludmilla ist aus Stawropol.

Eines Morgens waren SS-Männer da. Die ganze Familie wurde vor das Haus getrieben. Dann mussten sie zusehen, wie die SS das Haus anzündete. Einfach so. Ohne jeden Grund. Als das Haus niedergebrannt war, wurde die Familie beiseite geführt und erschossen. Bis auf Ludmilla, die nahmen sie mit.

Sie würde ein fesches Hausmädchen in Deutschland abgeben, sagten sie ihr. Kannst du mir sagen, warum sie so etwas machen?"

Barthels Gesicht war grau und hart geworden. Er hob den Kopf.

„Ich weiß es nicht. Sie sind eben Mörder. Ich habe keine andere Erklärung. Sie töten auch die eigenen Leute. Jeden, der nicht mitmacht." [...]

Zwangsarbeiter
Wanja, Barthels ukrainische Freundin, war Zwangsarbeiterin in Köln. Ab 1942 setzte ein systematischer Verkauf von Zwangsarbeitern, vor allem aus Osteuropa, an die Industrie, aber auch an private Haushalte ein. Der Start wurde gegeben durch eine „Geheime Kommandosache" des „Generalbevollmächtigten für den Arbeitseinsatz." [...]

Weitere Anordnungen der Nazis zum Thema „Ostarbeiter":

„All diese Menschen müssen so ernährt, untergebracht und behandelt werden, dass sie bei denkbar sparsamstem Einsatz die größtmögliche Leistung hervorbringen ..."

„Die Ausübung des Geschlechtsverkehrs ist den Arbeitskräften aus dem altsowjetischen Gebiet verboten. Durch die streng abgeschlossene Unterbringung haben sie auch an sich keine Gelegenheit dazu. Für jeden Geschlechtsverkehr mit deutschen Volksgenossen oder Volksgenossinnen ist bei männlichen Arbeitskräften aus dem altsowjetischen Gebiet Sonderbehandlung, bei weiblichen Arbeitskräften Einweisung in ein KZ zu beantragen ..."

„Für die Sicherheitsmaßnahmen sind die entscheidenden Erwägungen Schnelligkeit und Strenge. Nur die folgenden Strafen dürfen verhängt werden: Verpflegungsentzug und Erschießung auf Grund kriegsgerichtlichen Urteils ..."

Zur „Sonderbehandlung ausländischer Arbeiter" führte SS-Standartenführer Dr. Albath, Inspektor der Sicherheitspolizei und des SD, aus:

„... Sonderbehandlung kann auch ohne vorherige Genehmigung des Reichssicherheitshauptamtes durchgeführt werden ...

Dort, wo es sich um eine größere Anzahl handelt, wird nur zum Teil eine öffentliche Sonderbehandlung angebracht sein.

Im Übrigen kann diese stillschweigend und auch durch Erschießen erfolgen ..."

1. Was verrät der Textauszug über Barthel und Wanja?
2. Überlege, ob Barthel Wanja retten kann. Begründe deine Meinung.
3. Analysiere die hier abgedruckten Anordnungen aus der „Geheimen Kommandosache". In welchen Aussagen und Formulierungen zeigt sich die Menschenverachtung?

Enttäuschte Liebe – in Bild und Text

Gescheiterte Liebesbeziehungen – besonders bei Prominenten – sind ein bevorzugtes Thema für Illustrierte und für die Boulevardpresse.

In einem Projekt könnt ihr
a) aufzeigen, wie solche Berichte inhaltlich aufgebaut und sprachlich gestaltet sind
b) selbst eine *Reportage* oder einen Foto-Roman gestalten.

Textgrundlage könnte „Romeo und Julia auf dem Dorfe" oder „So lonely" sein. Da ihr für die Präsentation eurer Ergebnisse viel Material benötigt, empfiehlt sich Gruppenarbeit.

Jugendkulturen

Stürmer und Dränger

Prometheus *Johann Wolfgang von Goethe*

Bedecke deinen Himmel, Zeus,
Mit Wolkendunst!
Und übe, Knaben gleich,
Der Diesteln köpft,
5 An Eichen dich und Bergeshöhn!
Musst mir meine Erde
Doch lassen stehn,
Und meine Hütte,
Die du nicht gebaut,
10 Und meinen Herd,
Um dessen Glut
Du mich beneidest.

Ich kenne nichts Ärmer's
Unter der Sonn' als euch Götter.
15 Ihr nähret kümmerlich
Von Opfersteuern
Und Gebetshauch
Eure Majestät
Und darbtet, wären
20 Nicht Kinder und Bettler
Hoffnungsvolle Toren.

Da ich ein Kind war,
Nicht wusste, wo aus, wo ein,
Kehrte mein verirrtes Aug'
25 Zur Sonne, als wenn drüber wär'
Ein Ohr, zu hören meine Klage,
Ein Herz wie meins,
Sich des Bedrängten zu erbarmen.

Wer half mir wider
30 Der Titanen Übermut?
Wer rettete vom Tode mich,
Von Sklaverei?
Hast du's nicht alles selbst vollendet,
Heilig glühend Herz?
35 Und glühtest, jung und gut,
Betrogen, Rettungsdank
Dem Schlafenden dadroben?

Ich dich ehren? Wofür?
Hast du die Schmerzen gelindert
40 Je des Beladenen?
Hast du die Tränen gestillet
Je des Geängsteten?

Hat nicht mich zum Manne geschmiedet
Die allmächtige Zeit
45 Und das ewige Schicksal,
Meine Herrn und deine?

Wähntest du etwa,
Ich sollte das Leben hassen,
In Wüsten fliehn,
50 Weil nicht alle Knabenmorgen-
Blütenträume reiften?

Hier sitz' ich, forme Menschen
Nach meinem Bilde,
Ein Geschlecht, das mir gleich sei,
55 Zu leiden, weinen,
Genießen und zu freuen sich,
Und dein nicht zu achten,
Wie ich.

1. Goethes „Prometheus" gibt das Lebensgefühl des **Sturm und Drang** wieder. Weise dies an Motiv und Thema nach.
2. Bereite das **Gedicht** für einen **Vortrag** vor der Klasse vor.

Sturm und Drang
→ S. 163

Gedichte vortragen
→ S. 342

Die Leiden des jungen Werthers *Johann Wolfgang von Goethe*

„Wilhelm, ich habe zum letzten Male Feld und Wald und den Himmel gesehen. Leb wohl auch du! Liebe Mutter, verzeiht mir! Tröste sie, Wilhelm! Gott segne euch! Meine Sachen sind alle in Ordnung. Lebt wohl! Wir sehen uns wieder und freudiger."

„Ich habe dir übel gelohnt, Albert, und du vergibst mir. Ich habe den Frieden deines Hauses gestört, ich habe Misstrauen zwischen euch gebracht. Lebe wohl! Ich will es enden. O dass ihr glücklich wäret durch meinen Tod! Albert! Albert! Mache den Engel glücklich! Und so wohne Gottes Segen über dir!"

Er kramte den Abend noch viel in seinen Papieren, zerriss vieles und warf es in den Ofen, versiegelte einige Päcke mit den Adressen an Wilhelm. Sie enthielten kleine Aufsätze, abgerissene Gedanken, deren ich verschiedene gesehen habe; und nachdem er um zehn Uhr Feuer hatte nachlegen und sich eine Flasche Wein geben lassen, schickte er den Bedienten, dessen Kammer wie auch die Schlafzimmer der Hausleute weit hinten hinaus waren, zu Bette […].

„Nach eilfe. Alles ist so still um mich her, und so ruhig meine Seele. Ich danke dir, Gott, der du diesen letzten Augenblicken diese Wärme, diese Kraft schenkest.

Ich trete an das Fenster, meine Beste, und sehe, und sehe noch durch die stürmenden vorüberfliehenden Wolken einzelne Sterne des ewigen Himmels! Nein, ihr werdet nicht fallen! Der Ewige trägt euch an seinem Herzen, und mich. Ich sehe die Deichselsterne des Wagens, des Liebsten unter allen Gestirnen. Wenn ich nachts von dir ging, wie ich aus deinem Tore trat, stand er gegen mir über. Mit welcher Trunkenheit habe ich ihn oft angesehen, oft mit aufgehobenen Händen ihn zum Zeichen, zum heiligen Merksteine meiner gegenwärtigen Seligkeit gemacht! Und noch – O Lotte, was erinnert mich nicht an dich! Umgibst du mich nicht! Und habe ich nicht, gleich einem Kinde, ungenügsam allerlei Kleinigkeiten zu mir gerissen, die du Heilige berührt hattest!

Liebes Schattenbild! Ich vermache dir es zurück, Lotte, und bitte dich, es zu ehren. Tausend, tausend Küsse habe ich darauf gedrückt, tausend Grüße ihm zugewinkt, wenn ich ausging oder nach Hause kam. Ich habe deinen Vater in einem Zettelchen gebeten,

Verfilmung des Romans *Die neuen Leiden des jungen W.*, in dem U. Plenzdorf den Werther-Stoff auf die Jugend in den 1970er Jahren in der DDR überträgt.

meine Leiche zu schützen. Auf dem Kirchhofe sind zwei Lindenbäume, hinten in der Ecke nach dem Felde zu; dort wünsche ich zu ruhen. Er kann, er wird das für seinen Freund tun. Bitte ihn auch. Ich will frommen Christen nicht zumuten, ihren Körper neben einen armen Unglücklichen zu legen. [...] In diesen Kleidern, Lotte, will ich begraben sein, du hast sie berührt, geheiligt; ich habe auch deinen Vater darum gebeten. Meine Seele schwebt über dem Sarge [...]."

Ein Nachbar sah den Blitz vom Pulver und hörte den Schuss fallen; da aber alles stille blieb, achtete er nicht weiter drauf. [...] Aus dem Blut auf der Lehne des Sessels konnte man schließen, er habe sitzend vor dem Schreibtische die Tat vollbracht, dann ist er heruntergesunken, hat sich konvulsivisch um den Stuhl herumgewälzt. Er lag gegen das Fenster entkräftet auf dem Rücken, war in völliger Kleidung, gestiefelt, im blauen Frack mit gelber Weste.

1. Welche Hinweise gibt der Textausschnitt über Werthers Motiv für seinen Selbstmord?
2. In welchem Verhältnis stehen Seelenzustand und Naturerfahrung?

Die Leiden des jungen Werthers *Matthias Luserke*

Der „Werther" ist ein Briefroman. Goethe bediente sich damit einer Gattung, die sich in den fünfziger und sechziger Jahren des 18. Jahrhunderts außerordentlicher Beliebtheit erfreute, die geradezu Beispielcharakter für die Befindlichkeit der bürgerlichen Autoren erhielt. Durch den Anspruch, Privates öffentlich zu machen, wie es in persönlicher Korrespondenz geschieht, wurde der Briefroman zu einem wichtigen literarischen Medium der bürgerlichen Selbstvergewisserung. [...]

Der traditionelle Briefroman lebt vom Dialog, von Brief und Gegenbrief, und transportiert die Botschaft von Moral und Tugendhaftigkeit, erzählerisch notwendige Verstöße werden durch den Kommentar im Text geahndet. Der Briefroman soll zum guten Beispiel anhalten, das Schlechte will er als verwerflich darstellen. Damit übernimmt der aufgeklärte Briefroman wichtige Funktionen der bisherigen moralischen Wochenschriften. Die Bedeutung von Kommunikativität als Merkmal bürgerlicher Umgangsformen zeichnet ihn aus. Es verwundert also nicht, dass die Autoren des Sturm und Drang, sofern sie sich überhaupt mit der Gattung Roman beschäftigten, bei der strukturellen Anlage von Prosatexten auf die gut eingeführte Gattung des Briefromans zurückgegriffen haben. Doch ähnlich wie im Falle des „Götz" missachtete Goethe auch in seinem „Werther" elementare poetologische Regeln, um zu provozieren. [...] Werthers Briefe sind Monologe, welche die soziale und kommunikative Vereinzelung als Folge einer radikalen Subjektivität vor Auge stellen. Die vom Autor konsequent betriebene Intimisierung Werthers im Roman verhindert eine kommunikativ-dialogische Anlage des Textes. Die Form wird so zum adäquaten Ausdruck der psychischen

Die Aufklärung ist eine gegen kirchlich-theologische und andere Bevormundungen des Denkens gerichtete Bewegung, die die Vernunft, die Sinne und die Erfahrung als Erkenntnisquelle in den Mittelpunkt rückt. Deutsche Dichter der Aufklärung (1720–1785) vermeideten das Unwahrscheinliche und Wunderbare, hielten sich an feste Gattungen und schrieben moralisch-zweckmäßige Verstandesdichtung.

Befindlichkeit der Textfigur. Die Gegenwartsnähe des Themas und die Anlage der Figur als Projektionsfläche bürgerlicher Aufklärungskritik, die viele junge Leser zur unmittelbaren Identifikation regelrecht einlud, trugen maßgeblich dazu bei, dass der „Werther" eine solche Wirkung entfalten konnte. Der verlegerische Erfolg war zwangsläufig. Noch 1774 musste eine 2. Auflage nachgedruckt werden, allerdings kam es auch zu vielen unrechtmäßigen Nachdrucken (so genannte Raubdrucke). Für die Ausgabe seiner „Gesammelten Werke" überarbeitete Goethe 1787 den „Werther"; es entstand eine in Details gemäßigtere Fassung. Gewirkt hat freilich im Jahrzehnt des Sturm und Drang die Erstausgabe. [...]

Der Anlass für Goethes Roman war ein äußerlicher. Doch bündelt der Text die gesamte Symptomatik des komplizierten Verhältnis der Autoren des Sturm und Drang zur Aufklärung. Insofern konnte der „Werther" auch von der jungen Generation sowohl der Autoren wie der Leser als ein Modelltext verstanden werden, der das Unbehagen an der Aufklärung so thematisierte, dass nur Identifikation oder Gegenidentifikation als Rezeptionshaltungen möglich waren. Dieses Modell basiert auf dem Zusammenhang von Leiden und Leidenschaft im Roman. Die Autoren des Sturm und Drang schreiben gegen den Versuch der Aufklärung, Leidenschaften zu pathologisieren, sie als heilbare Krankheitssymptome einer ungesunden Entwicklung auszuweisen, beständig an. Sie kündigen das andere Modell, das Modell einer empfindsamen Balance zwischen Vernunft und Leidenschaft, zwischen Kopf und Köper auf. Ihr Ziel ist die Befreiung des Individuums von Zwängen der Vergesellschaftung, wozu auch die Emanzipation der Leidenschaften, die eine Aufwertung der Sexualität zur Folge hat, gehört, oder, wie Goethe es in einem späteren Epigramm formulierte: „Freye Liebe sie läßt frey uns die Zunge, den Muth".

Bereits der Titel von Goethes Roman benennt den Zusammenhang von Leiden und Leidenschaft [...]. Leidenschaft bringt [...] nicht nur Leiden hervor, Leidenschaft *ist* Leiden. Damit wird vom Autor auch klargestellt, dass es in seinem Roman nicht um körperliches, sondern um psychisches Leiden, um die Innenansicht eines leidenden Subjekts der Aufklärung geht, das mit den Bändigungszwängen der Gesellschaft nicht mehr zu Rande kommt. Die Bedeutung dieser psychischen Binnenperspektive des Textes wird schon im Titel den Lesern mit auf den Weg gegeben.

1. Welche Thesen zu Goethes Werther werden in diesem Sekundärtext formuliert? Notiere sie in Form einfacher Aussagesätze.
2. Inwiefern findet Goethe mit der Form des Romans nach Meinung Luserkes einen adäquaten Ausdruck der psychischen Befindlichkeit Werthers?
3. Analysiere den Text unter der Fragestellung, inwiefern Goethes „Werther" zu einem Kultbuch der Generation des „Sturm und Drang" wurde.

An Herzog Karl Eugen *Friedrich Schiller*

Durchlauchtigster Herzog Stuttgart, 1. September 1782
Gnädiger Herzog und Herr Friedrich Schiller,
Medikus bei dem löblichen General-Feldzeugmeister vom Augéischen Grenadierregiment, bittet untertänigst um die gnädigste Erlaubnis, ferner literarische
Schriften bekannt machen zu dörfen.

Eine innere Überzeugung, dass mein Fürst und unumschränkter Herr zugleich auch mein Vater sei, gibt mir gegenwärtig die Stärke, höchst denenselben einige untertänigste Vorstellungen zu machen, welche die Milderung des mir gnädigst zugekommenen Befehls, nichts Literarisches mehr schreiben oder mit Ausländern zu kommunizieren, zur Absicht haben.

Ebendiese Schriften haben mir bisher zu der mir von Eurer Herzoglichen Durchlaucht gnädigst zuerkannten jährlichen Besoldung noch eine Zulage von fünfhundertundfünfzig Gulden verschafft und mich in den Stand gesetzt, durch Korrespondenz mit auswärtigen großen Gelehrten und Anschaffung der zum Studieren benötigten Subsidien ein nicht unerträgliches Glück in der gelehrten Welt zu machen. Sollte ich dieses Hilfsmittel aufgeben müssen, so würd ich künftig gänzlich außerstand gesetzt sein, meine Studien planmäßig fortzusetzen und mich dem zu bilden, was ich hoffen kann zu werden.

Der allgemeine Beifall, womit einige meiner Versuche vom ganzen Deutschland aufgenommen wurden, welches ich Höchstdenenselben untertänigst zu beweisen bereit bin, hat mich einigermaßen veranlasst, stolz sein zu können, dass ich von allen bisherigen Zöglingen der großen Karls-Akademie der Erste und Einzige gewesen, der die Aufmerksamkeit der großen Welt angezogen und ihr wenigstens einige Achtung abgerungen hat – eine Ehre, welche ganz auf den Urheber meiner Bildung zurückfällt! Hätte ich die literarische Freiheit zu weit getrieben, so bitte Euer Herzogliche Durchlaucht alleruntertänigst, mich öffentlich Rechenschaft davon geben zu lassen, und gelobe hier feierlich, alle künftigen Produkte einer scharfen Zensur zu unterwerfen.

Noch einmal wage ich es, Höchstdieselbe auf das Submisseste anzuflehen, einen gnädigen Blick auf meine untertänigste Vorstellung zu werfen und mich des einzigen Wegs nicht zu berauben, auf welchem ich mir einen Namen machen kann.

Der ich in allerdevotester Submission ersterbe
Euer Herzoglichen Durchlaucht
untertänigst treugehorsamer
Fried. Schiller, Regimentsmedikus

Friedrich Schiller

> **TIPP**
> Weitere Texte zu Friedrich Schiller findet ihr in dem Kapitel „Schiller lebt".

1. Untersuche das Verhältnis zwischen Fürst und Untertan. Stelle zusammen, was Schiller von seinem Landesfürsten wünscht und was er ihm als Gegenleistung anbieten kann.

Enttäuschte Ideale *Friedrich Schiller*

Aus: Die Räuber

Karl von Moor, durch die Intrigen seines verbrecherischen Bruders Franz vom Vater verstoßen und enterbt, stellt sich an die Spitze einer Räuberbande. Er will den Armen und Rechtlosen helfen gegen ihre Unterdrücker, kann aber nicht verhindern, dass es zu Gräueltaten kommt. Am Schluss übergibt er sich freiwillig dem Gericht in der Einsicht, dass Gewalt nicht der richtige Weg ist, um seinen Idealen von Freiheit und Gleichheit aller Menschen zum Sieg zu verhelfen.

Schenke an den Grenzen von Sachsen.
Karl v. Moor in ein Buch vertieft. Spiegelberg trinkend am Tisch.

KARL V. MOOR   *legt das Buch weg.* Mir ekelt vor diesem tintenklecksenden Säkulum[1], wenn ich in meinem Plutarch[2] lese von großen Menschen.

SPIEGELBERG   *stellt ihm ein Glas hin und trinkt* Den Josephus[3] musst du lesen.

MOOR   Der lohe Lichtfunke Prometheus' ist ausgebrannt, dafür nimmt man izt die Flamme von Bärlappenmehl – Theaterfeuer, das keine Pfeife Tabak anzündet. Da krabbeln sie nun wie die Ratten auf der Keule des Herkules, und studieren sich das Mark aus dem Schädel, was das für ein Ding sei, das er in seinen Hoden geführt hat? Ein französischer Abbé[4] doziert, Alexander sei ein Hasenfuß gewesen, ein schwindsüchtiger Professor hält sich bei jedem Wort ein Fläschchen Salmiakgeist vor die Nase, und liest ein Kollegium über die Kraft. Kerls, die in Ohnmacht fallen, wenn sie einen Buben gemacht haben, kritteln über die Taktik des Hannibals – feuchtohrige Buben fischen Phrases aus der Schlacht bei Kannä, und greinen über die Siege des Scipio, weil sie sie exponieren[5] müssen.

SPIEGELBERG   Das ist ja recht Alexandrinisch geflennt.

MOOR   Schöner Preis für euren Schweiß in der Feldschlacht, dass ihr jetzt in Gymnasien lebet und eure Unsterblichkeit in einem Bücherriemen mühsam fortgeschleppt wird. Kostbarer Ersatz eures verprassten Blutes, von einem Nürnberger Krämer um Lebkuchen gewickelt – oder, wenns glücklich geht, von einem französischen Tragödienschreiber auf Stelzen geschraubt, und mit Drahtfäden gezogen zu werden. Hahaha!

SPIEGELBERG   *trinkt.* Lies den Josephus, ich bitte dich drum.

MOOR   Pfui! Pfui über das schlappe Kastraten-Jahrhundert, zu nichts Nütze, als die Taten der Vorzeit wiederzukäuen und die Helden des Altertums mit Kommentationen zu schinden und zu verhunzen mit Trauerspielen. Da verrammeln sie sich die gesunde Natur mit abgeschmackten Konventionen, haben das Herz nicht ein Glas zu leeren, weil sie Gesundheit dazu trinken müssen – belecken den Schuhputzer, dass er sie vertrete bei Ihro Gnaden, und hudeln[6] den armen Schelm, den sie nicht fürchten – Vergöttern sich um ein Mittagessen und möchten einander vergiften um ein Unterbett, das ihnen beim Aufstreich[7] überboten wird. – Verdammen den

---

1 **Säkulum**: Jahrhundert
2 **Plutarch**: griech. Historiker, ca. 40–120 n. Chr., verfasste Lebensbeschreibungen berühmter Griechen und Römer
3 **Josephus**: jüd. Historiker, 37–100 n. Chr.
4 **Abbé**: französischer Titel eines weltlichen Geistlichen
5 **exponieren**: übersetzen
6 **hudeln**: quälen
7 **Aufstreich**: Auktion

Sadduzäer[8], der nicht fleißig genug in die Kirche kommt, und berechnen ihren Judenzins am Altare – Fallen in Ohnmacht, wenn sie eine Gans bluten sehen, und klatschen in die Hände, wenn ihr Nebenbuhler die Haare ausrauft über dem Brandschutt seines Hauses – So warm ich ihnen die Hand drückte – „nur noch einen Tag" – Umsonst! – Ins Loch mit dem Hund! – Bitten! Schwüre! Tränen *auf den Boden stampfend*. Hölle und Teufel!

SPIEGELBERG   Und umso ein paar tausend lausige Dukaten –

MOOR   Nein, ich mag nicht daran denken. Ich soll meinen Leib pressen in eine Schnürbrust und meinen Willen schnüren in Gesetze. Das Gesetz hat zum Schneckengang verdorben, was Adlerflug geworden wäre. Das Gesetz hat noch keinen großen Mann gebildet, aber die Freiheit brütet Kolosse und Extremitäten[9] aus. Sie verpallisadieren sich ins Bauchfell eines Tyrannen, hofieren der Laune seines Magens, und lassen sich klemmen von seinen Winden. Ah! Dass der Geist Hermanns[10] noch in der Asche glimmte! – Stelle mich vor ein Heer Kerls wie ich, und aus Deutschland soll eine Republik werden, gegen die Rom und Sparta Nonnenklöster sein sollen. *Er wirft den Degen auf den Tisch und steht auf.*

[8] **Sadduzäer:** Angehöriger einer altjüdischen Partei

[9] **Extremitäten:** hier: große Kerle

[10] **Hermann:** Hermann der Cherusker, Sieger über Varus im Teutoburger Wald, 9 n. Chr.

1. Karl Moor ist ein typischer Held des Sturm und Drang. Charakterisiere ihn.
2. Welche Phänomene seiner Zeit kritisiert Karl Moor mit welchem Ziel?

INFO Sturm und Drang

Sturm und Drang ist eine literarische Bewegung in Deutschland von etwa 1765 bis 1790. Die Bezeichnung geht auf das gleichnamige Drama Friedrich Maximilian Klingers von 1776 zurück, in dem sich ein tugendhafter junger Mann gegen die Vätergeneration auflehnt. Der Sturm und Drang grenzt sich von dem rationalen Erkenntnisprinzip der Aufklärung ab und richtet sich gegen die herrschende Ständeordnung sowie erstarrte soziale Konventionen. Bevorzugte literarische Themen sind daher der tragische Konflikt eines markanten Individuums mit der Gesellschaft oder dem Geschichtsverlauf sowie der Zusammenprall von Gefühl und Ehrenkodex. Die Dichter dieser Bewegung wenden sich gegen die überlieferte Regelpoetik und orientieren sich statt dessen an der intuitiven Schöpferkraft des Individuums, weshalb diese literarische Epoche auch **Geniezeit bzw. Genieperiode** genannt wird. Es dominiert die Konzeption des Menschen als des großen Individuums, was sich an der Begeisterung der Autoren für antike Helden (Prometheus, Herkules) zeigt. Bevorzugte Gattung ist das Drama, in dem nun das seit Aristoteles als verbindlich geltende Gattungsschema (Einheit von Ort, Zeit und Handlung usw.) bewusst unterlaufen wird. Die Werke werden durch Emotionalität und Spontanität charakterisiert, was z. B. Goethes Briefroman „Die Leiden des jungen Werthers" (1774) oder auch Goethes Lyrik dieser Zeit („Sesenheimer Lieder", 1771, „Frankfurter Hymnen", 1772–1773) veranschaulichen.

Protestler und Aussteiger

Renate *Ingeborg Drewitz*

Aus: Gestern war Heute

Ingeborg Drewitz (1923–1986) verfasste sowohl Dramen und Hörspiele als auch Erzählungen und Romane. In ihrem Werk stehen die Probleme der Frau im Mittelpunkt.

Gabriele, geboren 1923 in Berlin, ist Journalistin, Ehefrau und Mutter von zwei Töchtern. Während Claudia, die Jüngere, angepasst und zufrieden ist, wächst Renates Kritik an Eltern, Schule und Gesellschaft.

Irgendwann im April legt ihr Renate eine Zeitung vom Februar hin. Sie hat einen Satz rot angestrichen: Am Sonnabend hielten es 1500 politische Wirrköpfe – meist Studenten – für angebracht, in Berlin gegen die amerikanische Südvietnampolitik zu demonstrieren. Da war ich bei, sagt Renate, und ich hab mich gefreut, wie sie die Farbeier aufs Amerikahaus geworfen haben, verstehst du das?

Warum hast du mir das nicht erzählt?

Opa war im Krankenhaus, und, ja, ich dachte, dass dich das vielleicht nicht interessiert, was heute so los ist.

Sie schiebt die Zeitung über den Tisch zu Renate hin.

Gut, dass du dabei warst!

Renate kämmt sich das Haar mit den Fingern in den Nacken, steht auf, glaubt ihr nicht. Sitzt wortlos bei Tisch, als Claudia von der Schule, vom Völkerballspielen erzählt.

[…]

Renate stößt den Stuhl zurück, steht auf, will zur Tür. Jörg stellt sich ihr in den Weg, will wissen, wohin sie geht. Und als sie nicht antwortet, schlägt er ihr ins Gesicht. Rechts und links und rechts und links. Sie solle lieber ihr Abitur machen, schreit er, anstatt sich auf der Straße mit Politik zu beschäftigen. Dafür hätte er nicht gearbeitet und ihre Mutter auch nicht, das müsse sie wissen.

Du Spießer, schreit Renate, trommelt mit den Fäusten gegen seine Brust. Was in Vietnam los ist, weißt du wohl nicht!

Brauchst uns nicht über Krieg zu belehren!, höhnt er; schlägt wieder zu. […]

Sie erlebt die Demonstration gegen den Schah-Besuch am 2. Juni 1967, ist mit Bandgerät und Mikrofon dabei, als die Polizisten die demonstrierenden Studenten vom Opernhaus abdrängen. Brutalität, Hass, Menschenjagd. Die Schüsse hört sie nicht im Gebrüll. Erst nachher die Gerüchte, die Ratlosigkeit. Mord. Als sie das Material in den Sender bringt, ist die Meldung schon bestätigt. Ein Student ist von einem Polizisten erschossen worden.

Da fängt eine neue Generation an zu denken. […]

Und als Renate am Gründonnerstag nicht nach Hause kommt – durchs Radio ist bekannt gegeben worden, dass auf den Studentenführer Rudi Dutschke geschossen worden ist und Demonstrationen zu erwarten sind –, weiß sie, dass Renate dabei sein wird, nicht aufgibt. Sie stellt sich den breiten Zug durch die

Straßen vor. Wenn geschossen wird? Die Bevölkerung wird seit Monaten gegen die Studenten aufgewiegelt. Weil die nicht lockerlassen, immer wieder auf den Napalmbombenkrieg in Vietnam hinweisen.

Wenn geschossen wird. Renate vielleicht mitten in der Demonstration, neben ihrem Freund!

Sie steht am Fenster, die Stirn gegen die Scheibe gepresst. Claudia drängt, in die Stadt zu fahren. Jörg sagt wieder: Haltet euch da raus! In den Straßen unten Hundebesitzer bei der abendlichen Runde, das Schattenspiel der Äste und Zweige auf den Autodächern. In den Fassaden die hellblauen Fernsehfenster. Gründonnerstag, vier freie Tage voraus. Im Restaurant an der Ecke wird laut gesungen, gegrölt. Warum gehen wir nicht, fragt Claudia. Ich kann doch morgen ausschlafen.

Vor wenigen Tagen ist Martin Luther King in den USA ermordet worden, Bilder in den Zeitungen, im Fernsehen, Erregung, die nachschwingt. Ein Mann, der den unblutigen Aufstand gepredigt hat.

Ja, gehen wir, aber zieh eine Jacke über. [...]

Im November steht eines Morgens Renate in der Küche, hat den Mantel an, zwei vollgestopfte Taschen und einen Koffer in der Hand und sagt: Ich geh jetzt. Sie legt den Wohnungsschlüssel auf den Küchentisch. Sucht mich nicht! Sie dreht sich um, kein Kuss, kein Händedruck, stellt im Dunkel des Korridors den Koffer ab, um die Wohnungstür zu öffnen, hebt den Koffer an, stellt ihn auf dem Treppenabsatz wieder ab, zieht die Tür zu. Ihre Schritte auf der Treppe. [...]

Nachts liegt sie wach, liegt Jörg wach. Sie können nicht sprechen. Manchmal eine Hand, die die andere Hand sucht.

Fragen nach der Freiheit, die Renate sucht. Wo ist sie? Mit wem lebt sie? Wovon lebt sie? Was will sie?

Fragen: Wann haben wir versagt? Wo haben wir versagt? Was hat sie von uns erwartet? Was haben wir von uns erwartet? Was haben wir getan? Gearbeitet, damit die Kinder eine schöne Kindheit haben.

Was können wir tun; was noch? Sich rechtfertigen vor wem? [...]

Weil Renate elend ausgesehen hat, ist es einfach, die Mitgebringe zusammenzupacken: Schokolade, Hartwurst, Hartkäse, Eier, Milchpulver, Kaffeepulver, Zitronen und frühe Kirschen, ein Paket Kuchen, Suppenfleisch. An einem Stand in der Potsdamer Straße hat sie Veilchen entdeckt und sich zwei Buschen in nasses Zeitungspapier einschlagen lassen. Früher mochte Renate Veilchen gern.

Sie geht die Pohlstraße entlang, zögernder mit jedem Schritt, um die Erwartung zu verlängern, um den ersten Satz einzuüben. Die Hände schwitzen, ganz ungewohnt, sie wechselt den Plastikbeutel in die linke Hand, hat Druckerschwärze an den Fingern vom nassen Zeitungspapier. [...]

Sie übt noch einmal den ersten Satz ein: Ich weiß ja, ihr habt alles, doch wenn man zu Besuch kommt, wenn ich zu Besuch komme, ist es eine alte Gewohnheit, etwas mitzubringen, nicht wahr? Ein gequälter Satz. Sie merkt, wie unsicher sie ist. Und dann geht sie über den Hof und die ausgetretene Treppe hinauf, die

Schimmel zerfressenen Ölpaneele gleichen fantastischen Landkarten, die Türen sind abgeschabt von Schlägen und Stößen und Schlüsselkratzern. Sie liest die Namensschilder neben jeder Tür, Pappschilder, Zettel, alte Messingschilder, die längst blind geworden sind. Renates Name steht unter mehreren anderen auf einer ausgerissenen Heftseite. Da die Klingel nicht anschlägt, klopft sie. Es dauert eine Weile, bis sie Schritte hört und aufgeschlossen wird. Ein fremdes Mädchen öffnet. Sie fragt nach Renate. Die wird bald kommen. Ob sie warten darf? Wer sind Sie denn? Der Hinweis auf eine Kiste, die mit Stoff überzogen ist. Wenn Sie sich setzen wollen!

Das Mädchen lässt sie allein. Sie hört Stimmen, sitzt auf der Kiste. Ihr ist elend. Sie würde sich gern waschen. Sie würde gern das Fenster aufklinken, dahinter ein Baum, hellgrüne Blätter. Lächerlicher Wunsch, aufzuräumen: die leeren Konservendosen, die als Aschenbecher dienen, die Zeitungsstapel, die geknäulten Decken auf den Feldbetten und Liegen, die herumstehenden Schuhe, Wäschebündel. Jemand kommt ins Zimmer, grüßt nicht, greift ein paar Zeitungen, geht. Geflickte Blue jeans, schief getretene Absätze, lange, lockige Haare, der Pullover hängt ausgeleiert über dem Hosenbund. Die hier wohnen, haben sicher alle ein Zuhause mit Bett oder Couch, mit Badezimmer, mit Teppichen, Stühlen, Tischen, haben Mütter, die für ihre Wäsche gesorgt haben, ihre Schuhe zum Besohlen gebracht haben. Dasitzen, warten, Fragen stellen, ohne Antworten zu wissen.

Als Renate vor ihr steht, zuckt sie zusammen, hat sie, barfuß, nicht kommen hören. Sie will ihr die Hand geben, aber Renate hat keine Hand bereit. Sie bückt sich, um die Veilchen aus dem Zeitungspapier zu wickeln. Ich hab da was, Veilchen, die magst du doch.

Lass die mal drin, sagt Renate.

Und hier ein bisschen was – für euch alle.

Wir brauchen keine Geschenke, sagt Renate.

Dasitzen. Die Plastiktüte wieder abstellen, die Veilchen nicht wieder einwickeln. Die eingeübten Sätze nicht sagen können. Hinter dem Fenster draußen der Baum. Hellgrüne Blätter.

Warum hast du mich eigentlich gesucht?, fragt Renate.

Nicht gesucht, Kind!, lügt sie. Sie strafft sich, will lächeln, werben. Verstehst du denn nicht, wir hatten Angst um dich. Statt zu antworten zieht Renate eine andere, stoffüberzogene Kiste heran und setzt sich. Von irgendwoher ist jetzt Musik zu hören, Radio oder eine Kassette. Geklapper von Töpfen.

Hier gibts gleich Mittag, sagt Renate. Du kannst ja mit uns essen.

Nicht wissen, wie reagieren. Kann sie annehmen, ohne Kameraderie einzugestehen?

Wovon lebst du denn?, fragt sie.

Ich trage Zeitungen aus, ein guter Job, weil da der Tag frei ist. Jutta geht abends mit Blumen in die Lokale am Ku-Damm. Petra ist Platzanweiserin im Schillertheater. Joe druckt Plakate. Phil fotografiert die Touristen auf dem Ku-Damm und im Zoo. Wirst sie gleich alle kennen lernen, wenn du zum Essen bleibst. Nur Joe kommt erst nach Feierabend.

Sie fragt nicht: Und was soll das alles? Ihr habt doch Eltern, die gespart haben, damit ihrs leichter habt, könnt studieren, kriegt Stipendien. Sie sagt nichts über die Freiheit, die sie sich genommen haben und die sie mit der Freiheit verwechseln, die sie suchen.

Sie nimmt die Veilchen aus dem Zeitungspapier, steht auf und greift einen Plastikbecher, der neben einem Bett auf dem Boden steht. Und Renate versteht das und zeigt ihr den Weg zum Klosett, wo ein winziges Handwaschbecken ist. Dort schließt sie sich ein, wäscht sich, wässert die Veilchen, hört Lachen in der Küche, Renates Stimme dazwischen, ruhig, begütigend. Sie kühlt ihr Gesicht, ehe sie mit den Veilchen im Plastikbecher zurück ins Zimmer geht, und weil sie allein ist, die Schokoladentafeln auf die Betten legt, unter den Decken versteckt. Und als der oder die mit dem ausgeleierten Pullover zum Essen in die Küche winkt, nimmt sie Hartwurst und Käse und Milchpulver und Kaffee und Zitronen und Kirschen und Kuchen und Suppenfleisch aus dem Plastikbeutel und breitet alles auf dem Küchentisch aus. Eine schmale Hand greift nach der Hartwurst, um Scheiben abzuschneiden. Das ist Jutta, stellt Renate vor. Und der die Nudeln austeilt, heißt Phil. Petra ist noch einmal aufgestanden und ins Zimmer gegangen und kommt mit den Veilchen zurück. Sie essen. Das Radio ist eingeschaltet. Nachrichten. Die Kirschen werden herumgereicht. Danke, sagt Petra, Kirschen, die sind teuer!

Nach dem Essen bringt jeder seinen Teller zum Abwaschbecken.

Renate und Jutta müssen in die Uni. Kommst du mit? Bis zum Wittenbergplatz ist es die gleiche Strecke.

Kommst du mit?

Als sie über den Besuch nachdenkt, ist es die Frage, die sie tröstet. Auch das gemeinsame Essen, Nudeln mit Ketchup. Als sie über den Besuch nachdenkt, fällt ihr ein, dass sie mit Renate kaum gesprochen hat. Keine Auskunft über das Studium, keine Erklärung über die Flucht im November.

Als sie über den Besuch nachdenkt, weiß sie, dass sie weniger als vorher über Renate sagen kann.

1. **Beschreibe** das Verhältnis sowie die Kommunikation zwischen Renate und ihrer Mutter.
Suche nach sprachlichen Besonderheiten zur Veranschaulichung der Situation (z. B. Dialogführung, Satzbau). **Beschreibung → S. 340**
2. **Berichte** schriftlich darüber, was Gabriele ihrem Mann Jörg und ihrer Tochter Claudia von ihrem Treffen mit Renate erzählt. **Bericht → S. 340**

Zwei Versuche, mit meinen Kindern zu reden   Peter Härtling

Peter Härtling, 1933 geboren, schreibt seit 1953 Gedichte, Romane und Erzählungen für Kinder und Erwachsene. Bekannte Kinderbücher: „Oma", „Ben liebt Anna", „Fränze".

I.
Ich wollte dir erzählen,
mein Sohn,
im Zorn
über deine scheinbare
5 Gleichgültigkeit,
über die eingeredete
Fremde
zwischen uns,
wollte ich dir erzählen,
10 zum Beispiel,
von meinem Krieg,
von meinem Hunger,
von meiner Armut,
wie ich geschunden wurde,
15 wie ich nicht weiterwusste,
wollte dir
deine Unkenntnis
vorwerfen,
deinen Frieden,
20 deine Sattheit,
deinen Wohlstand,
die auch
die meinen sind,
und während ich schon
25 redete,
dich mit Erinnerungen
prügelte,
begriff ich, dass
ich dir nichts beibrächte
30 als Hass und Angst,
Neid und Enge,
Feigheit und Mord.

Meine Erinnerung ist
nicht die deine.
35 Wie soll ich
dir das Unverständliche erklären?
So reden wir
über Dinge,
die wir kennen,
40 über die Tage, die uns
verbinden und
trennen.

Nur wünsche ich mir
insgeheim,
45 Sohn,
dass du,
Sohn,
deinem Sohn
deine Erinnerung
50 nicht verschweigen musst,
dass du
einfach sagen kannst:
Mach es so
wie ich,
55 versuche
zu kämpfen,
zu leben,
zu lieben
wie ich.

Die reden *Gert Heidenreich*

Von der Verwahrlosung der Jugend –
aber selber Bildzeitung lesen
jeden Morgen, das is
Kultur.

5 Von den kriminellen Rockerbanden –
aber selber im Auftrag internationaler
Konzerne Präsidenten umbringen, das is
Freiheit.

Von Jugendalkoholismus –
10 aber selber den Gewinn absahnen
von Bier und Schnaps, das is
Moral.

Von den Motorradraudies –
aber selber nix andres im Kopf
15 als Mercedes und Porsche, das is
Ehrlichkeit.

Vom Verlust der Umgangsformen –
aber selber die Prügelstrafe
als „Züchtigungsrecht" beibehalten, das is
20 Liebe.

Von der Gottlosigkeit der Jugend –
aber selber die Marie zum
Kurpfuscher schicken, das is
Glaube.

25 Von der Gleichgültigkeit der Jugendlichen –
aber selber dir alles vermasseln mit
einem Scheißbildungssystem, das is
Hoffnung.

Mann, geh mir doch weg
30 mit die Erwachsenen: So beknackt
kann unsereiner gar nicht sein
wie die sind.

1. **Charakterisiere** die Sprecher in den Gedichten von Härtling und Heidenreich. Achte dabei auch auf die jeweilige Ausdrucksweise.   Charakterisieren → S. 342
2. Gestalte eines der beiden Gedichte zu einem Dialog zwischen Vater (Mutter, Eltern) und Sohn (Tochter, Kinder) um.

Flower Power – Die Jugend der Welt sucht neue Wege
Godfrey Hodgson

Am 14. Januar 1967 strömten Tausende junger Menschen in den Golden Gate Park in San Francisco, um an einer Veranstaltung teilzunehmen, die die Stimmung ihrer Generation deutlich zum Ausdruck brachte: einem „Human Be-in". Ron Thelin half bei der Organisation dieses friedlichen Treffens. „Wir wussten nicht, wie viele Menschen kommen würden", erinnert er sich, „und als zehntausend Leute oder vielleicht sogar mehr zwischen den Bäumen auftauchten, war das atemberaubend, großartig – so viele Menschen, die dasselbe fühlten. Wir spürten, dass etwas in der Luft lag; eine neue Zeit, ein neues Feeling." [...] Auch in Europa, Australien, Kanada und Japan eroberten in den fünfziger und sechziger Jahren die jungen Leute neue Freiheiten für sich. Nicht allen sagte die „New-Age"-Mode zu, die sich damals im Golden Gate Park zur Schau stellte, doch fast alle nutzten ihre neue Freiheit, um die Autorität ihrer Eltern, die Standpunkte und Wertvorstellungen ihrer Gesellschaft und ihrer Politiker kritisch zu hinterfragen. Auf der Suche nach einer neuen, besseren Lebensweise wandte sich die Jugend von überkommenen Konventionen und traditionellen Denkweisen ab, um schließlich eine viel größere Rolle in der Gesellschaft zu spielen als je zuvor in der Geschichte.

Die jungen Leute fanden Gefallen an den ungebärdigen, zornigen Songs und den neuen Filmen; sie tanzten anders und kleideten sich anders. Ein neues Lebensgefühl begann sich zu artikulieren. Die Jugendlichen begannen, die etablierten Verhaltensmuster in Frage zu stellen: die ersten Anzeichen der Rebellion. Das Anderssein zeigte sich zunächst in der Kleidung: Die englischen „Teddy Boys" zum Beispiel trugen enge Hosen und lange, maßgeschneiderte Jacketts, und auch anderswo gab es ähnliche Gruppen: in Frankreich die „Blousons Noirs", in Deutschland die „Halbstarken" (ein von den Erwachsenen geprägter Name), in Japan die „Taiyozoku", in Schweden die „Skinnuttar" und in der Sowjetunion die „Stiljagi". Und in den USA versetzte Mitte der sechziger Jahre eine ledergewandete Motorradgang brave Bürger durch ihr martialisches Auftreten und wüstes Verhalten in Angst und Schrecken: die „Hell's Angels". 1960 war über die Hälfte der US-amerikanischen Bevölkerung unter achtzehn Jahre alt, und immer mehr Jugendliche fanden die Welt, in der sie sich zurechtfinden sollten, absolut nicht lebenswert. [...]

Konflikt zwischen den Generationen

Mit dem Wohlstand, der Ende der fünfziger Jahre auch in Westeuropa Einzug hielt, kamen ähnliche soziale Errungenschaften und Konsummöglichkeiten wie in den USA. In Frankreich, Italien, Westdeutschland und anderswo war die Geburtenzahl nach dem Krieg ebenfalls stark angestiegen, und die Teenager wuchsen nun in einer Zeit des rapiden Wandels auf. Mit wachsendem Familieneinkommen mussten die Kinder nicht mehr so bald wie möglich die Schule verlassen, um mitzuverdienen, und für die Schulabgänger gab es Arbeit in Hülle und Fülle.

Mit fünfzehn schloss sich David Sackett aus London einer modebewussten Gruppe an, die sich selbst „Mods" nannte. Einer der Freunde besaß einen Motorroller. „Damit waren wir unabhängig", erzählt er, „wir konnten überall hinkommen, wohin wir wollten." 1960 wurde die allgemeine Wehrpflicht in Großbritannien aufgehoben; damit war auch diese Möglichkeit verschwunden, die Jugend im Sinn traditioneller Werte zu indoktrinieren. „Sie hätten es sicher nicht mehr geschafft, eine halbe Million Jungen nach Frankreich zu schicken, um auf andere junge Leute zu schießen", sagt Rogan Taylor. „Wir hatten lausige Zeiten hinter uns, und nun war es endlich an der Zeit, dass wir auch einmal unseren Spaß hatten." In seine Heimatstadt Liverpool brachten Seeleute Musik aus den Vereinigten Staaten mit, und es gab eine höchst lebendige Jugendmusikszene mit Hunderten Bands, die in Clubs und Tanzsälen spielten.

Eine der Gruppen, die im Club „The Cavern" auftrat, nannte sich zunächst „The Quarryrmen", später „The Beatles" und war bald sehr gefragt. Ab 1963 feierten sie einen Riesenerfolg nach dem anderen. „Ihre Musik war anders, als wir es gewohnt waren", erinnert sich David Sackett, „das war etwas Neues, diese Art Musik gefiel uns. Wir konnten die nächste Single oder das nächste Album kaum erwarten." Teenager begannen, sich wie die Beatles zu kleiden, und kopierten auch ihre Pilzfrisur. „Als sie ihr Haar wachsen ließen", erinnert sich David Sackett, „hatten bald auch alle anderen lange Haare, das gehörte einfach dazu." Überall, wo die „Beatles" auftraten, wurden sie enthusiastisch gefeiert. 1964 wurde eine ihrer Singles in den USA innerhalb weniger Wochen eineinhalb Millionen Mal verkauft. Auf der zweiten Tour durch die USA gaben die Beatles in vierundzwanzig Tagen zweiunddreißig Konzerte in vierundzwanzig Städten, und wo sie hinkamen, wurde die Szene zum Hexenkessel. Einer ganzen Generation gaben sie den Mut, sich gegen Konventionen aufzulehnen und sich vom Milieu ihrer Eltern abzugrenzen.

1. Beschreibt Lebensgefühl und Ziele der Protestbewegung der späten 1960er Jahre.
2. Sucht weiteres Material über die verschiedenen im Text genannten, sich zum Teil stark widersprechenden Gruppen der Zeit und plant eine kleine Ausstellung mit Informationsplakaten.

Hair – Haare *Gerome Ragni / James Rado*

Mit ihrem Musical „Hair" wollten die Autoren den Protest der „Blumenkinder" gegen Brutalität, Entmenschlichung und Intoleranz artikulieren. Die Uraufführung fand 1967 in New York statt, die deutsche Erstaufführung 1968 in München.

Hair – Haar

She asks me why,
I'm just a hairy guy.
I'm hairy noon and night,
Hair that's fright …

5 Wenn ich das wüsst,
warum mein Haar so ist!
Es wächst so dicht, so schnell,
fast kriminell,
mein Haar wächst pausenlos.
10 Frag nicht, warum denn bloß …
Es schießt und sprießt und wächst
eben wie verhext,
Darling!
Ich liebe sehr sogar
15 mein langes Haar.
Es darf nicht nur in den Kragen ragen,
alles schöne Haar war schulterlang
und länger!
Klar, Mom, nicht wahr, Daddy?
20 Wunderbar ist so langes Haar,
Haar, Haar, Haar, Haar, Haar, Haar!
Lasst es leben,
Gott hat's mir gegeben,
mein Haar!
25 Lass es spielen im Wind.
Lass drin wühlen ein Kind.
Mach daraus für die Laus ein Zuhaus!
Bau im Haargeäst – Yeah!
dem Star ein Nest – Yeah!
30 Wie wunderbar, wie sonderbar,
eine Welt allein für mich,
das ist mein Haar.
Haar, Haar, Haar, Haar, Haar, Haar!
Lasst es leben!
35 Gott hat's mir gegeben,
mein Haar!
Ich will es lang und liegend, fliegend,
bürsten-borstig, rabenhorstig,
ruppig, schuppig, stuppig, zopfig,
40 eisenherzig, bubikopfig
oder voll Konfetti!
Kämmungslos verludert,
hemmungslos geölt, gepudert,
löwenmähnig, strähnig,
45 wie Spagetti!
Siehst du noch mein Gesicht?
Na, ich hoffe doch wohl nicht!
Dann wär mein Haar
leider doch immer noch,
50 leider doch immer noch
nicht lang genug!
Bald sind Haare wieder Mode,
und ich schöpf die wahre Mode,
die Toga nur aus langem, prächtigen Haar.
55 Ging vor rund zweitausend Jahren
Jesus nicht mit langen Haaren,
und Maria liebte ihren Sohn!
Nur meine Mutter hasst mich.
Haar, Haar, Haar, Haar, Haar, Haar.
60 Lasst es leben!
Gott hat's mir gegeben,
mein
Haaaaaar

Symbol → S.341

1. Tauscht eure ersten Eindrücke über den Titelsong aus dem Musical „Hair" aus.
2. Welches **Symbol** würdest du wählen, um euer Lebensgefühl gegenüber dem der Erwachsenen darzustellen?

Easy Rider

Zwei Motorrad-Freaks, Billy und Wyatt, durchqueren nach einem gelungenen Deal in Los Angeles den Kontinent in Richtung Süden. Sie haben ein Bündel Dollar im Tank und wollen zum „Mardi Gras" nach New Orleans. Unterwegs sehen sie sich an, was vom amerikanischen Traum übrig geblieben ist, von dem die Väter schwärmten. Sie passieren die Zonen des freien Amerika ebenso wie die Provinzen mit ihren bigotten Bewohnern. Nachdem schon ein Zufallsreisegefährte, der alkoholisierte Bürgerrechtsanwalt George, von faschistoiden Bürgern erschlagen worden ist, werden sie in Louisiana auf der Landstraße von einem Obstbauern völlig grundlos abgeknallt.

Die Fahrt von Los Angeles nach New Orleans ist eine Fahrt in Gegenrichtung zur alten Pionierstraße Richtung Westen. Peter Fonda als Wyatt, Dennis Hopper als Billy und Jack Nicholson als Hanson wissen hier noch nicht, dass der Traum vom legendären Land der Freiheit ausgeträumt ist.

Musik als die andere Sprache der Verständigung hatte die Woodstock-Generation schon für sich entdeckt. Easy Rider wurde ihr Kultfilm. Es war der erste Film, der ohne Vorbehalt mit der langhaarigen, zivilisationsmüden Jugend von 1968 gemeinsame Sache machte. Sich in ihrer eigenen Sprache und Musik ausdrückte. Ein Kultfilm der Leute bis Dreißig, die auch die Freiheit mit Musik, Motorrad und Marihuana suchten und die psychedelische Alternative zur alten Gesellschaft lebten. Als die Hippie-Generation fort, das Drogenzeitalter auf eine Episode geschrumpft und die unpolitische Blumenkinder-Utopie desillusioniert waren, wurde Easy Rider zum archäologischen Kulturfilm, der die Überreste der Hippie-Überlieferung bewahrt.

1. Bestimmte Personen oder Gruppen werden auch heute für manche Jugendliche zu „Kultfiguren". Erklärt außergewöhnliche Reaktionen (Hysterie, Ohnmacht ...) bei großen öffentlichen Auftritten.

*Text in alter Rechtschreibung

Botho Strauß, 1944 geboren, war zunächst als Kritiker und Redakteur bei der Zeitschrift „Theater heute" tätig, bevor er selbst Autor zahlreicher Bühnenstücke sowie Prosatexte wurde.

Mädchen mit Zierkamm*   *Botho Strauß*

Es ist Mittag, und sie sonnt sich in der kleinen Anlage vor der U-Bahnstation. Sie bückt sich nach einem Teil, einem Haarschmuck, etwas, das verloren neben der Bank am Boden liegt.

Sie selbst trägt ein stakig kurzes Punkhaar, steife Strähnen, wie in einer Alb-Nacht gezaust und zu Berge stehengeblieben. Vanilleton mit schneeweißen Streifen. Dazu ein violetter Pulli mit schlappem Schalkragen, ein sehr knapper Lederrock, schwarze Strumpfhose, schwarze abgelaufene Stiefeletten, auch die Augen in schwarz ausgemalten Höhlen. Sehr kleines Gesicht, dünne, mondbleiche Haut, so daß an der Schläfe die Ader blau hervorschimmert. Zierliche, glatte Nase, bleigrün gestrichene Lippen, ein etwas zu breiter Mund, abfallendes Kinn.

Was also anfangen mit der kleinen Schildpattharke? Sie betrachtet sie, sie wendet sie, kratzt mit dem Daumennagel im Lack. Echt oder nicht? Sie lehnt sich zurück, nimmt das hübsche Fundstück zwischen die spuchtigen Finger, spielt damit, als riefe es irgend eine Erinnerung herauf, an eine Freundin, eine Schwester vielleicht oder auch an die eigene Frisur, wie sie vor Jahren war ... Dann werden die Ellbogen hochgezogen und auf die Banklehne gestützt, die Beine überkreuz, der rechte Fuß wippt angeregt. Die lasch herabhängende Hand schaukelt das Ding, zwischen Zeige- und Ringfinger geklemmt, immer noch schielt sie hin mit leicht geneigtem Kopf, hält es anhänglich im Blick. Ein denkwürdiges, ein willkommenes Ding, eine kleine Freude offenbar.

Das Ding ist keine Spange. Wie heißt es? Haarklemme. Wie sagt man genauer. Die einfachsten Dinger, die man immer vergißt, verliert.

Das Mädchen ist bisher schlecht und recht mit den Menschen ausgekommen. Ihrer Meinung nach haben sie alle zuviel von ihr verlangt. Sie hat sich immer in der Lage befunden, irgend jemand anblaffen zu müssen. Sie hat ein loses Mundwerk, sagte man früher. Aber das ist es nicht. Ihr Mund hat sich zu einer kleinen schnellfeuernden Schallwaffe entwickelt. Sie läßt sich nichts gefallen, aber ihr gefällt auch von vornherein nie etwas. Alle wollen irgendwas von ihr, das sie absolut nicht will. Weil einfach nichts von ihr gewollt werden soll. Was sie aber will, versteht sowieso keiner.

Meistens ist sie allein am Vormittag. Aber irgendwer findet sich im Lauf des Tages, in der Spielhalle, im Café oder in den Anlagen. Irgendwer, bei dem sie dann haltlos zu quasseln beginnt. Wie eine verrückte Alte. ‚Ansichtssache', ihr Ticwort; es schiebt sich wie das Leerklicken im Magazin zwischen die Salven gepfefferter Ansichten. Sie besitzt jede Menge Munition von diesem aufsässigen Unsinn. Zuerst muß sie sich Luft verschaffen und mit dem Mund wild in der Gegend herumballern. Aber damit ist es noch nicht vorbei. Jetzt zieht sie scharf und beginnt das gezielte Anblaffen. Die Flappe, der vorgestreckte Hals, die ausgefahrenen Lippen richten sich auf einen zufällig querstehenden Mitmenschen. So überhaupt nur, im Angriff, nimmt sie ihn wahr. Irgend etwas wird er schon gesagt haben, irgend etwas Mißverständliches, das sie in Wut versetzt. Und wenn nicht, der Wechsel von Ballern zu scharfem Schnauzen vollzieht sich von selbst, braucht keinen äußeren Anlaß.

‚Unheimlich aggressiv' nennt sich das. Tatsächlich kann man wenig dagegen tun. Man beruhigt sie mit nichts, man kann nicht auf sie einreden. Das beste ist, man sucht schnell das Weite. Dann tut sie nichts, sie springt einem nicht in den Rücken. Wenn man außer Sicht ist, beruhigt sie sich. Früher schwer, jetzt zu gar nichts mehr erziehbar. Weiß alles, weiß auch, warum. Wer kümmert sich außerdem um eine Zwanzigjährige, die ihre beste Zeit hinter sich hat, herumhängt und mit niemandem zurechtkommt?

Vor vier, fünf Jahren, da waren noch eine Menge Leute wie sie. Oder sahen wenigstens so aus. Auf der Straße war noch viel los, und die Menschen waren überhaupt viel ansprechbarer. Aber es stellte sich heraus, das war auch bloß Getue, nur Modezirkus. Von denen ist keiner übriggeblieben. Kaum einer.

Schildpattkamm, Ansichtssache.

Es gäbe die Möglichkeit, wirklich die Frisur zu wechseln. Die Haare wachsen lassen, einfach ein anderer Typ sein. Sie beugt sich vor, hebt die Hand, sieht sich das Stück von nahem an. Schildkrötenpanzer.

Braungelb geflecktes Horn. Drecksding. Schildkrötenmörder. Sie stellt sich vor: wenn die Schildkröten hierzulande heilige Tiere wären wie die Kühe in Indien … Eine Schildkröte sein in ihrem uralten Panzer und ganz langsam die Fahrbahn überqueren, bis der sinnlose Verkehr zusammenbricht.

Sie stellt sich vor: ihre Mutter hätte so ein Ding im Haar getragen. Warum eigentlich nicht? Schön war sie ja. Es fällt ihr dauernd aus der Frisur, wenn sie im Kiosk bedient, und ich muß es dann aufheben. „Tritt nicht drauf!" brüllt sie. Hej, es gibt auch welche aus Plastik, die sind bedeutend billiger, du!

Das Mädchen blinzelt durch die Kammzähne in die Sonne. Es träumt nicht. Es weiß Bescheid. Die Lage kann sich stündlich verbessern. Es hängt immer alles von irgendeinem entscheidenden Knackpunkt ab. Die Welt an sich macht alles mit. Es kommt bloß darauf an, wie du dich selber fühlst. An sich: jede Menge Erleichterungen. Man kann sich nicht beklagen.

Die Möglichkeiten sind immer ihr Schönstes gewesen. Sobald jemand da ist, gibt's keine Möglichkeiten mehr. Gibt's meistens Krach.

Menschenfreundlichkeit hängt stark vom Wetter ab. Ob man draußen allein auf einer Bank sitzen kann und von allen in Ruhe gelassen wird – dann sind die Leute Möglichkeiten, mit denen man umgehen kann. Der Mund hängt halbgeöffnet, schußbereit. Herumreden ist genauso schädlich wie Rauschgift, Suff und Tabletten. Aber eben: man kann's nur schwer lassen. Schöne Haare, große Mähne. Da braucht man nicht mehr viel sagen, das wirkt von selbst. Die Leute halten Abstand. Obwohl es wahrscheinlich zu mir nicht besonders passen würde. Da muß man schon den ganzen Typ verändern.

Reden ist Suff.

Hübsche Knie. Hübsche Ohren. Was noch? Vielleicht ganz hübsches Oberteil. Jedenfalls müßten die Ohren freibleiben. Man kann sich ja auch mit dem Ding die Haare bloß an der Seite hochstecken. Aber ich habe ein viel zu kleines Gesicht für lange Haare.

Früher ja. Aber im Sommer ist es die Hölle.

Das Mädchen nimmt, was es zuerst eine Haarklemme, dann einen Steckkamm genannt hat, zwischen die Ballen der rechten und der linken Hand. Sie spreizt die Ellbogen und drückt zu. Das Horn zerbricht, sie läßt die beiden Teile zwischen ihren Beinen zu Boden fallen. Sie lehnt sich zurück, steckt den Mittelfinger in die Nase, kramt, lutscht die Kuppe ab, reibt den Finger kreuzweis auf der Strumpfhose über dem Knie, blickt sich um.

Was kommt jetzt? Dies wäre der geeignete Moment für etwas Neues.

Alles nur kurz. Und das immer wieder. Immer dasselbe, aber nur kurz.

Es wird Frühjahr. Die ersten warmen Tage. Die Leute fangen an, sich draußen auf die Bänke zu pflanzen.

Die Schmunzelkontakte breiten sich aus. Höchste Zeit, sich anderswo umzusehen. Das Mädchen zieht den Saum seines Minirocks vor – weit entfernt, damit die Knie zu bedecken. Uralter, zweckloser Anstandsreflex. Man sieht ohnehin der Strumpfhose bis in den Zwickel. Das Mädchen steht auf. Es schlurft in den knautschigen Stiefeletten über den gepflasterten Anlagenweg. Dürre, nach innen verdrehte Beine. Kein Tag ohne Erleichterungen.

Charakteristik → S. 340

1. Erstelle eine **Charakteristik** des Mädchens.
   Wie sieht sie sich, wie die anderen?
2. Beschreibt das Lebensgefühl der Protagonistin.

Verboten *Thomas Brussig*

Als Micha begann, sein Leben auf die Straße auszudehnen, weil er es in der engen Wohnung nicht mehr aushielt, traf er genügend andere, denen es im Grunde so ging wie ihm. Und weil fast überall am kürzeren Ende der Sonnenallee fast dasselbe passierte, fühlte sich Micha als Teil eines Potenzials. Wenn seine Freunde meinten „Wir sind eine Clique", sagte Micha „Wir sind ein Potenzial". Was er damit meinte, wusste er selbst nicht genau, aber er fühlte, dass es was zu bedeuten hatte, wenn alle aus der gleichen Q3a-Enge kamen, sich jeden Tag trafen, in den gleichen Klamotten zeigten, dieselbe Musik hörten, dieselbe Sehnsucht spürten und sich mit jedem Tag deutlicher erstarken fühlten – um, wenn sie endlich erwachsen sind, alles, alles anders zu machen. Micha hielt es sogar für ein hoffnungsvolles Zeichen, dass alle dasselbe Mädchen liebten.

Sie trafen sich immer auf einem verwaisten Spielplatz – die Kinder, die auf diesem Spielplatz spielen sollten, waren sie selbst gewesen, aber nach ihnen kamen keine Kinder mehr. Weil kein Fünfzehnjähriger der Welt sagen kann, dass er auf den Spielplatz geht, nannten sie es „am Platz rumhängen", was viel subversiver klang. Dann hörten sie Musik, am liebsten das, was verboten war. Meistens war es Micha, der neue Songs mitbrachte – kaum hatte er sie im SFBeat aufgenommen, spielte er sie am Platz. Allerdings waren sie da noch zu neu, um schon verboten zu sein. Ein Song wurde ungeheuer aufgewertet, wenn es hieß, dass er verboten war. Hiroshima war verboten, ebenso wie *Je t'aime* oder die Rolling Stones, die von vorne bis hinten verboten waren. Am verbotensten von allem war *Moscow, Moscow* von „Wonderland". Keiner wusste, wer die Songs verbietet, und erst recht nicht, aus welchem Grund.

Moscow, Moscow wurde immer in einer Art autistischer Blues-Ekstase gehört – also in wiegenden Bewegungen und mit zusammengekniffenen Augen die Zähne in die Unterlippe gekrallt. Es ging darum, das ultimative Bluesfeeling zu ergründen und auch nicht zu verbergen, wie weit man es darin schon gebracht hatte. Außer der Musik und den eigenen Bewegungen gab es nichts, und so bemerkten die vom Platz es erst viel zu spät, dass der ABV* plötzlich neben ihnen stand, und zwar in dem Moment, als Michas Freund Mario inbrünstig ausrief „O Mann, ist das verboten! Total verboten!" und der ABV den Recorder ausschaltete, um triumphierend zu fragen: „Was ist verboten?"

Mario tat ganz unschuldig. „Verboten? Wieso verboten? Hat hier jemand verboten gesagt?" Er merkte schnell, dass er damit nicht durchkommen würde.

„Ach, *verboten* meinen Sie", sagte Micha erleichtert. „Das ist doch Jugendsprache."

„Der Ausdruck *verboten* findet in der Jugendsprache Anwendung, wenn die noch nicht volljährigen Sprecher ihrer Begeisterung Ausdruck verleihen wollen", sagte Brille, der schon so viel gelesen hatte, dass er sich nicht nur die Augen verdorben hatte, sondern auch mühelos arrogant lange Sätze sprechen konnte. „*Verboten* ist demnach ein Wort, das Zustimmung ausdrückt."

„So wie *dufte* oder *prima*", meinte Wuschel, der so genannt wurde, weil er aussah wie Jimi Hendrix.

„Sehr beliebt in der Jugendsprache sind auch die Ausdrücke *urst* oder *fetzig*", sagte Brille.

„Die aber auch nur dasselbe meinen wie *stark, geil, irre* eben – *verboten*", erklärte der Dicke. Alle nickten eifrig und warteten ab, was der ABV dazu sagen würde.

„Jungs, ihr wollt mich wohl für dumm verkaufen", sagte er.

*ABV: Abschnittsbevollmächtigter

---

1. Beschreibt das Lebensgefühl der Jugend in der späten DDR. Wogegen richtet sich ihr Protest? Welche Rolle spielt dabei die Sprache?

Trendsetter

Faserland *Christan Kracht*

Christian Kracht, 1966 in der Schweiz geboren, ist Journalist und Schriftsteller, 1995 feierte er sein Romandebüt mit „Faserland".

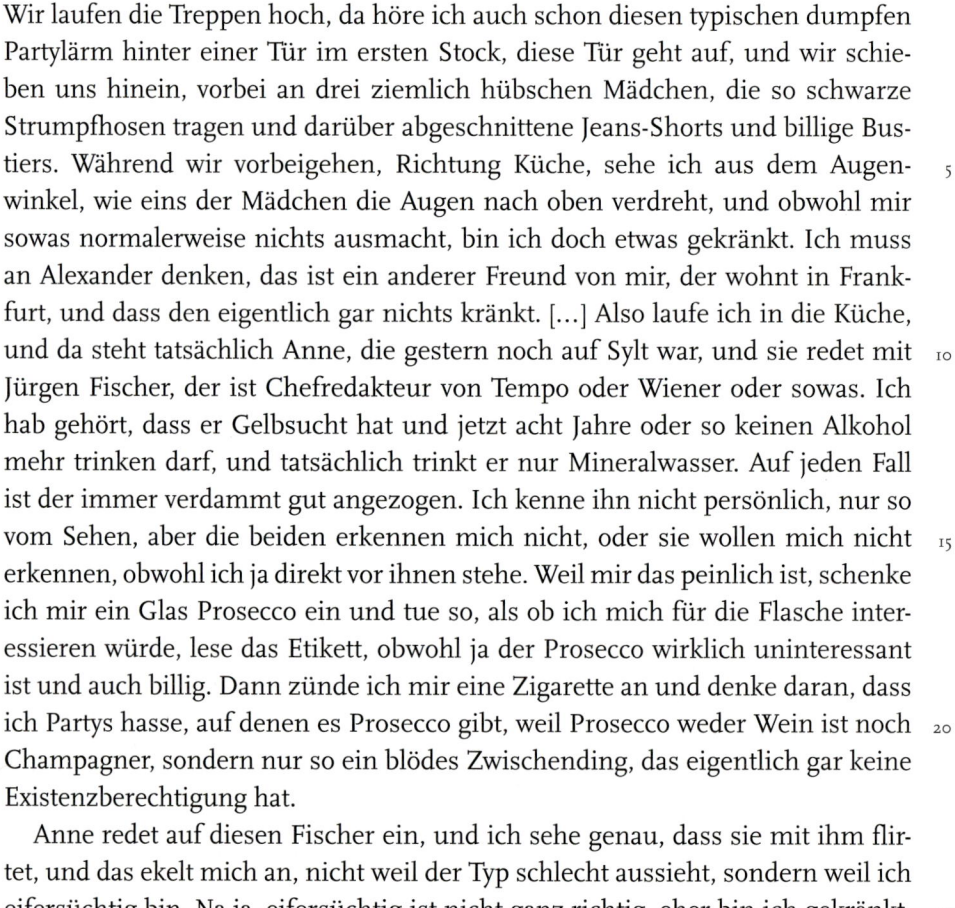

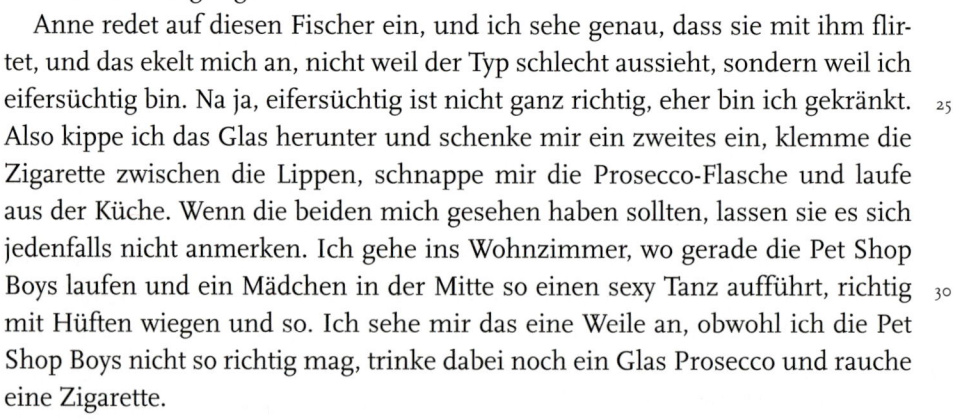

Wir laufen die Treppen hoch, da höre ich auch schon diesen typischen dumpfen Partylärm hinter einer Tür im ersten Stock, diese Tür geht auf, und wir schieben uns hinein, vorbei an drei ziemlich hübschen Mädchen, die so schwarze Strumpfhosen tragen und darüber abgeschnittene Jeans-Shorts und billige Bustiers. Während wir vorbeigehen, Richtung Küche, sehe ich aus dem Augenwinkel, wie eins der Mädchen die Augen nach oben verdreht, und obwohl mir sowas normalerweise nichts ausmacht, bin ich doch etwas gekränkt. Ich muss an Alexander denken, das ist ein anderer Freund von mir, der wohnt in Frankfurt, und dass den eigentlich gar nichts kränkt. [...] Also laufe ich in die Küche, und da steht tatsächlich Anne, die gestern noch auf Sylt war, und sie redet mit Jürgen Fischer, der ist Chefredakteur von Tempo oder Wiener oder sowas. Ich hab gehört, dass er Gelbsucht hat und jetzt acht Jahre oder so keinen Alkohol mehr trinken darf, und tatsächlich trinkt er nur Mineralwasser. Auf jeden Fall ist der immer verdammt gut angezogen. Ich kenne ihn nicht persönlich, nur so vom Sehen, aber die beiden erkennen mich nicht, oder sie wollen mich nicht erkennen, obwohl ich ja direkt vor ihnen stehe. Weil mir das peinlich ist, schenke ich mir ein Glas Prosecco ein und tue so, als ob ich mich für die Flasche interessieren würde, lese das Etikett, obwohl ja der Prosecco wirklich uninteressant ist und auch billig. Dann zünde ich mir eine Zigarette an und denke daran, dass ich Partys hasse, auf denen es Prosecco gibt, weil Prosecco weder Wein ist noch Champagner, sondern nur so ein blödes Zwischending, das eigentlich gar keine Existenzberechtigung hat.

Anne redet auf diesen Fischer ein, und ich sehe genau, dass sie mit ihm flirtet, und das ekelt mich an, nicht weil der Typ schlecht aussieht, sondern weil ich eifersüchtig bin. Na ja, eifersüchtig ist nicht ganz richtig, eher bin ich gekränkt. Also kippe ich das Glas herunter und schenke mir ein zweites ein, klemme die Zigarette zwischen die Lippen, schnappe mir die Prosecco-Flasche und laufe aus der Küche. Wenn die beiden mich gesehen haben sollten, lassen sie es sich jedenfalls nicht anmerken. Ich gehe ins Wohnzimmer, wo gerade die Pet Shop Boys laufen und ein Mädchen in der Mitte so einen sexy Tanz aufführt, richtig mit Hüften wiegen und so. Ich sehe mir das eine Weile an, obwohl ich die Pet Shop Boys nicht so richtig mag, trinke dabei noch ein Glas Prosecco und rauche eine Zigarette.

In der Ecke auf einem Stuhl sitzt ein schwarzes Model. Sie raucht auch eine Zigarette und verdreht immer die Augen, sodass nur das Weiße zu sehen ist, also nicht aus Genervtheit, sondern permanent. Außerdem klappert sie mit den Zähnen, und das sieht ziemlich seltsam aus. Plötzlich dämmert es mir, dass auf dieser Party ziemlich viele Leute ganz offenbar höllisch breit sind. Die Frau mit dem sexy Tanz, die sich immer noch hin und her wiegt, die ist auch breit, und ich frage mich, ob die das gar nicht merkt, dass sie so seltsam versunken und wunderschön tanzt, und woher das wohl kommt, ob diese Art sich zu bewegen, schon in ihr drinnen ist oder ob das durch Drogen kommt.

Das schwarze Model steht jetzt auf und segelt durch den Raum, und ich beschließe, ihr mal nachzugehen, weil ich selten, na ja, eigentlich noch nie auf so einer Party war und weil mich das schon irgendwie interessiert, was das Model jetzt machen wird. Na ja, sie geht in den Flur und bewegt dabei die Arme so komisch, und ich laufe ihr hinterher, und tatsächlich geht sie auf Nigel zu, der jetzt mit so einem Ziegenbart-Acid-Jazz-Hörer redet, der eine Baseballkappe von Stüssy verkehrt herum aufhat, und der gibt Nigel so ein durchsichtiges Tütchen in die Hand, und da drinnen sind Pillen.

Das Model fasst beide, Nigel und den Ziegenbart, um die Schultern, die kann das, weil sie ja viel größer ist als die beiden, sonst wäre sie ja auch kein Model, jedenfalls streichelt sie denen so über den Rücken, allen beiden gleichzeitig. Nigel nimmt eine Pille aus dem Tütchen und legt sie ihr in den Mund, und der blöde Ziegenbart, der übrigens ziemlich hässlich ist, fängt an zu kichern, so ein tuntiges, völlig unkontrolliertes Kichern, das wahnsinnig unecht klingt.

Die drei halten sich im Arm, und da sieht Nigel mich und winkt mir zu, und ich gehe hin. Nigel nimmt meine Hand. Das kommt mir irgendwie komisch vor, so als ob er dazu kein Recht hätte, außerdem ist seine Handfläche völlig nass. Ich trinke schnell ein Glas Prosecco aus, in einem Zug, da fängt das Model an, mir über den Nacken zu streicheln und sagt so Sachen wie: Oh, this boy is sooo cute, und: Oh, feel how soft his hair is. Mir ist das irgendwie sehr unangenehm, weil mir das Model jetzt, wie sie das sagt, durch die Haare fährt, und ich meine, sie sieht schon verdammt gut aus, ich meine richtig 1A, aber das Ganze ist so unwirklich und irgendwie auch nicht echt und deswegen peinlich, weil einerseits macht mir das Spaß, wie sie mir durch die Haare fährt, und andererseits ist das nur wie gespielt. Ich weiß nicht, ob ich das richtig erklärt habe.

Trotzdem, langsam werde ich richtig betrunken, und als Nigel aus seinem Tütchen eine Pille nimmt und sie mir in die Hand drückt, denke ich: Na ja, ich kann das ja mal versuchen. Ich weiß auch nicht, warum ich das mache, denn im Grunde finde ich Drogen absolut widerlich, aber ich stecke mir das Ding in den Mund, sieht ja auch aus wie eine Spalt-Tablette, und spüle es mit einem großen Schluck Prosecco aus der Flasche runter, obwohl das sonst so gar nicht meine Art ist, aus der Flasche zu trinken.

1. Beschreibt die einzelnen Typen und wie der Erzähler sie sieht.
Was ist das Gemeinsame der Partygäste?

Inszenierte Blasiertheit – Körpercode Coolness
Malte Friedrich

Wärme und Kälte

Der Begriff „cool" soll die besondere Qualität einer Person, Situation oder Sache hervorheben. Auch wird jemand als cool bezeichnet, wenn er oder sie im richtigen Moment das Richtige zu tun weiß, sich durch Kleidung oder Verhalten hervortut. Oft kommt hinzu, dass eine coole Person sich gegen gängige Werte, Geschmack und Überzeugung zu wenden scheint und ihr „eigenes Ding" macht: Cool kann die sein, die feinste Designerkleidung trägt oder ganz bewusst ihre Garderobe nur noch bei der Second-Hand-Kette Humana kauft (wie gerade in Berlin zu beobachten); ein Minderjähriger, dem der Zugang zu einem Nachtklub gelingt; ein Bettler, der Armut als Lebenskunst glaubwürdig in Szene setzt.

Ulf Poschardt hat in seinem Buch „Cool" (2001) die These vertreten, dass Cool-Sein eine Gegenstrategie zur zunehmenden Rationalisierung sei. Gegen die Abkühlung und Reduzierung menschlicher Kontakte sei Coolness ein Schutzmantel „emotionaler Dissidenz". In einem Klima sozialer Kälte zieht man sich nicht warm an, sondern hält mit der Inszenierung von Kälte dagegen. Wer cool ist, versucht immer zweierlei zu verbinden: zum einen sich gegenüber äußeren Einflüssen abzuschotten, zum anderen dieses ostentativ zu demonstrieren durch Kleidung, Körperhaltung und Verhalten.

Distanz und Nähe

Coolness ist Blasiertheit als Stil. Der Körper ist das wichtigste Inszenierungselement, über den diese Stilisierung markiert werden kann, denn Cool-Sein ist ein inszenierter Körpercode. Wer cool ist, der darf nicht den Eindruck erwecken, er würde sich dafür besonders anstrengen. Lässig und einfach muss es wirken und gleichzeitig distanziert zu den Reaktionen des Umfelds. Zentral ist dafür eine spärlich eingesetzte, zurückhaltende Körpersprache. Gefordert ist, sich möglichst wenig zu bewegen und wenn notwendig, dann langsam und entspannt.

Jemand, der cool wirken will, muss die unnahbare Fassade konstant aufrechterhalten. Ein bisschen cool oder kurzzeitig cool gibt's nicht. Unabhängig von dem, was geschieht, immer gleichmäßig und desinteressiert, besser noch abwesend wirken und dies mit einer eingefrorenen Gestik, Mimik und Körperhaltung ausdrücken, lautet die Maxime. Das Insignium des Coolen ist die Sonnenbrille: abweisend und undurchsichtig. Sie symbolisiert die Distanz der Person zu ihrer Umwelt, sie verdeckt den Blick und schützt ihren Träger vor der Deutung seines Gefühlszustandes.

Die Darstellung von Coolness wird sozial nur dann wirksam, wenn sie als Leistung einer Person anerkannt wird. Es genügt nicht, sich vom alltäglichen Leben fern zu halten oder desinteressiert zu sein: Ein Mensch, der z. B. seine Wohnung nicht mehr verlässt und die Kontakte zu seiner Umwelt abbricht, gilt nicht als cool. Und zugesprochen wird es einem dann, wenn man glaubhaft vorführt, dass einen nur die eigene Inszenierung interessiert und sonst nichts.

Um als „cool" gelten zu können, bedarf es immer auch der Nähe zu den Geschmacksvorstellungen und Werturteilen einer sozialen Gruppe, denen die coole Haltung dargeboten wird. Aus diesem Grund ist für die Inszenierung von Coolness die Kleidung besonders wichtig, denn mit ihr kann gleichzeitig Gruppenzugehörigkeit und hohe Individualität ausgedrückt werden. Nicht zuletzt ist „cool" als Bezeichnung so erfolgreich, weil auch diejenigen, die das Attribut vergeben, davon profitieren. Wer weiß, was cool ist, kann auch darauf hoffen, selber so zu gelten.

Gleichgültigkeit und Desinteresse

Die coole Inszenierungspraxis ist ambivalent. Zum einen führt die stilisierte Abwehrstrategie zur verstärkten Gleichgültigkeit gegenüber der Umwelt und zum Aufbau eines Panzers: Wer sich cool gibt, verhält sich indifferent gegenüber den meisten Personen und Geschehnissen. Andererseits ist cool nicht zu verwechseln mit Apathie, denn die inszenierte Gleichgültigkeit bedarf oft hoher Aufmerksamkeit für das, was einen nicht berühren darf. […] Coolness wird auch medial transportiert. Vor allem Filmschauspieler und Popstars dienen heute als Prototypen cooler Helden. Eine coole Haltung des meist männlichen Hauptdarstellers gehört zum Standard-Rollen-Repertoire des aktuellen Hollywood-Films. Doch coole Stars zu imitieren oder gar zu versuchen, sich wie sie zu verhalten, ist uncool. Denn cool kann nur derjenige sein, der sich Vorgaben widersetzt oder zumindest so tun kann, als ob. Eine coole Inszenierung muss individuell wirken und nichts stört dabei mehr, wenn es nur eine einfache Kopie von schon bestehenden Stilen ist.

Coolness als Trend?

Mittlerweile wird das Wort „cool" in der Alltagssprache inflationär benutzt und bedeutet oft nicht mehr als schlicht „sehr gut". Dass momentan alles und jedes „cool" zu sein scheint, könnte auch ein Grund dafür sein, dass sich in Abgrenzung dazu viele Popkulturen heut betont anti-cool geben.

1. Warum wollen so viele Jugendliche cool sein?
2. Was versteht man unter „chillen"? Besteht ein Zusammenhang zwischen Coolness und Chillen, dem Kult der Langeweile?
3. Grenzt die beiden im Text genannten unterschiedlichen Positionen voneinander ab und nennt die Gründe dafür.
4. Warum langweilen sich eurer Meinung nach so viele Kinder und Jugendliche? Stellt zusammen, was für sie nicht langweilig ist. In welchem Zusammenhang stehen Langeweile und Freizeitaktivitäten?

Merkmale der Jugendsprache   *Hermann Ehmann*

Wooky! Ej Blitzbirne, voll fundi, die fetten Vordertitten von deinem neuen Schlampenschlepper – echt steil zum Rumschüsseln! Total krass, wenn man von endgeilen Ötzis abstammt, die prompt zackig mit den Monnis rüberwedeln, weil sie direkt in der Kieskneipe Kohle abscheffeln. Schwing dich doch mal wieder ganz mellow für'n paar Minunnis zum Gripsräven zu mir rum!

Alles klärchen? Von manchen Dingen kann man einfach nie genug kriegen: Nach affengeil und oberaffengeil jetzt also voll konkret, der dritte Band der „echt voll astreinen und einfach tierischen Jugendsprachendidaktik" (O-Ton „Süddeutsche Zeitung"). Schon die ersten beiden Rührschinken beeinflussten die höchstrichterliche Rechtsprechung in diesem unserem Lande fundamental. So darf eine Erzeugerin, die vor Gericht einen auf hartnäckig machte, unter Berufung auf affengeil (= Band 1) ihre Tochter laut Namensurkunde nun allen Ernstes „Sonne" nennen, was in der Jugendsprache als Synonym für „nettes Mädchen" gebraucht wird – ursprünglich hatte eine besonders grell erleuchtete Blitzbirne vom bayerischen Standesamt ihr die Ausstellung der Urkunde verweigert. [...]

Seit 1985, als ich anfing, mich wissenschaftlich mit empirischer Jugendsprachenforschung zu beschäftigen, hat sich radikalo viel verändert – am meisten natürlich in punkto Wortschatz. Viele neue Wörter sind hinzugekommen, die alte teilweise abgelöst haben (z. B. krass, fundi, gültig oder fett für geil). Hinsichtlich Grammatik und Wortbildung hat sich hingegen vergleichsweise wenig getan. Weitgehend unverändert sind z. B. die bewährten stereotypen Wortbildungs- bzw. Wortneuschöpfungsmuster der Jugendsprache. Erhalten geblieben sind uns auch die kreativen Sprachspielmechanismen der Provo-Kids, ihre spritzig-witzige Ironie, die generelle Tendenz zur sprachlichen Verschlankung usw.

Hier die wichtigsten Merkmale der gegenwärtigen Jugendsprache auf einen Blick:

- Bedeutungsverschiebungen bzw. -veränderungen (= semantische Variation) – *Beispiele:* fähig, fundamental, Bonsai, bürsten, polieren, Destille, Klause, Kürbis, Massage, Melone, Tomate, ferkeln, ein Rad ab haben / am Rad drehen, stranden, subaltern, süppeln, anniesen, gültig, eindosen, packen, eintopfen, Eisbeutel, Zecke, Hirschkopf schrill, hochschieben.

- Bedeutungserweiterungen (= semantische Addition) –
  Beispiele: fett, hämmern, Message, cool, hip, schoppen, supporten.
- Bedeutungsverengungen – *Beispiele:* Looser, Lotter, Mega-Deal, tricky.
- Bedeutungsumkehrungen (= semantische Paradoxa) –
  Beispiele: Massage, ätzend, Korkenknaller, Trällerfisch.
- Wortveränderungen (= lexikalische Mutation) –
  Beispiele: bläken, (grips) räven, laschi, alken, alleinsam, labundig, Alpha-Tier, fimmeln, mitrenmang, muddeln, Randalo, rapido, vordergestern, zotteln.
- Wortneuschöpfungen (= Neologismen) –
  Beispiele: Halbbomber, Toffel, Härtepreis, Himmelspisse, symreal, zero prolemo, Dämel, Proggi, Fossilscheibe, abnudeln, abducken, abprickeln, alken, bekoffern, Dink, drömeln, Sumpfziege, fluffig, Heizkeks, ödig.
- Klangliche Eindeutschungen (= phonologische Germanisierung) –
  Beispiele: abcoolen (nicht abkühlen), händeln, konnäckten, Workmän.
- Verbalisierung von Substantiven – *Beispiele:* müllen, zoffen.
- Vereinfachungen (= Ökonomisierung) – *Beispiele:* Poli, Proggi.
- Kreative Wortspiele – *Beispiele:* labundig, hoppeldihopp, doppeldidoch.
- Fremdsprachliche Anleihen (= Internationalismen) –
  Beispiele: Supporter (= Eltern), Mattsche, muddeln, Manager, beachen.
- Superlativierungen – *Beispiele:* superlustig, Superbirne […].

1. Erläutere die von Hermann Ehmann benannten Merkmale der Jugendsprache und finde weitere Beispiele.
2. Analysiere die Sprache dieses Textes. Welchen Adressaten vermutest du für dieses Buch?

cool vgl. englisch »kühl, kalt«; jugendsprachlich: 1. ruhig, gelassen, überlegen; 2. hervorragend, besonders gut; im Prinzip kann so ziemlich alles und jeder *cool* sein (auch wenn die Vokabel stark im Abwärtstrend ist) – Hauptsache, er hat *null Bock* zum *Zoffen*; noch immer ein wichtiger Begriff in der Jugendsprache; auffällig ist die Bedeutungserweiterung gegenüber der genuinen englischen Semantik; gelegentlich mit Verstärkungspartikeln wie *echt, voll, enorm*; Bsp.: *Echt voll cool, der Typ da drüben!*

3. Notiere zehn Begriffe aus der Jugendsprache, die du und deine Mitschüler häufig verwenden.
   Finde Bedeutungsnuancen und nenne Gründe dafür.
   Wähle einen der Begriffe aus und verfasse nach dem Muster von Hermann Ehmann einen kleinen Lexikonartikel.
4. Sucht nach Gründen für die Entwicklung von Jugendsprachen.

Authentisch sein – Orientierung bieten – Spaß haben
Bernhard Hübner

Im Sommer haben Max und Marco Abitur gemacht, jetzt arbeiten sie an einem bundesweiten Karriere-Magazin für Schüler.

Noch keine Seite ist fertig. Noch lange nicht sind alle Texte und Fotos da. Und der große Verlagsboss lächelt schon. Jedenfalls auf dem Foto an der Redaktionswand. Links steht Marco, rechts Max, in der Mitte Bernd Kundrun, Vorstand von Gruner und Jahr, dem Verlag von *Stern, Neon* oder *Brigitte*. Er bekommt oft Konzepte für neue Magazine gezeigt. Von Profis entworfen. Von Marktforschern auf sicheren Erfolg kalkuliert. Wahrscheinlich sieht Kundrun dabei nicht immer so zufrieden aus, wie bei Max und Marco, als sie ihm von ihrem Magazin *absolut°karriere* erzählt haben.

„Er hat uns seine Hilfe angeboten", erzählt Marco gelassen. Als wäre es das Normalste der Welt, dass sich zwei 20-Jährige aus Bad Tölz ein Magazin-Konzept ausdenken und einer der mächtigsten Verlagschefs Europas ist davon begeistert. Aber anscheinend ist so was normal bei Maximilian Grün und Marco Schröder und *absolut°karriere* – ihrer Idee, an deren Umsetzung sie jeden Tag von acht Uhr am Morgen bis acht Uhr am Abend arbeiten, so überambitioniert das alles auch klingen mag. Ein Karrieremagazin soll es werden. Für Jugendliche, die zeigen wollen, was in ihnen steckt, aber noch nicht wissen, wohin. Das Lebensgefühl um das Abitur herum soll es aufgreifen. Authentisch sein. Orientierung bieten. Spaß machen. Edel aussehen. Und von Anfang 2005 an erscheinen dreimal jährlich mit einer Auflage von 80 000 Stück, bundesweit in den größten Ballungsgebieten.

Das Jugend-Magazin als Art Airline

„Wir probieren, alles, was wir machen, sehr gründlich zu tun", sagt Marco. Gerade suchen sich er und Max das passende Büromaterial aus. Briefbögen, Umschläge, Visitenkarten. Sie tun das sehr gewissenhaft. Der halbe Boden ist bedeckt mit Kisten voller Büromaterial. Es ist kein großes Büro. 20 Quadratmeter direkt unter dem Dach irgendwo im Süden von München in einem Gewerbegebiet. Max sitzt auf einer Seite, Marco ihm schräg gegenüber. Heute tragen sie keine Krawatte. Jeder hat ein Laptop und ein Telefon.

An der Wand hängen mit Magneten auf eine Metallschiene geklemmt erste Design-Entwürfe und Konzepte für Geschichten. Darüber die Foto-Galerie. Die beiden mit Verlags-Manager Kundrun in Hamburg. Mit O_2-Vorstandschef Rudolf Gröger. Mit N-TV-Moderator Markus Koch vor der New Yorker Wall Street. Mit Bayerns Forschungsminister Thomas Goppel (CSU). Als das geschossen wurde, waren sie noch auf der Schule. Es ist ein halbes Jahr alt.

„Wir haben ihn einfach auf einer Sozialkunde-Exkursion angesprochen", erzählt Max. Goppel wurde eingeladen an die Schule, zur Diskussion im von Marco und Max gegründeten Polit-Forum. „Die Veranstaltung lag damals genau zwischen den Abitur-Prüfungen. Natürlich ging das zu Lasten des Abiturs. Aber es hat sich gelohnt."

Marco und Max haben sich in der K 13 kennen gelernt, in einem Internat in Schondorf. Das sei dort auf keinen Fall versnobbt gewesen, erklärt Max, aber eben ein Mikrokosmos, eine geschlossene Welt für sich. Irgendwann haben sie angefangen, jeden Tag die wichtigsten Zeitungsberichte zu kopieren und beim Frühstück zu verteilen, ihre erste verlegerische Tätigkeit. Danach haben sie sich an kleinen Stadtmagazinen versucht. Und jetzt *absolut°karriere*. Warum eigentlich? „Die meisten anderen Karriere-Magazine sind irgendwie lieblos", sagt Max. „Weil sich da 40-Jährige überlegen, welche Nische man noch besetzen könnte. Wir wollten ein authentisches Medium schaffen, das seine Leser und ihr Lebensgefühl versteht." Da ist nicht nur die Karriere in der Wirtschaft wichtig. „Es geht um alles, was man nach dem Abitur machen kann", sagt Marco. „Wir sind quasi eine Airline", erläutert Max das Konzept. „Wir nehmen den Leser mit auf eine Flugreise. Bei allen Zwischenlandungen bekommt er Erfahrungen mit." Ein Autor war nach dem Abitur im Libanon, hat dort geistig Behinderte betreut und schreibt darüber. Marco und Max sind nach Hamburg und New York gereist und haben erfolgreiche Menschen nach ihren Karriere-Tipps befragt. Es sind die Menschen auf den Fotos an der Wand. Wenn sie von ihrem Magazin als Airline reden, ihre Konzepte in plastische Bilder fassen wie gestandene Profis aus dem Großverlag, dann macht das Eindruck. Das hilft bei ihrem Ziel, eine „Plattform" zu sein, wie sie es nennen. Wo junge talentierte Schreiber und Grafiker mitmachen. Sie gehen zu Veranstaltungen wie den Jugendmedientagen und knüpfen Kontakte. Sie haben schon einen deutlichen Stamm an freien Mitarbeitern.

Alle Ersparnisse in das Projekt gesteckt
Eine Frankfurter Werbeagentur hat das Layout übernommen und schon einmal ein schickes Logo entworfen: „absolut°karriere", alles in schwarzen Kleinbuchstaben, dazwischen ein blaues Grad-Zeichen, darunter steht schlicht „Ready for take-off". Es habe auch Angebote von Leuten gegeben, die sich finanziell beteiligen wollten, sagt Marco. Sie haben lieber ihre eigenen Ersparnisse in das Projekt gesteckt. „Wir haben eine Vorstellung von unserem Heft. Da wollten wir uns nicht reinreden lassen." Bis sie an ihrem Ziel sind, dem ersten gedruckten Heft, müssen Marco Schröder und Maximilian Grün noch viel arbeiten. Was danach kommt, haben sie schon einmal aufgeschrieben. Ganz klein, auf einen Zettel direkt neben der Büro-Tür. Unter „Ziele" steht dort ganz schlicht: „Marktführerschaft bei den Karrieremagazinen für Abiturienten".

1. Max und Marco haben eine Idee, die sie mit Fleiß, Talent, Konsequenz und Glück zu verwirklichen suchen. Beschreibt ihr Lebensgefühl und ihre Ziele.
2. Interviewt eure Abiturientinnen und Abiturienten über ihre Zukunftspläne und erstellt eine Dokumentation der Berufswünsche und Lebensziele.

Stars, Idole, Vorbilder – Was unterscheidet sie? *Klaus Janke*

Jugendliche sind auf der Suche – nach Lebensstil, politischer Haltung, letztlich nach sich selbst. Bei dieser Suche sind Stars, Idole und Vorbilder hilfreich, sie bieten Orientierungs- und Identifikationsmöglichkeiten – auf sehr unterschiedliche Weise.
[…]

Mit Vorbildern, Stars und Idolen definieren die Jugendlichen aber nicht nur sich selbst, sondern demonstrieren auch Haltungen nach außen. Die Namen von Popmusikern oder Sportlern sind deshalb auch Symbole der gegenseitigen Abgrenzung: „Igitt, den findest du gut? Wie bist du denn drauf?" Vorbilder, Stars und Idole sind nämlich Platzhalter für die Prozesse der Cliquenbildungen und Abgrenzungen bei Jugendlichen. Der Diskurs über Grundhaltungen läuft hier nicht über Argumentationen, sondern über diese Platzhalter. Man sagt als idealistischer 16-Jähriger nicht: „Ich bewundere das Ideal der Gewaltlosigkeit", sondern: „Ich find' Gandhi gut."

Natürlich werden die Jugendlichen beim Finden und Verwerfen von Vorbildern, Stars und Idolen nicht einfach allein und in Frieden gelassen. Bei einem solch wichtigen Prozess wollen vor allem zwei meist gegensätzlich operierende Parteien mitspielen: der Staat (in Form der Schule) und die Industrie.

Die Schule will mit ihren Figuren auf die persönliche Entwicklung der Schüler positiven Einfluss nehmen. Jesus, Sophie Scholl, Albert Schweitzer, Mahatma Gandhi u. a. sind die Personifikationen dieses pädagogisch-moralischen Anspruchs. Die Industrie dagegen will Geld: Ihre Figuren heißen Michael Jackson, die Feuersteins oder Barbie – wer sich mit denen identifiziert, kauft auch die Produkte, die an ihnen hängen. Im Kampf um die Präsenz auf Federmappen der Schüler haben die beiden Parteien unterschiedliche Handicaps: Die Leitfiguren der Schule wirken verordnet und erregen damit automatisch unterschwelligen Widerspruch: „Mutter Teresa ist so gut, dass es einen fast schon wieder nerven kann." Die Leitfiguren der Industrie wiederum brauchen immer mehr Werbemillionen, um

Papst Johannes Paul II. (1920–2005)

im Medien-Dschungel überhaupt noch an ihre Zielgruppe heranzukommen.

Sie werden sagen: Der Autor wirft hier ja immer Vorbilder, Stars und Idole in einen Topf. Das geht doch nicht. Jein, bis hierher schon, aber im Detail funktionieren die drei Gruppen natürlich sehr unterschiedlich.

Die lästigen Vorbilder

Vorbilder sind Personen, denen man nacheifert, so viel dürfte klar sein. Vorbilder können sowohl Menschen aus dem Familien- oder Bekanntenkreis als auch Prominente oder historische Personen sein. Vorbilder müssen nicht, wie etwa Idole, als ganze Personen allumfassend verklärt werden – ihre Vorbildfunktion kann sich auf bestimmte Eigenschaften konzentrieren: Man kann zu Jürgen Klinsmann stehen, wie man will: In Sachen Kampfgeist kann man sich von ihm eine Scheibe abschneiden. Auf die Frage, wer sein Vorbild sei, schrieb ein Schüler: „Unser Hausmeister in der Schule. Er ist gerecht. Er lässt keinen vor, wenn wir am Kiosk in der Schlange stehen." (Eltern, Juni 1996, S. 215.)

Verglichen mit Stars und Idolen haben Vorbilder eindeutig den besseren Ruf. Sie haben Leitbildfunktion, die sich auf konkrete, nachprüfbare Faktoren stützt. Wer Vorbildern nacheifert, kann diese Vorbilder trotzdem realistisch einschätzen. Vernebelungsgefahr besteht nicht.

Dalai Lama

[...]

Die meisten Stimmen in Sachen Vorbild können die Eltern verbuchen (28,5 %), danach folgen Freunde (8,9 %) sowie gleichauf Großeltern und Gandhi (4,5 %). Auffällig ist, dass die Orientierung an den Eltern in den neuen Bundesländern mit 35 % deutlich höher ist als im Westen (26 %). Es scheint, als seien Familienstrukturen im Osten noch von größerer Bedeutung. Auffällig ist ebenfalls, dass als wichtigste Eigenschaften der führenden Vorbilder Eltern, Vater und Mutter in der Einzelwertung, Freunde und Großeltern durch die Bank konkurrenzgeprägte Eigenschaften wie „Durchsetzungsvermögen, Kampfgeist, Zielstrebigkeit, Entschlossenheit, Konsequenz" (26,1 %) vor moralischen Eigenschaften wie „Ehrlichkeit, Aufrichtigkeit" (22,7 %) und „Toleranz, Offenheit" (21,3 %) besonders geschätzt werden. Das raue Klima einer durch Massenarbeitslosigkeit und Ellbogenmentalität geprägten Gesellschaft schlägt hier deutlich durch.

Jenseits der Personen aus dem Familien- und Bekanntenkreis lassen sich kaum noch klar erkennbare Vorbilder der Jugend ausmachen. In der IBM-Studie nennen zwar 41% der Befragten Personen aus dem öffentlichen Leben, doch streuen die Aussagen so weit, dass kaum jemand klar heraussticht. Personen aus allen Kreisen können in Frage kommen, und sie ändern sich auch ganz schnell. [...]

Die Inflation der Stars

Während die Vorbilder immer rarer werden, haben die Stars Hochkonjunktur. Es gehört ja auch immer weniger dazu, ein Star zu sein: Man muss lediglich in weiten Kreisen der Bevölkerung bekannt und beliebt sein. Warum und mit welchen Verdiensten man zum Star geworden ist, spielt keine so große Rolle. Stars können gleichzeitig auch Vorbilder sein, müssen es aber nicht. Sich für einen Star zu begeistern heißt noch lange nicht, auch seine Eigenschaften zu schätzen. [...]

Stars sind Ausdruck unserer Sehnsüchte. Während Vorbilder eher Projektionsfläche unserer ganz realistischen Anstrengungen um bestimmte Eigenschaften sind, kristallisieren sich in den Stars unsere irrationalen, unerreichbaren Vorstellungen. Stars haben diesen Glitter, diese unerreichbare Ausstrahlung. Der offensive Sex einer Madonna, die Härte eines Arnold Schwarzenegger oder die jungenhafte Ausstrahlung eines Boris Becker – sie sind weit weg, leuchten aber sehr hell: Sterne eben. Und jede Zeit und jede Generation hat die Sterne, die sie sich wünscht. [...]

Die Beatles und ihre Fans

Idole: Die modernen „Rattenfänger"

Wer ein Star ist, hat es schon weit gebracht. Aber er kann es noch weiter bringen: Er kann ein Idol werden. Meyers Neues Lexikon beschreibt ein Idol als „(falsches) Leitbild, Trugbild; jemand oder etwas als Gegenstand übermäßiger Verehrung". Wichtig ist bei Idolen, dass diese Verehrung ins Irrationale, ins Mystische gleitet.

Anders als Stars haben sie wieder mehr Vorbildcharakter. Der ist aber diffus, verklärt, verwaschen. Einen Star kann

man lieben, aber dabei man selbst bleiben. Idole rufen zur Gefolgschaft auf. Einem Idol folgt man. Ein Idol ist kein Mensch aus Fleisch und Blut mehr. Es ist unsterblich. Idol kann vor allem werden, wer eine der folgenden Eigenschaften aufweist:
- unergründlicher, geheimnisvoller Sex
  (Marlene Dietrich, James Dean, Marilyn Monroe);
- Kanalisierung pubertärer Fantasien
  („Take That",„Caught In The Act", „Backstreet Boys");
- idealistische Führerschaft in politischen Bewegungen
  (Rudi Dutschke, Ché Guevara);
- Außenseiterpositionen, mit denen man sich identifizieren kann
  (Jack Kerouac).

Anhänger von Idolen weisen erstaunliche Parallelen zu religiösen Eiferern auf. Sie sammeln sich in sektenähnlichen Fanclubs.

[...]

Die Zukunftsaussichten für den Berufsstand „Idol" sind nicht so rosig. Was schon für die Stars galt, gilt für die Idole umso mehr: Die Differenzierung der Gesellschaft in immer kleinere Gruppen erschwert das Aufkommen großer, verbindender Idole zunehmend. Idole brauchen nämlich Masse, weil die Anbetung der Masse ein selbstverstärkendes Moment hat: Die Ekstase der Vielen zieht weitere Personen an – eine Art „Rattenfänger-von-Hameln"-Syndrom. In den 90ern aber, die durch Individualisierung, Privatisierung und Pragmatismus gekennzeichnet sind, gelingt die Mobilisierung von Massen für neue Idole fast nur noch auf dem Gebiet der Teen-Idole. Wirklich neue Idole aus den Bereichen Politik, Film oder auch Sport gibt es kaum. Sie bleiben meistens auf dem Starstatus hängen.

Wie hält man Vorbilder, Stars und Idole am einfachsten auseinander? Indem man sich anschaut, welche Ebenen bei ihren Anhängern angesprochen werden. Wo das Vorbild an intellektuelle und moralische Vorstellungen appelliert, der Star an Gefühle und Leidenschaften, da bindet das Idol ins Irrationale weisende Energien, die es zum rätselhaftesten der drei besprochenen Phänomene machen.

1. Grenzt die zentralen Begriffe „Vorbilder", „Stars" und „Idole" gegeneinander ab. Aus welchen Bereichen stammen sie?
2. Welche Eigenschaften werden von Jugendlichen gesucht – warum?
3. Welche unterschiedlichen Ziele verfolgen Schule und Industrie bei der Präsentation von Vorbildern?
4. Erstellt Porträts aktueller „Vorbilder", „Stars" und „Idole".

Falco, mit bürgerlichem Namen Johann (Hans) Hölzel, wurde 1957 in Wien geboren. Er starb 1998 bei einem Autounfall. Die Alben des österreichischen Sängers belegten in den 1980er Jahren in Europa und Nordamerika mehrmals Platz 1 der Charts.

Helden von heute *Falco*

Wir haben den fuß am gas
Und die mode fest im griff
Uns entgeht kein letzter schrei
Unser outfit hat den neuesten schliff
5   Jetzt den pfiff, hurra!
Unsere schwestern kauften gestern
Kostüme wie im western
Sie sagen die wären extrem bequem
Und außerdem wären sie wunderschön
10 Sorgen, nein, nein, haben wir keine
Oh, oh, oh, oh
Was für ein modisches weltbild
Oh, oh, oh, oh
Was für ein herrliches leben
15 Mein leben, dein leben, unser leben
Hi life spleen
Sag, ist das schön, so schön
Hi life spleen
Wir erfinden immer neue spiele
20 Spiele gibt es zu spielen viele
Brot und spiele sind gefragt
„No future" extrem angesagt
New wave, new wave
New wave, new wave
25 New wave, new wave
Ja new wave ist heute das wort
Für nichts besseres mehr zu tun
Als den dingen nachzurennen
Die schon gestern waren verloren
30 Oh, oh, oh, oh

Wir haben das richtige weltbild
Oh, oh, oh, oh
Wir sind ab heute voll dabei
Oh, oh, oh, oh
35 Wir haben den blick in der zukunft
Oh, oh, oh, oh
Wir sind die helden von heute
Alles wartet, alles wartet
Auf die helden von heute, von heute

© PS Music, Wien

1. Skizziert das Lebensgefühl der „Helden von heute" und vergleicht es mit dem von Max und Marco.
2. Was ist eurer Meinung nach das „Heldenhafte"? Gegen wen und wie grenzt sich das „wir" ab?
3. Schreibe Falco einen Leserbrief.

Jugendsprache

Die eigene Sprache erforschen

Mit der Methode der Feldforschung könnt ihr Gruppensprachen, so auch die Jugendsprache, untersuchen. Die Feldforschung umfasst das systematische, an Ort und Stelle vorgenommene Sammeln von wissenschaftlich auswertbaren Daten über bestimmte Themen, hier die Jugendsprache.

1. **Untersuchungsmaterial sammeln**
   - Jugendzeitschriften
   - Jugendsendungen im Fernsehen
   - Jugendbücher
   - Pausen- und Partygespräche
   - Interviews mit Jugendlichen über bestimmte Themen

2. **Material ordnen**

3. **Untersuchungsschwerpunkte in Gruppen festlegen**
   - Welchen Themen lassen sie sich zuordnen?
     Aus welchen Bereichen stammt die Sprache
     (z. B. Musik, Sport, Sexualität)?
   - Gibt es typische Sprüche?
   - Gibt es Unterschiede in den Jugendgruppen?
   - Welche Funktion hat diese Sprache?
   - Welche Begriffe werden von den Erwachsenen übernommen?

4. **Thesen an theoretischen Texten überprüfen**
   - z. B. „Merkmale der Jugendsprache" von Hermann Ehmann

5. **Ergebnisse protokollieren**
   - Ergebnisprotokoll
   - Verlaufsprotokoll

Hinweise zum Protokollieren findet ihr im Kapitel **Nachschlagen.**

Forschung – Chancen und Risiken

Medizin: Forschung am Menschen

Bekenntnis *Rose Ausländer*

Ich bekenne mich

zur Erde und ihren
gefährlichen Geheimnissen

zu Regen Schnee
Baum und Berg

zur mütterlichen mörderischen
Sonne zum Wasser und
seiner Flucht

zu Milch und Brot

zur Poesie
die das Märchen vom Menschen
spinnt

zum Menschen

bekenne ich mich
mit allen Worten
die mich erschaffen

Alles Denkbare wird einmal gedacht.

Was einmal gedacht wurde,
kann nicht mehr zurückgenommen werden.
Friedrich Dürrenmatt (1921–1990): Die Physiker

Der technische Mensch soll das, was er verstanden hat,
anwenden und sich dabei keine Grenze setzen: Was man
verstehen kann, das soll man auch anwenden.
Edward Teller (1908–2003), Physiker, Vater der H-Bombe

Denn die Freiheit der Wissenschaft ist nicht grenzenlos. Das
Bekenntnis zur Unantastbarkeit der Menschenwürde ist das
Fundamentalprinzip des Grundgesetzes und gibt die Tonart
an, in der die Grundrechte zu interpretieren sind.
Jutta Limbach (geb. 1937), 1994–2002 Präsidentin des Bundesverfassungsgerichts

---

Ich halte dafür, daß das einzige Ziel der Wissenschaft darin besteht, die Mühseligkeit der menschlichen Existenz zu erleichtern. […] Ihr mögt mit der Zeit alles entdecken, was es zu entdecken gibt, und euer Fortschritt wird doch nur ein Fortschreiten von der Menschheit weg sein. Die Kluft zwischen euch und ihr kann eines Tages so groß werden, daß euer Jubelschrei über irgendeine neue Errungenschaft von einem universalen Entsetzensschrei beantwortet werden könnte. […] Hätte ich widerstanden, hätten die Naturwissenschaftler etwas wie den hippokratischen Eid der Ärzte entwickeln können, das Gelöbnis, ihr Wissen einzig zum Wohle der Menschheit anzuwenden!*
Bertolt Brecht (1898–1956): Leben des Galilei

* Text in alter Rechtschreibung

1. Vergleicht die verschiedenen Äußerungen.
2. Stelle den Gedankengang des Gedichts „Bekenntnis" dar und erkläre die Syntax (z. B. Wiederholungen, Parallelismen) sowie besonders auffällige Formulierungen.

Heilung von Auschwitz   *Eva Mozes Kor*

Josef Mengele (1911–1979), Chefarzt im KZ Auschwitz, führte die Selektionen für die Gaskammern und verbrecherische medizinische Versuche an Häftlingen durch, beschäftigte sich u. a. mit Zwillingsforschung und Rassenkunde.

Ich, Eva Mozes Kor, eine Überlebende von Mengeles medizinischen Versuchen, habe gelernt, dass die Menschenrechte in der medizinischen Forschung ein Thema sind, mit dem man sich auseinandersetzen muss. Den Ärzten und Wissenschaftlern unter Ihnen muss gratuliert werden. Sie haben einen wunderbaren und schweren Beruf gewählt: wunderbar, weil Sie Menschenleben retten und menschliches Leiden lindern können, aber ein schwieriger Beruf, weil Sie sich an einer Grenzlinie bewegen. Sie wurden ausgebildet, ein gutes Urteilsvermögen zu entwickeln, ruhig, bedacht und konzentriert zu sein, aber Sie dürfen nicht vergessen, dass Sie es mit Menschen zu tun haben. Geben Sie also das moralische Versprechen, dass Sie nie und nimmer die Menschenrechte von irgendjemandem verletzen oder irgendjemandem seine Menschenwürde nehmen. Ich bitte Sie dringend, behandeln Sie Ihre Versuchspersonen und Patienten mit demselben Respekt, den Sie an ihrer Stelle erwarten würden. Denken Sie daran, wenn Sie rein um der Wissenschaft willen und nicht für das Wohl der Menschheit forschen, haben Sie diese sehr schmale Grenzlinie bereits überschritten und Sie bewegen sich in Richtung auf die Nazi-Ärzte und die Dr. Mengeles dieser Welt zu. Medizinische Wissenschaft kann der Menschheit nutzen, aber medizinische Wissenschaft kann auch im Namen der Forschung missbraucht werden.

Wir treffen hier als frühere Gegner zusammen. Ich hoffe, wir gehen als Freunde auseinander. Meine Landsleute, das jüdische Volk, sind arbeitsam, intelligent und fürsorglich. Mein Volk ist ein gutes Volk. Wir haben die Behandlung nicht verdient, die wir erhielten. Niemand verdient eine solche Behandlung.

Ihre Landsleute, das deutsche Volk, sind arbeitsam, intelligent und fürsorglich. Ihr Volk ist ein gutes Volk. Aber Sie hätten niemals zulassen dürfen, dass einer wie Hitler an die Macht kommen konnte.

Viel Schmerz tragen wir, das jüdische Volk, und Sie, das deutsche Volk, mit sich herum. Es hilft niemandem, wenn wir die Bürde der Vergangenheit tragen. Wir müssen lernen, uns selbst von den Tragödien des Holocaust zu heilen und unserem Volk zu helfen, seine schmerzenden Seelen zu heilen. Ich möchte, dass Sie meinen abschließenden Akt der Heilung von den Schrecken vor 56 Jahren miterleben. Ich weiß sehr wohl, dass viele meiner Mit-Überlebenden meine Art der Heilung nicht nachempfinden, unterstützen oder verstehen werden. Es gibt vielleicht auf beiden Seiten Menschen, die mir böse sein werden. Das verstehe ich. Ich glaube aber, wir sollten nicht auf ewig weiter leiden. Auf diese Art und Weise habe ich mich selbst geheilt. Ich wage zu hoffen, dass es anderen Leuten auch helfen könnte.

Ich habe den Nazis vergeben. Ich habe allen vergeben. Bei der Veranstaltung zum 50. Jahrestag der Befreiung von Auschwitz, während einer Zeremonie, bei der meine Kinder Alex und Rina sowie Freunde anwesend waren, traf ich mit einem Nazi-Arzt, Dr. Hans Münch, einem früheren SS-Arzt in Auschwitz, und mit seinen Kindern und seiner Enkelin zusammen.

Im Juli 1993 hatte ich einen Telefonanruf von Dr. Mihalchick vom Boston College bekommen. Er bat mich, einen Vortrag bei einer Konferenz über Nazi-Medizin zu halten. Dann fügt er hinzu: „Eva, es wäre nett, wenn Sie einen Nazi-Arzt mitbringen könnten." Ich sagte: „Dr. Mihalchick, wo soll ich einen Nazi-Arzt finden? Als ich das letzte Mal nachsah, inserierten sie gerade nicht in den Gelben Seiten." „Denken Sie darüber nach", sagte er.

1992 waren Miriam und ich Co-Berater für eine vom ZDF gedrehte Dokumentation über die Mengele-Zwillinge gewesen. Bei dieser Dokumentation hatten sie einen Nazi-Arzt mit dem Namen Dr. Hans Münch interviewt.

Ich nahm Kontakt zum ZDF auf, um zu fragen, ob ich die Adresse und Telefonnummer von Dr. Münch haben könnte, zum Andenken an meine Schwester, die einen Monat zuvor gestorben war. Eine Stunde später hatte ich seine Adresse und Telefonnummer. Einer meiner Freunde, Tony Van Renterghem, ein holländischer Widerstandskämpfer, setzte sich mit Dr. Münch in Verbindung. Tony erreichte ihn am Telefon und rief dann mich an, um mir zu sagen: „Ja, er lebt, er ist bereit, dir ein Interview auf Videofilm zu geben." Das war im Juli 1993. Im August war ich unterwegs, um mich mit Dr. Münch zu treffen.

Als ich vor Dr. Münchs Haus ankam, war ich sehr nervös. Ich fragte mich ständig: „Wie würde ich mich fühlen, wenn er mich wie ein Nichts behandelte – auf die Art, wie ich in Auschwitz behandelt wurde?" Dr. Münch begegnete mir jedoch mit äußerstem Respekt. Als wir uns zum Gespräch setzten, sagte ich zu ihm: „Hier sind Sie – ein Nazi-Arzt von Auschwitz – und hier bin ich – eine Überlebende von Auschwitz –, und ich mag Sie, und das klingt für mich seltsam."

Wir sprachen über viele Dinge. Ich fragte ihn, ob er vielleicht etwas über den Betrieb der Gaskammern wüsste. Und er sagte: „Das ist der Alptraum, mit dem ich lebe." Dann redete er weiter. Er erzählte mir vom Betrieb der Gaskammern und dass er, als die Menschen tot waren, die Totenscheine unterzeichnet hatte.

Ich dachte einen Augenblick darüber nach, und dann sagte ich: „Dr. Münch, ich habe eine große Bitte an Sie: Könnten Sie bitte im Januar 1995 mit mir nach Auschwitz kommen, wenn wir den 50. Jahrestag der Befreiung von Auschwitz begehen und in Gegenwart von Zeugen ein Dokument auf den Ruinen der Gaskammern unterzeichnen über das, was Sie mir erzählt haben?" Er stimmte zu. Ich fuhr heim, voller Zuversicht darüber, dass ich ein Dokument über die Gaskammern in Auschwitz erhalten würde – ein Dokument, das mir dabei helfen würde, den Revisionisten entgegenzutreten, die behaupten, dass es keine Gaskammern gegeben hätte.

Ich versuchte, mir einen Dank für Dr. Münch zu überlegen. Eines Tages fiel mir ein: „Wie wäre es mit einem Brief der Vergebung?" Mir war sofort klar, dass ihm das gefallen würde. Mir wurde auch bewusst, dass ich die Kraft hatte, zu vergeben. NIEMAND konnte mir diese Kraft geben und NIEMAND konnte sie mir wegnehmen.

Ich begann, den Brief an Dr. Münch zu schreiben. Freunde, die sich mit der Rechtschreibung besser auskennen als ich, trafen sich mit mir, um den Brief zu korrigieren. Einer von ihnen stellte mir plötzlich die Frage: „Wärst du auch bereit, Dr. Mengele zu vergeben?" Das war eine interessante Frage. Ich dachte darüber nach und kam zu dem Ergebnis, dass ich es könnte. Nun, wenn ich Dr. Mengele vergab, könnte ich genauso gut jedem verzeihen. Ich hatte keine Ahnung, was ich eigentlich tat. Ich wusste nur, dass ich mich dadurch innerlich gut fühlte, dass ich die Kraft dazu hatte. Im Januar kamen meine Kinder, Alex und Rina, meine Freunde und ich und Dr. Münch mit seinen Kindern und seiner Enkelin nach Auschwitz.

Am 27. Januar 1995 standen wir neben den Ruinen einer Gaskammer. Dr. Münchs Dokument wurde vorgelesen, und er unterschrieb es. Ich verlas meine Amnestie-Deklaration und unterschrieb sie dann. Ich fühlte, wie eine Bürde des Schmerzes von meinen Schultern genommen wurde. Ich war nicht länger ein Opfer von Auschwitz. Ich war nicht länger eine Gefangene meiner tragischen Vergangenheit. Ich war endlich frei. Deshalb sage ich allen: „VERGEBT EUREM ÄRGSTEN FEIND. DAS WIRD EURE SEELE HEILEN UND EUCH DIE FREIHEIT SCHENKEN."

Die Schuld deutscher Wissenschaftler   *Hubert Markl*

1. Die Schuld deutscher Wissenschaftler:
Die deutsche Wissenschaft nahm damals in der Welt auf vielen Feldern eine Spitzenstellung ein. Die Arbeit der Kommission hat deutlich gemacht: Auch Spitzenforschung ist nicht gefeit vor moralischen Abgründen. Was damals im Namen der Wissenschaft zur Forderung von Rassismus und vorgeblich „eugenischer" Menschenausmerzung geschah, waren Verbrechen, die für immer schwer auf der deutschen Wissenschaft lasten.

2. Die Schuld von Biowissenschaftlern:
Das gesamte rassistische Gedankengut des Nationalsozialismus ist Ausdruck einer materialistischen, sozial-darwinistischen entmenschlichten Biologie, für die Charles Darwin allerdings, anders als seine rassistischen Jünger, selbst am wenigsten verantwortlich gemacht werden kann. Gewiss wurden die Wurzeln dieses Gedankenguts vor 1933 gelegt und waren auch international, nicht nur auf Deutschland beschränkt. Aber hier in Deutschland haben Biologen und Mediziner von der Erkenntnis, dass der Mensch vom Tier abstammt, den Schritt dahin getan, Menschen wie Vieh zu behandeln. Die Benutzung des Menschen als Versuchstier ist die spezifische Schuld einer entgrenzten Biowissenschaft, deren rassistische Theorien zwar die Bezeichnung wissenschaftlich nicht verdienen, die ihre Mitschuld an deren schrecklichen Folgen aber deshalb dennoch nicht leugnen kann.

3. Die Schuld der Kaiser-Wilhelm-Gesellschaft:

[...] Die Kaiser-Wilhelm-Gesellschaft hat in ihren Reihen Forschung geduldet oder sogar gefördert, die mit keinen ethisch-moralischen Gründen zu rechtfertigen war. Sie hat sich damit – jedenfalls in einigen Bereichen – in den Dienst eines verbrecherischen Regimes gestellt und ist dadurch selbst moralisch schuldig geworden. Mit diesem dreifachen Bekenntnis zur historischen Verantwortung – als deutscher Wissenschaftler, als Biowissenschaftler und als Präsident der Max-Planck-Gesellschaft – folge ich der Verpflichtung, die uns die Vergangenheit auferlegt. Daher möchte ich mich für das Leid entschuldigen, das den Opfern dieser Verbrechen – den toten wie den überlebenden – im Namen der Wissenschaft angetan wurde. [...] Die Angehörigen nachgeborener Generationen kann zwar persönlich keine Schuld an den damaligen Ereignissen treffen, sie tragen jedoch Verantwortung für die Aufklärung und Offenlegung der historischen Wahrheit als Voraussetzung ehrlichen Erinnerns und Lernens. [...] Es hatte seinen Grund gewiss auch im mangelnden Willen mancher Mitwisser oder gar Mittäter innerhalb und außerhalb der Max-Planck-Gesellschaft, sich ihrer historischen Verantwortung zu stellen. Auch zu diesem Verschulden muss sich die Max-Planck-Gesellschaft bekennen, und hierfür entschuldige ich mich ganz besonders, denn dies geschah nicht unter den Zwängen einer Diktatur, sondern in einer freien Gesellschaft, die ausdrücklich die Freiheit des Forschens gewährt und ermutigt.

Konkret und vollständig ist ein Schuldbekenntnis schließlich erst, wenn es sich unmittelbar an die Betroffenen wendet, die geschundenen Opfer, die all diese unvorstellbaren Grausamkeiten am eigenen Leib erlitten haben. Deshalb spreche ich hier im Angesicht von Ihnen, Frau Kor, Frau Laks und der anderen anwesenden Opfer, die Sie heute gewissermaßen stellvertretend für alle Opfer stehen, persönlich und für die Max-Planck-Gesellschaft meine Entschuldigung und mein tiefes Bedauern aus. Persönlich den Opfern jener Verbrechen gegenüberzutreten, ist eine schmerzliche Form der Begegnung mit der Vergangenheit. Gleichzeitig erwächst uns daraus der nachhaltige Ansporn, mit aller Kraft weiterzuarbeiten an der rückhaltlosen Aufklärung dessen, was damals geschah, und es gereicht uns zur nachhaltigsten Mahnung, die Erinnerung zu bewahren und aus ihr lehrend zu lernen. Wahrheit macht zwar nicht frei von Schuld und Scham, aber sie macht frei von Verdrängung und Lüge und öffnet den Weg in eine Zukunft, die aus der Vergangenheit lernen kann.

Die ehrlichste Art der Entschuldigung ist daher die Offenlegung der Schuld; für Wissenschaftler sollte dies vielleicht die angemessenste Art der Entschuldigung sein. Um Verzeihung bitten kann eigentlich nur ein Täter. Dennoch bitte ich Sie, die überlebenden Opfer, von Herzen um Verzeihung für die, die dies, gleich aus welche Gründen, selbst auszusprechen versäumt haben.

1. Analysiere und vergleiche die beiden Reden im Hinblick auf Textsorte, Thema, Aufbau, Argumente, Ergebnis und Schlusswort.
2. Diskutiert den jüdischen Standpunkt „Vergeben: ja, Vergessen: nein".

Homunkulus *Johann Wolfgang von Goethe*

Aus: Faust II, zweiter Akt, Laboratorium

Die Laboratorium-Szene im zweiten Teil des Dramas greift auf Fausts Streben in der Studierstube des ersten Teils zurück. Sein Forscherdrang ist damals an Grenzen gestoßen, die er zunächst durch Magie, später durch den Pakt mit Mephisto überwinden zu können glaubt. Wagner, der frühere Famulus des Faust, setzt im zweiten Teil des Dramas das Werk seines Meisters fort. In seinem Laboratorium gelingt ihm die Erschaffung des Homunkulus (lat. Menschlein), eines künstlichen Menschen. Stolz präsentiert er Mephistopheles sein Produkt.

WAGNER Ein herrlich Werk ist gleich zu Stand gebracht.
MEPHISTOPHELES *leiser.*
    Was gibt es denn?
WAGNER *leiser.*
5   Es wird ein Mensch gemacht.
MEPHISTOPHELES Ein Mensch? Und welch verliebtes Paar
    Habt ihr ins Rauchloch eingeschlossen?
WAGNER Behüte Gott! wie sonst das Zeugen Mode war,
    Erklären wir für eitel Possen.
10   Der zarte Punkt, aus dem das Leben sprang,
    Die holde Kraft, die aus dem Innern drang
    Und nahm und gab, bestimmt, sich selbst zu zeichnen,
    Erst Nächstes, dann sich Fremdes anzueignen,
    Die ist von ihrer Würde nun entsetzt;
15   Wenn sich das Tier noch weiter dran ergetzt,
    So muss der Mensch mit seinen großen Gaben
    Doch künftig höhern, höhern Ursprung haben.
    Zum Herd gewendet.
    Es leuchtet! seht! – Nun lässt sich wirklich hoffen,
20   Dass, wenn wir aus viel hundert Stoffen,
    Durch Mischung – denn auf Mischung kommt es an –
    Den Menschenstoff gemächlich komponieren,
    In einen Kolben verlutieren
    Und ihn gehörig kohobieren,
25   So ist das Werk im Stillen abgetan.
    Zum Herd gewendet.
    Es wird! die Masse regt sich klarer!
    Die Überzeugung wahrer, wahrer:
    Was man an der Natur Geheimnisvolles pries,
30   Das wagen wir verständig zu probieren,
    Und was sie sonst organisieren ließ,
    Das lassen wir kristallisieren.

Medizin: Forschung am Menschen 199

MEPHISTOPHELES Wer lange lebt, hat viel erfahren,
Nichts Neues kann für ihn auf dieser Welt geschehn,
35 Ich habe schon in meinen Wanderjahren
Kristallisiertes Menschenvolk gesehn.

WAGNER *bisher immer aufmerksam auf die Phiole.*
Es steigt, es blitzt, es häuft sich an,
Im Augenblick ist es getan.
40 Ein großer Vorsatz scheint im Anfang toll;
Doch wollen wir des Zufalls künftig lachen,
Und so ein Hirn, das trefflich denken soll,
Wird künftig auch ein Denker machen.
Entzückt die Phiole betrachtend.
45 Das Glas erklingt von lieblicher Gewalt,
Es trübt, es klärt sich; also muss es werden!
Ich seh' in zierlicher Gestalt
Ein artig Männlein sich gebärden.
Was wollen wir, was will die Welt nun mehr?
50 Denn das Geheimnis liegt am Tage.
Gebt diesem Laute nur Gehör,
Er wird zur Stimme, wird zur Sprache.

HOMUNKULUS *in der Phiole zu Wagner.*
Nun Väterchen! wie steht's? es war kein Scherz.
55 Komm, drücke mich recht zärtlich an dein Herz!
Doch nicht zu fest, damit das Glas nicht springe.
Das ist die Eigenschaft der Dinge:
Natürlichem genügt das Weltall kaum,
Was künstlich ist, verlangt geschlossnen Raum.

1. Goethe hat sich mit dem Thema „Menschenversuche – Versuche mit Menschen" bis zum Ende seines Lebens beschäftigt. Kennzeichne den Homunkulus.
2. Vergleicht Goethes Idee mit den Möglichkeiten der modernen Gentechnologie und -technik. Erkundigt euch bei eurem Biologielehrer.

TIPP
Lies in einem Literaturlexikon (z. B. Kindlers Literatur-Lexikon oder Gero von Wilperts Goethe-Lexikon) nach, was weiter mit Fausts und Wagners Homunkulus geschieht.

Woyzeck *Georg Büchner*

Georg Büchner (1813–1837) studierte Medizin, Naturwissenschaften, Geschichte und Philosophie, war ab 1836 Privatdozent für vergleichende Anatomie an der Universität Zürich. 1834 gründete er die geheime „Gesellschaft für Menschenrechte". Büchner schrieb Dramen wie „Leonce und Lena" und „Dantons Tod".

Beim Doktor
Woyzeck. Der Doktor.

DOKTOR   Was erleb ich, Woyzeck? Ein Mann von Wort.
WOYZECK   Was denn, Herr Doktor?
DOKTOR   Ich hab's gesehn, Woyzeck; Er hat auf die Straß gepisst, an die Wand gepisst wie ein Hund. Und doch zwei Groschen täglich. Woyzeck, das ist schlecht. Die Welt wird schlecht, sehr schlecht.
WOYZECK   Aber, Herr Doktor, wenn einem die Natur kommt.
DOKTOR   Die Natur kommt, die Natur kommt! Die Natur! Hab ich nicht nachgewiesen, dass der musculus constrictor vesicae dem Willen unterworfen ist? Die Natur! Woyzeck, der Mensch ist frei, in dem Menschen verklärt sich die Individualität zur Freiheit. Den Harn nicht halten können! *Schüttelt den Kopf, legt die Hände auf den Rücken und geht auf und ab.* Hat Er schon seine Erbsen gegessen, Woyzeck? – Es gibt eine Revolution in der Wissenschaft, ich sprenge sie in die Luft. Harnstoff, o, 10, salzsaures Ammonium, Hyperoxydul. Woyzeck, muss Er nicht wieder pissen? Geh Er einmal hinein und probier Er's.
WOYZECK   Ich kann nit, Herr Doktor.
DOKTOR   *mit Affekt* Aber auf die Wand pissen! Ich hab's schriftlich, den Akkord in der Hand. Ich hab's gesehn, mit diesen Augen gesehn, ich streckte grade die Nase zum Fenster hinaus und ließ die Sonnestrahlen hineinfallen, um das Niesen zu beobachten. *Tritt auf ihn los.* Nein, Woyzeck, ich ärgere mich nicht, Ärger ist ungesund, ist unwissenschaftlich. Ich bin ruhig, ganz ruhig, mein Puls hat seine gewöhnlichen 60 und ich sag's Ihm mit der größten Kaltblütigkeit! Behüte, wer wird sich über einen Menschen ärgern, einen Menschen! Wenn es noch ein Proteus wäre, der einem krepiert! Aber Er hätte doch nicht an die Wand pissen sollen –
WOYZECK   Sehn Sie, Herr Doktor, manchmal hat man so'nen Charakter, so'ne Struktur. – Aber mit der Natur ist's was andres, sehn Sie, mit der Natur, *er kracht mit den Fingern* das ist so was, wie soll ich doch sagen, zum Beispiel –
DOKTOR   Woyzeck, Er philosophiert wieder.
WOYZECK   *vertraulich* Herr Doktor, haben Sie schon was von der doppelten Natur gesehn? Wenn die Sonn in Mittag steht und es ist als ging die Welt im Feuer auf, hat schon eine fürchterliche Stimme zu mir geredet!
DOKTOR   Woyzeck, Er hat eine aberratio.
WOYZECK   *legt den Finger an die Nase.* Die Schwämme, Herr Doktor. Da, da steckt's. Haben Sie schon gesehn, in was für Figurn die Schwämme auf dem Boden wachsen? Wer das lesen könnt.

40 DOKTOR Woyzeck, Er hat die schönste aberratio mentalis partialis, zweite Spezies, sehr schön ausgeprägt. Woyzeck, Er kriegt Zulage. Zweite Spezies, fixe Idee, mit allgemein vernünftigem Zustand, Er tut noch alles wie sonst, rasiert sein Hauptmann?

WOYZECK Ja wohl.

45 DOKTOR Isst sei Erbse?

WOYZECK Immer ordentlich, Herr Doktor. Das Geld für die Menage kriegt die Frau.

DOKTOR Tut sei Dienst?

WOYZECK Ja wohl.

50 DOKTOR Er ist ein interessanter Kasus, Subjekt, Woyzeck, Er kriegt Zulag. Halt Er sich brav. Zeig Er sei Puls! Ja.

1. **Beschreibe** den Versuch mit Woyzeck und erkläre die Haltung des Doktors.   Beschreibung → S. 340
2. Welche Gefahren für die körperliche wie die seelische Gesundheit hat einseitige Ernährung (z. B. Skorbut)?
3. **Erörtert** das klinische Testen von neuen Medikamenten.   Erörtern → S. 342

„Wird der Mensch zum Ersatzteillager?"*

Überlassen Sie Bioethik nicht Experten. **Wir brauchen Ihre Meinung.**
www.1000fragen.de

Eine Initiative der Aktion Mensch

Ideal angepasst *Aldous Huxley*

Aus: Schöne neue Welt

Aldous Huxley, 1894–1963, schildert in seinem 1932 erschienenen Roman mit dem ironischen Titel „Schöne neue Welt" (Originaltitel: „Brave New World") eine düstere Zukunft. Die Menschen sind zwar von Krieg und Unruhen, materiellen Nöten und Krankheiten erlöst, haben in einem diktatorischen Staat aber auch keine persönliche Entscheidungsfreiheit. Der Mensch ist zu einer im Sinne des Staates funktionierenden Marionette geworden. Eine der wichtigsten Einrichtungen des Staates ist die BUND, die Brut- und Normzentrale Berlin-Dahlem, in der bewusst und gezielt bestimmte, vom Staat gewünschte Menschentypen am Fließband produziert werden. Im folgenden Abschnitt aus dem ersten Kapitel des Romans erklärt Direktor Päppler von der BUND einer Studentengruppe die Arbeitsweise der Brut- und Normzentrale und erläutert deren Bedeutung für die zukünftige Gesellschaft.

An die Brutöfen gelehnt, gab er den unleserlich über die Seiten flitzenden Bleistiften eine kurze Beschreibung des modernen Befruchtungsvorgangs, sprach selbstverständlich zuerst von dessen chirurgischer Einleitung mittels „einer freiwillig zum Gemeinwohl auf sich genommenen Operation, die überdies noch mit einer Prämie in der Höhe von sechs Monatsgehältern verbunden ist", beschrieb hierauf das Verfahren, um das exstirpierte Ovar am Leben zu erhalten und weiterzuentwickeln, ging dann auf die Frage der Optimaltemperatur, des Salzgehalts und der Viskosität über, erwähnte die Nährlösung, in der die abgetrennten und ausgereiften Eier aufbewahrt wurden, führte seine Schützlinge an die Arbeitstische und zeigte ihnen, wie diese Flüssigkeit aus den Reagenzgläsern abgezogen und tropfenweise auf die vorgewärmten Objektträger der Mikroskope geträufelt wurde, wie die in ihr enthaltenen Eier auf Entartungen untersucht, gezählt und in einen porösen Behälter übertragen wurden und – hier ließ er sie der Prozedur zusehen – wie man diesen Behälter in eine warme Nährbouillon voll freischwimmender Spermatozoen tauchte – Mindestgehalt 100 000 auf den Kubikzentimeter, so betonte er – und wie nach zehn Minuten der Behälter aus der Flüssigkeit gehoben und sein Inhalt neuerlich untersucht wurde. Waren einige Eier unbefruchtet geblieben, wurden sie flugs nochmals und, wenn nötig, noch mehrmals eingetaucht. Dann kamen die befruchteten Eier zurück in die Brutöfen, wo die Alphas und Betas bis zur endgültigen Abfüllung auf Flaschen blieben,

exstirpiertes Ovar: operativ entfernter Eierstock

Viskosität: die Zähigkeit einer Flüssigkeit

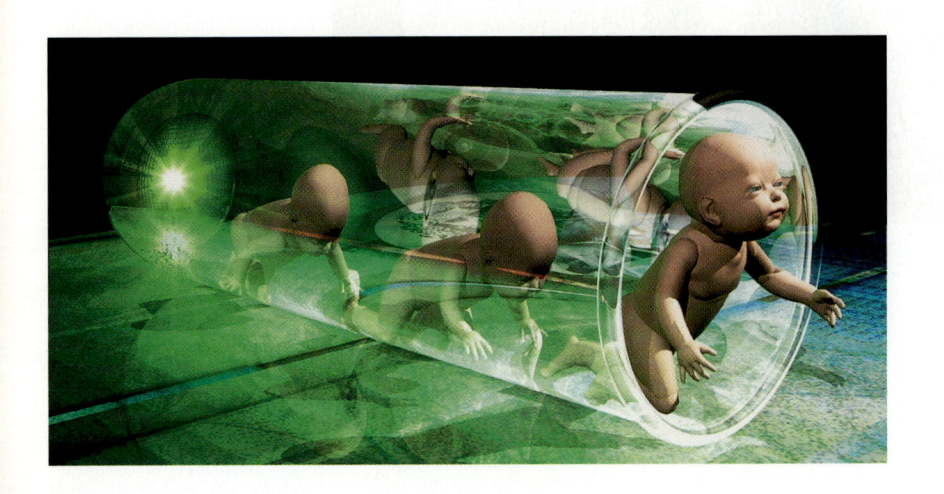

während die Gammas, Deltas und Epsilons schon nach sechsunddreißig Stunden herausgenommen und dem Bokanowskyverfahren unterzogen wurden. „Bokanowskyverfahren", wiederholte der Direktor, und die Studenten unterstrichen das Wort in ihren Heftchen.

Ein Ei – ein Embryo – ein erwachsener Mensch: das Natürliche. Aber ein bokanowskysiertes Ei knospt und sprosst und spaltet sich! Acht bis sechsundneunzig Knospen – und jede Knospe entwickelt sich zu einem vollausgebildeten Embryo, jeder Embryo zu einem vollausgewachsenen Menschen. Sechsundneunzig Menschenleben entstehen zu lassen, wo einst nur eins wuchs: Fortschritt. [...]

Ein Student war töricht genug, zu fragen, wo da der Vorteil liege.

„Aber, lieber Freund!" Der Direktor drehte sich mit einem Ruck nach ihm um. „Begreifen Sie nicht? Ja, begreifen Sie denn das nicht?" Er hob den Zeigefinger mit feierlicher Miene. „Das Bokanowskyverfahren ist eine der Hauptstützen menschlicher Beständigkeit."

Eine der Hauptstützen menschlicher Beständigkeit.

Menschen einer einzigen Prägung, in einheitlichen Gruppen. Ein einziges bokanowskysiertes Ei lieferte die Belegschaft für einen ganzen kleineren Fabrikbetrieb.

„Sechsundneunzig völlig identische Geschwister bedienen sechsundneunzig völlig identische Maschinen!" Seine Stimme bebte fast vor Begeisterung. „Da weiß man doch zum ersten Mal in der Weltgeschichte, woran man ist!" [...]

Der Rundgang durch purpurne Dämmerung führte sie in die Nähe von Meter 170 des Regals 9. Von dieser Stelle an war Regal 9 verschalt, die Flaschen legten den Rest der Reise in einem Tunnel zurück, der stellenweise von zwei bis drei Meter langen Öffnungen unterbrochen war.

„Wärmegewöhnung", erklärte Päppler.

Hitzetunnels wechselten mit Kältetunnels ab. Kälte war gekoppelt mit Unbehagen in Form starker Röntgenstrahlen. Wenn die Embryos entkorkt wurden, war ihnen das Grauen vor Kälte bereits eingefleischt. Sie waren prädestiniert, in die Tropen auszuwandern oder Bergarbeiter, Azetatseidenspinner oder Eisengießer zu werden. Später wurde ihr Verstand dazu gezwungen, dem Instinkt ihres Körpers zu folgen. „Denn wir normen sie auf Gedeihen bei Hitze", schloss Päppler. „Unsere Kollegen im nächsten Stockwerk bringen ihnen die Liebe zu ihr bei."

„Und darin", warf der Direktor salbungsvoll ein, „liegt das Geheimnis von Glück und Tugend: Tue gern, was du tun musst! Unser ganzes Normungsverfahren verfolgt dieses Ziel: die Menschen ihre unentrinnbare soziale Bestimmung lieben zu lehren."

1. **Belegt** anhand des **Textes,** dass der Titel von Aldous Huxleys Roman „Schöne neue Welt" ironisch ist.
2. Informiert euch über die politischen Verhältnisse der Zeit in Europa, in denen der Roman entstanden ist, und diskutiert über den Zeitbezug.

Mit Textbelegen arbeiten
→ S. 107

Blueprint *Charlotte Kerner*

Die hoch begabte Komponistin Iris leidet an einer unheilbaren Krankheit. Damit ihr Talent nicht mit ihr aus der Welt schwindet, lässt sie sich klonen. Iris und ihre Tochter Siri sind damit eineiige Zwillinge und zugleich Mutter und Kind. Als „Blueprint", als Kopie ihrer Mutter, lebt Siri ein vorgegebenes, vorgelebtes Leben. Wo genau verläuft die Grenze zwischen ihren Persönlichkeiten? Wer ist hier Ich und wer Du, wer frei und wer Sklavin der anderen?

Viel zu einfach habt ihr es euch gemacht, ihr Einlinge! Eure Rechnung hieß: Klon ist gleich Zwilling. Und diese Rechnung ist lange Zeit aufgegangen. Man könne schließlich nicht gegen einen Klon sein, wenn man für einen Zwilling sei! Und wenn die Natur diese Zwillinge erzeuge, so stehe es dem Menschen nicht zu, Klone zu verbieten.

Um die dumme, einfallslose Formel, Klon ist gleich Zwilling, attraktiv zu machen, gab es auch noch anspruchsvollere Begründungen: Das moderne Ich sei sowieso in Auflösung begriffen. Und da es eh nichts mehr gebe, an das man sich halten könne, sei es sowieso gleichgültig, wenn es jemanden zweimal gebe.

Das Wort klonen, das in aller Munde war, ist ein technischer Begriff, wertfrei und neutral. Ich aber will moralisch sein und habe ein moralisches Wort geschaffen, das ich euch vor die Füße spucke: Sprecht besser nicht mehr vom Klonen oder von uns Klonen, sprecht von MISSBRUT!

Dieses Wort ähnelt dem Begriff Missbrauch, und genau das ist beabsichtigt. Denn moralisch obszön sind beide, und auch die Opfer leiden ähnlich. Beide verstehen lange Zeit nicht, was mit ihnen geschieht oder geschehen ist. Sie lieben die Täter, die ihr Vertrauen ausnutzen. Von der Umwelt und von Gleichaltrigen ziehen sie sich zurück, wie ich es getan habe. Sie fühlen sich schuldig, weil ihnen das alles widerfahren ist, und schweigen am liebsten darüber. Manche verachten sich so, dass sie ihren Körper hassen, andere gehen noch weiter und hungern sich fast zu Tode oder zerstümmeln sich. Stumm schreien die Missbrauchten um Hilfe – genau wie ich, als ich ohnmächtig wurde und mein Kopf auf die Klaviertasten schlug.

Klonen ist Missbrut – auch ins Englische müsste sich das Wort gut übersetzen lassen. Wie wär's mit REPRO ABUSE? So kann auch Mortimer G. Fisher mich endlich verstehen.

Redet bitte auch nie wieder von Liebe, wenn es ums Klonen geht. Selbst Narziss suchte seine tote Zwillingsschwester, als er SICH im Spiegel bewunderte, aber nicht einmal dieser Prototyp eines Selbstverliebten schuf einen Klon nach seinen Wünschen. So selbstherrlich und selbstverliebt war nicht einmal er!

Ihr, die ihr diese Missbrut betreibt, seid weder Mann noch Frau, sondern ein drittes Geschlecht. Schon die alten Griechen haben euch gekannt und in dem Mythos vom Gott Eros beschrieben, der erzählt, wie die Liebe zwischen Mann und Frau in die Welt kam: Das mannweibliche Wesen war rund gewesen, alle seine Gliedmaßen und Sinnesorgane waren verdoppelt, und es bewegte sich Rad schlagend und kreisend fort. Dieses kräftige Geschlecht nun wollte sich einen Zugang zum Himmel bahnen und die Götter angreifen. Um diese Gefahr zu bannen, schnitt Zeus sämtliche mannweiblichen Wesen in zwei Hälften und formte daraus je einen Mann und eine Frau. Seitdem sehnt sich jede Hälfte nach der anderen. Jeder Mensch sucht immer sein anderes Stück, und genau das nennt man „den Eros" oder „die Liebe". Sie ist der Versuch, die ursprüngliche Natur wiederherzustellen und aus zwei eins zu machen.

Die Kloner aber handeln nicht aus Liebe, bringen nichts zusammen, sondern spalten. Sie machen aus einem zwei oder vier oder acht ... Sie sind das dritte Geschlecht des dritten Jahrtausends, und auch das greift die Götter an und will selbst Schöpfer sein.

Denn SIE sprach: Lasst mich einen Menschen machen nach meinem Ebenbild. Im Namen der Mutter, der Tochter und des heiligen Gen-Geistes.

Und so kam ich, Siri, als Missbrut in die Welt.

Das zu begreifen und zu benennen, machte mir bewusst, wer ich eigentlich war. Dieses neue Klon-Bewusst-Sein gab mir Halt, stärkte mich und machte mich ihr zum ersten Mal überlegen. Nie wieder fiel ich in Ohnmacht, ich hasste meinen Körper nicht mehr und fand mich immer schöner. Ich wusste nun, wer die Schuldige war, und begann meine Mutter und ihre Übermacht zu hassen.

Wo immer ich hinkam oder hinwollte, sie versperrte mir den Weg, auch den Weg zu Kristian. Und ein Hindernis, das stört, muss man beseitigen. Ohne sie gäbe es mich nicht, aber ohne sie gäbe es mich immer noch und zwar allein. Die klaren Klon-Gedanken münden, radikal zu Ende gedacht, bei Lynchjustiz. Und dich zu töten, Iris, wäre kein Mord, es wäre Selbstmord und damit straffrei. Auf der Tatwaffe befänden sich deine Fingerabdrücke und mir wäre nichts nachzuweisen. Das perfekte Verbrechen!

So heftig erschreckten mich meine Mordgedanken, dass ich in den nächsten Wochen besonders lieb zu der ahnungslosen Iris war.

1. Erarbeite den Textauszug unter folgenden Gesichtspunkten:
Was ist Klonen, welche Wörter und Begriffe werden dafür benutzt?
Welche Fragen und Probleme ergeben sich aus der Selbstschöpfung?
2. Erörtert das Motto des Buchs „Der Tierzüchter weiß jeweils,
was er vom Tier will. Aber wissen wir auch, was wir vom Menschen wollen?"
(Hans Jonas, 1903–1993, Philosoph).

Atomphysik: Nutzen und Gefahren

Hiroshima* *Marie Luise Kaschnitz*

*Text in alter Rechtschreibung

Der den Tod auf Hiroshima warf
Ging ins Kloster, läutet dort die Glocken.
Der den Tod auf Hiroshima warf
Sprang vom Stuhl in die Schlinge, erwürgte sich.
5 Der den Tod auf Hiroshima warf
Fiel in Wahnsinn, wehrt Gespenster ab
Hunderttausend, die ihn angehen nächtlich
Auferstandene aus Staub für ihn.

Nichts von alledem ist wahr.
10 Erst vor kurzem sah ich ihn
Im Garten seines Hauses vor der Stadt.
Die Hecken waren noch jung und die Rosenbüsche zierlich.
Das wächst nicht so schnell, daß sich einer verbergen könnte
Im Wald des Vergessens. Gut zu sehen war
15 Das nackte Vorstadthaus, die junge Frau
Die neben ihm stand im Blumenkleid
Das kleine Mädchen an ihrer Hand
Der Knabe, der auf seinem Rücken saß
Und über seinem Kopf die Peitsche schwang.
20 Sehr gut erkennbar war er selbst
Vierbeinig auf dem Grasplatz, das Gesicht
Verzerrt von Lachen, weil der Photograph
Hinter der Hecke stand, das Auge der Welt.

Der Abwurf der ersten Atombombe – sie trug den Kosenamen „Little Boy" – auf Hiroshima erfolgte am 6. August 1945. Mehr als 100 000 Menschen starben sofort, viele Tausende später bis heute an der Strahlenkrankheit bzw. an Erbschäden durch die radioaktiven Strahlen der Bomben. Am 9. August 1945 wurde die zweite Bombe mit dem Namen „Fat Man" auf Nagasaki abgeworfen.

---

1. Analysiere das Verhalten des Piloten in den beiden Strophen.
2. Vergleiche die beiden Strophen, die stilistischen Besonderheiten und ihre Steigerung, z. B. Wiederholungen, Parallelismen, Gegensätze, Bilder.
3. Informiert euch über die Atombombenabwürfe auf Hiroshima und Nagasaki und deren Spätfolgen bis heute. Erörtert die Gefährlichkeit dieser Waffe auch in unserer Gegenwart.

Gefangen* Friedrich Dürrenmatt

* Text in alter Rechtschreibung

Aus: Die Physiker

Der geniale Physiker Möbius flüchtet unter fingiertem Wahnsinn in ein Irrenhaus in der Hoffnung, so die Menschheit vor der gefährlichen Nutzung seiner Entdeckung zu bewahren. Auch zwei Geheimagenten entgegengesetzter politischer Systeme, Kilton und Eisler, schleichen sich unter ebenfalls fingiertem Wahn, die Physiker Newton und Einstein zu sein, in das Irrenhaus ein, um an die Papiere von Möbius und damit in den Besitz der Weltformel zu kommen. Aus Angst, von ihren Krankenschwestern, die ihr doppeltes Spiel durchschauen, verraten zu werden, morden alle drei. In der folgenden Szene versucht Möbius, die beiden Agenten zu überzeugen, zusammen mit ihm ein für alle Mal im Irrenhaus zu bleiben und eine toll gewordene Welt zu retten. Es scheint ihm zu gelingen. Doch später müssen alle drei sich eingestehen, die – tatsächlich irre – Irrenärztin total unterschätzt zu haben.

MÖBIUS [...] Soll ich den Unschuldigen spielen? Was wir denken, hat seine Folgen. Es war meine Pflicht, die Auswirkungen zu studieren, die meine Feldtheorie und meine Gravitationslehre haben würden. Das Resultat ist verheerend. Neue, unvorstellbare Energien würden freigesetzt und eine Technik ermöglicht, die jeder Phantasie spottet, falls meine Untersuchung in die Hände der Menschen fiele.

EINSTEIN Das wird sich kaum vermeiden lassen.

NEWTON Die Frage ist nur, wer zuerst an sie herankommt.

Möbius lacht.

MÖBIUS Sie wünschen dieses Glück wohl Ihrem Geheimdienst, Kilton, und dem Generalstab, der dahintersteht?

NEWTON Warum nicht? Um den größten Physiker aller Zeiten in die Gemeinschaft der Physiker zurückzuführen, ist mir jeder Generalstab heilig. Es geht um die Freiheit unserer Wissenschaft und um nichts weiter. Wer diese Freiheit garantiert, ist gleichgültig. Ich diene jedem System, läßt mich das System in Ruhe. Ich weiß, man spricht heute von der Verantwortung der Physiker. Wir haben es auf einmal mit der Furcht zu tun und werden moralisch. Das ist Unsinn. Wir haben Pionierarbeit zu leisten und nichts außer dem. Ob die Menschheit den Weg zu gehen versteht, den wir ihr bahnen, ist ihre Sache, nicht unsrige.

EINSTEIN Zugegeben. Wir haben Pionierarbeit zu leisten. Das ist auch meine Meinung. Doch dürfen wir die Verantwortung nicht ausklammern. Wir liefern der Menschheit gewaltige Machtmittel. Das gibt uns das Recht, Bedingungen zu stellen. Wir müssen Machtpolitiker werden, weil wir Physiker sind. Wir müssen entscheiden, zu wessen Gunsten wir unsere Wissenschaft anwenden, und ich habe mich entschieden. [...]

Möbius steht auf.

MÖBIUS Wir sind drei Physiker. Die Entscheidung, die wir zu fällen haben, ist eine Entscheidung unter Physikern. Wir müssen wissenschaftlich vorgehen. Wir dürfen uns nicht von Meinungen bestimmen lassen, sondern von logischen Schlüssen. Wir müssen versuchen, das Vernünftige zu finden. Wir dürfen uns keinen Denkfehler leisten, weil ein Fehlschluß zur Katastrophe führen müßte. Der Ausgangspunkt ist klar. Wir haben alle drei das gleiche Ziel im Auge, doch unsere Taktik ist verschieden. Das Ziel ist der Fortgang der Physik. Sie wollen ihr die Freiheit bewahren, Kilton, und streiten ihr die Verantwortung ab. Sie dagegen, Eisler, verpflichten die Physik im

Namen der Verantwortung der Machtpolitik eines bestimmten Landes. [...] Es gibt Risiken, die man nie eingehen darf: Der Untergang der Menschheit ist ein solches. Was die Welt mit den Waffen anrichtet, die sie schon besitzt, wissen wir, was sie mit jenen anrichten würde, die ich ermögliche, können wir uns denken. Dieser Einsicht habe ich mein Handeln untergeordnet. Ich war arm. Ich besaß eine Frau und drei Kinder. Auf der Universität winkte Ruhm, in der Industrie Geld. Beide Wege waren zu gefährlich. Ich hätte meine Arbeiten veröffentlichen müssen, der Umsturz unserer Wissenschaft und das Zusammenbrechen des wirtschaftlichen Gefüges wären die Folgen gewesen. Die Verantwortung zwang mir einen anderen Weg auf. Ich ließ meine akademische Karriere fahren, die Industrie fallen und überließ meine Familie ihrem Schicksal. Ich wählte die Narrenkappe. Ich gab vor, der König Salomo erscheine mir, und schon sperrte man mich in ein Irrenhaus.

NEWTON Das war doch keine Lösung!

MÖBIUS Die Vernunft forderte diesen Schritt. Wir sind in unserer Wissenschaft an die Grenzen des Erkennbaren gestoßen. Wir wissen einige genau erfaßbare Gesetze, einige Grundbeziehungen zwischen unbegreiflichen Erscheinungen, das ist alles, der gewaltige Rest bleibt Geheimnis, dem Verstande unzugänglich. Wir haben das Ende unseres Weges erreicht. Aber die Menschheit ist noch nicht so weit. Wir haben uns vorgekämpft, nun folgt uns niemand nach, wir sind ins Leere gestoßen. Unsere Wissenschaft ist schrecklich geworden, unsere Forschung gefährlich, unsere Erkenntnis tödlich. Es gibt für uns Physiker nur noch die Kapitulation vor der Wirklichkeit. Sie ist uns nicht gewachsen. Sie geht an uns zugrunde. Wir müssen unser Wissen zurücknehmen, und ich habe es zurückgenommen. Es gibt keine andere Lösung, auch für euch nicht. [...]
Wer tötet, ist ein Mörder, und wir haben getötet. Jeder von uns hatte einen Auftrag, der ihn in diese Anstalt führte. Jeder von uns tötete seine Krankenschwester für einen bestimmten Zweck. Ihr, um eure geheime Mission nicht zu gefährden, ich, weil Schwester Monika an mich glaubte. Sie hielt mich für ein verkanntes Genie. Sie begriff nicht, daß es heute die Pflicht eines Genies ist, verkannt zu bleiben. Töten ist etwas Schreckliches. Ich habe getötet, damit nicht ein noch schrecklicheres Morden anhebe. Nun seid ihr gekommen. Euch kann ich nicht beseitigen, aber vielleicht überzeugen? Sollen unsere Morde sinnlos werden? Entweder haben wir geopfert oder gemordet. Entweder bleiben wir im Irrenhaus, oder die Welt wird eines. Entweder löschen wir uns im Gedächtnis der Menschen aus, oder die Menschheit erlischt.

Schweigen.

NEWTON Möbius!

MÖBIUS Kilton?

NEWTON Diese Anstalt. Diese schrecklichen Pfleger. Diese bucklige Ärztin!

MÖBIUS Nun?

EINSTEIN Man sperrt uns ein wie wilde Tiere!

MÖBIUS Wir sind wilde Tiere. Man darf uns nicht auf die Menschheit loslassen.

Schweigen.

NEWTON Gibt es wirklich keinen andern Ausweg?

MÖBIUS Keinen.

Schweigen.

---

1. Vergleiche die Standpunkte der drei Physiker in Bezug auf die Verantwortung des Wissenschaftlers aus Möbius' Sicht.
2. Wie gelingt es Möbius, seine Mitgefangenen zu überzeugen?
3. Diskutiert Möbius' „Lösungsvorschlag" unter Einbeziehung der Zitate der Einstiegsseite.

21 Punkte*   *Friedrich Dürrenmatt*

* Text in alter Rechtschreibung

Mit diesen 21 Punkten kommentiert Dürrenmatt am 13. 2. 1962 in aphoristischer Kürze seine Komödie.

1. Ich gehe nicht von einer These, sondern von einer Geschichte aus.
2. Geht man von einer Geschichte aus, muß sie zu Ende gedacht werden.
3. Eine Geschichte ist dann zu Ende gedacht, wenn sie ihre schlimmstmögliche Wendung genommen hat.
4. Die schlimmst-mögliche Wendung ist nicht voraussehbar. Sie tritt durch Zufall ein.
5. Die Kunst des Dramatikers besteht darin, in einer Handlung den Zufall möglichst wirksam einzusetzen.
6. Träger einer dramatischen Handlung sind Menschen.
7. Der Zufall in einer dramatischen Handlung besteht darin, wann und wo wer zufällig wem begegnet.
8. Je planmäßiger die Menschen vorgehen, desto wirksamer vermag sie der Zufall zu treffen.
9. Planmäßig vorgehende Menschen wollen ein bestimmtes Ziel erreichen. Der Zufall trifft sie dann am schlimmsten, wenn sie durch ihn das Gegenteil ihres Ziels erreichen: das, was sie befürchten, was sie zu vermeiden suchten [z. B. Oedipus].
10. Eine solche Geschichte ist zwar grotesk, aber nicht absurd [sinnwidrig].
11. Sie ist paradox.
12. Ebenso wenig wie die Logiker können die Dramatiker das Paradoxe vermeiden.
13. Ebenso wenig wie die Logik können die Physiker das Paradoxe vermeiden.
14. Ein Drama für die Physiker muß paradox sein.
15. Es kann nicht den Inhalt der Physik zum Ziele haben, sondern nur ihre Auswirkung.
16. Der Inhalt der Physik geht die Physiker an, die Auswirkung alle Menschen.
17. Was alle angeht, können nur alle lösen.
18. Jeder Versuch eines Einzelnen, für sich zu lösen, was alle angeht, muß scheitern.
19. Im Paradoxen erscheint die Wirklichkeit.
20. Wer dem Paradoxen gegenübersteht, setzt sich der Wirklichkeit aus.
21. Die Dramatik kann den Zuschauer überlisten, sich der Wirklichkeit auszusetzen, aber nicht zwingen, ihr standzuhalten oder sie gar zu bewältigen.

1. Ordnet die Punkte nach Begriffen, Gesichtspunkten und Aussagen.
2. Klärt die Begriffe, ihre Abfolge und Korrespondenzen, schließlich die besondere Beziehung von Drama und Zukunft.

Der grüne Drache *Wolfgang Weyrauch*

Aus: Die japanischen Fischer

Unmittelbar nach dem Zweiten Weltkrieg beginnt das Wettrüsten zwischen Ost und West. Die damaligen Atommächte glauben sich vor dem Gegner nur sicher, wenn sie ihre Atomwaffen auf gering besiedelten Wüstengebieten und im Pazifik testen. Anwohner, wie die japanischen Fischer, werden dabei nur unzureichend gewarnt und von Atomtests überrascht. Um die tödliche Strahlung nicht auch zu ihren Familien und Dörfern zu bringen, beschließen die Fischer, geschlossen Selbstmord zu begehen. Susushi ist der letzte. Bevor er selbst in den Tod geht, halten er und der Autor die Opfertat der japanischen Fischer für die Nachwelt fest. Das Hörspiel schließt mit der Warnung Susushis: „Seid wachsam, ihr!"

STIMMEN VON FISCHERN *(i. 2. R.)* Wir fingen den Tunfisch.
    Wir fingen ihn in denselben Fischgründen wie immer.
    In der Nähe lag die Insel, wo sie immer ihre Versuche machen.
    Mit dem Atom.
5   Dem grünen Drachen.
    Aber das machte uns nichts aus.
    In den Zeitungen stand, dass sie uns schonen wollten.
    Uns kleine Fischer.
    [...]
10   Wir alle waren sehr fleißig gewesen.
    Viele leise Schritte.
SUSUSHI *(i. 3. R.)* Wacht auf.
FISCHER Was ist, Susushi?
SUSUSHI Wacht auf, wacht auf.
15 FISCHER Warum schreist du so?
SUSUSHI Wacht auf, wacht auf, wacht auf.
FISCHER Da soll man schlafen können.
SUSUSHI Es hat geblitzt.
FISCHER Es kann nicht geblitzt haben.
20 FISCHER Der Himmel ist voll von Sternen.
SUSUSHI Es hat geblitzt, wie ich es noch nie habe blitzen sehen.
FISCHER Vielleicht war es ein Komet.
FISCHER Oder ein Scheinwerfer von einem Riesenflugzeug.
FISCHER Oder du bist eingeschlafen und hast geträumt.
25 SUSUSHI Ich habe nicht geschlafen. Ich habe nicht geträumt.
    Aber obwohl ich wach war, habe ich gedacht, ich träume.
FISCHER Du hast geträumt.
SUSUSHI Aber jetzt, aber jetzt träume ich.
    Ich sehe etwas, das es nicht gibt.
30 FISCHER Diesmal hat Susushi Recht.
FISCHER Es ist ein Ding am Himmel, das aus der Hölle stammt.

FISCHER   Was ist das bloß für ein Ding?
FISCHER   Das Ding ist gar kein Ding. Es ist ein Wesen.
FISCHER   Es reicht vom Meer bis zum Himmel.
FISCHER   Das Wesen frisst den Mond auf.
SUSUSHI   Betet.
FISCHER   Es ist zu spät zum Beten.
SUSUSHI   Dazu ist es nie zu spät.
FISCHER   Ich bete nicht mehr so, wie ich sonst gebetet habe.
FISCHER   Wie denn?
FISCHER   Ich bete das neue Wesen an.
SUSUSHI   Wenn ihr nicht beten wollt, bete ich für euch mit.
FISCHER   Was ist das bloß für ein Ding?
SUSUSHI   Das Ding ist kein Ding. Das Ding ist kein Wesen. Das Ding ist das Atom. Ich bete. [...]
SUSUSHI (i. 1. R.)   Der Regen war kein richtiger Regen. Aber das wussten wir damals nicht, als wir nach Japan zurücksegelten. Heute weiß ich es, und ich möchte es Ihnen mitteilen, mein Herr. Der Regen war Regen und kein Regen. Er war Atomregen. Das Atom wurde von den Stürmen über den Wolken tausend Meilen weit geweht. Zu uns. Zu unserm Dorf, kann man sagen. Denn alle Männer unsres Dorfs waren in den Booten. Auch die Greise. Das ist bei uns so. Auch die Greise können anfassen. Sie können zum Beispiel die Fische sortieren. Aber jetzt sortieren sie nicht mehr. Jetzt ist unser Dorf ganz leer. Die Türen unsrer Hütten scheppern. Die Schlösser rosten. Sie fallen von den Türen. Die Türen sind offen. Vielleicht hat eine arme Familie, die eine Hütte gesucht hat, meine Hütte gefunden und ist hineingezogen. Ich rufe ihr zu: Geh aus der Hütte hinaus. Geh noch in diesem Augenblick aus meiner Hütte. Die Hütte, die einmal meine Hütte war, ist voll Atom. Ganz bestimmt. Mir macht keiner weis, dass das Atom zu wandern aufhört. Ich habe Brot angefasst, und das Atom ist ins Brot gekrochen. Ich habe mich ins Bett gelegt, und das Atom hat sich dazugelegt. Ich wasche mein Bettzeug im Bach, das Atom fließt im Bach, zu meinem Nachbarn, der seine Wäsche wäscht und wenn er sein Hemd anzieht ... Wissen Sie übrigens, mein Herr, ob Ihr eigenes Haus nicht auch –? Hat es neulich bei Ihnen geregnet, mein Herr? Haben Sie sich den Regen an –? Angesehen?
Flüstern vieler Stimmen.

1. Warum wird die Atombombe mit einem grünen Drachen verglichen? Erkundigt euch über die Bedeutung des Drachen in der japanischen Kultur.
2. Erstellt eine **Rollenbiografie** Susushis.   **Rollenbiografie** → S. 343
3. Inszeniert diesen Text oder das ganze Stück als Hörspiel.

Vor der Atomenergiekommission *Heinar Kipphardt*

Aus: In der Sache J. Robert Oppenheimer

J. Robert Oppenheimer, einer der Väter der Atombombe, wird einer pazifistisch-prokommunistischen Gesinnung verdächtigt und muss sich und seine Arbeit vor einem amerikanischen Untersuchungsausschuss rechtfertigen.
In den Verhören, die Heinar Kipphardt auf der Grundlage von historischen Dokumenten schrieb, entsteht das Bild eines Wissenschaftlers, der die sozialen Folgen seiner Forschung bedenkt und dadurch in einen Konflikt mit dem Staat gerät.

Dunkel. Oppenheimer tritt an die Rampe.
Textprojektion oder Lautsprecheransage:
Am 14. Mai 1954, wenige Minuten vor zehn, betrat der Physiker J. Robert Oppenheimer das Büro 2022 der Atomenergiekommission in Washington
5 zum letzten Mal, den Spruch des Ausschusses entgegenzunehmen und sich in einem Schlusswort zu rechtfertigen. [...]

OPPENHEIMER   Als ich mich vor mehr als einem Monat zum ersten Mal auf dieses alte Sofa setzte, war ich willens, mich zu verteidigen, denn ich fand keine Schuld an mir, und ich sah mich als Opfer einer be-
10 stimmten politischen Konstellation, die ich beklagenswert fand.
Zu dem widerwärtigen Unternehmen gezwungen, mein Leben zu rekapitulieren, meine Motive zu handeln, meine Konflikte, und auch: die Konflikte, die sich nicht eingestellt hatten, – begann sich meine Haltung zu wandeln. Ich bemühte mich, vollkommen offen zu sein,
15 und das ist eine Technik, die man erlernen muss, wenn man viele Jahre seines Lebens zu anderen Menschen nicht offen war. Indem ich über mich, einen Physiker in unserer Zeit, nachdachte, begann ich mich zu fragen, ob nicht tatsächlich so etwas stattgefunden hat wie Gedankenverrat, eine Kategorie, die Mr. Robb hier einzuführen empfahl. Wenn
20 ich denke, dass es uns eine geläufige Tatsache geworden ist, dass auch die Grundlagenforschung in der Kernphysik heute die höchste Geheimnisstufe hat, dass unsere Laboratorien von den militärischen Instanzen bezahlt und wie Kriegsobjekte bewacht werden, wenn ich denke, was im gleichen Fall aus den Ideen des Kopernikus oder den Entdeckungen
25 Newtons geworden wäre, dann frage ich mich, ob wir den Geist der Wissenschaft nicht wirklich verraten haben, als wir unsere Forschungsarbeiten den Militärs überließen, ohne an die Folgen zu denken.
So finden wir uns in einer Welt, in der die Menschen die Entdeckungen der Gelehrten mit Schrecken studieren, und neue Entdeckungen
30 rufen neue Todesängste bei ihnen hervor. Dabei scheint die Hoffnung gering, dass die Menschen bald lernen könnten, auf diesem klein gewordenen Stern miteinander zu leben, und gering ist die Hoffnung, dass sich ihr Leben eines nicht fernen Tages in seinem materiellen

Aspekt auf die neuen menschenfreundlichen Entdeckungen gründen werde.

Es scheint ein weidlich utopischer Gedanke, dass die überall gleich leicht und gleich billig herstellbare Kernenergie andere Gleichheiten nach sich ziehen werde und dass die künstlichen Gehirne, die wir für die großen Vernichtungswaffen entwickelten, künftig unsere Fabriken in Gang halten könnten, der menschlichen Arbeit ihren schöpferischen Rang zurückgebend. Das würde unserem Leben die materiellen Freiheiten schenken, die eine der Voraussetzungen des Glückes sind, aber man muss sagen, dass diese Hoffnungen durch unsere Wirklichkeit nicht zu belegen sind. Doch sind sie die Alternative zu der Vernichtung dieser Erde, die wir fürchten und die wir uns nicht vorstellen können. An diesem Kreuzweg empfinden wir Physiker, dass wir niemals so viel Bedeutung hatten und dass wir niemals so ohnmächtig waren.

Als ich mein Leben hier durchging, fand ich, dass die Handlungen, die mich nach Ansicht des Ausschusses belasten, der Idee der Wissenschaften nähergestanden sind als die Verdienste, die man mir anrechnet.

Ganz anders als dieser Ausschuss frage ich mich infolgedessen, ob wir Physiker unseren Regierungen nicht zuweilen eine zu große, eine zu ungeprüfte Loyalität gegeben haben, gegen unsere bessere Einsicht, in meinem Fall nicht nur in der Frage der Wasserstoffbombe.

Wir haben die besten Jahre unseres Lebens damit verbracht, immer perfektere Zerstörungsmittel zu finden, wir haben die Arbeit der Militärs getan, und ich habe in den Eingeweiden das Gefühl, dass dies falsch war. Obzwar ich die Entscheidung der Mehrheit dieses Ausschusses anfechten werde, will ich fernerhin an Kriegsprojekten nicht arbeiten, wie immer die angestrebte Revision ausfallen mag. Wir haben die Arbeit des Teufels getan, und wir kehren nun zu unseren wirklichen Aufgaben zurück.

1. Worin sieht Oppenheimer seine Schuld? Diskutiert die doppelte Bedeutung des Begriffs „Gedankenverrat" und belegt sie mit Beispielen.
2. Verfasse eine Anklageschrift gegen den Physiker J. R. Oppenheimer. Zu welchem Urteil käme heute ein Gericht in Deutschland? Beziehe das Grundgesetz der Bundesrepublik in deine Überlegungen mit ein.
3. Erkundigt euch über Kennzeichen und Ziele des **Dokumentartheaters**. Warum setzen sich vor allem Dramatiker mit diesem Thema auseinander?

Dokumentartheater
→ S. 340

Fragen nach Tschernobyl *Erich Fried*

Wenn so viel geschehen musste
damit die Angst
der Menschen
sich selbst erkennt

5 wie viel müsste geschehen
damit auch der Widerstand
der Menschen
so groß wird und allgemein
wie jetzt ihre Angst?

10 Aber wenn so viel geschähe
wären dann nachher
noch Menschen da
um Widerstand zu leisten?

Tschernobyl Am 26. April 1986 kam es in der ukrainischen Stadt Prypjat (damals noch sowjetisch) zu einer der größten Umweltkatastrophen überhaupt. In einem Kernreaktor ereignete sich eine katastrophale Kernschmelze und Explosion, wodurch große Mengen an Radioaktivität freigesetzt wurden. Bekannt ist die Katastrophe unter dem Namen der Nachbarstadt Tschernobyl.

---

1. Vergleiche die drei Strophen und ihre inhaltlichen und sprachlichen Beziehungen zueinander, z. B. Tempora, Modi, Wiederholungen, Syntax, Parallelismen.
2. Wie könnte ein so genannter „GAU" aussehen?
3. Diskutiert Nutzen und Gefahren der unterschiedlichen Energiegewinnung.

# Ethik: Verantwortung und Verpflichtung

Gelöbnis – Eid für die Wissenschaftler (1988)
Conference on Scientists, Disarmament and People

Bei dem Gelöbnis handelt es sich um einen Vorschlag für hippokratische, d. h. moralisch-ethische Eide für Naturwissenschaftler und Ingenieure.

In dem Bewusstsein, dass ohne ethische Steuerung die Wissenschaft und ihre Produkte die Gesellschaft und deren Zukunft schädigen oder gar zerstören können, gelobe ich, meine eigenen wissenschaftlichen Fähigkeiten niemals nur für Entlohnung oder Prestige oder ausschließlich auf Anweisung von Arbeitgebern oder politischen Führern anzuwenden, sondern nur auf Grund meiner persönlichen Meinung und sozialen Verantwortlichkeit, gestützt auf mein eigenes Wissen und auf Abwägung der Umstände und der möglichen Konsequenzen meiner Arbeit, sodass die wissenschaftliche oder technische Forschung, die ich unternehme, wahrhaft im besten Interesse der Gesellschaft und des Friedens ist.

„Dürfen Gene patentiert werden?"*

Überlassen Sie Bioethik nicht Experten. **Wir brauchen Ihre Meinung.**
www.1000fragen.de

Eine Initiative der AKTION MENSCH

Vertrag über das gemeinsame genetische Erbe der Erde (2001) *Jeremy Rifkin*

Wir erklären folgende Wahrheiten für universell gültig und unteilbar:

– Der innere Wert des irdischen Genpools in all seinen biologischen Formen und Erscheinungsweisen hat Vorrang vor jeder Nutzenerwägung und muss daher von allen politischen, wirtschaftlichen und sozialen Institutionen geachtet und geschützt werden.

– Der Genpool der Erde ist in all seinen biologischen Formen und Äußerungsweisen Teil der Natur und darf daher von niemandem als geistiges Eigentum beansprucht werden, und zwar auch dann nicht, wenn er im Labor gereinigt oder synthetisiert worden ist.

– Der weltweite Genpool in all seinen biologischen Formen und Erscheinungsweisen ist ein gemeinsames Vermächtnis, für das alle Menschen Verantwortung tragen.

– Da das wachsende biologische Wissen uns eine besondere Verpflichtung auferlegt als Sachverwalter für die Erhaltung und das Wohlergehen unserer Art wie auch aller unserer Mitgeschöpfe zu wirken, erklären die Nationen der Welt den Genpool der Erde in all seinen biologischen Formen und Erscheinungsweisen zum weltweiten Gemeinbesitz, den alle Völker zu hegen und zu schützen haben. Wir erklären weiter, dass Gene und die von ihnen kodierten Erzeugnisse in natürlicher, gereinigter oder synthetisierter Form als Chromosomen, Zellen, Gewebe, Organe oder Organismen einschließlich geklonter, transgener oder schimärischer Lebewesen weder von Staaten oder Wirtschaftsunternehmen noch von anderen Institutionen oder Individuen als kommerziell zu nutzende genetische Information oder als geistiges Eigentum beansprucht werden dürfen.

– Die Unterzeichner des Vertrages – sowohl Nationalstaaten als auch indigene Völker – kommen überein, den Genpool treuhänderisch zu verwalten. Die Unterzeichner erkennen an, dass jede Nation und jedes Volk in souveräner Eigenverantwortung die Aufsicht über die biologischen Ressourcen innerhalb ihrer Grenzen führt und selbst bestimmen kann, wie sie verwaltet und gemeinschaftlich genutzt werden sollen. Da der Genpool in all seinen biologischen Formen und Erscheinungsweisen aber gemeinsamer Besitz der Welt ist, kann er nicht in Gestalt genetischer Informationen an Institutionen oder Individuen verkauft werden. Und umgekehrt kann keine Institution und kein Individuum Anspruch auf Urheberrechte oder geistiges Eigentum an genetischen Informationen erheben.

indigen: einheimisch

Paraphrase → S. 91

1. **Paraphrasiere** die Texte und werte sie aus.
2. Analysiere die Texte und formuliere sie mit Ergänzungen über Informationen zur aktuellen Forschungssituation um.

Die Schutzwürdigkeit des Embryos   *Norbert Hoerster*

Man dürfe, so wird häufig – nicht nur von theologischer Seite – vorgebracht, aus prinzipiellen Gründen, keine Menschen „züchten" und damit „in die Schöpfung eingreifen". Der Mensch „auf Probe", der Mensch „nach Maß", der Mensch „von der Stange" müsse ein Tabu bleiben. Ist eine derartige Begründung für das Verbot der Präimplantationsdiagnostik rational nachvollziehbar? Zunächst einmal: Die Behauptung, man dürfe nicht „in die Schöpfung eingreifen", ist ein bloßes Schlagwort, das in anderen Kontexten niemand ernst nimmt. Versuchen wir nicht seit Jahrhunderten (zum Teil erfolgreich), sämtliche in der Natur angelegten Krankheiten zu bekämpfen, ja möglichst auszurotten? Wird nicht zum Beispiel ganz massiv „in die Schöpfung eingegriffen", wenn etwa Wissenschaftler daran arbeiten, jene Mückenarten, die durch die Übertragung von Malaria etwa einer Million Menschen auf der Erde jährlich den Tod bringen, gentechnisch zu verändern?

Was aber die Zulässigkeit speziell der „Menschenzüchtung" im Wege einer Embryonenselektion angeht [...]: 1. Man selektiert Embryonen für die Implantation, nachdem man sie zuvor auf bestimmte genetische Eigenschaften hin mit Erfolg *getestet* hat. 2. Man selektiert Embryonen für die Implantation, nachdem man sie zuvor mit Erfolg in eine bestimmte Richtung genetisch *manipuliert* hat. [...] Die Selektion auf Manipulationsbasis geht offenbar erheblich weiter als die Selektion auf Testbasis: Eine Manipulation setzt sinnvollerweise einen Test voraus, aber nicht umgekehrt. Durch Praktik 2 kann man die in der Natur vorgefundenen Anlagen verändern; durch Praktik 1 kann man lediglich unter den in der Natur vorgefundenen Anlagen eine gezielte Auswahl treffen und damit einer reinen Zufallsauswahl zuvorkommen.

Praktik 2 der Selektion auf Manipulationsbasis muss schon deshalb verboten sein, weil nicht auszuschließen ist, dass sie de facto, wenngleich nicht intendiert, bei dem Embryo Schäden hervorruft, die den späteren Menschen in seinem Überlebens- und Gesundheitsinteresse massiv verletzen können. Eben dieser Gesichtspunkt spricht im Übrigen auch entscheidend gegen die Zulassung des so genannten „reproduktiven Klonens" von Menschen, das die Gefahr birgt, zur Entstehung missgebildeter Versuchsmenschen zu führen.

Bei der Präimplantationsdiagnostik jedoch geht es ausschließlich um Praktik 1. Ich vermag beim besten Willen nicht zu sehen, was daran verbotswürdig sein soll, in die Zufallsauswahl der Natur zugunsten einer der sich präsentierenden Alternativen im Interesse des Menschen korrigierend einzugreifen. Es erscheint mir auch unbegründet, einen solchen Eingriff, wie bisweilen vorgeschlagen, nur dann zuzulassen, wenn bei den Eltern des Embryos ganz bestimmte genetische Risikofaktoren vorliegen. Warum soll es den Eltern vom Staat verboten werden, die Auswahl unter ihren verschiedenen Embryonen, soweit möglich, nach jeder beliebigen genetischen Ausstattung, die sie wünschen, vorzunehmen? Man kann sich – gleichsam eine Stufe früher im Prozess der Nachwuchsplanung –

seinen Zeugungspartner, wenn man dies will, ja auch danach aussuchen, ob sich in dessen Familie eine bestimmte ausgeprägte Veranlagung (beispielsweise zu sportlichen Höchstleistungen) findet. Und wie steht es denn mit einer Selektion in einem Stadium *nach* der Implantation bzw. Einnistung, nämlich einer Selektion im Weg der Abtreibung? Mit Recht ist in unserer Gesellschaft jedenfalls die Frühabtreibung, wie wir sahen, ohne jede Indikation strafrechtlich freigegeben. Jede Frau kann aus jedem beliebigen Grund eine solche Abtreibung bei sich vornehmen bzw. vornehmen lassen. Wer aus jedem beliebigen Grund abtreiben kann, der kann aber – das ist die zwingende Folgerung – eben auch zum Zweck jeder beliebigen von ihm gewünschten Selektion abtreiben! Mit anderen Worten: Jede Frau kann, soweit technisch möglich, im Weg der Pränataldiagnostik die genetische Ausstattung ihres Embryos testen lassen und sich je nach Ausgang dieses Tests für oder gegen die Existenz ihres Embryos entscheiden.

Nun wird man vielleicht sagen, dass eine Abtreibung zum Zweck der Selektion nur selten von Frauen gewünscht werden wird – außer im Fall einer genetischen Schädigung des Embryos. Das mag zutreffen. Gleiches dürfte aber auf die Präimplantationsdiagnostik zum Zweck der Selektion zutreffen. Man muss in diesem Zusammenhang nämlich bedenken, dass die jeder Befruchtung in vitro notwendig vorausgehende Prozedur zur Gewinnung unbefruchteter Eizellen für die Frau durchaus mit Belastungen verbunden ist, die den Belastungen einer Schwangerschaft auf Probe nicht unbedingt nachstehen. Nach alledem erscheint es völlig unbegründet, eine Selektion in vitro strafrechtlich zu verbieten, die in vivo, also in einem deutlich späteren Stadium der Entwicklung des Embryos, in vollem Umfang zugelassen wird.

Als ziemlich konstruiert erscheint in diesem Zusammenhang aber auch die Befürchtung, die Folge einer zulässigen Selektion des Embryos werde der Einheitsmensch, der Mensch „von der Stange" sein. Selbst wenn man einmal voraussetzt, dass alle möglichen genetischen Eigenschaften des Embryos bereits im Pränatalstadium getestet werden können (was wohl nie der Fall sein wird): Die freie Möglichkeit einer privaten Selektion auf Wunsch der Eltern bzw. der Mutter ist eine Sache; eine staatlich angeordnete Zwangsselektion nach vorgegebenen Kriterien ist eine ganz andere Sache. Dass eine Zwangsselektion in einem freiheitlichen Staat nicht in Betracht kommt, bedarf keiner näheren Begründung. Dass eine private Selektion jedoch zu einem „Einheitsmenschen" führen würde, ist schon deshalb äußerst unwahrscheinlich, weil die Menschen sich in den Idealvorstellungen von ihrem Nachwuchs sicherlich nicht weniger unterscheiden als in ihren Präferenzen etwa für ihre Freunde oder ihre Hobbys.

1. Stelle die zentralen Aussagen in Bezug auf die Schutzwürdigkeit des Embryos in markanten Formulierungen zusammen.
2. Welche Selektionen bzw. Praktiken unterscheidet Hoerster, und wie bewertet er sie?

„Wir wollen keine Menschen züchten" *Ernst-Ludwig Winnacker*

Es ist richtig, dass ich den Stammzellen Erwachsener den Vorrang gegeben habe, aus naturwissenschaftlichen, juristischen und ethischen Erwägungen. Nur hat sich in den vergangenen Monaten in der Wissenschaft so viel getan, dass unsere Experten die bisherige Stellungnahme der DFG nicht mehr für aktuell hielten. Wer auch immer die Literatur verfolgt, kommt zu dem Schluss, dass wir das entwicklungsbiologische und therapeutische Potenzial der Stammzellen erst richtig verstehen und nutzen können, wenn wir alle Zelltypen erforschen, die embryonalen Zellen wie diejenigen aus Erwachsenen.

Bedeutet dies den Einstieg in eine groß angelegte Embryonenforschung?

Es geht nur um wenige Zelllinien, die wir entweder aus dem Ausland importieren könnten oder aber in Deutschland aus Embryonen herstellen könnten, die bei künstlicher Befruchtung übrig geblieben sind. Unser Ziel bleibt die Nutzung von Stammzellen Erwachsener, bei der sich keine ethischen Probleme auftun. Der Idealzustand wäre, eine Erwachsenenzelle von einem Patienten zu nehmen und sie umzuwandeln in den Zelltyp, den man braucht, um krankes Gewebe zu ersetzen. Diesen Prozess verstehen wir heute aber noch nicht. Deshalb sind wir jetzt zu der Überzeugung gekommen, dass man auch am anderen Ende des entwicklungsbiologischen Spektrums forschen muss, bei den Embryozellen, um sich dann gewissermaßen in der Mitte zu treffen [...].

Die Verhütung durch die Spirale mag verwerflich sein, aber sie ist keine Verzwecklichung, sondern hat immer noch mit Fortpflanzung zu tun, wenn auch mit unterbrochener. Ein Therapeutikum aber, das ist eine Verzwecklichung, oder sehen Sie das anders?

Völlig richtig. Und deswegen wollen wir auch nicht mit Embryonen arbeiten, die zu Forschungszwecken hergestellt wurden. Dies ist ein sehr wichtiger Punkt, und das werde ich auch nicht zulassen. Quelle des Gewebes können nur Embryonen sein, die bei der künstlichen Befruchtung übrig bleiben, weil es keine Mutter für sie gibt. Bei diesen Embryonen besteht die Alternative, ob sie entweder weiter auf Eis liegen oder aber anderen Menschen als Ersatzgewebe helfen können. Es wird ja auch sehr deutlich in dieser Stellungnahme: Wir wollen keine Menschen zu Forschungszwecken züchten. [...]

Sie haben vor einem Jahr den Verzicht auf die Forschung an Embryozellen mit dem Satz begründet, es gebe Situationen, in denen die Wissenschaft nicht nur als Anwalt ihrer selbst auftreten müsse, sondern als Anwalt der gesamten Gesellschaft. Jetzt scheinen Sie sich ja stärker als Anwalt der Forschung zu sehen, wenn Sie deren Drängen nachgeben.

Dieses Gespräch mit Ernst-Ludwig Winnacker, dem Präsidenten der Deutschen Forschungsgesellschaft (DFG), führten Joachim Müller-Jung und Christian Schwägerl.

"Bin ich mehr als die Summe meiner Gene?"*

Überlassen Sie Bioethik nicht Experten. **Wir brauchen Ihre Meinung.**
www.1000fragen.de

Eine Initiative der AKTION MENSCH

Ich stehe immer noch zu meinem Satz. Wenn wir immer nur im Interesse der scientific community gehandelt hätten, dann hätten wir ja auch Stimmen folgen können, die eine britische Lösung fordern, also therapeutisches Klonen. Dann hätten wir in Deutschland vielleicht inzwischen eine völlig andere Situation. [...] Wir hingegen haben uns frühzeitig Gedanken gemacht, wie weit man gehen kann und wie weit nicht. In diesem Prozess sind wir jetzt einen Schritt weiter.

Fühlten Sie sich als DFG-Präsident unter Druck gesetzt von bestimmten Forscherinteressen?

Es gibt in Deutschland Wissenschaftler, die noch weiter gehen wollen. Wir sind ja auch keine moralische Instanz. Für uns ist die Frage, wie eine Instanz entscheiden muss, die im Angesicht der Forderung nach solchen Arbeiten Wege finden muss, die mit dem geltenden Recht in Einklang sind, aber auch mit den moralischen Vorstellungen der Gesellschaft. Diesen Weg haben wir mit der Stellungnahme gefunden. Wir zeigen einen möglichen Weg auf, mit importierten Zellen zu arbeiten, ohne das Embryonenschutzgesetz zu ändern. Wir zeigen, falls erforderlich, einen weiteren Weg auf, das Embryonenschutzgesetz zu ändern und die Embryozellen in Deutschland selbst zu gewinnen. Nein, ich fühlte mich nicht unter Druck gesetzt. [...]

War es unvorsichtig, sich so früh auf adulte Stammzellen festzulegen, die ganze Politik dafür zu begeistern, nur um jetzt eine Tür einzutreten, die man sich vorher selbst verschlossen hat?

Nein, wir haben uns nicht voreilig verhalten, sondern uns im Gegenteil erst sehr spät an der Diskussion um die Stammzellen beteiligt. Auch die Politiker waren sich aller Optionen und Einschränkungen immer bewusst. [...] Es war allen klar, dass die Stammzellenforschung ein sich sehr rapide entwickelndes Gebiet ist. Nun kommt es darauf an, einen kühlen Kopf zu behalten und Wege zu finden, die mit unserem Menschenbild vereinbar sind. [...]

1. Stelle die Position Winnackers in Thesen dar.
2. Formuliere weiterführende Fragen für ein Interview, z. B.: Wie ist der Stand der Forschung mit adulten Stammzellen im internationalen Vergleich?
3. Schreibe zu Winnackers Standpunkt einen Gegenartikel unter Einbeziehung der Interview-Ergebnisse.

Forschung: jenseits von Gut und Böse? (1987)   *Hans Jonas*

Die simplistische Antwort hierauf ist, dass der Forscher, da er keine Gewalt über die *Anwendung* seiner Entdeckung hat, auch nicht für ihren Missbrauch verantwortlich ist. *Sein* Produkt ist Wissen und nichts sonst: das Nutzungspotenzial dieses Produkts, von ihm aus gesehen ein Nebenprodukt, ist herrenloses Gut für andere, die sich seiner bemächtigen oder es liegen lassen können, und im ersteren Falle es für gute oder böse, frivole oder ernsthafte Zwecke verwenden können. Die Wissenschaft an sich und in der Person ihrer Diener ist unschuldig, gewissermaßen jenseits von Gut und Böse. Plausibel, doch zu einfach. Die Gewissenskämpfe der Atomforscher nach Hiroshima deuten darauf hin. Wir müssen uns die Verschränkung von Theorie und Praxis im tatsächlichen Hergang der Forschung näher ansehen, so wie er heute ist und nicht anders sein kann. Wir werden dann finden, dass nicht nur die Grenzen zwischen Theorie und Praxis unbestimmt geworden, sondern beide jetzt im Innersten der Forschung miteinander verschmolzen sind, sodass das altehrwürdige Alibi „reine Theorie" nicht mehr besteht und mit ihm die moralische Immunität dahin ist, die es gewährte.

Die erste und sehr offenkundige Beobachtung ist, dass kein Zweig der Naturwissenschaft verbleibt, dessen Funde nicht irgendeiner technischen Nutzung fähig wären. Die einzige Ausnahme, an die ich denken kann, ist die Kosmologie: Das expandierende Universum, sein Woher und Wohin, Milchstraßenentwicklung, Supernovas und schwarze Löcher – das sind Gegenstände des Denkens allein und keines möglichen Tuns unsererseits. Es ist nachdenkenswert und gewiss kein Zufall, dass die erste aller Wissenschaften, die Astronomie „Betrachtung" des Himmels – auch die letzte ist, die „reine", nämlich ganz „kontemplative" Naturwissenschaft bleibt. Jedes sonstige Entziffern der Natur durch die Wissenschaft lädt heute irgendeine Übersetzung seiner Funde in eine oder andere technische Möglichkeit ein, ja, startet oft genug eine ganz neue Technologie, an die niemand vorher gedacht hatte. Wäre dies alles, der Theoretiker könnte immer noch seine Freistatt diesseits des Schrittes in die Aktion reklamieren: „Die Schwelle wird überschritten (so könnte er sagen), nachdem meine Arbeit getan ist, und könnte, was mich betrifft, auch unüberschritten bleiben." Aber er hätte Unrecht, und wir müssen ihn daran erinnern, dass sein erster, „reiner" Teil der Abfolge ihm nur durch massive Arrangements von außen ermöglicht wurde, unter deren Dach seine Rolle zum Glied einer vertraglichen Arbeitsteilung wurde. Was ist das wirkliche Verhältnis?

Erstens lebt heute die Wissenschaft in hohem Maße vom intellektuellen Feedback gerade ihrer technischen Anwendung. Zweitens empfängt sie von dort ihre Aufträge: in welcher Richtung zu suchen, welche Probleme zu lösen. Drittens benutzt sie für deren Lösung und allgemein für ihren eigenen weiteren Fortgang selber eine fortgeschrittene Technik: ihre physischen Werkzeuge werden immer anspruchsvoller. In diesem Sinne hat selbst die reinste Wissenschaft eine Gewinnbeteiligung an der Technik, wie die Technik eine an der Wissenschaft hat. Viertens müssen die Kosten dieser physischen Armatur und ihrer Bedienung von außen beigesteuert werden: Die pure Ökonomie der Sache verlangt die Mitwirkung der öffentlichen Kasse oder sonstige finanzielle Patenschaft, und solche Fundierung des gutgeheißenen Forschungsprojekts, selbst wenn formell an keine Gegenleistung gebunden, erfolgt natürlich in der Erwartung irgendeines späteren Gewinns im praktischen Bereich. Hier herrscht gegenseitiges Einverständnis: Ganz unverhohlen wird der erhoffte Nutzwert im Antrag für den Zuschuss als empfehlende Begründung aufgeführt oder geradewegs als Zweck in seiner Anbietung spezifiziert. Kurz, es ist dahin gekommen, dass die Aufgaben der Wissenschaft zunehmend von äußeren Interessen anstatt von der Logik der Wissenschaft selbst oder der freien Neugier des Forschers bestimmt werden. Damit sollen weder jene äußeren Interessen selbst herabgesetzt werden noch die Tatsache, dass die Wissenschaft ihnen dient und damit ein Teil des öffentlich-gesellschaftlichen Unternehmens geworden ist. Doch es soll besagen, dass mit der Annahme dieser Rolle (ohne die es keine Naturwissenschaft des fortgeschrittenen Typus gäbe, aber auch nicht den Typus Gesellschaft, die von ihren Früchten lebt) das Alibi der reinen „interesselosen" Theorie aufgehoben und die Wissenschaft mitten hinein ins Reich sozialer Aktion versetzt wurde, wo jeder Täter für seine Tat einzustehen hat. Dem füge man noch die allgegenwärtige Erfahrung hinzu, dass sich die Nutzungspotenziale wissenschaftlicher Entdeckungen auf dem Marktplatz des Gewinnes und der Macht als unwiderstehlich erweisen – dass, was sie als tubar gezeigt haben, auch getan wird, mit oder ohne vorheriges Einverständnis darüber – und es wird *überreichlich* klar, dass keine Inselhaftigkeit der Theorie mehr den Theoretiker davor schützt, der Urheber enormer und zurechenbarer Konsequenzen zu sein. Während es, technisch gesprochen, immer noch stimmt, dass jemand ein guter Wissenschaftler sein kann, ohne ein guter Mensch zu sein, so stimmt es doch nicht mehr, dass für ihn das „Guter-Mensch-Sein" erst außerhalb der wissenschaftlichen Tätigkeit beginnt: Die Tätigkeit selber erzeugt sittliche Fragen schon innerhalb des heiligen Bezirks.

1. Erörtert anhand des Textes seinen vollständigen Titel:
   „Ist erlaubt, was machbar ist? – Forschung – jenseits von Gut und Böse?".
2. Diskutiert auf der Grundlage der vorliegenden Texte die ethische Verantwortung des Wissenschaftlers für seine Forschung.
3. Vergleicht das Grundgesetz § 5 (3): „Kunst und Wissenschaft, Forschung und Lehre sind frei. Die Freiheit der Lehre entbindet nicht von der Treue zur Verfassung." Welche Grenzen der Freiheit muss es geben?
4. Formuliert nach Bearbeitung aller Texte ein aktuelles Gelöbnis zur Verantwortung des Wissenschaftlers.

EXTRA: Projekt

Künstliche Menschen

Von der Idee zur Durchführung

Organisiert in eurer Schule eine Ausstellung zum Thema „Künstliche Menschen".
- Überlegt euch zunächst gemeinsam Aspekte zum Thema „Künstliche Menschen", die in einer Ausstellung präsentiert werden könnten.
- Wählt Motive, Gesichtspunkte, Probleme, die euch besonders interessieren, und bildet zu jedem eine Gruppe. Informiert euch über euren Bereich und überlegt euch, was ihr wie darstellen wollt.
- Erstellt für eure Gruppe einen Arbeits- und Zeitplan. Schreibt eine Checkliste. Wer erledigt was?
- Bei der Eröffnung der Ausstellung stellen alle Gruppen ihre Ergebnisse vor. Ladet dazu eure Eltern, Fachlehrerinnen und Fachlehrer und andere Klassen ein.

Mögliche Themen
- Wunsch- und Albträume des Menschen, z. B. Befreiung von Arbeit, Freiheit und Sklaverei, „Zauberlehrlings-Effekt"
- Gestalten, Lebewesen und Maschinen, z. B. Golems, Homunkuli, Androiden, Maschinenmenschen, Automaten
- Entwicklungen der Technik und der Wirtschaft, z. B. Automatisierung und Roboter: Veränderung der Arbeitswelt
- soziologische Aspekte, z. B. Auswirkung auf die Arbeitsplätze und den Menschen

Mögliche Präsentationsformen
- Texte bzw. Textauszüge: Lesungen
- Plakate
- Buchausstellung mit Leseempfehlung
- Vorträge
- Filme (Ausschnitte)
- PC-gestützte Informationen
- Website

Künstliche Menschen
Zu den Träumen der Menschheit gehört auch der Traum von Homunkuli, von künstlichen Wesen und Maschinenmenschen, von Automaten und Robotern. Der Traum, wie Prometheus Menschen bzw. Lebewesen zu schaffen, kann zum Albtraum werden, wenn die Geschöpfe außer Kontrolle geraten und zur Bedrohung werden, so dargestellt von Mary Shelley in „Frankenstein oder Der moderne Prometheus" (1816), einem Horrorroman, oder in Gustav Meyrinks Roman „Der Golem" (1844).

„Warum wird Genforschung immer so schlecht gemacht?"*

Überlassen Sie Bioethik nicht Experten. Wir brauchen Ihre Meinung.
www.1000fragen.de

Eine Initiative der AKTION MENSCH

Gewalt und Widerstand

KAPUSTA

Wozu Menschen fähig sind

AUFBAUT!!! Aufbaut! (aufbaut)
Wolf Biermann

Wartet nicht auf bessre Zeiten
Wartet nicht mit eurem Mut
Gleich dem Tor, der Tag für Tag
An des Flusses Ufer wartet
Bis die Wasser abgeflossen
Die doch ewig fließen
    die doch ewig fließen

An die Weltverbesserer
Annette von Droste-Hülshoff

Pochest du an – poch nicht zu laut,
Eh' du geprüft des Nachhalls Dauer!
Drückst du die Hand – drück nicht zu traut!
Eh du gefragt des Herzens Schauer!
Wirfst du den Stein – bedenke wohl,
Wie weit ihn deine Hand wird treiben!
Oft schreckt ein Echo, dumpf und hohl,
Reicht goldne Hand dir den Obol,
Oft trifft ein Wurf des Nachbars Scheiben. [...]

Ach ja *Arnulf Zitelmann*

Wir zwängen uns in Konventionen
tun uns täglich Gewalt an
um weiter mithalten zu können
Leistung zu bringen drauf zu sein
vergewaltigen uns am laufenden Band
mit Fitnessprogrammen Hungerdiäten
rammen uns Schrott ins Gehirn
bei so viel Gewalt gegen uns selbst
eskaliert Gewaltbereitschaft
zur Gewalt gegenüber anderen
die noch wehrloser sind als wir

---

1. Diskutiert die Botschaft Wolf Biermanns unter besonderer Berücksichtigung der Überschrift.
2. Erkläre, warum Annette von Droste-Hülshoff in dem Gedicht auch die Kritiker der damaligen politischen Verhältnisse, die Vertreter des Jungen Deutschland[1] und des Vormärz[2], warnt.
3. Analysiere die verschiedenen Formen der Gewalt und die Folgen. Suche dafür konkrete Fälle in deiner Umgebung.
4. Erstellt eine Collage zum Thema „Die tägliche Gewalt" mit Hilfe von Ausschnitten aus Zeitungen, Fernsehprogrammen und Zeitschriften.

[1] **Junges Deutschland:** literarische Bewegung zwischen 1830 und 1850, die für die Rechte des Individuums sowie für liberale Ideen eintritt
[2] **Vormärz:** Epochenbezeichnung der Zeit zwischen dem Wiener Kongress (1815) und der Märzrevolution (1848). Radikaler als das Junge Deutschland.

Friedrich Mergel *Annette von Droste-Hülshoff*

Aus: Die Judenbuche

Das Motto der Judenbuche, das dem „Sittengemälde aus dem gebirgichten Westfalen" vorangestellt ist:

Wo ist die Hand so zart, dass ohne Irren
Sie sondern mag beschränkten Hirnes Wirren,
So fest, dass ohne Zittern sie den Stein
Mag schleudern auf ein arm verkümmert Sein?
5 Wer wagt es, eitlen Blutes Drang zu messen,
Zu wägen jedes Wort, das unvergessen
In junge Brust die zähen Wurzeln trieb,
Des Vorurteils geheimen Seelendieb?
Du Glücklicher, geboren und gehegt
10 Im lichten Raum, von frommer Hand gepflegt,
Leg hin die „Waagschal", nimmer dir erlaubt!
Lass ruhn den Stein – er trifft dein eignes Haupt! –

Annette von Droste-Hülshoff

Friedrich Mergel, die Hauptperson der Novelle, kommt nach dem Tod seines Vaters zu seinem zwielichtigen Oheim Simon, der ihn in verschiedene ungesetzliche Taten hineinzieht.

Auf einer Dorffeier ist Friedrich strahlender Mittelpunkt und prahlt mit seiner Uhr, wird aber durch den Juden Aaron in aller Öffentlichkeit bloßgestellt, dass er ihm noch Geld schulde.

Als man Tage später diesen Juden erschlagen im Wald unter einer Buche findet, wird Friedrich verdächtigt und flieht mit seinem ständigen Begleiter Johannes Niemand.

*Nach 28 Jahren Kriegsdienst und Sklaverei kommt Mergel als Johannes Niemand nach Hause zurück. Obwohl ihm die Tat nicht nachgewiesen werden konnte und sie schon längst verjährt ist, erhängt er sich an der so genannten Judenbuche.
So erfüllt sich, was die Glaubensgenossen nach dem Mord in den Stamm der Buche in hebräischer Schrift eingeritzt hatten: „Wenn du dich diesem Orte nahest, so wird es dir ergehen, wie du mir getan hast!"*

„Eine prächtige Uhr!", sagte der Schweinehirt und schob sein Gesicht in ehrfurchtsvoller Neugier vor. – „Was hat sie gekostet?", rief Wilm Hülsmeyer, Friedrichs Nebenbuhler. – „Willst du sie bezahlen?", fragte Friedrich. – „Hast du sie bezahlt?", antwortete Wilm. Friedrich warf einen stolzen Blick auf ihn und griff in schweigender Majestät zum Fidelbogen. – „Nun, nun", sagte Hülsmeyer, „dergleichen hat man schon erlebt. Du weißt wohl, der Franz Ebel hatte auch eine schöne Uhr, bis der Jude Aaron sie ihm wieder abnahm." Friedrich antwortete nicht, sondern winkte stolz der ersten Violine, und sie begannen aus Leibeskräften zu streichen.

Die Gutsherrschaft war indessen in die Kammer getreten, wo der Braut von den Nachbarfrauen das Zeichen ihres neuen Standes, die weiße Stirnbinde, umgelegt wurde. Das junge Blut weinte sehr, teils weil es die Sitte so wollte, teils aus wahrer Beklemmung. Sie sollte einem verworrenen Haushalt vorstehen, unter den Augen eines mürrischen alten Mannes, den sie noch obendrein lieben sollte. Er stand neben ihr, durchaus nicht wie der Bräutigam des Hohen Liedes, der „in die Kammer tritt wie die Morgensonne." – „Du hast nun genug geweint", sagte er verdrießlich, „bedenk, du bist es nicht, die mich glücklich macht, ich mache dich glücklich!" – Sie sah demütig zu ihm auf und schien zu fühlen, dass er Recht habe. – Das Geschäft war beendigt; die junge Frau hatte ihrem Manne zugetrunken, junge Spaßvögel hatten durch den Dreifuß geschaut, ob die Binde gerade sitze, und man drängte sich wieder der Tenne zu, von wo unauslöschliches Gelächter und Lärm herüberschallte. Friedrich war nicht mehr dort. Eine große, unerträgliche Schmach hatte ihn getroffen, da der Jude Aaron, ein Schlächter und gelegentlicher Althändler aus dem nächsten Städtchen, plötzlich erschienen war und nach einem kurzen, unbefriedigenden Zwiegespräch ihn laut vor allen Leuten um den Betrag von zehn Talern für eine schon um Ostern gelieferte Uhr gemahnt hatte. Friedrich war wie vernichtet fortgegangen und der Jude ihm gefolgt, immer schreiend: „O weh mir! Warum hab' ich nicht gehört auf vernünftige Leute! Haben sie mir nicht hundertmal gesagt, Ihr hättet all Eur Gut am Leibe und kein Brot im Schranke!" – Die Tenne tobte von Gelächter; manche hatten sich auf den Hof nachgedrängt. – „Packt den Juden! Wiegt ihn gegen ein Schwein!", riefen einige; andere waren ernst geworden. – „Der Friedrich sah so blass aus wie ein Tuch", sagte eine alte Frau, und die Menge teilte sich, wie der Wagen des Gutsherrn in den Hof lenkte. [...]

Drei Tage später tobte ein furchtbarer Sturm. Es war Mitternacht, aber alles im Schlosse außer dem Bett. Der Gutsherr stand am Fenster und sah besorgt ins Dunkle nach seinen Feldern hinunter. An den Scheiben flogen Blätter und Zweige her, mitunter fuhr ein Ziegel hinab und schmetterte auf das Pflaster des Hofes. – „Furchtbares Wetter!", sagte Herr von S. Seine Frau sah ängstlich aus. „Ist das Feuer auch gewiss gut verwahrt?", sagte sie; „Gretchen, sieh noch einmal nach, gieß es lieber ganz aus! – Kommt, wir wollen das Evangelium Johannis beten." Alles kniete nieder, und die Hausfrau begann: „Im Anfang war das Wort, und das Wort war bei Gott, und Gott war das Wort." Ein furchtbarer Donnerschlag. Alle fuhren zusammen; dann furchtbares Geschrei und Getümmel die Treppe heran. – „Um Gottes willen! Brennt es?", rief Frau von S. und sank mit dem Gesichte auf den Stuhl. Die Türe ward aufgerissen, und herein stürzte die Frau des Juden Aaron, bleich wie der Tod, das Haar wild um den Kopf, von Regen triefend. Sie warf sich vor dem Gutsherrn auf die Knie. „Gerechtigkeit!", rief sie, „Gerechtigkeit! Mein Mann ist erschlagen!" und sank ohnmächtig zusammen.

Es war nur zu wahr, und die nachfolgende Untersuchung bewies, dass der Jude Aaron durch einen Schlag an die Schläfe mit einem stumpfen Instrumente, wahrscheinlich einem Stabe, sein Leben verloren hatte, durch einen einzigen

Schlag. An der linken Schläfe war der blaue Fleck, sonst keine Verletzung zu finden. Die Aussagen der Jüdin und ihres Knechtes Samuel lauteten so: Aaron war vor drei Tagen am Nachmittage ausgegangen, um Vieh zu kaufen, und hatte dabei gesagt, er werde wohl über Nacht ausbleiben, da noch einige böse Schuldner in B. und S. zu mahnen seien. In diesem Falle werde er in B. beim Schlächter Salomon übernachten. Als er am folgenden Tage nicht heimkehrte, war seine Frau sehr besorgt geworden und hatte sich endlich heute um drei nachmittags in Begleitung ihres Knechtes und des großen Schlächterhundes auf den Weg gemacht. Beim Juden Salomon wusste man nichts von Aaron; er war gar nicht da gewesen. Nun waren sie zu allen Bauern gegangen, von denen sie wussten, dass Aaron einen Handel mit ihnen im Auge hatte. Nur zwei hatten ihn gesehen, und zwar an demselben Tage, an welchem er ausgegangen. Es war darüber sehr spät geworden. Die große Angst trieb das Weib nach Haus, wo sie ihren Mann wiederzufinden eine schwache Hoffnung nährte. So waren sie im Brederholz vom Gewitter überfallen worden und hatten unter einer großen, am Berghange stehenden Buche Schutz gesucht; der Hund hatte unterdessen auf eine auffallende Weise umhergestöbert und sich endlich, trotz allem Locken, im Walde verlaufen. Mit einem Male sieht die Frau beim Leuchten des Blitzes etwas Weißes neben sich im Moose. Es ist der Stab ihres Mannes, und fast im selben Augenblicke bricht der Hund durchs Gebüsch und trägt etwas im Maule: Es ist der Schuh ihres Mannes. Nicht lange, so ist in einem mit dürrem Laube gefüllten Graben der Leichnam des Juden gefunden. – Dies war die Angabe des Knechtes, von der Frau nur im Allgemeinen unterstützt, ihre übergroße Spannung hatte nachgelassen, und sie schien jetzt halb verwirrt oder vielmehr stumpfsinnig. – „Aug' um Auge, Zahn um Zahn!", dies waren die einzigen Worte, die sie zuweilen hervorstieß.

In derselben Nacht noch wurden die Schützen aufgeboten, um Friedrich zu verhaften. Der Anklage bedurfte es nicht, da Herr von S. selbst Zeuge eines Auftritts gewesen war, der den dringendsten Verdacht auf ihn werfen musste. […]

Die Untersuchung war kurz, gewaltsamer Tod erwiesen, der vermutliche Täter entflohen, die Anzeigen gegen ihn zwar gravierend, doch ohne persönliches Geständnis nicht beweisend, seine Flucht allerdings sehr verdächtig. So musste die gerichtliche Verhandlung ohne genügenden Erfolg geschlossen werden.

Die Juden der Umgegend hatten großen Anteil gezeigt. Das Haus der Witwe ward nie leer von Jammernden und Ratenden. Seit Menschengedenken waren nicht so viel Juden beisammen in L. gesehen worden. Durch den Mord ihres Glaubensgenossen aufs Äußerste erbittert, hatten sie weder Mühe noch Geld gespart, dem Täter auf die Spur zu kommen. Man weiß sogar, dass einer derselben, gemeinhin der Wucherjoel genannt, einem seiner Kunden, der ihm mehrere Hunderte schuldete und den er für einen besonders listigen Kerl hielt, Erlass der ganzen Summe angeboten hatte, falls er ihm zur Verhaftung des Mergel verhelfen wolle; denn der Glaube war allgemein unter den Juden, dass der Täter nur mit guter Beihülfe entwischt und wahrscheinlich noch in der Umgegend sei. Als dennoch alles nichts half und die gerichtliche Verhandlung für beendet erklärt worden war, erschien am nächsten Morgen eine Anzahl der angesehensten Israeliten im Schlosse, um dem gnädigen Herrn einen Handel anzutragen. Der Gegenstand war die Buche, unter der Aarons Stab gefunden und wo der Mord wahrscheinlich verübt worden war. – „Wollt ihr sie fällen? So mitten im vollen Laube?", fragte der Gutsherr. – „Nein, Ihro Gnaden, sie muss stehen bleiben im Winter und Sommer, solange ein Span daran ist." – „Aber wenn ich nun den Wald hauen lasse, so schadet es dem jungen Aufschlag." – „Wollen wir sie doch nicht um gewöhnlichen Preis." – Sie boten 200 Taler. Der Handel ward geschlossen und allen Förstern streng eingeschärft, die Judenbuche auf keine Weise zu schädigen. Darauf sah man an einem Abende wohl gegen sechzig Juden, ihren Rabbiner an der Spitze, in das Brederholz ziehen, alle schweigend und mit gesenkten Augen. Sie blieben über eine Stunde im Walde und kehrten dann ebenso ernst und feierlich zurück, durch das Dorf B. bis in das Zellerfeld, wo sie sich zerstreuten und jeder seines Weges ging. Am nächsten Morgen stand an der Buche mit dem Beil eingehauen:

אם תצבור במקום הזה יפנץ בך כאשר אתה צשית לי

Und wo war Friedrich? Ohne Zweifel fort, weit genug, um die kurzen Arme einer so schwachen Polizei nicht mehr fürchten zu dürfen. Er war bald verschollen, vergessen.

Ohm Simon redete selten von ihm, und dann schlecht; die Judenfrau tröstete sich am Ende und nahm einen andern Mann.

1. Ihrer „Judenbuche", der eine wahre Begebenheit zu Grunde liegt, gab Annette von Droste-Hülshoff den Untertitel „Ein Sittengemälde aus dem gebirgichten Westfalen".
   Verfasst eine **Inhaltsangabe** und analysiert den Textauszug vor dem Hintergrund ihres Mottos und des Untertitels.

Inhaltsangabe → S. 340

Ein Tag im Leben des Iwan Denissowitsch
Alexander Solschenizyn

Alexander Solschenizyn, 1918 im nördlichen Kaukasus geboren, wurde 1945 unschuldig verurteilt und war bis 1956 in einem Zwangsarbeitslager. Nach seiner Rehabilitation arbeitete er als Lehrer, außerdem war er als Romanautor tätig. 1970 erhielt er den Literaturnobelpreis. 1974 wurde er erneut verhaftet, ausgebürgert und in die Bundesrepublik abgeschoben. Nach dem Exil in Amerika kehrte er in den 90er Jahren nach Moskau zurück.

In seinem literarischen Erstlingswerk schildert der russische Nobelpreisträger einen ganz gewöhnlichen Tag im neunten Jahr seiner Gefangenschaft in einem stalinistischen Konzentrationslager des Jahres 1951. Iwan Denissowitsch, im Roman Schuchow genannt, ist wegen angeblichen Landesverrats zu 10 Jahren Arbeitslager verurteilt worden. Jede Handlung des Helden ist bestimmt, vom Willen zu überleben. In dieser Erzählung verarbeitet Solschenizyn eigene Erlebnisse in Stalins berüchtigtem sibirischen Zwangsarbeitslager.

Der Frost und der Nebel verschlugen einem den Atem. Von den fernen Wachtürmen strahlten zwei große Scheinwerfer und kreuzten sich über der Lagerzone. Die Lampen in der Außenzone und innerhalb des Lagers brannten. Man hatte deren so viele aufgestellt, dass sie die Sterne völlig überstrahlten.

Die Sträflinge gingen hastig ihren Geschäften nach; unter ihren Filzstiefeln knirschte der Schnee; einer auf den Abort, der andere zum Magazin, dieser zur Paketausgabe, jener, um Graupen bei der Privatküche abzuliefern. Alle hatten ihre Köpfe eingezogen, hielten die Wattejacken an sich gepresst, und alle froren nicht so sehr vor Kälte als beim Gedanken, den ganzen Tag in dieser Kälte verbringen zu müssen. Tatarin indes, in seinem alten Mantel mit den blauen abgegriffenen Schnüren, marschierte gemessenen Schrittes, und die Kälte machte ihm anscheinend nichts aus.

Sie zogen an dem hohen Bretterverschlag rund um das Lagergefängnis, einem Steinbau, vorüber, am Stacheldraht, der die Lagerbäckerei vor den Strafgefangenen schützte, und an der Stabsbaracke vorbei, wo an einem Pfosten, an einem dicken Draht festgebunden, die völlig mit Raureif beschlagene Schiene hing; vorbei an einem weiteren Pfosten, an dem, geschützt, damit es nicht zu niedrig anzeigt, das völlig mit Reif bedeckte Thermometer hing. Schuchow schielte hoffnungsvoll auf das milchig weiße Röhrchen: Würde es 41 Grad anzeigen, dürfte man sie nicht zur Arbeit hinausjagen. Nur bewegte es sich heute nicht um die Welt auf 40 zu. [...]

Die einzige Freude an der Suppe ist, dass sie heiß ist, für Schuchow aber war sie nun völlig kalt geworden. Trotzdem begann er, sie ebenso langsam, bedächtig zu löffeln. Mag auch die Bude abbrennen – kein Grund zur Eile. Den Schlaf ausgenommen, lebt der Lagerinsasse ausschließlich für sich nur morgens zehn Minuten beim Frühstück, beim Mittagessen fünf und beim Abendbrot fünf.

Die Suppe war jeden Tag die gleiche; es hing davon ab, was für Gemüse man für den Winter einlagerte. Im vergangenen Jahr hatte man ausschließlich eingesalzene Mohrrüben eingelagert, und so bestand denn auch die Suppe von September bis Juni aus nichts als Mohrrüben. Und in diesem Jahr Rotkraut. Die fetteste Zeit für den Lagerhäftling ist der Juni; dann ist alles Gemüse verbraucht, und man ersetzt es durch Graupen. Die magerste Zeit ist der Juli. Dann kommen zerhackte Brennesseln in den Kessel. [...]

35 Es gibt keine bitterere Minute, als morgens zur Arbeit auszumarschieren. In der Dunkelheit, bei Frost, mit hungrigem Bauch für den ganzen Tag. Die Zunge ist wie gelähmt; man mag nicht reden. Auf der Lagerstraße rannte der jüngste Einsatzleiter hin und her.

Schuchow schlief ein, restlos zufrieden. Der Tag war für ihn heute sehr er-
40 folgreich verlaufen: Er war dem Arrest entgangen, seine Brigade hatte nicht zur Sozkolonie gemusst, mittags hatte er sich einen Extrabrei organisiert, das Mauern war ihm von der Hand gegangen, beim Filzen hatten sie ihn nicht mit dem Sägeblatt erwischt, er hatte sich bei Zesar etwas verdient und Tabak gekauft. Und war nicht krank geworden, hatte sich wieder erholt.

45 Der Tag war vergangen, durch nichts getrübt, nahezu glücklich.

Solcher Tage waren es in seiner Haftzeit vom Wecken bis zum Zapfenstreich dreitausendsechshundertdreiundfünfzig.

Drei Tage zusätzlich – wegen der Schaltjahre ...

1. Notiert die Verstöße gegen die Menschenrechte.
   Woher nehmen die Gefangenen die Kraft zum Überleben?
2. Durch welche erzählerischen und sprachlichen Mittel (z. B. **Stil,**   **Stil** → S. 25
   Verwendung von Adjektiven) wird für den Leser das Grauen gemildert?

Schüler und Lehrer in Todesangst
Katharina Bromberger und Claudia Möllers

Streit in der Hauptschule: 14-Jähriger zückt plötzlich Revolver

Rötz – Entsetzen und Fassungslosigkeit herrschten an der Volksschule in Rötz (Kreis Cham) in der Oberpfalz: Gegen 8.20 Uhr hatte der 14-jährige Maximilian mit einer Waffe seinen Klassenlehrer bedroht. Bei einem Gerangel fiel ein Schuss. Verletzt wurde niemand, doch der Schock sitzt tief. Zu einem Motiv konnte die Polizei keine Angaben machen. Bekannt wurde aber, dass es schon einmal einen Vorfall zwischen dem Schüler und dem 35-jährigen Lehrer gegeben hatte.

Das Drama begann mit einem Streit. Wie die Polizeidirektion Regensburg mitteilte, schickte der Lehrer den Achtklässler vor die Tür, damit er sich abregt. Mit vorgehaltenem Revolver – einer Waffe seines Vaters – kehrte er zurück. Die hatte er offenbar in der Nähe des Klassenzimmers versteckt. Der Sohn eines Jägers „drohte dem Lehrer mit dem Tode". Der 35-jährige Pädagoge schlug die Schusshand des Buben zur Seite, ein Schuss fiel. Dem Rektor, den Mitschüler informiert hatten, gelang es, dem 14-Jährigen die Waffe zu entreißen.

Zwar wurde niemand körperlich verletzt, doch der Klassenleiter erlitt einen Schock. Er und auch die 23 Schüler werden „von Fachpersonal betreut", versicherte Polizeihauptkommissar Siegfried Meckl.

Nach dem Zwischenfall war der Unterricht an der Volksschule abgebrochen worden. Die rund 300 Schüler wurden aus dem Gebäude gebracht. Etliche der jugendlichen Augenzeugen standen unter Schock. Die Ermittlungen der Staatsanwaltschaft Regensburg laufen auf Hochtouren, teilte Oberstaatsanwalt Robert Plöd mit. Was mit dem 14-Jährigen, der in Gewahrsam genommen worden war, nun passiert, konnte er nicht sagen.

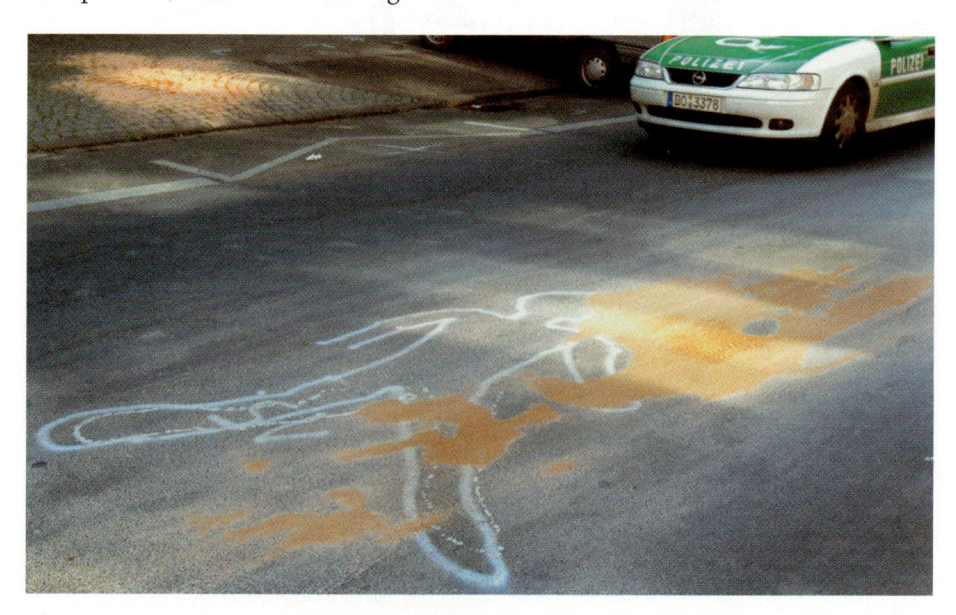

Landrat Theo Zellner war erschüttert. „Ich bin entsetzt, dass so viel Gewaltbereitschaft an Schulen vorhanden ist", sagte der CSU-Politiker.

Dabei habe man viel für die Gewaltprävention getan, als einer der ersten Landkreise habe man eine Schulsozialarbeiterin eingesetzt. Zwar nicht an der Volksschule in Rötz, räumt Zellner ein: „Aber die Schule war in das Netz der Gewaltprävention eingebunden." Ratlos fragt er: „Was bringt junge Menschen zu dieser Gewaltbereitschaft?"

Doch es gab in der Vergangenheit Anzeichen für das Ausrasten des Schülers. Bereits vor einem Jahr hatte sich Maximilian einen makaberen Scherz erlaubt. Er hatte an der Schule angerufen und seinem Lehrer ausrichten lassen, dass etwas Schlimmes mit dessen Frau geschehen sei. Zwar stellte es sich als übler Scherz heraus, doch der Lehrer zeigte den Buben an. Außerdem ist bekannt, das Maximilian gewaltverherrlichende Bilder mit in die Schule brachte. Ihn in eine andere Klasse zu versetzen, war in der einzügigen Schule nicht möglich. Aus der Schule wollte man ihn nicht gleich werfen, das erschien den Verantwortlichen wohl zu hart.

„Es ist erschütternd, dass die Schule vor derartigen Gewaltanschlägen nicht vollkommen geschützt ist", zeigte sich Kultusministerin Monika Hohlmeier bestürzt von dem Attentatsversuch. Ihr Mitgefühl gelte dem Lehrer und den Schülern, „die die furchtbare Szene miterleben mussten". Den Lehrer und den Schulleiter lobte sie ausdrücklich: „Mit ihrem Mut haben sie Schlimmeres verhindern können."

1. Untersucht, wie die Betroffenen und die verantwortlichen Politiker auf diese Ereignisse reagieren.
2. Analysiert Aufmachung, Sprache und Stil des Zeitungsberichts.
3. Überlegt, weshalb es gerade in Schulen in letzter Zeit immer wieder zu Gewalttaten kommt.
   Erfragt, welche gewaltpräventiven Maßnahmen und welches Krisennotprogramm es an eurer Schule gibt.

Spieltrieb *Juli Zeh*

„Das ist Ada. Sie fährt mit uns."

Frau Smutek hatte zustimmend genickt und bei der Begrüßung Adas Hand mit ihren beiden umfasst. [...] Nach zwanzig Minuten griff Ada zwischen den Sitzen nach vorn, stellte das Autoradio ab, in dem eine Kassette mit kubanischen Rhythmen knapp oberhalb der Hörbarkeitsschwelle vor sich hin dudelte, und stöpselte die Kopfhörer ihres mp3-Geräts in die Ohren.

My god, my tourniquet, return to me salvation.

Sofort baute sich etwas auf, das den Namen Schallmauer wirklich verdient hätte. Hinter dieser Wand aus Musik erstreckten sich seit jeher Landschaften, die, egal was in der Welt geschah, unberührt wie eine frisch gefallene Schneedecke blieben. Durch sie glitt der Volvo ohne Bodenhaftung.

Am I too lost to be saved? Am I too lost?

So wie sie saßen, vorn zwei Erwachsene, hinten ein junges Mädchen in der typischen kugelsicheren akustischen Weste der Jugend, hätten sie ohne Weiteres eine Familie auf dem Weg in den Urlaub abgeben können. Eine Weile befingerte Ada diese Idee, probierte sie an wie ein neues Kleidungsstück und ließ sie fallen, als sie nicht passen wollte. Die beiden Menschen auf den vorderen Sitzen waren ihr völlig gleichgültig, alle drei gemeinsam hatten sie nicht mehr zu bedeuten als ein buntes Werbeplakat. Sei schön. Lebe glücklich. Wir helfen dir dabei. Ada zog eine beidseitig geschliffene Machete hervor, führte sie als Bihänder in den Fäusten und spaltete Frau Smuteks Kopf wie eine reife Melone, dass ihr wässriger, rosafarbener Inhalt sich mit Druck über Kopfstütze, Armaturen und Herrn Smuteks rechte Schulter ergoss, kaum dass die Schale knackend auseinandergebrochen war. Stückchen und Saft rannen an den Innenseiten der Scheiben herab. Mit Smutek verfuhr sie auf gleiche Weise, entfernte, um Platz zu schaffen, verbliebene Haut und Muskelstränge vom Rumpf und setzte die Köpfe ihrer wirklichen Eltern an die frei gewordenen Stellen. Die Mutter sah streng nach vorn, die schwarze Pagenfrisur wirkte wie festgegipst neben dem angegrauten Haupt des Brigadegenerals, das sanft im Takt einer geistreichen Rede wippte. Weil Ada beim imaginären Anblick der elterlichen Hinterköpfe nicht mehr empfand als zuvor, schlug sie auch diese vom Hals und ließ das Ehepaar Smutek in Frieden ihr Familienauto steuern.

Now I will tell you what I've done for you. 50thousand tears I've cried.

Während der Unterrichtsstunden auf Ernst-Bloch pflegte Ada gelegentlich mit ihrem Bihänder die Reihen von Schülern abzugehen und jeden von ihnen auf gleiche Weise zu enthaupten wie ein Gärtner beim Abernten einer Plantage. Der Gedanke daran, was die Psychologen, Ministerialbeamten und Journalisten zu sagen gehabt hätten, wenn ihnen eine solche Fantasie zu Ohren gekommen wäre, brachte sie zum Lächeln: Erfurt. [...] Obwohl sie seit der Schlagringepisode meinte, grundsätzlich zu fast allem in der Lage zu sein, plante sie nicht, eines Tages im wirklichen Leben Köpfe von Rümpfen zu trennen. Nach dem Erfurter

---

Juli Zeh, 1970 geboren, absolvierte ein Jurastudium und war gleichzeitig am Literaturinstitut in Leipzig. Danach arbeitete sie bei der UN in New York und in Polen. Jetzt lebt die Autorin und Rechtsreferendarin in Leipzig. Sie erhielt u. a. den Deutschen Bücherpreis 2002.

Erfurt: Am 26. April 2002 erschießt ein 19-Jähriger am Gutenberg-Gymnasium in Erfurt zwölf Lehrer und zwei Schüler und tötet sich selbst.

Massaker hatte sie wochenlang unter dem Empfinden gelitten, eine Wahrheit zu kennen, die außer ihr niemand begriff. Die Tatsache, dass ihr keine Zeitungsspalten, kein TV-Sendeplatz und keine Zwanzig-Sekunden-Fenster in den Radionachrichten zur Verfügung standen, legte sich wie Klebeband über den Mund. Sie tröstete sich damit, dass der überwältigende Teil der Menschheit keine Sprechzeit besaß. Sprechzeit gab es nur für jene, die auf egal welches Ereignis die immer gleichen Antworten parat hatten: Wir sind geschockt und tief betroffen und hoffen, dass die Regierung etwas unternimmt.

So blieb die Wahrheit ungehört. Es blieb ungesagt, dass die Nation Grund zur Freude hatte. Dass es Anlass gab für republikweiten Jubel und die Einrichtung eines Nationalfeiertags, weil sich Amokläufer wie jener aus Erfurt nicht viel häufiger durch die Welt frästen. Trotz der Rattenenge, in der man in diesem Land zu vegetieren hatte, trotz pH-neutraler Pädagogen, die selbst keinen der Werte in sich bewahrten, die zu vermitteln einst ihr Auftrag gewesen war, trotz des ewigen Missverständnisses zwischen Liberalismus und Indifferenz, trotz einer Bevölkerung, deren Hauptanliegen darin bestand, sich selbst auf die Nerven zu gehen, lebte man tagein, tagaus in relativem Frieden zusammen. Niemand bedankte sich dafür. Ada drückte sich tiefer in den Sitz, die Körperwärme baute einen bequemen Schlafsack um sie herum. Das Behagen wurde von der Frage gestört, ob und wie sie im Schullandheim Gelegenheit zum Laufen finden würde. Zusammengesperrt mit so vielen anderen Menschen, galt es den Abstand umso aufmerksamer zu wahren und das Pensum täglichen Davonlaufens pfleglich zu verwalten, wenn sie keinen Ärger wollte.

Don't want your hand this time, I'll save myself.

Um sich abzulenken, schnallte sie ein handliches Messer ans Bein, ging mit Alex in die Stadt und geriet zufällig vor einem Geldinstitut in den letzten Akt einer scheiternden Geiselnahme, die sie durch einen waghalsigen, aller Vernunft spottenden Angriff zu einem glücklichen Ende brachte. Weil es besser als erwartet funktionierte, spielte sie die Szene noch zweimal ab und bereicherte das Bühnenbild um immer neue Details, bis sie beim dritten Mal auf Grund der erstaunlichen Hitze ein knappes Hemdchen trug, das ihre kräftigen Arme und Schultern den bewundernden Blicken der Anwesenden aussetzte. Nachdem sie gerade den dramaturgisch ausschlaggebenden Satz ausgerufen hatte: Come on guys, I'm a moving target!, bemerkte sie, dass Smutek den Innenspiegel heruntergeklappt hatte und ihr über Bande Blicke zuspielte. Ein digitales Thermometer in der Armatur maß die Temperatur der Straßenoberfläche, rot flackerte die Anzeige zwischen null und einem Grad. Frau Smutek schlief an die Scheibe des Beifahrerfensters gelehnt, Wangen und Haare zitterten von den Erschütterungen, die Straße und Volvo auf sie übertrugen.

1. Beschreibe Adas Welt, ihre Wünsche und Fantasien und kontrastiere sie mit der Welt der Erwachsenen, so wie sie sie sieht.
2. Diskutiert den Titel.

Die Verdoomung der Republik *Bernd Graff*

Das Computerspiel „Doom 3" ist eine opulent aufbereitete Liquidierungsorgie und belegt die neue Gewalt der Bilder

Dieses Spiel ist widerwärtig. Und es ist brutal. Doch ist dieses Spiel nicht widerwärtig, weil es brutal ist. Es ist brutal, weil es so widerwärtig ist. Der Unterschied ist entscheidend. Er bezeichnete die Differenz zwischen Bildern voller Gewalt und der Gewalt von Bildern. Mit Doom 3, so heißt dieses widerwärtige Spiel, ist ein bislang ungekannter Grad in abscheulichem Realismus in der Darstellung erreicht worden. Fast schon in Überbietung ihres Inhalts behauptet sich hier eine neue Form von Bildern, die ebenso bedrohlich wie ekelhaft ist. In einer Welt, die ohnehin nur mittelbar über produzierte Bilder erfahren wird, werden es von nun an auch synthetische Pixel sein, die uns Gewalt antun.

Die Gewalt in Plot und Handlung von Doom 3 ist dagegen fast gewöhnlich zu nennen – sie wird von anderen Titeln sogar noch übertroffen. Tatsächlich unterscheidet sich das Narrativ auch fast nicht von den beiden Vorläufern. Allerdings, und das ist neu: Die Vorläufer waren in Deutschland indiziert und durften nicht offen verkauft werden. Doom 3 dagegen ist zwar als nicht jugendfrei eingestuft, aber eben nicht indiziert worden. Daher ist es überall zu haben.

Die Doom-Serie von den amerikanischen Entwicklern id-Software, veröffentlicht von Activision, gehört zum Spiele-Genre der „First-Person-Shooter". Es erlaubt die absolute Identifikation des Spielers mit der Spielfigur. Denn der Spieler erlebt das aufgebotene Szenario unmittelbar aus der Perspektive des von ihm gesteuerten Protagonisten. Man „sieht" also das Spiel aus seinen Augen, durchschreitet für ihn und mit ihm die Spielwelt – und metzelt mit ihm und für ihn, was sich in den Weg stellt. Die schlichte Spielmaxime lautet: „Töte alles, was nicht du selber bist!"

Das Spiel-Szenario ist entsprechend simpel: Auf einer Marsstation muss irgendetwas schiefgelaufen sein. Entweder ein Labor-Versuch, der alle Stationsbewohner zu geifernden Untoten gemacht hat oder aber ein Experiment, das gleich die Tore zur Hölle geöffnet hat. Und der entkommen nun rastlos schwankende Gestalten, die offensichtlich nur den Auftrag haben, alles menschliche Leben und folglich auch den vom Spieler gesteuerten Protagonisten zu massakrieren und zu vernichten. Welch armselige Vorstellung von der Hölle! Und welch abgeschmackte Lizenz zum Töten – für den Spieler! Weil er ja ständig angegriffen wird, ist das Ballern gewissermaßen als Notwehr nobilitiert, da sich der gesteuerte Held nur der Wiedergänger erwehrt.

Literweise Blut

Überhaupt sind die Beschwichtigungsversuche für solche Spiele zumeist abenteuerlicher und noch zynischer als die Spiele selbst; so wird etwa versucht, das bluttriefende Töten auf dem Monitor mit ganz anderen Spielformen, etwa „Völkerball" und „Schach", in Verbindung zu bringen. Dieses, so heißt es dann, sei ja auch nichts anderes als ein Kriegsspiel, bei dem „Bauern geopfert" würden. Jenes lasse explizit auf reale Menschen zielen, um sie „abzuschießen". Oft gehört auch, dass der Spieler nur aus Notwehr handele und für seine Figur sorge. Oder aber man hebt – losgelöst vom kruden Tun – taktisches Geschick und strategisches Denken hervor, die in solchen Spielen gefordert würden. Besonders bei Netzwerkspielen heißt es dann, dass es gar nicht ums Töten gehe, sondern um den praktizierten Teamgeist. Fast schon obszön: Man meldet gleich Kunstanspruch für solche Spiele an und zitiert etwa Hieronymus Boschs Fantasmagorien oder den obskuren Realismus von David Lynch oder Tarantino, um das digitale Killen auf ein weithin akzeptiertes Werk-Niveau zu hieven.

Für Doom 3 sind solche Sublimationsversuche nicht mehr ernsthaft geltend zu machen. Denn es ist nicht mehr als eine opulent aufbereitete Liquidierungsorgie. Anderweitige Ziele, ideelle Werte und abstrakte Spielprinzipien sucht man hier ebenso vergebens wie die Unschuld der zum Abschuss freigegebenen Untoten. Doch Doom 3 zelebriert die Macht seiner grausamen und grausam-realistischen Bilder: Es verspritzt und verschmiert literweise Blut auf weißen Kacheln, zeigt Wesen mit aufgeschlitzten Bäuchen, die gekreuzigt von der Decke hängen und wie irre schreien, dazu torkelnde Humanoide, denen man den Unterkiefer weggebrochen und die Gesichtshaut abgezogen hat. All das fein detailliert und in Hochauflösung. Im Internet kursieren dazu noch so genannte „Gore-MOD's" – das sind frei verfügbare Nachprogrammierungen und Patches, die die Menge an vergossenem und verschmiertem Blut sogar noch erhöhen. Weil aber die Visualisierung des Blutrauschs so unglaubliche Anforderungen an den Rechner stellt, wird das Spiel inzwischen fast schon als Standardtest für die Leistungsfähigkeit von Grafikkarten verwandt.

Wie stark die Identifikation des Spielers mit dem Geschehen dann auch tatsächlich ist und wie gering die Distanz zum Gesehenen, belegen Kommentare aus einem dezidierten Spieler-Forum im Internet. Ein Nutzer mit Namen „Spike" konstatiert etwa: „Richtig schlecht ist mir geworden bei der Szene, in der man in einen Raum kommt und da so'n Typ an der Decke hängt (am ganzen Körper durchbohrt)! Und das Grausamste war, dass der arme Hund noch geröchelt und gequiekt hat." Einer, der sich „Spacelümmel" nennt, antwortet: „Habe gerade wieder aufgehört, weil ich mich nicht weiter traue." Und „Justine" meint: „Das ganze Spiel ist ein Schreck an sich. Ich zocke nur ein paar Minuten, dann brauche ich 'ne Pause, um meine Nerven zu erholen. Ich habe keinen Bock mehr. Der Stress wird einfach zu viel. Und Leute, ich bin schon über 30."

Doom 3 ist nicht auszuhalten [...]. Es geht um nichts – nur ums voyeuristisch ausgeweidete Töten, „factorx" beschreibt die Wirkung treffend: „Das Gefühl der Hilflosigkeit und der Unterlegenheit ... ist das, was das Spiel ausmacht."

Und doch: Trotz seines Horrorszenarios besetzt Doom 3 Spitzenplätze in den Charts der meistverkauften Spiele-Titel – wenn es sie nicht anführt. Es darf ja offen verkauft und beworben werden. Folglich liegt Doom 3 denn auch in Stapeln in den Kaufhäusern. Das Spiel ist in aller Munde. Die Verdoomung der Republik muss sehr weit fortgeschritten sein. [...]

Seit der Novellierung des Jugendschutzgesetzes vom April 2003 ist die Unterhaltungssoftware Selbstkontroll (USK) gemeinsam mit den Obersten Landesjugendbehörden (OLJB) für das Verfahren zur Alterskennzeichnung von Computerspielen und für deren Einstufung zuständig. Das macht offiziell Jürgen Hilse. Er sitzt als ständiger Vertreter der Länder in der USK und vergibt die Alterskennzeichnungen, die ihm nach Beschluss aller Gutachter vorgeschlagen werden. Hilse ist also nicht persönlich haftbar zu machen für Doom 3. Aber er kann den generellen Kriterien-Katalog zitieren, nach denen das Gremium entschieden hat.

Spiele werden danach indiziert, wenn etwa die „Gewalthandlungen gegen Menschen deutlich visualisiert, bzw. deutlich akustisch untermalt werden". Wenn „blutende Wunden und zerberstende Körper" gezeigt und „Todesschreie vernommen werden können". Nicht indiziert werden Spiele aber, „wenn die Tötung oder Verletzung eine von mehreren Möglichkeiten in der Spielhandlung darstellt", „wenn andere als Gewalttaten gegen Menschen eine Rolle spielen", und „wenn Parallelen zur Realität nicht nahegelegt werden". So habe man trotz der Blutorgien von Doom 3 „noch Distanzierungsspielräume für den Erwachsenen gesehen". Hilse weiß aber, dass Minderjährige „in der heutigen Zeit" genügend Gelegenheiten finden, „unser Votum immer zu umgehen."

Abgesehen nun davon, dass dieser starre Kommissions-Katalog voller abstrakter Kriterien kein zureichendes Mittel mehr darstellt, die eigenmächtige Gewalt bestialischer Bilder in ihrer genuinen Qualität und Bedrohung zu erfassen, zeigt sich hier auch fast schon exemplarisch, dass Spieleproduzenten anscheinend nur eine abstruse Geschichte um ihre ekelhaften Arrangements herum konstruieren müssen, um Gewalt gegen Humanoide nicht mehr als Gewalt gegen Menschen auszugeben. Denn wie gesagt:

In Doom 3 werden ja Zombies in Menschenleibern gemetzelt. [...]

> **USK und FSK**
> USK entspricht der FSK im Bereich des Films. Diese führt freiwillige Prüfungen für Filme und sonstige Bildträger durch, die in Deutschland für die öffentliche Vorführung vorgesehen sind. Für die Jugendfreigabe ist eine gesetzlich vorgeschriebene Kennzeichnung erforderlich, die von der FSK im Auftrag der Obersten Landesjugendbehörden vorgenommen wird.

1. Worin besteht nach Ansicht des Autors die Gefahr von Computerspielen für Jugendliche? Fasst seine Argumente in Thesen zusammen.
2. Sollte der Staat die Kontrolle über Videos und Computerspiele selbst übernehmen? Diskutiert die Beurteilungskriterien der USK (Unterhaltungssoftware Selbstkontrolle).

EXTRA: Projekt

Gewalt wahrnehmen – Zivilcourage zeigen

Lichterkette

Ziel: Dokumentation zu Gewalt und Widerstand

- **Vorarbeiten**
  Sammeln von Material, z. B. Zeitungsartikel, Bilder, Musiksongs, Fernsehsendungen, Computerprogramme, weiteres literarisches Material.
- **Mögliche Ausweitung des Themas**
  historisch, geografisch usw.
- **Analyse**
  Auswertung des Materials unter einer bestimmten Fragestellung
  (In welchen Bereichen gibt es Gewalt? Welche Bilder verwendet die Sprache der Gewalt?) oder Analyse der gesetzlichen Bestimmungen (Art. 1 GG) und ethischer Grundsätze („Auge um Auge")

- **Präsentation**
  Leseabend mit Gedichten, Szenen und Prosatexten, Erstellung einer Website, als Themenschwerpunkt der Schülerzeitung, Podiumsdiskussion mit örtlichen Polizisten, Streetworkern oder Jugendrichtern; Hinweise zum Präsentieren findet ihr auf S. 339.

Demonstration gegen Rechtsradikalismus

Auf Gewalt reagieren

Warum habt ihr euch nicht gewehrt? *Grete Weil*

In ihrem Roman schildert die Ich-Erzählerin, unschwer als die Autorin selbst zu erkennen, in der Rückblende aus den 50er Jahren ihre Zeit als Jüdin im Dritten Reich. Ihr Mann Waiki wird nach der Emigration nach Holland in einer Vergeltungsmaßnahme von den Deutschen verhaftet und kommt im Konzentrationslager Mauthausen um. Die Ich-Erzählerin hat, wie sie meint, nicht alles unternommen, um die Verhaftung und Deportation zu verhindern. Diese Schuldgefühle sucht sie sich durch ein Buch über Antigone von der Seele zu schreiben. Christine, ihr Patenkind, ist ein gern gesehener Besucher.

Und jetzt hart und fordernd die Frage: „Warum habt ihr euch nicht gewehrt?" Ich schenke mir einen Kognak ein, trinke ihn hastig. Wie sollte irgendjemand menschliches Verhalten erklären, das irrational war, ist und bleibt. Ich kann nichts als den Versuch machen, Situationen zu beschreiben: „Es begann ganz langsam, das hatten wir schon in Deutschland erlebt und erlebten es in Holland wieder. Erst durften Juden keine Beamten mehr sein, dann keine Trambahnen mehr benutzen, keine öffentlichen Bäder, keine Bänke in den Anlagen, Amsterdam nicht verlassen, kein Kino besuchen, kein Theater. Es war uns nur noch erlaubt, zwischen drei und fünf Uhr einzukaufen, sie nahmen uns die Telefone weg, die Radios, wir wurden registriert, unser Vermögen, unser Hausrat, und dann kam der Stern. Wir waren Gezeichnete, zur Vernichtung freigegeben. Da dachte jeder nur noch an sich, suchte sich das Loch in dem Netz, durch das er schlüpfen konnte. Es gab nicht viele Löcher, aber doch einige, zu viele Hände hatten das Netz geknüpft, für niemand war es mehr überschaubar. Wir waren annähernd hundertdreißigtausend Juden, hundertdreißigtausend verschreckte Individuen, keine Gruppe, allenfalls Grüppchen, viele assimiliert, manche getauft, manche orthodox, Kapitalisten und Proletarier, Holländer, Deutsche, Polen, die Nazis spalteten uns noch weiter, gaben uns Rückstellungsstempel für Metallarbeiter, Diamantschleifer, Frontkämpfer aus dem Ersten Weltkrieg, Mitarbeiter des Jüdischen Rates, für Wirtschaftsbosse, Wissenschaftler, Künstler, ließen die Stempel wieder platzen, holten uns straßenweise ab oder nach den Anfangsbuchstaben der Namen oder nach Berufen. Ob das Taktik war, weiß ich nicht, eher wohl Intuition, so muss es gemacht werden, damit kein Widerstand entsteht. Einen gegen den anderen ausspielen, Solidarität verhindern." Christine schüttelte den Kopf, ich weiß nicht, ob über die Nazis oder unsere Passivität. Doch spüre ich Verachtung. Nach einer Weile aber umarmt sie mich, küsst mich und sagt nachdenklich lächelnd: „Und jetzt schreibst du ein Buch über ein Mädchen, das sich gewehrt hat."

Die Frauen des 20. Juli *Dorothee von Meding*

Mit der Zivilcourage ist das so eine Sache. Schon im Sommer 42 stand ich an unserem Eckladen nach Gemüse an. Im Gespräch mit meinem Nachbarn sagte ich: „Jetzt fangen sie schon an, in Konzentrationslagern die Juden mit Gas zu töten und zu verbrennen." Die Verkäuferin, die das hörte, ermahnte mich: „Frau Bonhoeffer, wenn Sie nicht aufhören, solche Gräuelmärchen zu verbreiten, werden Sie auch noch im KZ enden. Da kann Ihnen keiner helfen, wir haben das alle gehört." – „Das sollen Sie auch alle hören, das ist nämlich die Wahrheit." Am Abend erzählte ich einigermaßen stolz die Geschichte meinem Mann. Der steckte längst tief in der Konspiration. „Bist du vollkommen wahnsinnig?", sagte er, „verstehe bitte, eine Diktatur ist eine Schlange. Wenn du sie auf den Schwanz trittst, wie du das machst, dann beißt sie dich. Du musst den Kopf treffen. Das kannst du nicht, und das kann ich nicht, das kann nur das Militär. Sie haben die Waffen, und sie haben den Zugang. Alles andere hilft gar nichts und ist Selbstmord. Was du machst, ist Selbstmord."
Emmi Bonhoeffer, geb. Delbrück

> An dieser Stelle findet ihr kurze Ausschnitte aus Interviews mit drei der elf Frauen, deren Männer am 20. Juli 1944 das Attentat auf Hitler gewagt haben – Männer, die bereit waren, Hitler zu bekämpfen und ihr Leben dafür einzusetzen, und dabei Unterstützung fanden von ihren Familien, besonders ihren Ehefrauen. Als Mitstreiterinnen, Vertraute und Beschützerinnen ihrer Familien leisteten die Frauen des 20. Juli einen bislang wenig beachteten Beitrag zur Tat ihrer Männer.

Mein Mann ist am 1. Mai ins Auswärtige Amt eingetreten. Damals war schon viel passiert. Unsere jüdische Freundin, Agnes Hill, geborene Cassirer, ist in ihrer Wohnung von einem SA-Mann überfallen worden. Der Mann stach ihr mit einem Messer zwanzigmal in die Hand; sie war Geigerin und konnte nie wieder spielen. Ihr Freund Steuer war Bratschist und wurde gleich zu Beginn 1933 aus dem Rundfunkorchester ausgeschlossen. Mein Mann schrieb mir zurück: „Es ist doch unglaublich, dass unter achtzig Männern sechs Juden nicht mehr geduldet werden können ... Warum muss auch das gesamte Rundfunkorchester so gesinnungslos nachgeben. Konnte es sich nicht wie ein Mann wehren? Man hätte doch nicht das gesamte Orchester gehen lassen. Du musst wirklich mal Vater wegen Steuer in Bewegung bringen." Derartige Dinge ereigneten sich in unserer nächsten Umgebung.
Barbara von Haeften, geb. Curtius

Heute stellt man sich ja unter Widerstand meist etwas ganz Außergewöhnliches, etwas Heroisches vor. Wir selbst haben das Wort Widerstand überhaupt nicht benutzt, sondern haben uns als Gegner des Naziregimes empfunden. Aber wir haben uns überhaupt nicht benannt, sondern wir haben etwas getan. Heute gibt es das Wort Widerstand; und alle Welt diskutiert darüber, was ist bereits Widerstand, und was ist noch nicht Widerstand. Ich meine, dass nicht nur unbedingt das Widerstand ist, was mit dem Tode bestraft wird, sondern dass Widerstand etwas ist, das man üben muss – in der Diktatur genauso wie in der Demokratie.
Freya Gräfin von Moltke, geb. Deichmann

1. Vergleiche die Äußerungen der drei Frauen.
2. „Widerstand ist etwas, das man üben muss." Sucht Fälle von Widerstand und zivilem Ungehorsam in eurer Umgebung.

Aufruf an alle Deutschen! (5. Flugblatt) *Weiße Rose*

Flugblätter der Widerstandsbewegung in Deutschland

Aufruf an alle Deutschen!

Der Krieg geht seinem sicheren Ende entgegen. Wie im Jahre 1918 versucht die deutsche Regierung, alle Aufmerksamkeit auf die wachsende U-Boot-Gefahr zu lenken, während im Osten die Armeen unaufhörlich zurückströmen, im Westen die Invasion erwartet wird. Die Rüstung Amerikas hat ihren Höhepunkt noch nicht erreicht, aber heute schon übertrifft sie alles in der Geschichte seither Dagewesene. Mit mathematischer Sicherheit führt Hitler das deutsche Volk in den Abgrund. Hitler kann den Krieg nicht mehr gewinnen, nur noch verlängern. Seine und seiner Helfer Schuld hat jedes Maß unendlich überschritten. Die gerechte Strafe rückt näher und näher!

Was aber tut das deutsche Volk? Es sieht nicht, und es hört nicht. Blindlings folgt es seinen Verführern ins Verderben. Sieg um jeden Preis, haben sie auf ihre Fahne geschrieben. Ich kämpfe bis zum letzten Mann, sagt Hitler – indes ist der Krieg bereits verloren.

Deutsche! Wollt ihr und eure Kinder dasselbe Schicksal erleiden, das den Juden widerfahren ist? Wollt ihr mit dem gleichen Maße gemessen werden, wie eure Verführer? Sollen wir auf ewig das von aller Welt gehasste und ausgestoßene Volk sein? Nein! Darum trennt euch von dem nationalsozialistischen Untermenschentum! Beweist durch die Tat, dass ihr anders denkt! Ein neuer Befreiungskrieg bricht an. Der bessere Teil des Volkes kämpft auf unserer Seite. Zerreißt den Mantel der Gleichgültigkeit, den ihr um euer Herz gelegt! Entscheidet euch, eh' es zu spät ist.

1. Bestimme Anlass, Intention und Adressaten des Flugblattes. Erschließe aus den Angaben des Textes die Entstehungszeit.
2. Untersuche die typischen Textmerkmale.

INFO Flugblatt

Bei einem Flugblatt handelt es sich um ein ein- oder zweiseitig bedrucktes Schreiben, das oft auch illustriert ist. Es bezieht sich auf einen aktuellen Anlass, z. B. ein politisches Ereignis. Verbreitet sind Flugblätter in Zeiten großer politischer Auseinandersetzungen, z. B. in der Reformation, der Französischen und der Märzrevolution, im Dritten Reich und der Studentenbewegung 1968. Ihre Verfasser sind Personen, denen die etablierten publizistischen Organe nicht zur Verfügung stehen. Das Flugblatt wird heutzutage auch gerne zu Werbezwecken verwendet.

Das Beste für mein Volk   *Katrin Sachse*

Bisher unveröffentlichte Protokolle dokumentieren, wie Sophie Scholl in den Gestapo-Verhören um ihre Ideale kämpfte

„Im Koffer sind noch welche." Sophie flüstert, Hans, ihr Bruder, bleibt stehen. Auf dem Steinfußboden der Münchner Universität verhallen die letzten eiligen Schritte der Geschwister Scholl. Hans blickt auf die Uhr, dann greift er den braunen Lederkoffer und springt die Treppen hinauf. Seine Füße überfliegen die Stufen – immer zwei auf einmal. Sophie, die kleinere, rennt hinter dem Bruder her. Im zweiten Stock öffnen die Geschwister den Koffer. Hastig legen sie die Flugblätter aus: an Wände, vor Türen, auf die Balustrade. Als um elf die Pausenklingel schrillt und sich die Türen zu den Hörsälen öffnen, zögert Sophie einen Augenblick. Dann stößt sie einen Stapel Papier von der Mauerbrüstung. Wie Schmetterlinge flattern die Blätter durch den Lichthof.

Mit dieser Tat haben die Geschwister Hans und Sophie Scholl Geschichte geschrieben. Sie markiert das Ende einer Reihe von Aktionen gegen das Hitler-Regime und seinen mörderischen Krieg. Das sechste Flugblatt mit der Anrede „Kommilitoninnen! Kommilitonen!" ist das letzte der studentischen Widerstandsgruppe „Weiße Rose".

Die Flugblatt-Aktion in der Münchner Universität erzählt auch ein Film von Regisseur Marc Rothemund, der auf der Berlinale gezeigt wird und am 24. Februar 2005 im Kino anläuft. „Sophie Scholl. Die letzten Tage" beginnt mit dem Morgen des 18. Februar, als die Geschwister Scholl (Julia Jentsch, Fabian Hinrichs) gegen 10.30 Uhr ihre Wohnung in der Schwabinger Franz-Joseph-Straße 13 verlassen, und endet mit der Stunde ihres Todes. Am 22. Februar gegen 17 Uhr werden Hans und Sophie sowie ihr Freund Christoph Probst im Gefängnis Stadelheim hingerichtet.

Bislang unveröffentlichte Dokumente halfen Drehbuchautor Fred Breinersdorfer, das Geschehen der letzten Tage zu rekonstruieren. Unter anderem stützte er sich auf die Verhörprotokolle, die im Bundesarchiv in Berlin deponiert waren. Bis zum Zusammenbruch der DDR lagerten die historischen Zeugnisse im Zentralen SED-Parteiarchiv, davor im Archiv des Ministeriums für Staatssicherheit. „Nach dem Krieg waren sie auch eine Zeit lang in Moskau", vermutet Angelika Menne-Haritz, Direktorin des Bundesarchivs.

Für die ermordeten Studenten interessierte man sich in der DDR offenbar weniger als für andere Beteiligte, zum Beispiel Anwälte, Richter und Gestapo-Männer. „Die Stasi hatte kein Interesse an Toten", weiß Menne-Haritz. „Sie sammelte geeignetes Material, um Lebende zu erpressen."

Die Verhörprotokolle mit der Bundesarchiv-Registratur Z/C 13 267, die FOCUS in Kopie vorliegen, wurden bisher nie veröffentlicht. Nur vereinzelt haben einige Historiker und Buchautoren inzwischen berühmt gewordene Sätze von Hans oder Sophie zitiert, die aus den Verhören stammen und ihre politische Überzeugung beschreiben – zum Beispiel Sophies Beteuerung, sie bereue nichts, sie würde es genauso wieder machen.

„Die bereits angegebenen Personalien sind richtig. Ich bin in Forchtenberg, LA. Öhringen/Württemb. geboren, wo mein Vater Berufsbürgermeister der Gemeinde (Stadtgemeinde) Forchtenberg war." So beginnt die protokollierte Aussage von Sophia Magdalena Scholl, Studentin der Naturwissenschaften und Philosophie. „Stil und Diktion entsprechen natürlich nicht einer 21-Jährigen", sagt Alexander Klotz, Historiker am Zeitgeschichtlichen Institut in München, das fast den gesamten Scholl-Nachlass besitzt. Nach jeder Vernehmung habe der Gestapo-Ermittler Robert Mohr das Protokoll in seiner Beamtensprache diktiert. Sophie unterschrieb dann das Papier – so wie es auch heute noch bei der Polizei üblich ist.

Die historischen Zeugnisse verraten nichts über Sophies Verzweiflung, ihre Ausreden und Beteuerungen. Sie sagen auch nichts aus über Mohrs unzählige Versuche, das Mädchen einzuschüchtern und zum Geständnis zu drängen. „In manchen Passagen lesen sich die Dokumente so, als hätten die Geschwister ohne bedeutende Gegenwehr ihre Freunde verraten. Aber dieser Eindruck ist falsch", sagt Drehbuchautor Fred Breinersdorfer, der zum Filmstart ein gleichnamiges Buch herausgibt (Fischer Verlag). Anfangs habe Sophie sämtliche Vorwürfe derart gelassen und glaubhaft geleugnet, dass sogar der „erfahrene Vernehmungsbeamte Robert Mohr" von ihrer Unschuld überzeugt war.

Auf Seite 14 im Protokoll diktierte der Münchner Kriminalobersekretär Mohr, damals 45 Jahre alt und Vater eines Sohnes in Sophies Alter, folgenden Dialog:

„Frage: Den Umständen nach, unter denen Sie im Universitätsgebäude angetroffen wurden, sind Sie dringend verdächtig, gemeinsam mit Ihrem Bruder die in Frage stehenden Flugblätter in Ihrem Koffer in das Universitätsgebäude gebracht und dort verbreitet zu haben. Es liegen eine Reihe von Tatsachen vor, die diesen Verdacht rechtfertigen. Ich gebe Ihnen den dringenden Rat, speziell auf diese Frage uneingeschränkt und ohne Rücksicht auf etwaige Nebenumstände, die Wahrheit zu sagen.

Anwort: Trotz ernster Vorhaltungen und Ermahnungen muss ich nach wie vor bestreiten, sowohl mit der Herstellung als auch mit der Verbreitung der infrage stehenden Flugblätter auch nur das Geringste zu tun zu haben. Ich sehe selber ein, dass eine Reihe von Verdachtsmomente gegen meinen Bruder und mich sprechen und dass dann, wenn die richtigen Täter nicht gefunden werden sollten, dieser Verdacht unter Umständen an uns haften bleiben wird."

Schauspielerin Julia Jentsch verleiht ihrer Figur eine ruhige, feste Stimme. Sophie sitzt gerade auf ihrem Stuhl vor Mohrs Schreibtisch und schaut dem Beamten in die Augen. Der Gestapo-Mann lässt sich täuschen, er glaubt der jungen Frau. Wahrscheinlich werde sie heute Abend schon entlassen und könne nach

Verfilmung der Lebensgeschichte der Sophie Scholl aus dem Jahr 2005

Hause gehen, kündigt er Sophie am Ende der ersten Vernehmung an.

Die Hoffnung auf Freiheit erfüllt sich nicht, denn inzwischen hat die Polizei die Schwabinger Wohnung der Geschwister durchsucht und alles gefunden, was die beiden als Urheber der Flugblätter ausweist: Mengen von Papier und Briefmarken, eine Schreibmaschine sowie das Manuskript zum letzten Flugblatt. Später entdecken die Ermittler auch den Apparat, mit dem die Studenten die Flugblätter vervielfältigt haben. „Spätestens als Mohr sie mit diesen Funden konfrontierte, wird Sophie den Ernst ihrer Lage begriffen haben. Ich denke, sie hat gewusst, dass ihr und ihrem Bruder Todesurteile drohen", sagt Historiker Detlef Bald.

Lügen haben keinen Zweck mehr. Sophies Geständnis nach dem zweiten Verhör leitet Mohr wie folgt ein: „Nachdem mir eröffnet wurde, dass mein Bruder Hans Scholl sich entschlossen hat, der Wahrheit die Ehre zu geben und von den Beweggründen unserer Handlungsweise ausgehend die reine Wahrheit zu sagen, will auch ich nicht länger an mich halten, all das, was ich von dieser Sache weiß, zum Protokoll zu geben."

Die junge Frau kämpft. Selbst hier in diesem dunklen Gestapo-Büro hält sie an ihren Idealen fest, wohl wissend, dass die Beamten in ihr eine Verräterin sehen. Das Protokoll dokumentiert ihre Erklärung: „Es war unsere Überzeugung, dass der Krieg für Deutschland verloren ist und dass jedes Menschenleben, das für diesen verlorenen Krieg geopfert wird, umsonst ist." Im Dezember 1942 sei deshalb der Plan gereift, Flugblätter herzustellen. Sophie berichtet, wie sie und ihr Bruder Hans Briefmarken und Papier besorgt haben, wie sie Hunderte Adressen auf Umschläge schrieben und dann mit Zügen in mehrere Städte gefahren sind, um die Schriften zu verteilen. Sie versucht, alle Schuld auf sich zu nehmen und

Freunde zu schützen. Deren Beteiligung an der Arbeit der „Weißen Rose" spielt sie herunter.

Der Vernehmer zweifelt. Im Film bietet er Sophie Kaffee an. „Seit wann kennen Sie den San. Feldw. Willi Graf, in welchem Verhältnis standen Sie zu ihm, und in welcher Weise war dieser an der Flugblattaktion beteiligt?" Die langen Ausführungen im Protokoll zeigen, dass Mohr immer und immer wieder nach dem Freund gefragt haben muss … „Graf hatte damit nichts zu tun", antwortet Sophie eisern. Der Gestapo-Beamte konzentriert sich auf einen weiteren Vertrauten: Was hatte Christoph Probst mit der Flugblattaktion zu tun? Sophie: „Mit der Abfassung der Flugblätter, deren Herstellung und Verbreitung hat er meines Wissens nicht das Geringste zu tun."

Frage und Antwort. Nachfrage und noch einmal dieselbe Antwort. Ermahnungen. Drohungen. Mohrs Faust donnert auf die schwere Tischplatte. Er zündet sich eine Zigarette an. Dann fragt er noch einmal. „Was hatte … wer half … in welchem Verhältnis stand …?"

So wird es wohl gewesen sein. Zwei Tage und Nächte lang. Am Ende der stundenlangen Verhöre hat Sophie wohl die Sympathie ihres Gegners gewonnen. Mohr, der später in seinem 1951 geschriebenen Erinnerungsbericht von „charakterlicher und seelischer Größe der Betroffenen" schwärmen wird, behauptet, er habe Sophie einen „Strohhalm" reichen wollen. Er habe sie überreden wollen, sich von der politischen Überzeugung ihres Bruders zu distanzieren und die Taten zu bereuen.

Im Protokoll liest sich dieser angebliche Versuch so: „Sind Sie … nun nicht doch zu der Auffassung gekommen, dass Ihre Handlungsweise … in der jetzigen Phase des Krieges als ein Verbrechen gegenüber der Gemeinschaft insbesondere aber unserer im Osten schwer und hart kämpfenden Truppen anzusehen ist, das die schärfste Verurteilung finden muss." So fragt Mohr, um – wie er später behaupten wird – Sophie das Leben zu retten.

Diese Frage müsse sie verneinen, antwortet Sophie: „Ich bin nach wie vor der Meinung, das Beste getan zu haben, was ich gerade jetzt für mein Volk tun konnte." Ihre Handlungsweise bereue sie nicht, beteuert die 21-Jährige. Die Folgen wolle sie auf sich nehmen.

Über die Folgen entscheidet Roland Freisler, Präsident des Volksgerichtshofs bereits zwei Tage später: Sophie und Hans Scholl sowie Christoph Probst verurteilt er zum Tod durch die Guillotine.

Charakterisieren
→ S. 342

1. Informiert euch genauer über die Mitglieder der „Weißen Rose", ihre Ideale, ihre Ziele, ihre Methoden.
2. **Charakterisiere** Sophie Scholl nach den Verhörprotokollen.
3. Im Jahre 2005 ist die Lebensgeschichte der Sophie Scholl verfilmt worden und wurde ein riesiger Publikumserfolg; Schulen werden immer wieder nach den Mitgliedern der „Weißen Rose" benannt.
Erklärt den Grund für dieses Phänomen.

Mein blaues Klavier *Else Lasker-Schüler*

Ich habe zu Hause ein blaues Klavier
Und kenne doch keine Note.

Es steht im Dunkel der Kellertür,
Seitdem die Welt verrohte.

5 Es spielten Sternenhände vier
– Die Mondfrau sang im Boote –
Nun tanzen die Ratten im Geklirr.

Zerbrochen ist die Klaviatür …
Ich beweine die blaue Tote.

10 Ach liebe Engel öffnet mir
– Ich aß vom bitteren Brote –
Mir lebend schon die Himmelstür –
Auch wider dem Verbote.

1. Deutet die **Chiffre** „blaues Klavier".
   Wie geht das lyrische Ich mit der erlittenen Gewalt um?
2. Informiert euch über Else Lasker-Schüler und stellt Bezüge zum Gedicht her.

Weitere Texte von Else Lasker-Schüler sowie biografische Informationen findet ihr auf S. 300 f.

INFO Chiffre

Mit dem Begriff **Chiffre** (franz. Ziffer, Zahlzeichen) bezeichnet man eine Stilfigur der modernen Lyrik. Es handelt sich um einfache Wörter oder Wortverbindungen, die in dem Gedicht einen neuen Sinn erhalten und in diesem Zusammenhang ihren selbstverständlichen eigentlichen Bedeutungsgehalt verlieren. So ist der Begriff „Stadt" z. B. bei Georg Trakl eine Chiffre für Hoffnungslosigkeit.

Als deutschsprachiger Jude Deutschland heute sehen *Erich Fried*

Eine Frühheimkehrerin

Erich Fried (1921–1988) ist einer der bekanntesten deutschsprachigen Lyriker des 20. Jahrhunderts. Er erhielt zahlreiche Literaturpreise, u. a. den Georg-Büchner-Preis.

Judenkind
nach Europa zurückverschlagen
deine schwarzen Haare
ein Wald
5 von wachsenden Fahnen für Tote.

Deine schwarzen Haare ein Feld
von Rettungssignalen
die rufen nach Leben
im Land der Ermordeten.

10 Die rufen nach Liebe
in den neu aufgebauten
Ruinen des Hasses –
nach Hass
in den Gebeinen der Liebe.

15 Waches Leben du
in der Wohnung
die der Tod sich wieder bereitet
für sein nächstes Geburtstagsfest
und für seinen nächsten Schlaf.

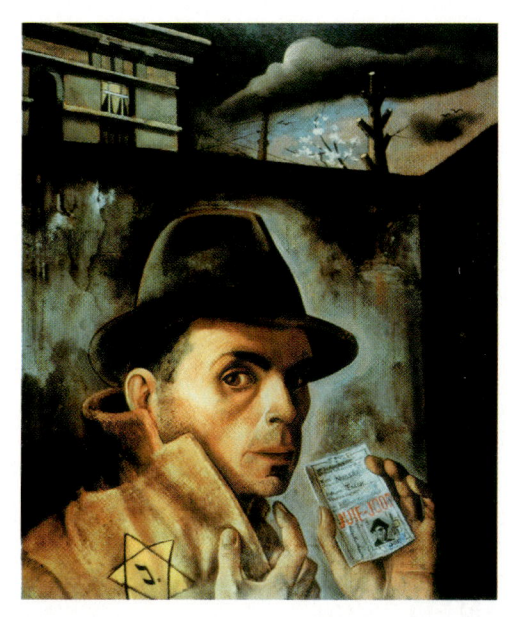

Felix Nußbaum: *Selbstbildnis mit Judenpass, 1943*

[...] ich bin überzeugt, dass der *manifeste* Antisemitismus in der Bundesrepublik heute und in den letzten 15–20 Jahren wesentlich geringer ist als etwa in Österreich, vielleicht sogar als in Teilen der deutschen Schweiz. Möglicherweise, weil manchen Leuten die Gaskammern doch die Freude am Antisemitismus ziemlich gründlich ausgetrieben haben. Ich kenne auch Leute, die als Jugendliche oder sogar noch mit 25–27 Jahren Nazis waren, denen dann aber die Erkenntnis, was wirklich mit den Juden geschehen ist, eine derartige Erschütterung bedeutete, dass sie sich von Grund auf und verlässlich geändert haben und dies auch aktiv durch ihre Tätigkeit bewiesen haben. – Der *nicht manifest* an die Oberfläche tretende, wohl aber *latente* Antisemitismus ist jedoch meines Erachtens noch viel weiter verbreitet, vor allem auch bei so genannten „einfachen Leuten". Natürlich kommt das derzeit nicht unbedingt in Ausdrücken über die *Juden* zur Geltung. Aber wer über die Türken, Jugoslawen und vor allem auch über die Zigeuner sein Maul wetzt oder wer, wo es sich gar nicht um ethnische Minderheiten handelt, sondern um irgendwelche andere „missliebige" Leute, laute Kinder oder eine Wohngemeinschaft, den Stoßseufzer ausstößt: „Adolf, wo bist du? Dein Land braucht dich!", oder sagt: „Unter Adolf hätte man kurzen Prozess mit ihnen gemacht, und das hätte dem Steuerzahler viel Geld erspart", der verrät, wes Geistes oder Ungeistes Kind er ist.

Nach dem Krieg hörte ich mit Entsetzen Redensarten wie: „Das habe ich über bis zur Vergasung." Oder: „Das lockt keinen toten Juden aus dem Ofen hervor." Diese Redensarten sind natürlich grausig, aber grausige Zeiten entwickeln eben auch sprachliche Entfremdungs- und Verrohungserscheinungen. Ich habe immer sehr energisch interveniert, wenn irgendwer solche Redensarten gebraucht hat. Dabei fand ich übrigens, dass besonders *junge* Menschen, die etwas bis zur Vergasung satt hatten, sich gar nicht wirklich bewusst waren, was sie da sagten, und in einigen Fällen sogar glaubten, es komme vom Vergaser in einem Auto, was aber natürlich völlig sinnlos wäre und eine falsche Etymologie ist. Es wäre aber ein Fehlschluss, alle, die so ein Wort gebraucht haben, für wirkliche oder potenzielle Antisemiten zu halten. Es handelt sich dabei vielfach um ein ähnliches Phänomen wie die betonte Abgebrühtheit junger Medizinstudenten gegenüber den Leichen, die sie sezieren müssen. Es ist eine Art, dem Grauen zu entgehen, das man eigentlich empfindet und das einen, wenn man es nicht in den Alltag nehmen könnte, zu überwältigen droht. Zwar: Ein hässlicher, seelisch trüber und gar nicht ungefährlicher Vorgang, der auch zu Denk- und Empfindungsverdrängungen und Entfremdungen führen kann, aber Antisemitismus oder verkappter Nazismus ist derlei noch lange nicht.

Etymologie: Lehre von der Herkunft der Wörter

Gefährlicher sind schon die Hakenkreuze, die Rocker zur Schau stellen; da ist oft der Übergang von der bloßen Provokation und vom Bürgerschreck zum Neonazismus sehr fließend. Allerdings beruht die Provokation des guten Bürgers bei Rockern und auch bei manchen jungen Neonazis zum Teil auf der Überlegung: „Diese Schlappschwänze haben ja in Wirklichkeit gar nicht so viel dagegen, wie sie tun. Sie trauen sich bloß nicht. Die sind eigentlich ganz geil drauf." Und an dieser Annahme, die ich bei Gesprächen mit solchen Jugendlichen mehr als einmal gehört habe, ist leider Gottes oft irgendetwas Wahres dran!

1. Analysiert Thema, **Motiv** und Sprache des Gedichts.
   Wie steht der Autor zu der Frage, ob man als Jude nach dem Holocaust wieder nach Deutschland zurückkehren kann?

   Motiv → S. 341

2. Fasse Frieds Essay über den Antisemitismus in einzelnen europäischen Staaten thesenhaft zusammen.
   Was versteht er unter „manifestem" und „latentem" Antisemitismus?

3. Sammelt, untersucht und interpretiert diskriminierende Redensarten, die auf Minderheiten anspielen.

Trau dich, Paps! *Gudrun Pausewang*

Ja, ich weiß, Paps, dass du die Arnsteins nicht magst. Die sind halt so ganz anders als wir. Das stört dich. Du hast es gern, wenn alle möglichst so sind, wie du sie haben möchtest: nicht auffallen, nicht aufmucken, sich danach richten, wie's schon immer war. So hat sich unsere Familie bisher auch immer durchs Leben geschlängelt.

Was? Nicht wahr? Sieh dir doch deine Eltern an, Paps. Oma und Opa waren in der Partei, weil damals die meisten in der Partei waren. Damit haben sie sich rückversichert. Aber ich hab sie unzählige Male sagen hören: „Wir haben von all den Verbrechen nichts gewusst" und „Wir konnten ja nichts machen". Nach dem Krieg sind sie dann als Mitläufer eingestuft worden.

So, wie ich dich kenne, Paps, wärst du auch Parteigenosse geworden. Und gerieten wir noch mal in eine Diktatur, würdest du sie stützen. Nicht aus Überzeugung, sondern aus Mangel an Mut.

Reg dich nicht auf, Paps. Gib's ehrlich zu, dass Mut nicht gerade deine Stärke ist. Ich bin siebzehn. Mir kannst du nichts mehr vormachen.

Opa Arnstein ist nicht in die Nazi-Partei eingetreten. Und Oma Arnstein hat die polnischen Mägde und die französischen Kriegsgefangenen mit am Familientisch essen lassen, obwohl das verboten war. Das hat mir Tim Arnstein erzählt. Der muss es ja wissen.

Ich weiß, ich weiß, Tim ist ein rotes Tuch für dich und Mutti. Vor allem, seit die Arnsteins das Protestschreiben an die Stadtverwaltung nicht mit unterschrieben haben. Du und Mutti, ihr habt sofort unterschrieben, weil das fast alle taten, die in unserer Straße wohnen. Und weil ihr auch, wie die meisten, der Meinung seid, dass die Einrichtung eines Asylantenheims in unserem feinen Viertel auf jeden Fall verhindert werden muss.

Ja, ja, diesen Spruch hört man überall: „Ich hab ja nichts gegen Ausländer. Aber ..." Als dann die zwanzig Asylbewerber doch in die alte Schule eingewiesen wurden und die Arnsteins ihnen in ihrem Garten eine Willkommensparty gaben, da seid ihr geradezu ausgerastet. Und fast alle anderen in unserem Viertel auch. Und obwohl die Arnsteins auch alle Deutschen aus der Straße mit eingeladen haben, seid ihr nicht hingegangen. Habt euch nicht einmal für die Einladung bedankt. Niemand außer den Ausländern ist dort gewesen. Das war keine Heldentat, Paps. Du hast dich stark gefühlt, weil du fast alle auf deiner Seite wusstest. Deswegen hast du so gehandelt. Wärst du von Dr. Arnstein abhängig, wärst du ganz bestimmt hingegangen.

Deine Überzeugung? Ach, Paps – nach der handelst du nur, wenn's kein Risiko für dich bedeutet.

Ja, genau da liegt der Unterschied zwischen den Arnsteins und uns: Die Arnsteins haben Mut. Sie handeln nach ihrer Überzeugung, auch wenn ihnen das Nachteile bringt. Tim hat zum Beispiel einem Lehrer vorgeworfen, dass er den beiden Türken, die in unsere Klasse gehen, strengere Noten gibt als uns Deutschen. Seitdem traut der sich nicht mehr, die Türken schlechter zu behandeln als uns. Dafür hat er jetzt einen Pik auf Tim. Und das in Mathe, wo Tim nicht besonders gut steht.

45 Was stört dich so an Tim? Dass er mein Freund ist? Daran werdet ihr nichts ändern können, weder du noch Mutti. Von Tim und seinen Leuten hab ich schon sehr viel gelernt. Zum Beispiel Mut. Im Muthaben bist du mir nie ein Vorbild gewesen, Paps. Wie oft schimpfst du zum Beispiel daheim über deinen Chef, Paps. Und viele deiner Kollegen tun das auch. Aber ihr habt euch noch nie getraut, ihm
50 eure Meinung offen zu sagen. Da gehört nämlich Mut dazu.

Es hätte keinen Zweck? Das kannst du doch gar nicht wissen. Du hast es ja noch nie ausprobiert. Vielleicht wäre er von deinem Mut beeindruckt. Aber du hast ja eine Wahnsinnsangst, so eine Ehrlichkeit könnte deiner Karriere schaden. Lieber buckelst du weiter. Ich frage mich, wie du dich noch im Spiegel so
55 ansehen kannst.

Was regst du dich so auf? Ich bin ehrlich. Du weißt bei mir, woran du bist. Ja, das hab ich von den Arnsteins gelernt. Nur durch Kritik, vor allem durch Selbstkritik, ändert sich was. In unserer Gesellschaft muss sich vieles ändern, Papi. Auch in unserer Familie. Der erste Schritt ist Ehrlichkeit.

Ich will dich nicht belehren, Paps. Ich will dir nur meine Überzeugung begreiflich machen. Woher ich die habe? Von den Arnsteins. Jawohl. Tims Vater fährt zum Beispiel einen Fiat Uno. Obwohl er sich als Kinderarzt einen Mercedes leisten könnte. Dafür braucht man Mut. Den Mut hättest du nicht. Und Mutti hätte auch nicht den Mut, mit einer Wohnzimmereinrichtung zu leben, die schon über zwanzig Jahre alt ist. Arnsteins haben ihn. Weil sie sich nicht immer fragen, was „die Leute dazu sagen" werden. Mutti würde sich in einem Fiat Uno zu Tode genieren. Und könntest du sie dir auf einer Demo vorstellen? Zum Beispiel auf einer Demo gegen Krieg? Ich nicht.

Natürlich wart ihr gute Eltern. Das bestreite ich ja nicht, Paps. Aber ihr habt mir manches nicht beigebracht, nicht mitgegeben, weil ihr's selber nicht hattet. Deshalb muss ich mir das jetzt anderswo holen. Bei Arnsteins zum Beispiel. Ihr habt mir soliden alten Untertanengeist beigebracht. Ja, Untertanengeist. Ich weiß, was ich sage. Bei Arnsteins hab ich Zivilcourage erlebt. Ihr habt mich Heuchelei gelehrt und wart mir darin gute Vorbilder. Bei Arnsteins wird Wert auf Ehrlichkeit gelegt. Hier bei uns ist alles so muffig. Bei den Arnsteins kann man durchatmen.

Nein, Paps, nicht in diesem Feldwebelton. Ich kusche nicht mehr. Ich hab mir von den Arnsteins Courage abgeguckt. Und den Tim und mich kriegst du nicht auseinander. Wenn ihr so weitermacht, Mutti und du, gehe ich zu den Arnsteins und bleibe bei ihnen. In einem Jahr bin ich sowieso volljährig.

Ja, jetzt fehlen dir die Worte, jetzt bist du baff, Paps. Die Arnsteins machen im August wieder eine Party in ihrem Garten. Ich bin dabei, ich helfe mit. Ihr würdet mir sehr imponieren, du und Mutti, wenn ihr den Mut aufbrächtet, diesmal zu kommen. Auch wenn die anderen aus der Straße wieder vorziehen sollten, daheim zu bleiben. Wenn ihr also die einzigen deutschen Gäste wärt.

Bitte, Paps. Kommt. Ich hätte so gern Eltern, die sich was trauen ...

1. Haltet in einer Tabelle die charakterlichen Unterschiede der Familienmitglieder fest.
2. Vergleicht die Verhaltensweisen der verschiedenen Generationen gegenüber Minderheiten. Erklärt sie.

Pablo Picasso: *Guernica, 1937*

Alle Tage   *Ingeborg Bachmann*

Der Krieg wird nicht mehr erklärt,
sondern fortgesetzt. Das Unerhörte
ist alltäglich geworden. Der Held
bleibt den Kämpfen fern. Der Schwache
5 ist in die Feuerzone gerückt.
Die Uniform des Tages ist die Geduld,
die Auszeichnung der armselige Stern
der Hoffnung über dem Herzen.

Er wird verliehen,
10 wenn nichts mehr geschieht,
wenn das Trommelfeuer verstummt,
wenn der Feind unsichtbar geworden ist
und der Schatten ewiger Rüstung
den Himmel bedeckt.

15 Er wird verliehen
für die Flucht von den Fahnen,
für die Tapferkeit vor dem Freund,
für den Verrat unwürdiger Geheimnisse
und die Nichtachtung
20 jeglichen Befehls.

1. Welche Rolle spielen Krieg und Gewalt im Gedicht von Ingeborg Bachmann?
2. Erarbeite einen **Gedichtvortrag.**

Gedichte vortragen
→ S. 342

Widerstandskämpfer *Mahatma Gandhi*

Mahatma Gandhi wird als Mohandas Karamchand Gandhi 1869 in Indien geboren. Seit 1915 trägt er den Ehrentitel „Mahatma" (große Seele). Er gilt als „Apostel der Gewaltlosigkeit". Nach dem Zweiten Weltkrieg erreicht er durch den legendären Salzmarsch und einen Hungerstreik die indische Unabhängigkeit von der englischen Krone. Seine Lehre „Satyagraha" und „Ahimsa" zeigt einen dritten Weg zwischen Gewalt und feigem Zurückweichen vor Unrecht. 1948 wird Gandhi von einem Hindu-Fanatiker ermordet.

Ich glaube, dass der Mensch, da ihm nicht gegeben ist, etwas zu erschaffen, nicht das Recht hat, auch nur die kleinste Kreatur, die da lebt, zu zerstören. Das Vorrecht der Vernichtung gehört einzig und allein dem Schöpfer alles Lebendigen. Ich nehme gern die Auslegung von Ahimsa [Nicht-Gewalt] an, derzufolge Ahimsa nicht bloß einen negativen Zustand bedeutet, nämlich Unfähigkeit, Böses zu tun, sondern einen positiven Zustand, das heißt, Liebe zu erweisen und Gutes zu tun, sogar dem Missetäter. Doch bedeutet es nicht, dem Übeltäter in seinem ungerechten Werke beizustehen oder es in schweigender Duldung hinzunehmen. Im Gegenteil, die Liebe als aktive Qualität von Ahimsa verlangt, dem Übeltäter zu widerstehen, mag es ihn auch beleidigen oder seelisch oder körperlich treffen.

Zehn Gebote der gewaltlosen Bewegung *Martin Luther King*

Martin Luther King wird 1929 in Atlanta (Georgia) geboren. Seit 1954 Pastor der Baptistenkirche in Montgomery (Alabama), kämpft er für die Bürgerrechtsbewegung und die Gleichberechtigung der Farbigen in den Vereinigten Staaten. Als Verfechter der Gewaltlosigkeit und des zivilen Ungehorsams in der Tradition Gandhis distanziert er sich von den radikalen Elementen in der Bewegung der Farbigen. 1964 erhält er den Friedensnobelpreis. 1968 wird er in Memphis erschossen.

Die folgende Verpflichtungserklärung wurde von Freiwilligen unterschrieben, die 1963 in Birmingham (Alabama) mit Sit-in-Demonstrationen gegen die Rassentrennung in Imbiss-Stuben demonstrierten:

Ich verpflichte mich – meine Person und meinen Körper – der gewaltlosen Bewegung. Ich werde die folgenden zehn Gebote einhalten:
1. Jeden Tag über die Lehren und das Leben Jesu nachzudenken.
2. Nie zu vergessen, dass die gewaltlose Bewegung in Birmingham Gerechtigkeit und Versöhnung sucht, nicht den Sieg.

3. Im Geiste der Liebe zu gehen und zu sprechen, denn Gott ist die Liebe.
4. Täglich zu Gott zu beten, dass er mich dazu benutzen möge, allen Menschen zur Freiheit zu verhelfen.
5. Persönliche Wünsche zu opfern, um allen Menschen zur Freiheit zu verhelfen.
6. Im Umgang mit Freund und Feind die Regeln der Höflichkeit zu beachten.
7. Danach zu trachten, ständig anderen und der Welt zu dienen.
8. Mich der Gewalttätigkeit der Faust, der Zunge und des Herzens zu enthalten.
9. Mich zu bemühen, in geistiger und körperlicher Gesundheit zu leben.
10. Den Anweisungen der Bewegung und des Leiters einer Demonstration zu folgen.

Ich unterzeichne diese Verpflichtung, nachdem ich ernsthaft überlegt habe, was ich tue, und bin entschlossen und gewillt auszuhalten.
Name ...
Adresse ...
Telefonnummer ...
Nächster Angehöriger ...
Dessen Adresse ...
Außer durch Demonstrationen könnte ich der Bewegung noch helfen durch (Entsprechendes ankreuzen):
Botengänge machen, Autofahren, Mahlzeiten für Freiwillige zubereiten, kirchliche Arbeit, Telefongespräche führen, Telefongespräche entgegennehmen, Vervielfältigungen anfertigen, Maschinenschreiben, Schilder malen, Zettel verteilen.

Christliche Bewegung für Menschenrechte in Alabama

1. Informiert euch in Gruppen über Mahatma Gandhi und Martin Luther King sowie über die politischen und religiösen Hintergründe ihrer Zeit. Verfasst ein Thesenpapier und präsentiert eure Ergebnisse in einem Gruppenreferat.
2. Martin Luther Kings „Zehn Gebote" sind religiös begründet. Formuliert sie so um, dass sich auch Atheisten mit ihnen identifizieren können.
3. Überprüft, ob die umformulierten „Zehn Gebote" auch in eurem Umgang miteinander und für die Lösung eurer Konflikte gelten könnten oder ob man sie weiter konkretisieren müsste.

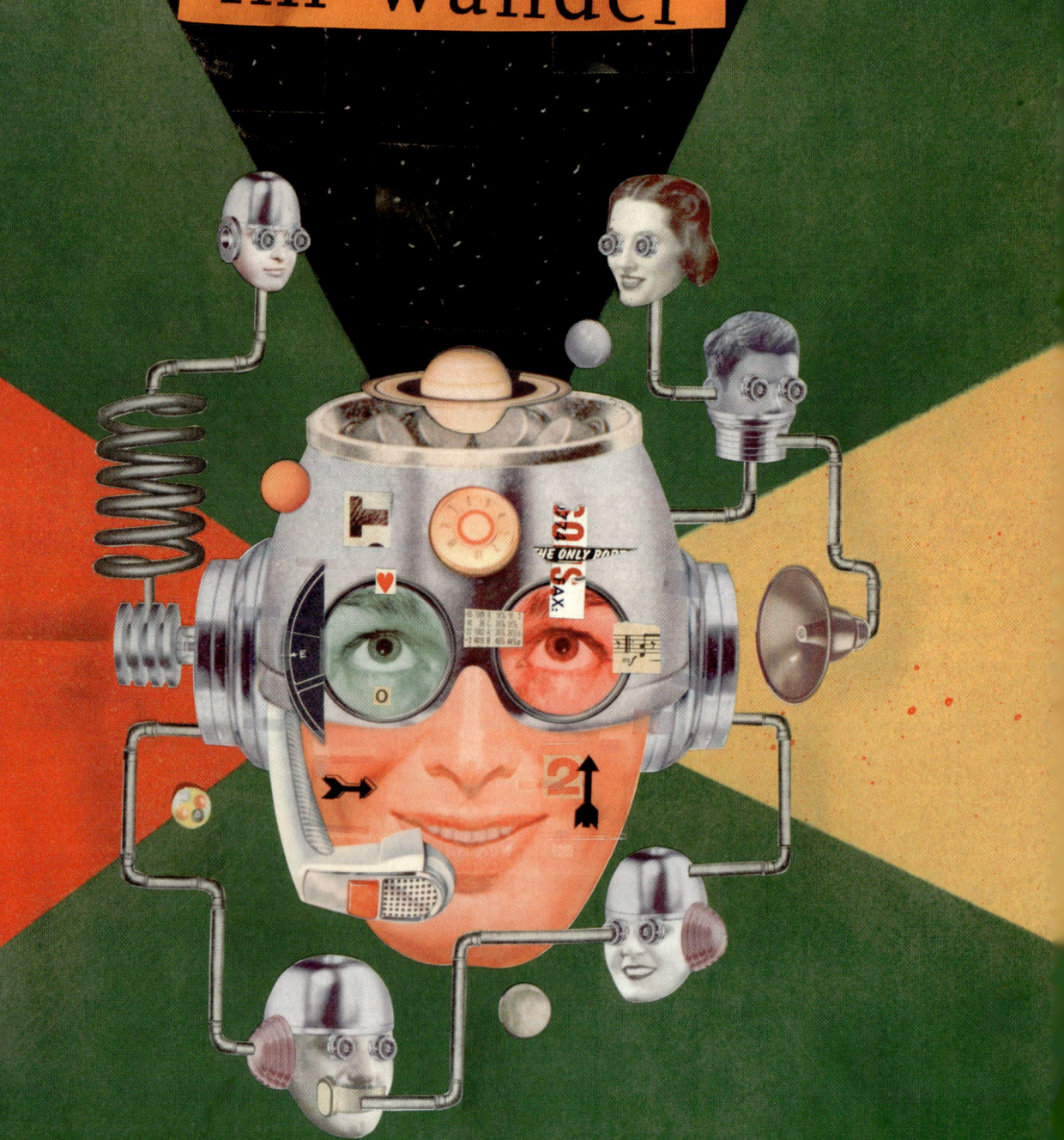

Arbeitswelt im Wandel

Äußere Zwänge – Anforderungen

Poesie *Kurt Bartsch*

Die männer im elektrizitätswerk
Zünden sich die morgenzigarette an.
Sie haben, während ich nachtsüber schrieb,
Schwitzend meine arbeitslampe gefüttert.
Sie schippten kohlen für ein mondgedicht.

Die Taschenfrauen* *Ursula Krechel*

* Text in alter Rechtschreibung

Nicht nur heut am Mittwoch
bei Regen und Schneeglöckchen
gehen sie am Vorgarten entlang
vermummt in Schals und Mützen
5 kommen mit ihren Taschen so gegen elf
eilig vom Kaufmann an der Ecke
bei dem nur ein Scherz für sie abfällt
schleppen Blumenkohl und Möhren
Roggenbrot und Kräuterquark
10 in ihren tiefen Taschen
laufen den Kindern über den Weg
die schleppen aus der Schule
Ranzen, Turnschuhe, kneifen sich
raufen, hüpfen noch ein bißchen
15 dann in der Küche, wenn
die Taschenfrauen ihre tiefen Taschen
auspacken, alles in den Kühlschrank
möcht ich dabei sein, möcht sie
küssen und umarmen, wenn sie einmal
20 auf dem Grund der tiefen Taschen
suchen nach ihrem eigenen Leben.

1. Notiert im Brainstorming-Verfahren, was euch zu den Begriffen Arbeit und Beruf einfällt.
2. Wie wird die Rolle der Frau in Ursula Krechels Gedicht dargestellt? Versuche die Aussageabsichten der Autorin zu bestimmen. (Beachte dabei vor allem die letzten vier Zeilen.)

Der Beruf   *Robert Walser*

Um in der Welt ein rechtschaffenes Leben führen zu können, muss man einen Beruf haben. Man kann nicht nur so in den Tag hineinarbeiten. [...] Ich habe zu allen möglichen Berufen Lust. Da ist das Wählen so eine schwere Sache. Ich glaube, ich tue am besten, wenn ich irgendeinen, vielleicht den erstbesten ergreife, ihn erprobe und, wenn ich ihn satt habe; fortwerfe. Kann man denn überhaupt wissen, wie es innerhalb eines Berufes aussieht? Ich denke, das muss man doch zuerst erfahren. Unerfahrene Geister, wie wir sind, können vor kein Urteil gestellt werden, ohne sich glänzend zu blamieren. Das ist durchaus Geschmack und Sache unserer Eltern, uns einen Beruf auszusuchen. Sie wissen am besten, wozu wir taugen. [...] Nun, mein Geschmack wäre ein Schiffskapitän. Aber ich frage mich, ob meine Eltern mit diesem Wunsch einverstanden sind. Sie lieben mich sehr und sie würden besorgt sein um mich, wenn sie mich den Stürmen des Meeres ausgesetzt wüssten. Das Beste wäre freilich, heimlich durchzubrennen. So zur Nachtzeit, durchs Fenster an einem Seil herabgelassen und – ade. Aber nein! Meine Eltern habe ich nicht den Mut zu hintergehen, und wer weiß, ob ich überhaupt das Zeug zu einem Schiffskapitän habe. Schlosser, Schreiner oder Drechsler will ich nicht werden. Für einen Aufsatzschreiber von meiner Qualität ziemt sich kein solches Handwerk. Buchbinder wäre hübsch, aber meine Eltern werden es nicht zugeben wollen, weil ich ihnen, das weiß ich, viel zu gut dafür bin. Sie sollen mich nur nicht studieren lassen, ich würde verkommen. Zum Arzt habe ich keine Lust, zum Pfarrer kein Talent, zum Juristen kein Sitzleder und Lehrer werden ... ich möchte lieber sterben. Unsere Lehrer zum Mindesten sind alle nicht glücklich, man sieht es ihnen an. Förster möchte ich werden. Ich würde mir ein kleines efeuumranktes Haus am Waldrand bauen und den Tag lang bis in die Nacht im Wald umherschweifen. Vielleicht käme es mir mit der Zeit auch langweilig vor und ich sehnte mich nach großen, eleganten Städten. Als Dichter möchte ich in Paris, als Musiker in Berlin, als Kaufmann nirgends leben. Man tue mich nur in ein Büro und erfahre dann das Weitere. Nun habe ich noch eines auf der Seele: Gaukler sein wäre schön. Ein berühmter Seiltänzer, Feuerwerk hinten auf dem Rücken, Sterne über mir, einen Abgrund neben und so eine feine schmale Bahn vor mir zum Schreiten. – Clown? Ja ich fühle, ich habe zum Spaßmachen Talent. Aber den Eltern würde es Kummer bereiten, mich auf der Bühne zu wissen mit einer rot bemalten langen Nase und mehlbestreuten Wangen und im weiten lächerlichen Anzug. – Was nun denn? Daheim bleiben und greinen? Das niemals. Eins ist sicher, mir ist nicht bang vor Berufen. Es gibt so viele.

1. Welche Berufswünsche hat der Ich-Erzähler? Was hindert ihn daran, sie zu verwirklichen?
2. Analysiere anhand der sprachlichen Gestaltung, insbesondere der Verwendung von Pronomen, wie er mit seiner Situation umgeht.

Helmut Knecht *Gerold Späth*

Ich bin Friseur, Bartscherer, Haarschneider, Rasierer, Barbier, Schnurrbartstutzer, Coiffeur. Nennen Sie den Beruf, wie Sie wollen. Mein Vater hat damit sein Geld verdient, ich verdien mein Geld damit. Mit 15 in die Lehre, ich wurde nicht gefragt.

Hier Herren Haare schneiden Ohren stehen lassen Brillantine Haarwasser Rasiermesser die männlich-herbe schnelle Note frisieren ondulieren Damen färben waschen legen Dauerwellenschaum schlagen föhnen heiße warme Winde klippklapp wenig Hirn viel Haar gebürstet gebartet gekämmt gesengt gelockt geschniegelt gezupft getrimmt wie gestriegelt Damen- und Herren-Salon Saloon.

Man könnte dem einen oder anderen mal ein Ohr abrasieren oder eine Oberlippe. Hasenscharte, nicht auszuwetzen. Der einen oder anderen den Schädel kahl brennen. Der totale Haarentferner. Skalpierung gefällig?

Ich habe einen Sohn, aber meinen Sohn habe ich jedenfalls nie in die Lehre gezwungen. Er ist technischer Kalkulator geworden. Das ist ja kein Handwerk!

Eine Zeit lang haben viele Kollegen das ganze Haarzeugs an den Nagel gehängt und sind Versicherungsvertreter geworden. Ich habe durchgehalten und mache weiter. So ist das nun. Am Schluss wird verkauft. Erst dann stecke ich um. Dann ist es auch getan. Weiter nichts.

Aus: Commedia

1. Worum geht es in dem Text?
   Formuliere ein Schlagzeile und eine Überschrift.
2. Welche sprachlichen Besonderheiten (Satzbau, Wortwahl) fallen dir an Helmut Knechts Aussage auf?
   Wodurch verrät er seine wahre Einstellung zu seinem Beruf?
3. Verfasst eine Dialogszene und spielt sie:
   – Die Frau des Bürgermeisters erscheint unangemeldet im Friseursalon.
   – Ein Nachbar, der noch Schulden hat, kommt zum Haareschneiden, aber wieder ohne Geld.
   – Knechts Sohn verlangt von seinem Vater eine „geile" Frisur.

What's hot? What's not?

Was soll ich studieren? Die Frage aller Fragen lässt sich so leicht nicht beantworten. In jedem Fall empfiehlt es sich, die Branchenentwicklung zu berücksichtigen und die Studiengänge einem Zukunfts-Check zu unterziehen: Wo sind die Berufsaussichten auch in ein paar Jahren noch gut und der Karrierefaktor hoch? high potential CHANCES hat für euch recherchiert.

Chemie

Ob in der Forschung, an Hochschulen, in der Industrie oder auch im öffentlichen Dienst – Chemiker werden immer gebraucht. Was die Berufsperspektiven der Absolventen anbelangt, sind das natürlich rosige Aussichten.

[...] Des Chemikers größter Trumpf ist seine Vielseitigkeit. Zudem ist vor allem in zukunftsträchtigen Bereichen wie Umweltschutz, Ernährung, Gesundheitsvorsorge oder auch Baustoffentwicklung chemische Kompetenz gefragt. Wer im Studium durch Praktika schon Berufserfahrung sammelt und Kontakte knüpft, hat also beste Aussichten auf dem Arbeitsmarkt.

BWL

Das BWL-Studium verheißt eine steile Karriere – jedoch nur, wenn der Lebenslauf neben guten Noten im Studium auch Praktika, Fremdsprachen und EDV-Kenntnisse aufweist.

„Mit BWL kann ich nicht viel falsch machen", denken sich die meisten Studienanfänger und freuen sich innerlich schon über Top-Gehälter in Führungspositionen. Kein Wunder also, dass die Betriebswirtschaftslehre mit inzwischen über 150 000 Studenten an etwa 300 Ausbildungsstätten in Deutschland der Massenstudiengang schlechthin ist. Wer den BWL-Abschluss in der Tasche hat, ist in der Regel auch tatsächlich in aussichtsreicher Position auf dem Arbeitsmarkt.

Doch das Studium allein genügt nicht – es bildet nämlich nur zu Berufsfähigkeit aus und eben nicht schon zur Berufsfertigkeit. Letztere erlangt man erst durch zahlreiche Praktika und möglichst auch Auslandsaufenthalte.

Jura
Juristen werden immer gebraucht. Wenn nicht im Gerichtssaal, dann eben beispielsweise in der Verwaltung oder in den Rechtsabteilungen von Unternehmen.

In Deutschland gibt es über 100 000 Jurastudenten, wovon jährlich rund 10 000 ihren Abschluss machen. Die meisten von ihnen streben in den juristischen Staatsdienst – was allerdings nur unter fünf Prozent der Absolventen gelingt. Der Staat ist wählerisch und verpflichtet nur Juristen mit Prädikatsexamen. Das macht deutlich, dass das Jurastudium keineswegs automatisch zu einem großartigen Job führt.

Anglistik
Englischlehrer haben alle einen Abschluss in Anglistik. Wer allerdings nicht auf Lehramt studiert, muss sich am Arbeitsmarkt Nischen suchen, um eine Anstellung zu finden.

[...] Anglisten müssen neben dem Studium möglichst viele Praktika in Unternehmen absolvieren und sich vor allem auch wirtschaftliche Kenntnisse aneignen – sonst haben sie keine Chance gegen Bewerber aus anderen Studienrichtungen. [...]

Geografie
Geografie-Absolventen werden von Personalchefs nicht explizit gesucht. Eigeninitiative und Zusatzqualifikationen sind deshalb Voraussetzungen für ein Stellenangebot.

Die Geografie soll räumliche Strukturen und Prozesse beschreiben und erklären. Wozu, fragt man sich da spontan? Die Personalchefs von Unternehmen werden nur wenig mit Kundigen der Boden-, Vegetations- und Hochgebirgsgeografie anfangen können. Das sind Spezialgebiete, die nur wenig Chancen auf dem allgemeinen Arbeitsmarkt eröffnen. Dann sollte man sich schon eher auf Teilbereiche wie Bevölkerungs- oder Wirtschaftsgeografie spezialisieren, um zum Beispiel in Statistikämtern Fuß zu fassen. [...]

Ethnologie
Bestimmt ein interessantes Studium mit kulturellen Background. Allerdings muss man dafür mit sehr unsicheren Jobperspektiven rechnen.

[...] Für sozial engagierte und kulturell interessierte Studenten mag die Ethnologie ein erfüllendes Studienfach sein – zur großen Karriere wird es nicht verhelfen. Nur wer sprachbegabt ist, sich außeruniversitär weiterbildet und im Lebenslauf mit Auslandsaufenthalten protzen kann, hat eine Chance auf hohe Positionen in Organisationen oder Behörden. Über 50 Prozent der Absolventen stehen nur in befristeten Arbeitsverhältnissen oder sind freie Mitarbeiter.

1. Formuliere Fragen, die sich ein Studienanfänger im Hinblick auf Studium und Beruf stellen muss.

Anzeige

Goethe-Institut

Das Goethe-Institut ist das weltweit tätige Kulturinstitut der Bundesrepublik Deutschland. Wir fördern die Kenntnis der deutschen Sprache im Ausland und pflegen die internationale kulturelle Zusammenarbeit. Darüber hinaus vermitteln wir ein umfassendes Deutschlandbild durch Informationen über das kulturelle, gesellschaftliche und politische Leben. Unser internationales Tätigkeitsfeld erfordert große Offenheit für andere Kulturen und eine hohe interkulturelle Kompetenz. Die Managementaufgaben im Goethe-Institut sind sehr vielfältig. Wir erwarten von unseren Führungskräften eine ausgeprägte Fähigkeit zum analytisch-konzeptionellen und wirtschaftlichen Denken und hohe Lernbereitschaft.

Das Goethe-Institut steht zurzeit vor einem Generationenwechsel und sucht junge Mitarbeiterinnen und Mitarbeiter für spätere Führungspositionen im In- und Ausland. Ihr Einstieg erfolgt über unser

TRAINEE-PROGRAMM FÜHRUNGSNACHWUCHS

Dafür bringen Sie folgende Voraussetzungen mit:

- abgeschlossenes Studium an einer wissenschaftlichen Hochschule in den Fächern Deutsch als Fremdsprache, Islamwissenschaften, Arabistik, Afrikanistik, Sinologie, Slawistik oder anderer Philologien, Kulturmanagement oder weiterer Kultur-, Geistes- und Sozialwissenschaften, Betriebswirtschaft, Volkswirtschaft, Rechtswissenschaften
- profunde Allgemeinbildung, sehr gute Kenntnisse der deutschen Gegenwartskultur und Zeitgeschichte
- Höchstalter 39 Jahre
- hervorragende muttersprachäquivalente Deutschkenntnisse und sehr gute Kenntnisse des Kulturraumes von Deutschland
- nachgewiesene, sehr gute Beherrschung der englischen Sprache sowie gute Beherrschung mindestens einer weiteren modernen Fremdsprache, vorzugsweise Arabisch, Chinesisch oder slawischer Sprachen
- ausgeprägte Erfahrung mit den elektronischen Medien
- nachgewiesene längere Auslandsaufenthalte
- gesundheitliche Eignung (Tropentauglichkeit)
- uneingeschränkte Bereitschaft zum weltweiten Einsatz im Rotationsverfahren (ca. alle fünf Jahre Dienstortwechsel)

In unserem **zwölfmonatigen Trainee-Programm (Beginn 01. September 2005)** werden Sie in der Münchener Zentrale, an einem Inlandsinstitut und an einem unserer Auslandsinstitute auf Ihre Aufgaben vorbereitet. Während des Trainee-Programms erhalten Sie Anwärterbezüge nach Maßgabe des Bundesbesoldungsgesetzes.

Für den neuen Einstellungstermin am 1. September 2005 können Sie sich vom **1. April bis zum 29. April 2005** über die **Online-Bewerbungsmaske** bewerben. [...]

1. Beschreibe die Zielgruppe, an die sich diese Anzeige richtet. Belege deine Aussage am Text.

Manuela Schneider Neustadt, 12. Mai 2006
Bergstraße 2
67 433 Neustadt
Tel.: 8 76 76 54

Sparkasse Neustadt
Herrn Bartels
Marheinekestraße 67–69
67 432 Neustadt

Bewerbung um einen Ausbildungsplatz als Bankkauffrau

Sehr geehrter Herr Bartels,
es ist schon lange mein großer Wunsch, den Beruf der Bankkaufrau zu erlernen.
Ich (18) bin mir sicher, dass ich hier meine Fähigkeiten sehr gut einsetzen kann.

Meine Eltern sind langjährige Kunden der Sparkasse Neustadt. Daher weiß ich
auch, dass in Ihrem Hause sehr großer Wert auf intensive Kundenbetreuung gelegt
wird. Nicht zuletzt deshalb bewerbe ich mich bei Ihnen, denn eine meiner Stärken
ist der Umgang mit Menschen.

Beim Tag der offenen Tür am 25. Januar habe ich einen Blick „hinter die Kulissen"
Ihres Hauses werfen dürfen. Dies hat mich zusätzlich in dem Wunsch bestärkt,
den interessanten Beruf der Bankkauffrau bei Ihnen zu erlernen.

Zurzeit besuche ich die 12. Klasse des Burg-Gymnasiums in Neustadt.
Dort werde ich im Frühjahr nächsten Jahres das Abitur machen.

In meiner Freizeit unternehme ich oft Fahrradtouren mit meinen Freunden.
Außerdem lese ich sehr gerne historische Romane und spiele recht gut Schach.

Habe ich Ihr Interesse geweckt?
Dann laden Sie mich doch bitte zu einem persönlichen Gespräch ein.
Ich würde mich sehr darüber freuen.

Mit freundlichen Grüßen

Anlagen

> Absagen verdauen
> „… mit diesem Schreiben erhalten Sie Ihre Unterlagen zurück. Leider müssen wir Ihnen mitteilen, dass wir uns bei der Vielzahl der Bewerberinnen und Bewerber um einen Ausbildungsplatz in unsrem Hause nicht für Sie entscheiden konnten. Für Ihr Interesse an unserem Unternehmen danken wir Ihnen und wünschen Ihnen für die Zukunft alles Gute."

1. Welche Angaben/Aussagen sind in diesem Bewerbungsschreiben unnötig? Was könnte man ergänzen?
2. Was rätst du deiner Freundin, die eine Absage erhalten hat?

Bewerbungen – Vorstellungsgespräch

- Der häufigste Fehler, den Bewerber/innen machen, ist die unzureichende Vorbereitung auf die Bewerbungssituation. Die innere Vorbereitung – die richtige Einstellung zur Einstellung – ist ein entscheidender Faktor.
- Es ist nicht leicht, aber äußerst wichtig, herauszufinden: Was man kann, was man will und was möglich ist.
- Ein Bewerbungsschreiben ist ein Tagewerk; ein Lebenslauf nicht weniger. Die Vorbereitung auf ein Vorstellungsgespräch dauert oftmals mehrere Tage.
- Form- und Inhaltsfehler sind meistens der Grund, warum Bewerber/innen nicht zum Vorstellungsgespräch eingeladen werden. Ganz besonders in Zeiten einer schwierigen Ausbildungs- und Arbeitsmarktlage kommt es auf die „Verpackung" und auf die richtige Präsentation an.
- Die Fragen des Vorstellungsgesprächs stehen im Großen und Ganzen fest. Überlegen Sie sich vorab Ihre Antworten.
- Es gibt keine unangenehmen Fragen im Vorstellungsgespräch, wenn Sie die richtige Einstellung haben, gut vorbereitet sind und somit angemessen antworten können.
- Als Bewerber/in sollten Sie wissen, was und wie Sie etwas sagen wollen. Insbesondere muss Ihnen klar sein, was Sie nicht sagen wollen und wie Sie mit Worten schweigen.
- Es geht im Vorstellungsgespräch um Sympathie, Leistungsmotivation und Kompetenz. Sympathie müssen Sie gewinnen, Leistungsmotivation und Kompetenz wird Ihnen zugeschrieben.
- Verdeutlichen Sie sich: Sie bestimmen den Verlauf des Vorstellungsgesprächs weitest gehend mit.
- Angemessene, selbstbewusste Bescheidenheit und höfliche Konzentration kennzeichnen eine/n erfolgreiche/n Bewerber/in.

Glosse → S. 340

Glossiert
Zehn Tipps für Ihre Bewerbung
Ralf Gunkel

Sind Sie arbeitslos? Kein Problem. Die folgenden zehn Tipps bringen Sie wieder rein in den Job.

1. Geben Sie in Ihrer Bewerbung nicht zu viel preis. Lebenslauf und Foto weglassen – umso größer ist die Überraschung beim Gespräch.
2. Zum Vorstellungstermin kommen Sie 15 Minuten zu spät. Damit zeigen Sie, wie wichtig Sie sind.
3. Wenn der Chef Sie warten lässt, baggern Sie seine Vorzimmer-Tippse an. Das mag die, und wenn Sie in dem Laden später einmal anfangen, haben Sie schon eine Verbündete.
4. Tragen Sie Jeans, T-Shirt und Turnschuhe. Achselschweiß schadet nicht. Schließlich soll der Chef sehen, dass Sie arbeiten können.
5. Fläzen Sie sich breitbeinig auf den Stuhl und kauen Sie beim Reden Kaugummi. Das wirkt lässig.
6. Reden Sie schlecht über Ihre alte Firma. Der Chef freut sich, weil bei ihm alles besser ist.
7. Halten Sie sich nicht mit Nebensächlichkeiten wie Zeugnissen oder Referenzen auf. Kommen Sie gleich zum Wesentlichen: dem Gehalt.
8. Fordern Sie doppelt so viel wie der Chef es anbietet. Damit beweisen Sie, dass Sie nicht billig sind.
9. Hauen Sie dem Chef beim Rausgehen jovial auf die Schulter. Dann merkt er, dass er es mit einem gleichwertigen Partner zu tun hat.
10. Fordern Sie, dass Sie binnen drei Tagen eine Zusage haben wollen, sonst gehen Sie zur Konkurrenz.

Sie haben alle Tipps befolgt und sind nicht genommen worden? Dann sind Sie froh, in dem Saftladen nicht arbeiten zu müssen.

1. Schreibe die **Glosse** zu einer ernst gemeinten Anleitung für Bewerber um.

Die geheime Sprache ... *Florian Streibl*

Beurteilung Ihrer Arbeitsleistung

Dieser Punkt ist wohl der wichtigste in jedem Arbeitszeugnis, denn hier wird der Arbeitgeber die Fähigkeiten und Kenntnisse, die Arbeitsbereitschaft, die Arbeitsweise und den Arbeitserfolg des Arbeitnehmers bewerten. Die Formulierungen, welche der Arbeitgeber hier verwendet, sind allein seine Sache und hängen von seiner subjektiven Einstellung ab. Hier hat der Arbeitgeber einen Beurteilungsspielraum [...]:

Für die Arbeitsgüte stehen dem Arbeitgeber folgende Formulierungen zur Verfügung:
- *Sehr gut:* „arbeitete äußerst gründlich", „arbeitete mit größter Sorgfalt", „arbeitete sehr zuverlässig und gewissenhaft".
- *Gut:* „arbeitete stets gründlich", „arbeitete mit großer Sorgfalt", „arbeitete zuverlässig und gewissenhaft".
- *Befriedigend:* „arbeitete sorgfältig und genau".
- *Ausreichend:* „arbeitete im Allgemeinen sorgfältig und genau".

Bezüglich des Arbeitstempos stehen dem Arbeitgeber folgende Formulierungen zur Verfügung:
- *Sehr gut:* „arbeitete außergewöhnlich schnell und zügig".
- *Gut:* „arbeitete schnell und zügig".
- *Befriedigend:* „arbeitete zügig".
- *Ausreichend:* „arbeitete beständig".

Fachkenntnisse kann der Arbeitgeber wie folgt in Worte fassen:
- *Sehr gut:* „hat fundierte und vielseitige Fachkenntnisse", „hat umfassende Kenntnisse", „kann seine Fachkenntnisse bei schwierigen Aufgaben sehr sicher einsetzen".
- *Gut:* „hat abgesicherte Fachkenntnisse, die er / sie bei schwierigen Aufgaben sicher einsetzte", „hatte gründliche Fachkenntnisse".
- *Befriedigend:* „konnte seine / ihre Fachkenntnisse den Anforderungen stets entsprechend einsetzen", „setzte seine / ihre Fachkenntnisse erfolgreich ein".
- *Ausreichend:* „hatte hinreichende Fachkenntnisse".

> Es handelt sich nur um eine Auswahl. Andere Beurteilungspunkte sind z. B. Arbeitsökonomie, Arbeitskraft, Arbeitsbelastung, Ausdrucksvermögen, Verhandlungsgeschick.

1. Worin unterscheiden sich die Formulierungen aus Arbeitszeugnissen von Zeugnisnoten?
2. Die Zeugnisnoten reichen von „sehr gut" bis „ausreichend". Wo wird deutlich, dass der Arbeitgeber mit der Leistung nicht zufrieden war?

Drohbrief *Marie Luise Kaschnitz*

Aus: Steht noch dahin

Jeden Tag sieht er seine Post hastig durch, ob nicht der Drohbrief dabei ist, den er schon lange erwartet. Er weiß nicht, auf welchem Papier der Brief geschrieben ist und welches Format er hat, vielleicht länglich, vielleicht rot. Möglicherweise steckt er in einem gewöhnlichen Geschäftscouvert, grün mit Fensterscheibe, was aber nicht anzunehmen ist, da es sich ja um einen ganz persönlichen Brief handelt. Was darin steht, weiß er natürlich auch nicht. Es gibt so vieles, wofür man ihn zur Rechenschaft ziehen könnte, seine Faulheit, seine Feigheit, diese vor allem. Vielleicht steht auf einem sonst leeren Blatt nur ein Fragezeichen (er, in Frage gestellt), oder ein Ausrufungszeichen (Achtung, Achtung) oder ganz einfach: ein Punkt.

Die Maschine *Günter Kunert*

Erhaben und in einsamer Größe reckte sie sich bis unters Werkhallendach: schuf sogleich die Vorstellung Monument des Zeitalters zu sein und diesem gleich: stampfend, gefahrvoll, monoton und reichlich übertrieben. Und vor allem: Auch sie produzierte einzig und allein durch gegensätzliche Bewegung unterschiedlicher Kräfte, durch einen gezähmten Antagonismus all ihrer Teile.

Aber in diesem wundervollen System blitzender Räder, blinkender Kolben, sich hebender und sich senkender Wellen war ein unansehnliches Teil, das wie von Schimmel überzogen schien und das sich plump und arhythmisch regte. Ein hässlicher Zusatz an der schönen Kraft. Ein Rest von Mattigkeit inmitten der Dynamik.

Als um die Mittagszeit ein Pfiff ertönte, löste sich dieses Teil von der Maschine und verließ die Halle, während die Maschine hilflos stehen blieb, zwiefach: in sich und am Ort. Plötzlich erwies sich, das billigste Teil und das am schlimmsten vernachlässigte war das teuerste und nur scheinbar ersetzlich. Wo es kaputt geht, wird es nicht lange dauern, bis über den Beton Gras gewachsen ist.

1. Versuche die Fragen zu beantworten: Absender? Anlass? DROHBRIEF Inhalt? Empfänger? Folgen?
2. Wie sollte „er" handeln?
3. Analysiere die Beschreibung der Maschine in Kunerts Text im Hinblick auf Satzbau und Wortwahl. Wie wirkt der Ausdruck „ein unansehnliches Teil"?
4. Interpretiere die Aussage des Textes vom Ende her.

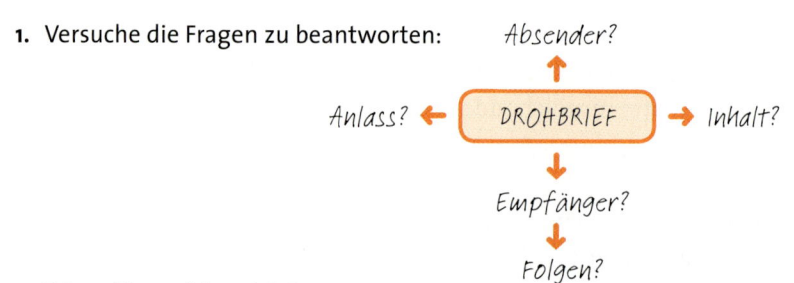

Die Flucht aus der Klinik   *Ingo Butters*

Privatdozent Ernst-Wilhelm Schmidt ist froh. Beim Chefarzt der Inneren Kliniken des Chemnitzer Krankenhauses gehen pro ausgeschriebener Stelle ein bis zwei Bewerbungen ein. Das ist nicht viel. Bis Ende der neunziger Jahre waren es zwischen sechs und acht. „Für Oberarztstellen haben sich sogar bis zu 20 Bewerber gemeldet", sagt Schmidt. „Damals war das eine ganz andere Situation."

Heute halten sich Angebot und Nachfrage beim Chemnitzer Klinikum ziemlich genau die Waage. Schmidt kann alle Stellen besetzen. „Wir sind ein großes, akademisches Lehrkrankenhaus. Das ist ein Argument für uns." Seine Kollegen in den Kreiskrankenhäusern der Umgebung haben da andere Probleme. „Gerade kleinere Häuser haben Schwierigkeiten, deutschsprachige Ärzte zu gewinnen", sagt Schmidt. Sie werben intensiv um Ärzte aus Nachbarländern wie Polen. „Die stehen zwar auch nicht scharenweise vor der Tür." Aber immerhin könne durch sie der medizinische Betrieb überhaupt aufrechterhalten werden.

In Deutschland herrscht Ärztemangel. Während bis Ende der Neunziger von der „Medizinerschwemme" die Rede war, hat sich die Situation innerhalb weniger Jahre dramatisch verändert. Mit einer Arbeitslosenquote von unter zwei Prozent herrscht faktisch Überbeschäftigung. „Absolventen werden mit Kusshand genommen", sagt Thomas Kopetsch, bei der Kassenärztlichen Bundesvereinigung für Bedarfsplanung zuständig.

Nur: Der Nachwuchs will nicht so recht. Von rund 12 000 Medizin-Absolventen eines Jahrgangs arbeiten nur etwa zwei Drittel am Patienten. Der Rest wechselt ins Gesundheitsmanagement, in die Pharma-Industrie oder in die freie Wirtschaft. „Die Ökonomisierung des Gesundheitswesens hat eine Reihe alternativer Tätigkeitsfelder eröffnet", sagt Kopetsch. „Wegen der oft unattraktiven Arbeitsbedingungen in Krankenhäusern ziehen viele Absolventen solche Alternativen dem Arztberuf vor." Auch der Leipziger Medizinstudent Malte Jessen kommt da schon mal ins Grübeln. Als er 1999 mit dem Studium begann, war er so etwas wie ein Überzeugungstäter. „Mich interessieren die Medizin, die Therapien, die Arbeit am Patienten", sagt der 27-Jährige. Daher schrieb er sich für ein Studium ein, dessen Berufsaussichten damals noch düster waren. „Ich war hoch motiviert – obwohl mich jeder davor warnte, dass der Berufseinstieg sehr schwierig werden würde." Die Berufsperspektiven verbesserten sich im Laufe des Studiums deutlich – die Arbeitsbedingungen dagegen nur bedingt. „Dieser Beruf ist nach wie vor sehr schön, aber leider auch extrem zeitintensiv. Manche Chirurgen stehen von morgens um sieben bis abends um acht im OP. Und im Vergleich zu anderen akademischen Berufen ist das Gehalt eher bescheiden. Wenn ich nur mit einer 60-Stunden-Woche ein vernünftiges Gehalt erzielen kann, finde ich das nicht angemessen", sagt Jessen. Die meisten Krankenhäuser zahlen nach Bundesangestelltentarif. Ein 29-jähriger, lediger Assistenzarzt kommt demnach auf ein Brutto-Grundgehalt von 3200 Euro im Monat. Das ist für eine der begehrtesten Gruppe von Arbeitskräften nicht gerade üppig.

Hinzu kommen die in Deutschland nach wie vor stark ausgeprägten Hierarchien in den Krankenhäusern. Zwar wurde im vergangenen Herbst der ungeliebte Arzt im Praktikum (AiP) abgeschafft. Während der AiP-Phase taten die Jung-Mediziner ein Jahr lang für rund 1000 Euro Monatslohn ihren Dienst im Krankenhaus. Doch nach wie vor müssen sie fünf oder sechs Jahre als Assistenzärzte arbeiten, bevor sie sich als Fachärzte niederlassen oder die Karriereleiter in einer Klinik nach oben klettern können. In der freien Wirtschaft geht das schneller.

Kein Mangel in Großstädten
Hinzu kommt, dass die Aussichten nicht für alle Ärztegruppen gleich gut sind. Während Allgemeinmediziner vor allem in ländlichen Gebieten der neuen Länder händeringend gesucht werden, sind die Niederlassungschancen für Ärzte anderer Fachgebiete gemischt. Auf Grund der kassenärztlichen Bedarfsplanung dürfen zurzeit bundesweit praktisch keine neuen Praxen eröffnet werden. Niederlassungswillige Ärzte müssen deshalb dorthin gehen, wo andere Ärzte aus Altersgründen ihre Niederlassung aufgeben. Wer an eine Region gebunden ist, dem bleibt oft nur das Krankenhaus. Doch während vor allem in ostdeutschen Kliniken mittlerweile Tausende Medizinerstellen vakant sind, sieht die Situation in Städten wie München anders aus.

„In der Peripherie oder an städtischen Häusern mag Bedarf an Ärzten herrschen", sagt Sieglinde Kofler, Assistenzärztin am Uni-Klinikum Großhadern in München, „bei uns gibt es zurzeit überhaupt keinen Bewerbermangel." Dies liegt zum einen am begehrten Standort München, zum anderen am Renommee des Uni-Klinikums. Die 33-Jährige war froh, dass sie im letzten Sommer nach ihrem AiP eine Assistenzarztstelle in Großhadern erhielt. Etliche Kommilitonen mussten auf weniger renommierte Häuser ausweichen. „Hier macht sich auch die Abschaffung des AiPs bemerkbar", sagt Kofler. „Mit einem Schlag suchen viele Absolventen eine Assistenzstelle." Und auch, wenn durch ein neues Arbeitszeitgesetz die schlimmsten Exzesse bei den Diensten der Krankenhausärzte eingedämmt wurden, hat Kofler nach wie vor ein gewaltiges Pensum zu bewältigen: „Dienstbeginn auf der Station ist um acht. Wir arbeiten so lange, bis alle Patienten versorgt sind. Das kann bis sieben oder acht Uhr abends dauern." Pausen und Feierabend werden für ihre Forschungsarbeit im Labor genutzt – ein 14-Stunden-Tag ist da schnell erreicht. […]

1. Beschreibt die Arbeitsbedingungen, die ein Arzt in einem Krankenhaus vorfindet.
2. Was motiviert junge Ärztinnen und Ärzte zum Dienst im Krankenhaus?

Von der Software bis zum Schweißbrenner

Nina von Hardenberg

Im Rahmen des Girls' Day informieren 16 Firmen aus dem Landkreis über technische Berufe für Frauen

Für Mädchen, die sich für Technikberufe interessieren, war gestern ein wichtiger Tag. Im Rahmen des Girls' Day 2005 luden zahlreiche Unternehmen in ganz Deutschland weibliche Nachwuchskräfte in ihre Betriebe ein. Im Landkreis Fürstenfeldbruck beteiligten sich 16 Firmen aus Germering, Fürstenfeldbruck, Olching und Puchheim mit insgesamt 113 Plätzen an dem Aktionstag.

Ziel der Veranstaltungen ist es, Mädchen für technische Berufe zu begeistern. Denn obwohl junge Frauen heute über eine gute Schulbildung verfügen, entscheiden sie sich oft für klassische Frauenberufe. Nach Angaben des Statistischen Bundesamtes waren im vergangenen Jahr die häufigsten Ausbildungsberufe von Frauen Bürokauffrau und Arzthelferin. Ausbildungsberufe wie Versicherungskauffrau und pharmazeutische Angestellte rangierten auf der Liste von 20 Berufen auf den letzten Plätzen.

„Wir hoffen, über den Girls' Day Auszubildende zu gewinnen", sagt Brigitte Rolf, Personalchefin des Softwareherstellers Docuware in Germering. Sieben Mädchen hat das Unternehmen zum Girls' Day eingeladen. Unternehmensgründer und Vorstand Jürgen Biffar, der selbst gerade zum zweiten Mal Vater eines Mädchens wurde, erzählte den Besucherinnen, wie er das Unternehmen zu Studienzeiten aufgebaut hat. „Die Softwarebranche ist für Frauen ein interessantes Arbeitsfeld, weil man gut Teilzeit oder von zu Hause arbeiten kann", sagt Rolf. Von den 52 Docuware-Mitarbeitern am Standort Germering sind 20 Frauen, elf davon arbeiten direkt in der Software-Entwicklung und im Produktmanagement. Ob die Besucherinnen von Docuware sich am Ende für eine „typisch männliche" Karriere entscheiden, ist aber noch ungewiss. Von den sieben Mädchen war nur Sabrina Reichel ernsthaft an der Branche interessiert. „Software interessiert mich schon sehr, ich weiß aber noch nicht, was ich damit machen will", sagte die 14-Jährige.

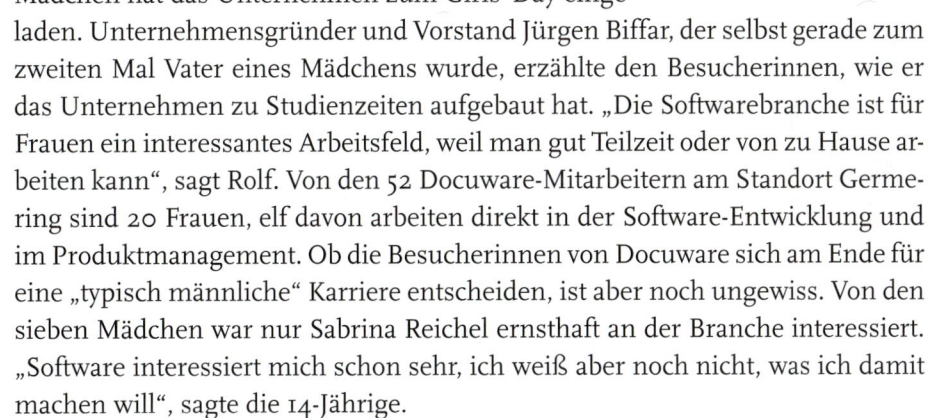

1. Klärt, was Girls' Day ist und warum diese Aktion durchgeführt wird.
2. Erkundigt euch in eurer Familie, eurer Nachbarschaft, eurem Bekanntenkreis, was und wie und warum Frauen (außer Haushalt) arbeiten.
3. Schreibt eure Ergebnisse auf Handzettel und tauscht sie in der Klasse aus.

Lust auf Arbeit – Selbstverwirklichung

Motivation: Eine zentrale Führungsaufgabe
Friedemann W. Nerdinger

Die Motivation von Mitarbeitern ist eine der wichtigsten Aufgaben der Personalführung. Damit sie ihre eigenen Ziele erreichen können, sollen Führungskräfte ihre Mitarbeiter zu Höchstleistungen anspornen und gleichzeitig auf ein positives Arbeitsklima achten, in dem sich die Mitarbeiter wohl fühlen und gerne Leistungen zeigen. Um dieser höchst anspruchsvollen Aufgabe gerecht zu werden, müssen Vorgesetzte wissen, wie ein solches Verhalten entsteht. Zu diesem Zweck werden zuerst die Begriffe Motiv, Anreiz und Motivation geklärt, anschließend wird die Frage untersucht, wie man etwas über die Motive eines Menschen herausfinden kann. Schließlich werden die wichtigsten Ziele der Motivation von Mitarbeitern – Leistung und Zufriedenheit, unternehmerisches Verhalten und Bindung an die Organisation – besprochen.

Die Erklärung des Verhaltens
Motivation erklärt Richtung, Intensität und Ausdauer menschlichen Verhaltens. Richtung bezeichnet die Entscheidung für ein bestimmtes Verhalten: Warum entscheidet sich zum Beispiel ein Bewerber, der zwei Stellenangebote hat, für das eine Angebot und lehnt das andere ab? Intensität betrifft die eingesetzte Energie: Warum setzt sich ein Mitarbeiter mit voller Kraft für seine Aufgabe ein, während ein anderer eher lustlos arbeitet? Ausdauer beschreibt die Hartnäckigkeit, mit der ein Ziel angesichts von Widerständen verfolgt wird. Warum lässt sich der eine Mitarbeiter durch kein Hindernis von seinem Weg abbringen, während ein anderer bei der ersten Schwierigkeit resigniert?

Die Antwort auf diese Fragen wird gewöhnlich allein in Ursachen gesucht, die in der Person liegen. Menschliches Verhalten ist aber immer von verschiedenen Bedingungen abhängig.

Bedürfnispyramide nach Maslow

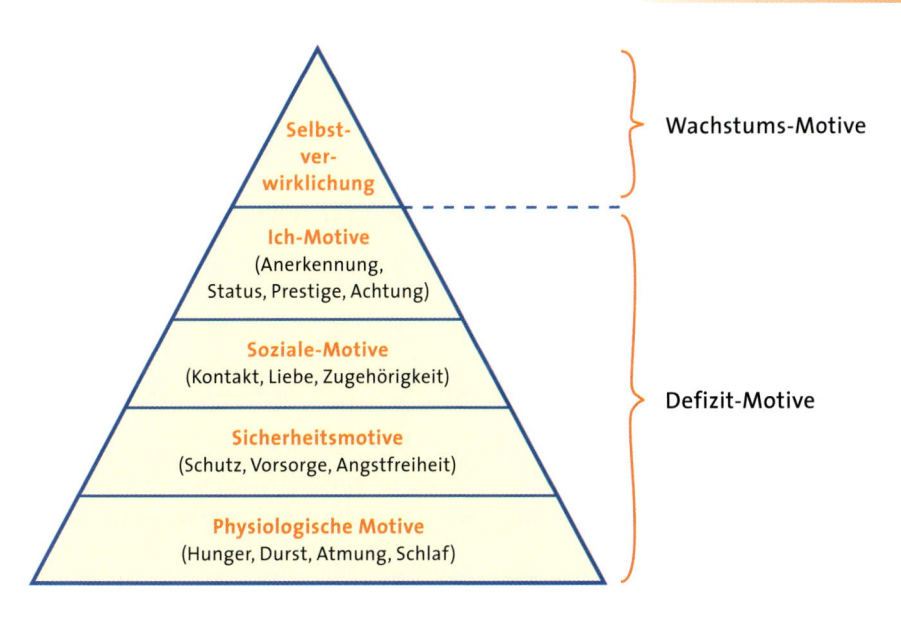

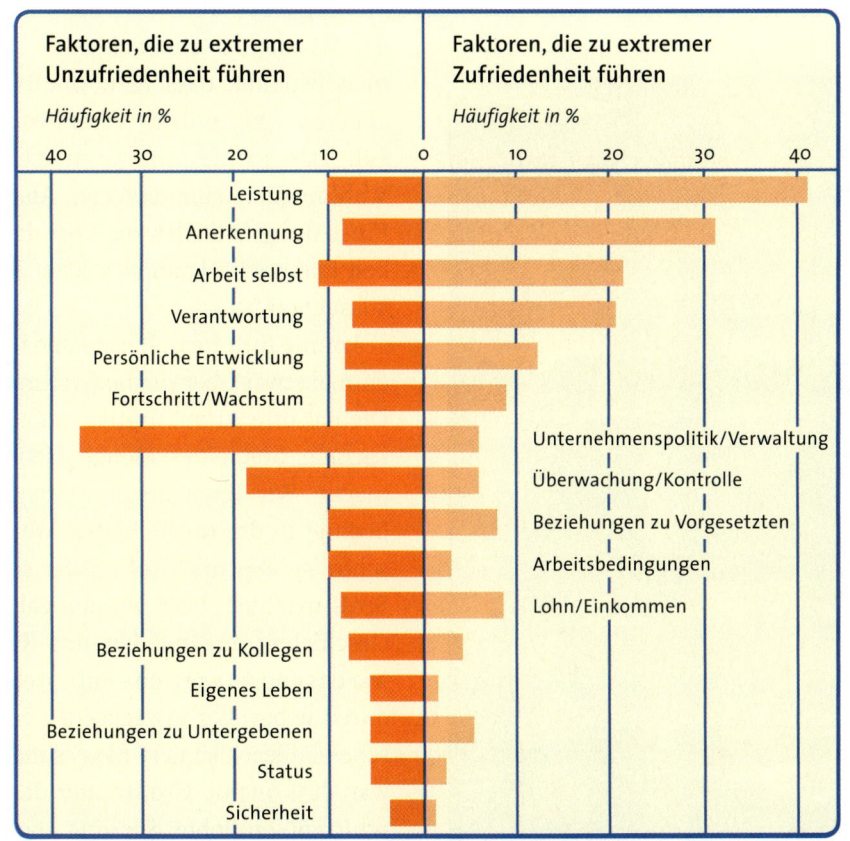

- **Selbstverwirklichung** — Wachstums-Motive
- **Ich-Motive** (Anerkennung, Status, Prestige, Achtung)
- **Soziale-Motive** (Kontakt, Liebe, Zugehörigkeit)
- **Sicherheitsmotive** (Schutz, Vorsorge, Angstfreiheit)
- **Physiologische Motive** (Hunger, Durst, Atmung, Schlaf)

→ Defizit-Motive (Ich-Motive, Soziale-Motive, Sicherheitsmotive, Physiologische Motive)

Faktoren, die zu extremer Unzufriedenheit bzw. Zufriedenheit führen (Häufigkeit in %)

Faktor	Unzufriedenheit	Zufriedenheit
Leistung	~10	~40
Anerkennung	~10	~30
Arbeit selbst	~10	~20
Verantwortung	~5	~20
Persönliche Entwicklung	~５	~15
Fortschritt/Wachstum	~５	~10
Unternehmenspolitik/Verwaltung	~35	~５
Überwachung/Kontrolle	~20	~５
Beziehungen zu Vorgesetzten	~10	~５
Arbeitsbedingungen	~10	~５
Lohn/Einkommen	~10	~10
Beziehungen zu Kollegen	~５	~５
Eigenes Leben	~５	0
Beziehungen zu Untergebenen	~５	~５
Status	~５	~５
Sicherheit	~５	0

1. Das Thema des Artikels ist „Motivation am Arbeitsplatz". Liste stichwortartig die Informationen auf, die du dazu den Texten und Grafiken entnehmen kannst.
2. Ist eine Übertragung auf die Situation von Schülern möglich?

Fish! *Stephen C. Lundin*

WÄHLE DEINE EINSTELLUNG

Mary Jane zog ihren Notizblock aus der Tasche und schrieb:

Man hat immer die Wahl,
wie man seine Arbeit machen will,
auch dann, wenn man sich die Arbeit selbst
nicht aussuchen kann.

Dann dachte sie über die Worte nach, die sie eben niedergeschrieben hatte, und fragte: „Weshalb sollte man sich eigentlich die Arbeit selbst nicht aussuchen können?"

„Gute Frage. Klar, man kann immer kündigen und hat so gesehen auch die Wahl, ob man einen Job machen möchte. Kündigen ist aber wohl nicht immer der Weisheit letzter Schluss – wenn man bedenkt, dass man ja oft auch anderen gegenüber Verantwortung hat. Das meine ich, wenn ich von Wahlmöglichkeiten spreche. Aber die Einstellung, mit der man an die Arbeit herangeht, kann sich jeder selbst aussuchen."

Lonnie fuhr fort: „Ich erzähle Ihnen einmal etwas über meine Großmutter. Die hat ihre Arbeit immer mit einem Lächeln und einer Menge Liebe gemacht. Wir Enkelkinder wollten unbedingt in der Küche helfen, weil Geschirr spülen mit Großmutter so viel Spaß machte. Dabei wurden zahllose Geschichten erzählt. Für uns Kinder war das enorm wertvoll – ein durch und durch liebevoller Erwachsener. Inzwischen habe ich kapiert, dass es nicht so war, dass meine Großmutter das Geschirrspülen liebte. Sie ging aber mit Liebe an die Arbeit, und das war ansteckend. Genauso haben meine Kumpel und ich erkannt, dass wir immer mit einer bestimmten Einstellung an die Arbeit am Fischmarkt herangehen.

„Wir können launisch hierher kommen und einen deprimierenden Tag haben. Wir können schlecht gelaunt zur Arbeit erscheinen und unseren Mitarbeitern und Kunden auf die Nerven gehen. Oder wir kommen vergnügt, heiter und mit guter Laune und verleben einen großartigen Tag. Es liegt an uns, wie unser Arbeitstag verläuft. Wir haben lange über diese Sache mit der Einstellung diskutiert und uns dann gesagt: Wenn wir schon hier arbeiten müssen, dann sollten wir den Tag mit so viel Spaß wie möglich über die Runden bringen. Hört sich vernünftig an, oder?"

„Das tut es allerdings."

„Die Vorstellung, dass alles nur an uns selbst liegt, hat uns so viel Schwung gegeben, dass wir gleich auch noch beschlossen haben, weltberühmt zu werden. Es macht doch viel mehr Spaß, seinen Arbeitstag damit zu verbringen, ‚weltberühmt' zu sein, als stinknormal wie alle anderen zu malochen. Verstehen Sie, was ich meine? Die Arbeit auf einem Fischmarkt ist kalt, nass, glitschig, es riecht nicht gerade angenehm, und es ist eine ordentliche Plackerei. Aber zumindest haben wir die Möglichkeit, unsere Arbeitseinstellung zu bestimmen."

„Ja, ich denke, ich hab's verstanden. Sie entscheiden sich bewusst für die Einstellung, die Sie zur Arbeit mitbringen. Diese freie Entscheidung bestimmt, wie Sie an die Arbeit herangehen. Die Arbeit selbst nimmt Ihnen keiner ab, also sind Sie lieber der weltberühmte Pike Place Fischmarkt als ein Haufen gewöhnlicher Fischhändler. Klingt alles ganz leicht."

„Leicht zu verstehen, ja. Aber nicht ganz so leicht umzusetzen. Pike Place wurde nicht über Nacht zu dem, was es heute ist – das hat fast ein Jahr gedauert. Ich selbst war ein schwieriger Fall – man könnte sagen, ich war ein bisschen reizbar. Mein ganzes Leben war irgendwie außer Kontrolle. Ich habe wirklich nie viel darüber nachgedacht; ich dachte mir eben, ich weiß, wie der Hase läuft. Das Leben ist hart, und ich muss auch hart sein. Dann, als wir beschlossen hatten, hier einen ganz besonderen Fischmarkt aufzubauen, wehrte ich mich zuerst gegen die Vorstellung, ich könnte mir selbst aussuchen, wie ich jeden Tag leben will. Ich war einfach zu sehr in meiner Opferrolle festgefahren. Eines Tages nahm mich einer von den älteren Kollegen beiseite, der wie ich in seinem Privatleben ziemlich harte Zeiten hinter sich hatte. Und der erklärte es mir, sozusagen von Fischhändler zu Fischhändler. Ich überlegte mir die Sache und beschloss, es eben zu versuchen. Inzwischen bin ich bekehrt. Ich weiß, dass sich jeder Mensch seine Einstellung aussuchen kann. Ich weiß es, weil ich mir meine ausgesucht habe."

Mary Jane war beeindruckt – von dem, was sie hörte und ebenso von ihrem Gegenüber. Sie blickte auf und bemerkte, dass Lonnie sie leicht belustigt ansah. Sie musste wohl zu träumen begonnen haben.

1. Fasse die Lebenseinstellung Lonnies zusammen.
2. Begründe, warum Mary Jane beeindruckt ist.

Auszüge aus den Schülerberichten über das Sozialpraktikum

Begegnung mit alten Menschen

Ich hätte vorher nie gedacht, dass …

- diese alten Leute so traurig sind. Sie sind einsam und total abhängig. Obwohl sie schon ihr Leben hinter sich haben, streben sie noch jeden Tag aufs Neue nach Herausforderungen.
- es dort so witzig werden könnte, denn viele der Frauen, die nur noch in ihrem Bett liegen, haben sich trotz ihrer Krankheiten immer wieder gefreut, wenn sich jemand mit ihnen beschäftigt hat und sie lachen konnten.
- die Menschen in den Altersheimen eine so große Eintönigkeit haben und trotz vieler Aktivitätsmöglichkeiten doch nichts machen oder machen können.
- so viele alte Leute, die über 90 sind, noch so gut mitdenken und laufen und mit dir reden können.
- der Pflegeberuf so anstrengend ist. Ich will niemals Pfleger werden.

Meine Erlebnisse:

- Ich fuhr eine Frau, die im Rollstuhl saß, im Park herum und sie war so für ein paar Minuten draußen. Ich war in diesem Moment sehr froh, dass ich dieser Frau ein paar schöne Momente schenken konnte.
- Die Nacht war ziemlich warm und diese eine Frau hatte sich einen Schal und zwei Strickjacken angezogen. Ihr Bett war vollgeschwitzt und sie stank und war klebrig.
- Einmal habe ich es geschafft eine sehr alte Frau, die eigentlich nicht mehr sprechen konnte oder wollte, zum Sprechen zu bringen.
- Eine Frau hatte die Parkinsonsche Krankheit, war aber immer noch gesund im Kopf. Es hat mich manchmal sehr geschockt, wenn sie ihre Beine von einem zum anderen Moment nicht mehr bewegen, geschweige denn noch laufen konnte.
- Viele Omas waren rassistisch und haben die Pfleger angeschrien.
- Einmal durfte ich eine ältere Dame am Rücken waschen. Das fand ich cool, weil die alte Dame mir vertraut hatte, obwohl sie mich nicht kannte.
- Frau X hat einen Enkel, der sie jede Woche besucht und sich mit seiner Oma beschäftigt. Er macht wirklich alles für sie. Er bring sie aufs Klo und wechselt die Windeln. Das hat mich beeindruckt.
- Manchmal fühlte ich mich von dem Pflegepersonal ausgenutzt.

Begegnung mit behinderten Menschen

Ich hätte vorher nie gedacht,
- dass ich am Ende nicht mehr gehen möchte und dass ich die Behinderten so lieb gewinnen werde. Sie haben mich so herzlich aufgenommen und sind so lieb. Ich hab mir vorgenommen, sie mal wieder besuchen zu gehen. Sie haben einen besseren Charakter und bessere menschliche Werte als mache „Normale". Sie können sich noch über kleine Dinge freuen.
- dass sie in so schönen Wohnungen wie normale Menschen leben.
- dass es in meiner näheren Umgebung so viele behinderte Menschen gibt und dass sie so von den Zivis abhängig sind.
- mit was für einfachen Methoden man ihnen eine Freude machen kann! Sie sind viel ehrlicher und auch sensibler als einige von uns. Ich hab die Leute so in mein Herz geschlossen.
- dass jeder dieser Behinderten einzigartig ist.
- dass die Betreuer mir so viel zugetraut haben. Ich war erstaunt, dass sie mir so viel Verantwortung überlassen haben (z. B. sie heimfahren).
- dass ich das Sabbern so akzeptieren kann.

Meine Erlebnisse:
- Bernd konnte sich keine Gesichter merken und ist z. B. im Zoo immer zu anderen hingegangen, da er nicht wusste, zu wem er gehört.
- Es gab dort eine Frau, die ich besonders mochte. Sie war taub, aber sie verständigte sich mit Gebärdensprache. Ich hab sie immer mit dem Rollstuhl heimgebracht und mit ihr geredet.
- Ich musste die Kinder „füttern", mit ihnen spazieren oder einkaufen gehen, mit ihnen Spiele spielen, singen, Hände waschen. Mir hat alles Spaß gemacht.
- Als wir einen Ausflug in den Zoo gemacht haben, wurden die Behinderten immer angestarrt. Das muss schrecklich sein.

Gefühle während des Praktikums

Die Schüler sollten die Art und Stärke ihrer Gefühle während ihrer Arbeit angeben. Zur Auswahl standen: Bewunderung, Abscheu, Zuneigung, Freude, Wut, Angst, Mitleid, Hilflosigkeit. Weitere Gefühle konnten ergänzt werden. Eine große Mehrheit der Schülerinnen und Schüler fühlten Bewunderung und Zuneigung, aber auch Mitleid und Hilflosigkeit. Die Angst am Anfang verschwand meistens, Abscheu wurde nur selten und wenig empfunden. Einer ergänzte: „Zufriedenheit! Weil man etwas Gescheites tut." Bis auf einen hätten gerne alle das Praktikum um eine weitere Woche verlängert.

Ein Kriegsdienstverweigerer *Ludger Hicking*

Nach einigen Monaten hatte ich bei meiner Arbeit ein ungutes Gefühl. Ich tat sie immer weniger gern. Mancherlei Gedanken über den Zivildienst und seinen Inhalt gingen mir durch den Kopf. Der Unterschied zwischen der Idee und dem, was nun daraus geworden war, wurde mir immer deutlicher. Ich funktionierte nur noch nach Uhrzeit und Wochentag, aber ich sah keine Gelegenheit mehr, einen Dienst an den wirklich Bedürftigen zu leisten. Im Grunde fühlte ich mich nur noch als eine kostengünstige Arbeitskraft. (Ich hörte, dass jemand seinen Zivildienst mit dem regelmäßigen Mähen eines Golfplatzes verbracht hat.)

Als ich meine Situation und die Notwendigkeit einer Änderung klar erkannt hatte, suchte ich die Heimleitung zu einem Gespräch auf. Wir kamen zu einer gemeinsamen Entscheidung, und kurz darauf begann ich meinen Dienst auf der Pflegestation des Heimes.

[...] Mein Zivildienst im Altenheim war eine Lebensschule eigener Art, ein Stück Lebensgeschichte mit mancherlei Kapiteln. Ich habe viele alte Leute kennen gelernt, die ihre Lebendigkeit fast aufgegeben hatten, die durchweg schlechter Laune waren, die sich ständig beschwerten und an anderen die groteskesten Dinge auszusetzen hatten. Aber warum werden viele alte Menschen so eng und verbittert, so gleichgültig gegen Freundschaft, Freundlichkeit, fast ohne Empfindung für Wohlwollen und Liebe?

Warum leben so viele alte Menschen in Heimen? Wir nehmen ihnen jede Arbeit, jede Aufgabe. Wir drängen sie in Isolation und Einsamkeit. Der Mensch gewinnt doch seine Kraft zum Leben dadurch, dass er für andere da sein kann, dass er ein wenig helfen kann und so wechselseitige Gemeinschaft erfährt.

Eine angemessene Zahl von Altersheimen wird sicher notwendig sein. Wenn wir aber unser Leben auf das Wesentliche und Schöne konzentrieren würden, dann würden viele dieser Heime überflüssig. (Dass viele Heime sehr gut geführt sind, ist ein Alibi; gelöst wird das Problem dadurch nicht.)

Wir schätzen das Alter nicht mehr als eine natürliche und auch schöne und sinnvolle Phase des Lebens, weil wir nicht bedenken, dass wir selbst einmal alt sein werden. Aus den Erfahrungen, die ich in meinem Zivildienst an alten Menschen gewonnen habe, ist bei mir der Wunsch entstanden, dass wir die Alten nicht so sehr allein lassen.

Wir sind noch lange nicht gut genug zu den Alten, und oft sind wir auf dem falschen Wege. Wir dürfen nicht nur Versorgung gewähren; wir müssen Menschlichkeit geben!

Herr Wunderlich geht ins Gefängnis *Judith Raupp*

**Führungskräfte auf Erfahrungssuche in sozialen Brennpunkten:
„Das hat mich persönlich weitergebracht"**

*Die menschliche Kompetenz vieler Manager gilt als dürftig – ein ungewöhnliches
Projekt gewährt ihnen Einblicke in eine Welt, in der anderes zählt als die Rendite.*

München/Nürnberg – „Sind Sie erfasst?" Ralf Wunderlich zögert mit der Antwort. Dabei ist der Siemens-Manager tatsächlich erfasst: in der Justizvollzugsanstalt (JVA) München-Stadelheim. 1500 Gefangene, Mörder, Diebe, Betrüger. Manche sind schon überführt, einige sitzen erst in Untersuchungshaft. Die Tür in den mächtigen Betonbunker mit den Überwachungskameras an jeder Ecke öffnet sich wie von Geisterhand. Die Eingangshalle versprüht den Charme eines DDR-Grenzübergangs zu seiner besten Zeit: dicke Glasscheiben vor den Schaltern, Gittertüren, Beamte in Uniform. Da steht Wunderlich nun und antwortet dem Aufseher: „Ja, ich bin erfasst."

Wer jetzt an eine Kriminalgeschichte denkt, liegt falsch. Wunderlich ist ein unbescholtener Bürger: 40 Jahre alt, bei Siemens stetig aufgestiegen vom kaufmännischen Lehrling ins gehobene Management, verheiratet, Vater von drei Söhnen. In Anzug und Krawatte sieht der angegraute Herr nicht aus wie jemand, der krumme Dinger dreht. Was hat so einer im Gefängnis verloren? Wunderlich bildet sich weiter. Er nimmt am Projekt Seitenwechsel der evangelischen Kirche teil. Es soll Führungskräften aus der Wirtschaft einen Einblick in soziale Brennpunkte gewähren, damit sie den feinfühligen Umgang mit Menschen im Allgemeinen und mit den Mitarbeitern im Besonderen trainieren. Nun würde Wunderlich keineswegs von sich selbst sagen, dass er einen Nachhilfekurs in sozialer Kompetenz bräuchte. Bei Seitenwechsel macht er mit, weil „es den Blick erweitert, wenn man mal etwas anderes sieht". So spricht einer, dem sein Berufsleben zu eng geworden ist.

1. Fasse kurz zusammen, was die Schüler, der „Kriegsdienstverweigerer" und Herr Wunderlich gelernt haben.
2. Versucht eure Mitschüler zu sozialem Engagement zu motivieren.

Terre des Hommes – Wind, Sand und Sterne
Volker W. Degener

Ein Sommerabend, der eher zum Badengehen einlädt als zum ernsthaften Diskutieren. Ein gepflegter Vorort in Bochum mit einer schattenspendenden Platanenreihe am Straßenrand. Zweigeschossige Häuser mit kurzgeschorenem Vorgartenrasen und Gärten hinter den Häusern. Als ich um sechs mit der Terre-des-Hommes-Gruppe zusammentreffe, ist man schon mittendrin in der Debatte.

Bei Ulrich Wicking haben sich fünf Frauen und drei Männer in einem Kreis auf den Gartenstühlen niedergelassen. Colaflaschen stehen auf dem Tisch und auf dem Rasen. Eine lockere, entspannte Atmosphäre. Heike, Gisela, Inge-Marie, Karin, Mechthild, Ulrich, Karsten und Thomas begrüßen mich freundlich. Sie sind so zwischen 20 und 35 Jahre alt. Ich lasse mich auf dem letzten freien Stuhl nieder und habe das Gefühl, von Anfang an dazuzugehören.

„Seit langer Zeit mal wieder jemand, der ausführlich über unsere Arbeit für das Hilfswerk berichten will", sagt Ulrich Wicking und schiebt mir ein gefülltes Colaglas zu. „Wir sind sehr auf diese Öffentlichkeitsarbeit angewiesen, denn ohne die Mithilfe der Bevölkerung ist unser Einsatz zum Scheitern verurteilt."

Mit einer Armbewegung deute ich auf die Gärten ringsum und möchte wissen, warum die Anwesenden ihre Freizeit, die sie in so angenehmer Umgebung verbringen könnten, dazu benutzen, anderen Menschen beizustehen.

„Es gibt wohl mehrere Motive", berichtet Mechthild. „Vielen geht es so wie mir. Ich bin ganz zufrieden mit meinem Leben in dieser Stadt. Aber ich bin nicht so satt, dass ich vor den Problemen anderer die Augen verschließe. Im Gegenteil."

Einige in der Runde nicken. Ihnen geht es vermutlich ebenso wie Mechthild. Ich möchte eine Menge über diese Bürgerinitiative für Kinder in Not erfahren und frage auch gleich weiter drauflos. […] „Bochum ist für Bolivien zuständig", erklärt mir jemand, weil ich etwas unentschlossen die Broschüren durchblättere. „Wir beraten gerade ein Projekt, das wir dort im nächsten Jahr verwirklichen wollen. Hilfe zur Selbsthilfe, wie es so schön heißt. Was sich dahinter verbirgt, ist enorm schwierig. Im Vordergrund unserer Arbeit in Bolivien stehen natürlich die Kinder. Sie haben bisher ein überaus hartes Los."

Ich merke, wie wenig ich eigentlich über das südamerikanische Land Bolivien weiß. Das Informationsblatt hilft mir: Bolivien ist ein Tropenland. Kerngebiet ist das 3000 bis 4000 Meter hohe Hochland der Anden. 148 Machtwechsel gab es in 150 Jahren. Von 1000 Kindern, die hier zur Welt kommen, sterben 300 in den ersten fünf Lebensjahren. Dieses Land ist das Armenhaus des lateinamerikanischen Kontinents mit knapp 5 Millionen Einwohnern, die überwiegend spanisch sprechen. Daneben existieren einige indianische Verkehrssprachen. Mehr als die Hälfte der Menschen sind Indianer, Nachkommen der Inka. Viele von ihnen arbeiten als Landarbeiter oder Gelegenheitsarbeiter oder sind im Bergbau tätig. Es herrscht ein sehr niedriger Bildungsstand vor, 60 Prozent der Menschen sind Analphabeten. […]

„Die Alphabetisierung der Bevölkerung ist eine grundlegende Aufgabe in Südamerika. Unsere Arbeit muss, wollen wir die Kinder erreichen, bei den Eltern beginnen. Erst dann haben wir Aussicht auf Erfolg", stellt Ulrich Wicking fest. Die anderen nicken.

„Dazu musst du wissen", erklärt Karin, die beim Finanzamt beschäftigt ist, „dass die Lebenserwartung der Menschen in Bolivien im Durchschnitt bei 35 Jahren liegt. Viele Kinder werden mit 8 Jahren zu Minenarbeitern. Wenn sie erst in den Minen gelandet sind, können wir sie nicht mehr erreichen. Dann werden sie beispielsweise niemals mehr Lesen und Schreiben lernen. Also sollten wir auf die Eltern einwirken, dass sie ihre Kinder nicht einfach als Arbeitskräfte verschleißen."

„Als Zeitungsverkäufer, Schuhputzer, Losverkäufer, Hausmädchen, als billige Arbeiter in Plantagen, Ziegeleien und Steinbrüchen", ergänzt Karsten.

„Aber das bedeutet, dass wir ihren Eltern über die ärgste Not hinweghelfen müssen. Erst dann sind sie bereit und in der Lage, auf die Arbeitskraft ihrer Kinder zu verzichten."

„Deshalb unterstützen wir drei Jahre lang das Projekt ‚Kindergarten in Pampahasie' in La Paz, der Hauptstadt Boliviens", bestätigt Mechthild, die tagsüber in einem großen Warenhaus als Verkäuferin arbeitet und sich heute für zwei Stunden freigenommen hat. „Vorrangig geht es um die Kinder, aber selbstverständlich auch um die Eltern dieser Kinder."

Dann kommen wir auf Einzelheiten zu sprechen. In einem der neuen Vororte von La Paz, in den „villas" (Slums), in denen man ohne Strom, Trinkwasser und Abwasserreinigung lebt, hat sich eine Kindergarteninitiative gebildet. Mütter und Väter müssen oft, um wenigstens gelegentlich Arbeit zu bekommen, weite Wege ins Zentrum der Hauptstadt zurücklegen. Für die Betreuung ihrer Kinder bleibt keine Zeit, niemand kann sich um ihre Gesundheit oder um ihre Ernährung kümmern. Schon jetzt leidet mehr als die Hälfte der Kleinkinder unter den Folgen von Mangelernährung. Der geplante Kindergarten soll bis zu 70 Kindern der ärmsten Familien dieses Stadtviertels dienen. Vorgesehen ist eine intensive Elternarbeit, damit das Selbsthilfeprojekt nach einigen Jahren von den Menschen dort ohne fremde Unterstützung weitergeführt werden kann. Ganz bewusst möchte man die Kinder in ihrer alltäglichen Umgebung belassen, sie nicht herausreißen aus ihren Familien. In dem Kindergarten sollen die Kinder beaufsichtigt und auf die Schule vorbereitet werden. Für die Eltern hat man Kurse und Vorträge über Kinderpflege, Ernährung und Hygiene vorgesehen.

1. Notiere die konkreten Ziele von Terre des Hommes in Bolivien in einer geordneten Stichwortliste.
2. Welche Beweggründe gibt es, sich bei einem Hilfswerk ehrenamtlich zu engagieren? Schreibe eine steigernde **Erörterung** zu diesem Thema.

Erörterung → S. 342

Die Künstlerin *Irmgard Keun*

Es hat sich Einschneidendes begeben, denn ich bin jetzt Künstlerin. Es hat damit angefangen, dass meine Mutter mit der Buschmann sprach, die Garderobenfrau bei den Schauspielerinnen ist, und die sprach wieder mit der Frau Baumann, die alte und komische Rollen spielt – so alte meschuggene Damen, die noch wollen, die aber keiner mehr will, und darüber, wie sie sich so anstellt, lachen dann die Leute, aber eigentlich ist da gar nichts zu lachen. Und die hat mit einem gesprochen, der die Stücke lenkt und Regisseur heißt und Klinkfeld. Und Klinkfeld hat mit einem gesprochen, der tiefer ist als er und unter ihm die Stücke lenkt und Inspizient heißt und Bloch und hat einen Bauch wie eine Schlummerrolle – ob was drauf gestickt ist, weiß ich nicht – und tut immer wahnsinnig aufgeregt und so, als wenn ihm das Theater gehörte und alles, und rennt immer mit einem Buch und sagt schweinische Sachen, und man weiß nicht, ob das in dem Buch steht oder aus ihm selbst kommt. Und Bloch hat mit dem Logenschließer gesprochen, der immer vor der Loge vom Direktor steht, von wo aus man vom Parkett zur Bühne kann, was aber verboten ist und der Logenmann aufpasst mit kolossaler Haltung, damit keiner die Kulissen stiehlt. Und der hat wieder mit meiner Mutter gesprochen, und jetzt mache ich Statisterie. Und ich muss in einem Stück, das Wallensteins Lager heißt, über die Bühne laufen und mit einem Krug und mit noch anderen Mädchen – ganz wilder Betrieb – aber vorläufig ist das alles noch Probe, und die Aufführung ist erst am 12. Bis dahin muss alles noch wilder geworden sein. Und keiner spricht mit mir, weil sich alle für was Besonderes halten.

Die Mädchen bestehen aus zwei Hälften – und die einen sind vom Konservatorium und machen nur so für Geld mit und kommen sich sehr kolossal vor – und die anderen sind von der Schauspielschule, die kriegen kein Geld, sondern zahlen nur – und kommen sich dafür noch kolossaler vor. Genauso ist es mit den Jungens, die auch Statisterie machen. Und haben alle ein Getue, wie ich es in meinem ganzen Leben noch nicht gesehen habe, und behandeln mich mit gemeiner Verachtung, was sich aber noch an ihnen rächen wird. Und die fertigen Schauspieler verachten wieder die von der Schule und lassen es sich anmerken. [...]

Es ist etwas Hohes mit der Kunst, ich leide um sie und hatte auch schon einen Erfolg heute. Also ich hatte doch raus, dass die von der Schauspielschule mehr sind als die, die nur so mitmachen. Und da ich nun mal dabei bin, dachte ich: Bei den Tiefsten bleibe ich nicht. Und je mehr einer zu sagen hat auf der Bühne, umso mehr ist er, es kommt alles darauf an, auf dem Zettel zu stehn, und dazu muss man was sprechen. Und es war die furchtbarste Aufregung um einen Satz in dem Stück, was Wallensteins Lager heißt. [...] Und nun bekam gestern das Trapper den Satz, weil sie ein Talent mit Ausbruch ist. Aber ich hasste sie – und warum war sie so gemein. Jetzt hat sie ausgebrochen.

Heute Morgen seh ich das Trapper in die erste Etage stöckeln, es war kurz bevor sie drankam – ich hinter ihr her. Sie verschwindet in die Toilette – also der liebe Gott hat's gut mit mir gemeint – außen steckte der Schlüssel! Ich drehe ihn um – ganz leise – und hau wieder ab, gesehen hat mich keiner. Da kann sie toben. Es ist ein großer Zufall, wenn einer die Treppe raufkommt, denn unten ist noch eine Toilette, da gehn alle hin – nur das adlige Trapper muss was Besonderes haben. Nun hat sie's.

Aus: Das kunstseidene Mädchen

1. Welchen Eindruck gewinnt der Leser von der Ich-Erzählerin?
2. Beschreibe, wie sie sich durch ihre Ausdrucksweise selbst charakterisiert.
3. Wie stellen sich moderne Künstlerinnen auf ihrer Website dar?

Anekdote zur Senkung der Arbeitsmoral   *Heinrich Böll*

In einem Hafen an einer westlichen Küste Europas liegt ein ärmlich gekleideter Mann in seinem Fischerboot und döst. Ein schick angezogener Tourist legt eben einen neuen Farbfilm in seinen Fotoapparat, um das idyllische Bild zu fotografieren: blauer Himmel, grüne See mit friedlichen, schneeweißen Wellenkämmen, schwarzes Boot, rote Fischermütze. Klick. Noch einmal: klick, und da aller guten Dinge drei sind, und sicher sicher ist, ein drittes Mal: klick. Das spröde, fast feindselige Geräusch weckt den dösenden Fischer, der sich schläfrig aufrichtet, schläfrig nach seiner Zigarettenschachtel angelt, aber bevor er das Gesuchte gefunden, hat ihm der eifrige Tourist schon eine Schachtel vor die Nase gehalten, ihm die Zigarette nicht gerade in den Mund gesteckt, aber in die Hand gelegt, und ein viertes Klick, das des Feuerzeuges, schließt die eilfertige Höflichkeit ab. Durch jenes kaum messbare, nie nachweisbare Zuviel an flinker Höflichkeit ist eine gereizte Verlegenheit entstanden, die der Tourist – der Landessprache mächtig – durch ein Gespräch zu überbrücken versucht.

„Sie werden heute einen guten Fang machen."

Kopfschütteln des Fischers. „Aber man hat mir gesagt, dass das Wetter günstig ist." Kopfnicken des Fischers.

„Sie werden also nicht ausfahren?"

Kopfschütteln des Fischers, steigende Nervosität des Touristen. Gewiss liegt ihm das Wohl des ärmlich gekleideten Menschen am Herzen, nagt an ihm die Trauer über die verpasste Gelegenheit.

„Oh? Sie fühlen sich nicht wohl?"

Endlich geht der Fischer von der Zeichensprache zum wahrhaft gesprochenen Wort über.

„Ich fühle mich großartig", sagt er. „Ich habe mich nie besser gefühlt."

Er steht auf, reckt sich, als wollte er demonstrieren, wie athletisch er gebaut ist. „Ich fühle mich fantastisch."

Der Gesichtsausdruck des Touristen wird immer unglücklicher, er kann die Frage nicht mehr unterdrücken, die ihm sozusagen das Herz zu sprengen droht:

„Aber warum fahren Sie dann nicht aus?"

Die Antwort kommt prompt und knapp.

„Weil ich heute Morgen schon ausgefahren bin."

„War der Fang gut?"

„Er war so gut, dass ich nicht nochmal auszufahren brauche, ich habe vier Hummer in meinen Körben gehabt, fast zwei Dutzend Makrelen gefangen …"

Der Fischer, endlich erwacht, taut jetzt auf und klopft dem Touristen beruhigend auf die Schultern. Dessen besorgter Gesichtsausdruck erscheint ihm als ein Ausdruck zwar unangebrachter, doch rührender Kümmernis.

„Ich habe sogar für morgen und übermorgen genug", sagt er, um des Fremden Seele zu erleichtern. „Rauchen Sie eine von meinen?" –

„Ja, danke."

Zigaretten werden in Münder gesteckt, ein fünftes Klick, der Fremde setzt sich kopfschüttelnd auf den Bootsrand, legt die Kamera aus der Hand, denn er braucht jetzt beide Hände, um seiner Rede Nachdruck zu verleihen.

„Ich will mich ja nicht in Ihre persönlichen Angelegenheiten mischen", sagt er, „aber stellen Sie sich mal vor, Sie führen heute ein zweites, ein drittes, vielleicht sogar ein viertes Mal aus, und Sie würden drei, vier, fünf, vielleicht gar zehn Dutzend Makrelen fangen ... stellen Sie sich das mal vor."

Der Fischer nickt.

„Sie würden", fährt der Tourist fort, „nicht nur heute, sondern morgen, übermorgen, ja, an jedem Tag zwei-, dreimal, vielleicht viermal ausfahren – wissen Sie, was geschehen würde?"

Der Fischer schüttelt den Kopf.

„Sie würden sich in spätestens einem Jahr einen Motor kaufen können, in zwei Jahren ein zweites Boot, in drei oder vier Jahren könnten Sie vielleicht einen kleinen Kutter haben, mit zwei Booten oder dem Kutter würden Sie natürlich viel mehr fangen – eines Tages würden Sie zwei Kutter haben, Sie würden ...", die Begeisterung verschlägt ihm für ein paar Augenblicke die Stimme, „Sie würden ein kleines Kühlhaus bauen, vielleicht eine Räucherei, später eine Marinadenfabrik, mit einem eigenen Hubschrauber rundfliegen, die Fischschwärme ausmachen und Ihren Kuttern per Funk Anweisungen geben, Sie könnten die Lachsrechte erwerben, ein Fischrestaurant eröffnen, den Hummer ohne Zwischenhändler direkt nach Paris exportieren – und dann ..." – wieder verschlägt die Begeisterung dem Fremden die Sprache. Kopfschüttelnd, im tiefsten Herzen betrübt, seiner

Urlaubsfreude schon fast verlustig, blickt er auf die friedlich hereinrollende Flut, in der die ungefangenen Fische munter springen. „Und dann", sagt er, aber wieder verschlägt ihm die Erregung die Sprache.

Der Fischer klopft ihm auf den Rücken, wie einem Kind, das sich verschluckt hat. „Was dann?", fragt er leise.

„Dann", sagt der Fremde mit stiller Begeisterung, „dann könnten Sie beruhigt hier im Hafen sitzen, in der Sonne dösen – und auf das herrliche Meer blicken."

„Aber das tu ich ja schon jetzt", sagt der Fischer, „ich sitze beruhigt am Hafen und döse, nur Ihr Klicken hat mich dabei gestört."

Tatsächlich zog der solcherlei belehrte Tourist nachdenklich von dannen, denn früher hatte er auch einmal geglaubt, er arbeite, um eines Tages einmal nicht mehr arbeiten zu müssen, und es blieb keine Spur von Mitleid mit dem ärmlich gekleideten Fischer in ihm zurück, nur ein wenig Neid.

1. Stellt die Argumente des Touristen denen des Fischers gegenüber.
2. Wie wird im Dialog Spannung aufgebaut?

Literaturfrauen – Frauenliteratur

Frauenperspektiven

Wer bin ich *Rose Ausländer*

Wenn ich verzweifelt bin
schreib ich Gedichte

Bin ich fröhlich
schreiben sich Gedichte
in mich

Wer bin ich
wenn ich nicht
schreibe

Rose Ausländer
1901 als Rosalie Beatrice Ruth Scherzer in Czernowitz, der Hauptstadt der damals zu Österreich-Ungarn gehörenden Bukowina, geboren
1921 Auswanderung in die USA, wo sie mit dem Schreiben begann
1923 Heirat mit dem gemeinsam mit ihr ausgewanderten Studienfreund Ignaz Ausländer, von dem sie sich 1926 scheiden ließ
1931 Rückkehr nach Czernowitz
1939 Veröffentlichung des ersten Gedichtbandes unter dem Titel „Der Regenbogen" und zweites Auswandern in die USA; baldige Rückkehr, um die kranke Mutter zu pflegen
1941 Besetzung der Stadt durch die deutschen Truppen; Umzug ins Ghetto, wo Rose Ausländer den Dichter Paul Celan kennen lernte; Flucht, als ihr die Deportation in ein Vernichtungslager drohte
1946 erneute Auswanderung in die USA, wo sie Gedichte in englischer Sprache schrieb
1956 Rückkehr nach Europa; nach Aufenthalten in verschiedenen Ländern ließ sich Rose Ausländer in Düsseldorf nieder. Sie veröffentlichte zahlreiche Gedichtbände und war bald anerkannt als eine der bedeutendsten deutschsprachigen Lyrikerinnen.
1988 starb Rose Ausländer in Düsseldorf

---

1. Liste die in diesem Gedicht gemachten Aussagen auf.
2. Stelle Zusammenhänge zwischen Rose Ausländers Biografie und ihren Äußerungen über das Schreiben her.

Medea – aus einem Lexikon *Elisabeth Frenzel*

Argonauten: Besatzung des Schiffs Argo
Kolchis: antikes Land am Schwarzen Meer
Goldenes Vlies: Fell eines Zauberwidders

Helios: Sonnengott

Euripides: griechischer Tragiker (485 oder 480 bis 406), galt als Frauenfeind

Medea. Die Geschichte von Medea ist ein Teil der Argonautensage. Nach ihr verliebt sich die zauberkundige Medea, Tochter des Königs Aietes in Kolchis, in den Argonautenführer Jason und hilft ihm, das von ihrem Vater gehütete Goldene Vlies zu gewinnen; auf der gemeinsamen Flucht ermordet sie ihren Bruder Absyrtos und wirft die Leiche zerstückelt ins Meer. Auch ihr weiterer Weg nach und durch Griechenland ist von Verbrechen gekennzeichnet, durch die sie Jason den Weg zu ebnen sucht. In Korinth verstößt Jason Medea, um König Kreons Tochter zu heiraten. Medea schickt der Prinzessin ein vergiftetes Gewand, durch das sie und Kreon verbrennen; um Jason das Letzte zu nehmen, tötet sie ihre beiden Knaben und entflieht auf einem Drachenwagen, den ihr Großvater Helios ihr schickt. Die Argonautensage wurde im Altertum von Apollonius Rhodius in den Argonautica (3. Jh. v. Chr.) dichterisch behandelt, die jedoch den tragischen Ausgang der Liebe zwischen Jason und Medea nicht enthalten, dem die Literatur ihr Interesse vor allem zugewandt hat. Es ging dabei zunächst um das Problem der Kindermörderin, neben dem sich erst langsam aus der Rolle des treulosen Jason das Motiv des Mannes zwischen zwei Frauen entwickelte und das der im antiken Drama nicht auftretenden Nebenbuhlerin Kreusa Gestalt gewann. Dennoch ist die von Euripides geprägte Form des Stoffes (431 v. Chr.) so maßgebend geblieben, dass die Zufügungen und Varianten der in den 2000 Jahren entstandenen rund 200 Bearbeitungen gering sind. Euripides hat möglicherweise Medea erst zur Mörderin der Kinder gemacht; in älteren Fassungen wurden die Knaben von den Korinthern aus Hass gegen die Barbaren oder aus Rache für Kreon erschlagen. Zu Beginn der Tragödie ist Jason schon mit Kreusa vermählt, Medea brütet Rache und wird von Kreon mit ihren Kindern des Landes verwiesen. Im Gespräch mit dem Athenerkönig Ägeus und im nachprüfenden Gespräch mit Jason gewinnt Medea die Erkenntnis, dass sie einen Mann in seinen Kindern am empfindlichsten treffen könne. In gespielter Mäßigung schickt sie die Knaben mit den tödlichen Geschenken zu Jasons Frau, die sie bitten sollen, bei ihrem Vater und in Korinth bleiben zu können; das Unheil nimmt seinen Lauf.

1. Vergleiche diesen Text mit dem folgenden in einer Tabelle.

	Medea – aus einem Lexikon	Medea, ein Monolog
Kennzeichen Medeas		
Perspektive des Textes		
Adressat des Textes		
Sprache des Textes		
Textsorte		

Medea, ein Monolog *Dagmar Nick*

Geschichten hat man in diesen Gegenden immer erfunden. Schon als ich in Iolkos an Land ging, Seite an Seite mit Iason, die gesamte Mannschaft der Argo wie im Schlepptau uns nach, ich, als einzige Frau in einer Rotte von Männern, verwahrlost und ungewaschen wie sie, da schoben die Straßenmädchen die Köpfe zusammen und die alten Weiber mit ihren schlaffen Brüsten im Peplos zeigten auf mich mit knotigen Fingern: So eine hat er sich mitgebracht! Eine Ausländische, eine vom Rande der Welt, von dort. Wo das Jenseits beginnt; die kann zaubern, die holt die Toten herauf, die weiß, wie man Männer verhext.

Am zweiten Tag türmten sich schon die Gerüchte, ich hätte aus Aison, dem Greis, einen Jüngling gemacht, nur weil der auf einmal beim Wiedersehen mit Iason die Krücken wegwarf und am Abend mit mir auf dem Burgplatz vor aller Augen tanzte, nicht seine thessalischen Tänze, sondern die meinen, die ich ihm aufzwang, [...]. Das haben sie alle gesehen, das flog wie ein Lauffeuer durch die Gassen. Am dritten Tag jaulten die iolkischen Frauen bereits, ich hätte nicht nur den Schwiegervater verjüngt, sondern auch andere Männer der Stadt, und jetzt würde ich keinen verschonen, ich würde nicht aufhören mit dem Zauber, bis ich die biedersten und die lendenlahmsten der Männer verwandelt hätte, auf dass sie am Ende alle selbstvergessen und geil wie die Springböcke hinter den Weibern herlaufen würden – freilich nicht nur hinter den eigenen. Und am nächsten Tag wussten sie plötzlich den angewendeten Trick, wie ich die Kerle zerstückle und wieder zusammensetze, und die Kinder mit ihrer unbändigen Phantasie fügten hinzu, dass die zerstückelten Leiber vor dem Zusammensetzen gekocht werden müssten, und als dann die Töchter des Pelias meinten, ihren Vater auf diese Weise selber verjüngen zu können, um länger in den Genuss seiner Versorgung zu kommen, der Mitgift wegen, da standen sie vor dem Kochkessel mit den blutigen Stücken [...] – da war ich die Mörderin. [...]

Ich glaube nicht an Geschichten. Man hat viel zu viele Geschichten erzählt. Am Ende halten die Leute alles für wahr. Auch dass Medea ihre Kinder eigenhändig erwürgt hat. Ich! Eine kolchische Mutter! Auch dass ich Iasons Geliebte mit einem silberdurchwirkten Gewand, dünn wie ein Spinnennetz, in Flammen versetzte und ihren königlichen Vater, freilich ohne ein solches Gewand, dazu! Und wie dann der Kreusa, diesem Luder, das meine Ehe zerstörte, die Haut zu weißen Blasen verbrannte – just, als sie mein Hochzeitsgeschenk über die Schultern zog, und wie sie damit brüllend vor Schmerz in den Brunnen sprang, aus dem sie nicht mehr lebendig heraufkommen wollte – einen Aussatz hatte sie, der sie hineintrieb in das kühlende Wasser! Aber das mit dem Aussatz, das durfte keiner erfahren, das durfte nicht wahr sein, das musste das Werk der Medea sein, der Verstoßenen, der Zauberin, der Unheilbringerin, die jenseits der Meere beheimatet war. Was ist das: Heimat. [...]

Iolkos: Stadt in Thessalien, Heimat Jasons

Peplos: Frauengewand

Pelias: Sohn Poseidons, Halbbruder von Aison, nach dessen Verdrängung alleiniger Herrscher in Iolkos

Brief an Medea *Helga M. Novak*

Medea du Schöne dreh dich nicht um
vierzig Talente hat er dafür erhalten
von der Stadt Korinth
der Lohnschreiber der
5 dass er dir den Kindermord unterjubelte
ich rede von Euripides verstehst du
seitdem jagen sie dich durch die Literaturen
als Mörderin Furie Ungeheuer
dabei hatte ich dich gut verstanden
10 wer nichts am Bein hat
kann besser laufen
aber ich sehe einfach nicht ein
dass eine schuldbeladene Gemeinde
ihre blutigen Hände an deinen Röcken abwischt
15 keine Angst wir machen das noch publik
dass die Korinther selber deine zehn Gören gesteinigt haben
(wie sie schon immer mit Zahlen umgegangen sind)
und das in Heras Tempel
Gewalt von oben hat keine Scham
20 na ja die Männer die Stadträte
machen hier so lustig weiter
wie früher und zu hellenischen Zeiten
(Sklaven haben wir übrigens auch)
bloß die Frauen kriegen neuerdings
25 Kinder auf Teufel komm raus
anstatt bei Verstand zu bleiben
(darin sind sie dir ähnlich)
andererseits haben wir
uns schon einigermaßen aufgerappelt
30 was ich dir noch erzählen wollte:
                die Callas ist tot

Talent: Goldbarren, dann Rechnungseinheit im Geldverkehr

Hera: Schwester und Gemahlin des Zeus, Schutzgöttin der Ehe und Geburtsgöttin

Maria Callas (1923–1977): US-amerikanische Sopranistin griechischer Abstammung

Eugène Delacroix: *Rasende Medea*, 1838

1. Analysiere den „Brief an Medea" und ergänze die Tabelle von S. 286.
2. Warum wird der Medea-Mythos besonders häufig von Schriftstellerinnen aufgegriffen?

> Undine: von lat. „unda": Welle; elbisches Wesen, Wasserjungfrau von menschlicher Gestalt, die die unsterbliche Seele erst durch Heirat mit einem Mann bekommt.

Henri Fantin-Latour: *Undine*, 1880

Undine geht *Ingeborg Bachmann*

Ihr Menschen! Ihr Ungeheuer!

Ihr Ungeheuer mit Namen Hans! Mit diesem Namen, den ich nie vergessen kann.

Immer wenn ich durch die Lichtung kam und die Zweige sich öffneten, wenn
5 die Ruten mir das Wasser von den Armen schlugen, die Blätter mir die Tropfen von den Haaren leckten, traf ich auf einen, der Hans hieß.

Ja, diese Logik habe ich gelernt, dass einer Hans heißen muss, dass ihr alle so heißt, einer wie der andere, aber doch nur einer. Immer einer nur ist es, der diesen Namen trägt, den ich nicht vergessen kann, und wenn ich euch auch alle
10 vergesse, ganz und gar vergesse, wie ich euch ganz geliebt habe. Und wenn eure Küsse und euer Samen von den vielen großen Wassern – Regen, Flüssen, Meeren – längst abgewaschen und fortgeschwemmt sind, dann ist doch der Name noch da, der sich fortpflanzt unter Wasser, weil ich nicht aufhören kann, ihn zu rufen, Hans, Hans ...

15 Ihr Monstren mit den festen und unruhigen Händen, mit den kurzen blassen Nägeln, den zerschürften Nägeln mit schwarzen Rändern, den weißen Manschetten um die Handgelenke, den ausgefransten Pullovern, den uniformen grauen Anzügen, den groben Lederjacken und den losen Sommerhemden! Aber lasst mich genau sein, ihr Ungeheuer, und euch jetzt einmal verächtlich machen,
20 denn ich werde nicht wiederkommen, euren Winken nicht mehr folgen, keiner Einladung zu einem Glas Wein, zu einer Reise, zu einem Theaterbesuch. Ich werde nie wiederkommen, nie wieder Ja sagen und Du und Ja. All diese Worte

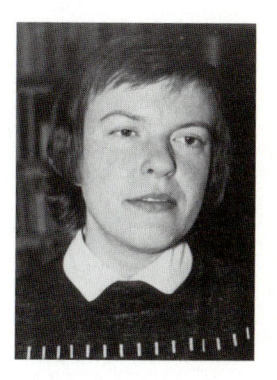

Ingeborg Bachmann, 1926 in Klagenfurt geboren, 1973 in Rom an den Folgen eines Brandunfalls gestorben, studierte Philosophie, Psychologie und Germanistik in Wien. Die Schriftstellerin thematisiert u. a. unter Rückgriff auf Mythologisches die Zerstörung des menschlichen Lebens. In den „Frankfurter Vorlesungen" fragt sie nach den Möglichkeiten der Literatur als Mittel zur Weltveränderung. 1964 wurde Bachmann mit dem Georg-Büchner-Preis, 1968 mit dem Großen Österreichischen Staatspreis ausgezeichnet.

wird es nicht mehr geben, und ich sage euch vielleicht, warum. Denn ihr kennt doch die Fragen, und sie beginnen alle mit „Warum?". Es gibt keine Fragen in meinem Leben. Ich liebe das Wasser, seine dichte Durchsichtigkeit, das Grün im Wasser und die sprachlosen Geschöpfe (und so sprachlos bin auch ich bald!), mein Haar unter ihnen, in ihm, dem gerechten Wasser, dem gleichgültigen Spiegel, der es mir verbietet, euch anders zu sehen. Die nasse Grenze zwischen mir und mir ...

[...] Ich habe einen Mann gekannt, der hieß Hans, und er war anders als alle anderen. Noch einen kannte ich, der war auch anders als alle anderen. Dann einen, der war ganz anders als alle anderen, und er hieß Hans, ich liebte ihn. In der Lichtung traf ich ihn, und wir gingen so fort, ohne Richtung, im Donauland war es, er fuhr mit mir Riesenrad, im Schwarzwald war es, unter Platanen auf den großen Boulevards, er trank mit mir Pernod. Ich liebte ihn. Wir standen auf einem Nordbahnhof, und der Zug ging vor Mitternacht. Ich winkte nicht; ich machte mit der Hand ein Zeichen für Ende. Für das Ende, das kein Ende findet. Es war nie zu Ende. Man soll ruhig das Zeichen machen. Es ist kein trauriges Zeichen, es umflort die Bahnhöfe und Fernstraßen nicht, weniger als das täuschende Winken, mit dem so viel zu Ende geht. Geh, Tod, und steh still, Zeit. Keinen Zauber nutzen, keine Tränen, kein Händeverschlingen, keine Schwüre, Bitten. Nichts von alledem. Das Gebot ist: Sich verlassen, dass Augen den Augen genügen, dass ein Grün genügt, dass das Leichteste genügt. So dem Gesetz gehorchen und keinem Gefühl. So der Einsamkeit gehorchen. Einsamkeit, in die mir keiner folgt.

Verstehst du es wohl? Deine Einsamkeit werde ich nie teilen, weil da die meine ist, von länger her, noch lange hin. Ich bin nicht gemacht, um eure Sorgen zu teilen. Diese Sorgen nicht! Wie könnte ich sie je anerkennen, ohne mein Gesetz zu verraten? Wie könnte ich je an die Wichtigkeit eurer Verstrickungen glauben? Wie euch glauben, solange ich euch wirklich glaube, ganz und gar glaube, dass ihr mehr seid als eure schwachen, eitlen Äußerungen, eure schäbigen Handlungen, eure törichten Verdächtigungen. Ich habe immer geglaubt, dass ihr mehr seid, Ritter, Abgott, von einer Seele nicht weit, der allerköniglichsten Namen würdig. Wenn dir nichts mehr einfiel zu deinem Leben, dann hast du ganz wahr geredet, aber auch nur dann. Dann sind alle Wasser über die Ufer getreten, die Flüsse haben sich erhoben, die Seerosen sind gleich hundertweis erblüht und ertrunken, und das Meer war ein machtvoller Seufzer, es schlug, schlug und rannte und rollte gegen die Erde an, dass seine Lefzen trieften von weißem Schaum.

Verräter! Wenn euch nichts mehr half, dann half die Schmähung. Dann wusstet ihr plötzlich, was euch an mir verdächtig war, Wasser und Schleier und was sich nicht festlegen lässt. Dann war ich plötzlich eine Gefahr, die ihr noch rechtzeitig erkanntet, und verwünscht war ich und bereut war alles im Handumdrehen.

Friedrich Baron de la Motte Fouqué: *Undine*, 1856

Bereut habt ihr auf den Kirchenbänken, vor euren Frauen, euren Kindern, eurer Öffentlichkeit. Vor euren großen Instanzen wart ihr so tapfer, mich zu bereuen und all das zu befestigen, was in euch unsicher geworden war. Ihr wart in Sicherheit. Ihr habt die Altäre rasch aufgerichtet und mich zum Opfer gebracht. Hat mein Blut geschmeckt? Hat es ein wenig nach dem Blut der Hindin geschmeckt und nach dem Blut des weißen Wales? Nach deren Sprachlosigkeit?

Wohl euch! Ihr werdet viel geliebt, und es wird euch viel verziehen. Doch vergesst nicht, dass ihr mich gerufen habt in die Welt, dass euch geträumt hat von mir, der anderen, dem anderen, von eurem Geist und nicht von eurer Gestalt, der Unbekannten, die auf euren Hochzeiten den Klageruf anstimmt, auf nassen Füßen kommt und von deren Kuss ihr zu sterben fürchtet, so wie ihr zu sterben wünscht und nie mehr sterbt: ordnungslos, hingerissen und von höchster Vernunft.

Warum sollt ich's nicht aussprechen, euch verächtlich machen, ehe ich gehe. Ich gehe ja schon.

Denn ich habe euch noch einmal wiedergesehen, in einer Sprache reden gehört, die ihr mit mir nicht reden sollt. Mein Gedächtnis ist unmenschlich. An alles habe ich denken müssen, an jeden Verrat und jede Niedrigkeit. An denselben Orten habe ich euch wiedergesehen; da schienen mir Schandorte zu sein, wo einmal helle Orte waren. Was habt ihr getan! Still war ich, kein Wort habe ich gesagt. Ihr sollt es euch selber sagen. Eine Handvoll Wasser habe ich über die Orte gesprengt, damit sie grünen mögen wie Gräber. Damit sie zuletzt hell bleiben mögen. […]

1. Stelle die Aussagen Undines über sich, Hans und die Männer allgemein in einer Tabelle zusammen.
2. Undines Äußerungen sind sehr emotional. Weise dies an der Syntax nach.
3. Analysiere die Zeilen 59–76.
4. Charakterisiere Undines Bild von Mann und Frau.
5. Was bedeutet der Titel „Undine geht"?

Mit Haut und Haar
Ulla Hahn

Ich zog dich aus der Senke deiner Jahre
und tauchte die in meinen Sommer ein
ich leckte dir die Hand und Haut und Haare
und schwor dir ewig mein und dein zu sein.

5 Du wendetest mich um. Du branntest mir
                        dein Zeichen
mit sanftem Feuer in das dünne Fell.
Da ließ ich von mir ab. Und schnell
begann ich vor mir selbst zurückzuweichen

10 und meinem Schwur. Anfangs blieb noch
                        Erinnern
ein schöner Überrest der nach mir rief.
Da aber war ich schon in deinem Innern
vor mir verborgen. Du verbargst mich tief.

15 Bis ich ganz in dir aufgegangen war:
da spucktest du mich aus mit Haut und Haar.

kann nicht steigen nicht fallen
Helga M. Novak

sieht so aus als hätte
ich das Fliegen verlernt
kann nicht steigen nicht fallen
flügellahm
5 sitze ich da und brüte
Liebeserklärungen aus

dabei gibt es eine Menge Vögel
die sich nie von der Erde lösen
und springen und stolzieren
10 mit gewölbten Federn
durch das wehende Gras

ich bin für heute ein Wasserhuhn
und suche dich im Schilf
wo du mit Sicherheit
15 an deinen vielen schwarzen Haaren
dich verheddert hast
denk bloß nicht ich mache dich los

1. Beschreibe die jeweilige Frauenrolle in den dargestellten Beziehungen. Beachte dabei besonders die Metaphorik, speziell die Tiermetaphorik.

Umsturz* *Ursula Krechel*

*Text in alter Rechtschreibung

Von heut an stell ich meine alten Schuhe
nicht mehr ordentlich neben die Fußnoten
häng den Kopf beim Denken
nicht mehr an den Haken
5 freß keine Kreide. Hier die Fußstapfen
im Schnee von gestern, vergeßt sie
ich hust nicht mehr mit Schalldämpfer
hab keinen Bock
meine Tinte mit Magermilch zu verwässern
10 ich hock nicht mehr im Nest, versteck
die Flatterflügel, damit ihr glauben könnt
ihr habt sie mir gestutzt. Den leeren Käfig
stellt mal ins historische Museum
Abteilung Mensch weiblich.

Suffragetten *Renate Rasp*

Suffragetten
rissen uns ein neues Fenster auf,
und ein frischer Wind
wehte mit den Blättern
5 in die guten Stuben,
wirbelte den Staub von Büchern,
Sonne schien in Ecken,
die im Dunkeln lagen,
wo ein blasser Schatten
10 sich erhebt,
eine Frau aufsteht
und das Fenster zumacht.

Suffragetten, 1905

1. Welches weibliche Selbstverständnis verdeutlichen die beiden Texte? Suche entsprechende Formulierungen heraus und erläutere sie.

Was geschah, nachdem Nora ihren Mann verlassen hatte oder Stützen der Gesellschaften *Elfriede Jelinek*

Büro des Personalchefs. Der Personalchef sitzt am Schreibtisch, Nora drückt sich ein wenig verspielt herum, fasst alles an, setzt sich mal kurz hin, mal springt sie jäh auf und geht herum. Ihr Verhalten steht im Widerspruch zu ihrer ziemlich heruntergekommenen Kleidung.

Elfriede Jelinek, 1946 in der Steiermark geboren, studierte Kunstgeschichte, Theaterwissenschaft und Musik in Wien. Die Schriftstellerin, die als Vertreterin der Frauenliteratur gilt, lebt in Wien, München und Paris. 1998 erhielt sie den Georg-Büchner-Preis, 2004 den Nobelpreis der Literatur.

NORA Ich bin keine Frau, die von ihrem Mann verlassen wurde, sondern eine, die selbsttätig verließ, was seltener ist. Ich bin Nora aus dem gleichnamigen Stück von Ibsen. Im Augenblick flüchte ich aus einer verwirrten Gemütslage in einen Beruf.

PERSONALCHEF An meiner Position können Sie studieren, dass ein Beruf keine Flucht, sondern eine Lebensaufgabe ist.

NORA Ich will aber mein Leben noch nicht aufgeben! Ich strebe meine persönliche Verwirklichung an.

PERSONALCHEF Sind Sie in irgendeiner Tätigkeit geübt?

NORA Ich habe die Pflege und Aufzucht Alter, Schwacher, Debiler, Kranker sowie von Kindern eingeübt.

PERSONALCHEF Wir haben hier aber keine Alten, Schwachen, Debilen, Kranken oder Kinder. Wir verfügen über Maschinen. Vor einer Maschine muss der Mensch zu einem Nichts werden, erst dann kann er wieder zu einem Etwas werden. Ich allerdings wählte von Anfang an den beschwerlicheren Weg zu einer Karriere.

NORA Ich will weg von meinem Pfleger-Image, dieser kleine Eigensinn sitzt fest in mir. Wie hübsch sich dieser Vorhang von den düster und geschäftlich wirkenden Wänden abhebt! Dass auch unbeseelte Dinge eine Seele besitzen, erkenne ich jetzt erst, da ich mich aus meiner Ehe befreite.

PERSONALCHEF Arbeitgeber und Vertrauensleute haben die freie Entfaltung der Persönlichkeit der im Betrieb beschäftigten Arbeitnehmer zu schützen und zu fördern. Haben Sie Zeugnisse?

NORA Mein Mann hätte mir sicher das Zeugnis einer guten Hausfrau und Mutter ausgestellt, aber das habe ich mir in letzter Sekunde vermasselt.

PERSONALCHEF Wir verlangen hier Fremdzeugnisse. Kennen Sie denn keine Fremden?

NORA Nein. Mein Gatte wünschte mich häuslich und abgeschlossen, weil die Frau nie nach den Seiten schauen soll, sondern meistens in sich hinein oder zum Mann auf.

PERSONALCHEF Es war kein legaler Vorgesetzter, was ich zum Beispiel bin.

NORA Doch war er ein Vorgesetzter! In einer Bank. Ich gebe Ihnen den Rat, sich nicht, wie er, von Ihrer Stellung verhärten zu lassen.

PERSONALCHEF Die Einsamkeit, die oben am Gipfel besteht, schafft immer Verhärtung. Warum sind Sie abgehauen?

NORA Ich wollte mich am Arbeitsplatz vom Objekt zum Subjekt entwickeln. Vielleicht kann ich in Gestalt meiner Person noch zusätzlich einen Lichtstrahl in eine düstere Fabrikhalle bringen.
PERSONALCHEF Unsere Räume sind hell und gut gelüftet.
40 NORA Ich möchte die Menschenwürde und das Grundrecht auf freie Entfaltung der Persönlichkeit hochhalten.
PERSONALCHEF Sie können überhaupt nichts hochhalten, weil Sie Ihre Hände für etwas Wichtigeres brauchen.
NORA Das Wichtigste ist, dass ich ein Mensch werde.
45 PERSONALCHEF Wir beschäftigen hier ausschließlich Menschen; die einen sind es mehr, die anderen weniger.
NORA Ich musste erst mein Heim verlassen, um ein solcher Mensch zu werden.
PERSONALCHEF Viele unserer weiblichen Angestellten würden kilometerweit
50 laufen, um ein Heim zu finden. Wozu brauchen Sie denn einen fremden Ort?
NORA Weil ich den eigenen Standort schon kannte.
PERSONALCHEF Können Sie Maschine schreiben?
NORA Ich kann Büro arbeiten, sticken, stricken, nähen.
55 PERSONALCHEF Für wen haben Sie gearbeitet? Namen der Firma, Anschrift, Telefonnummer.

NORA   Privat.
PERSONALCHEF   Privat ist nicht öffentlich. Zuerst müssen Sie öffentlich werden, dann können Sie Ihre Objektstellung abbauen.
NORA   Ich glaube, ich eigne mich speziell für außergewöhnliche Aufgaben. Das Gewöhnliche verachtete ich stets.
PERSONALCHEF   Wodurch glauben Sie sich zu solcher Außergewöhnlichkeit prädestiniert?
NORA   Weil ich eine Frau bin, in der komplizierte biologische Vorgänge vorgehen.
PERSONALCHEF   Wie sind denn Ihre Qualifikationen auf dem Gebiet, das Sie außergewöhnlich nennen?
NORA   Ich habe ein anschmiegsames Wesen und bin künstlerisch begabt.
PERSONALCHEF   Dann müssen Sie eine weitere Ehe eingehen.
NORA   Ich habe ein anschmiegsames, rebellisches Wesen, ich bin keine einfache Persönlichkeit, ich bin vielschichtig.
PERSONALCHEF   Dann sollten Sie keine weitere Ehe eingehen.
NORA   Ich suche noch nach mir selber.
PERSONALCHEF   Bei der Fabrikarbeit findet jeder früher oder später sich selber, der eine hier, der andre dort. Zum Glück muss ich nicht Fabrik arbeiten.
NORA   Ich glaube, mein Gehirn sträubt sich noch, weil es bei der Arbeit an der Maschine kaum verwendet werden wird.
PERSONALCHEF   Ihr Gehirn brauchen wir nicht.
NORA   Da es in der Zeit meiner Ehe brach lag, wollte ich jetzt eigentlich …
PERSONALCHEF   *unterbricht:* Sind Ihre Lungen und ihre Augen gesund? Haben Sie Zahnschäden? Sind Sie zugempfindlich?
NORA   Nein. Auf meinen Körper habe ich geachtet.
PERSONALCHEF   Dann können Sie gleich anfangen. Haben Sie noch weitere Qualifikationen, die Ihnen vorhin nicht eingefallen sind?
NORA   Ich habe seit vielen Tagen nichts mehr gegessen.
PERSONALCHEF   Wie außergewöhnlich!
NORA   Zuerst will ich jetzt das Gewöhnliche tun, doch das ist nur eine Zwischenlösung, bis ich das Außergewöhnliche in Angriff nehmen kann.

> **TIPP**
> Informationen findet ihr z. B. in einem Schauspielführer wie Reclams, Georg Hensels oder Harenbergs.

1. Informiert euch über die Dramen „Nora oder Ein Puppenheim" und „Die Stützen der Gesellschaft" von Henrik Ibsen.
2. Wie geht Nora mit dem Personalchef um? Belege anhand von geeigneten Textstellen Noras Standpunkt und ihre Intention.
3. Erarbeite die Funktion der ersten Szene. Welchen Eindruck gewinnt der Zuschauer von den Personen? Achte auf Noras Eingangs- und Schlusswort.

Ein Zimmer für sich allein *Virginia Woolf*

Ein armer Dichter hatte weder heute noch je in den letzten zweihundert Jahren die geringste Chance… ein armes Kind in England hat heute wenig mehr Hoffnung, als der Sohn des Sklaven aus Athen hatte, sich in jene intellektuelle Freiheit zu emanzipieren, aus der die großen Werke der Dichtkunst geboren werden. Das ist es. Intellektuelle Freiheit hängt von materiellen Dingen ab. Dichtung hängt von intellektueller Freiheit ab. Und Frauen sind immer arm gewesen, nicht nur seit zweihundert Jahren, sondern seit aller Zeiten Anfang. Frauen hatten weniger intellektuelle Freiheit als die Söhne der Sklaven aus Athen. Frauen haben also nicht die geringste Chance gehabt, Gedichte zu schreiben. Deshalb habe ich so viel Nachdruck auf Geld und ein Zimmer für sich allein gelegt. Aber dank der Mühsal jener dunklen Frauen in der Vergangenheit, von denen ich wünschte, dass wir mehr über sie wüssten, seltsamerweise auch dank zweier Weltkriege, des Krimkrieges, der Florence Nightingale aus ihrem Wohnzimmer entließ, und des Ersten Weltkriegs, der etwa sechzig Jahre später den Durchschnittsfrauen die Türen öffnete, sind diese Übel im Schwinden begriffen.

Florence Nightingale: englische Krankenschwester (1820–1910), die aufopferungsvoll Verwundete im Krim-Krieg versorgte. Sie entwickelte einen Organisationsplan für militärische und zivile Krankenversorgungen von grundsätzlicher Bedeutung.

Gerhard Richter: *Lesende*, 1994

1. Erarbeite die Bedeutung des „Zimmers für sich allein" für Virginia Woolf und die Frauen im Allgemeinen.

Frauenporträts

Das Spiegelbild   *Annette von Droste-Hülshoff*

Schaust du mich an aus dem Kristall
Mit deiner Augen Nebelball,
Kometen gleich, die im Verbleichen;
Mit Zügen, worin wunderlich
5 Zwei Seelen wie Spione sich
Umschleichen, ja, dann flüstre ich:
Phantom, du bist nicht meinesgleichen!

Bist nur entschlüpft der Träume Hut,
Zu eisen mir das warme Blut,
10 Die dunkle Locke mir zu blassen;
Und dennoch, dämmerndes Gesicht,
Drin seltsam spielt ein Doppellicht,
Trätest du vor, ich weiß es nicht,
Würd ich dich lieben oder hassen?

15 Zu deiner Stirne Herrscherthron,
Wo die Gedanken leisten Fron
Wie Knechte, würd ich schüchtern blicken;
Doch von des Auges kaltem Glast,
Voll toten Lichts, gebrochen fast,
20 Gespenstig, würd, ein scheuer Gast,
Weit, weit ich meinen Schemel rücken.

Und was den Mund umspielt so lind,
So weich und hilflos wie ein Kind,
Das möcht in treuer Hut ich bergen;
25 Und nieder, wenn er höhnend spielt,
Wie von gespanntem Bogen zielt,
Wenn leis es durch die Züge wühlt,
Dann möcht ich fliehen wie vor Schergen.

Es ist gewiss, du bist nicht Ich,
30 Ein fremdes Dasein, dem ich mich
Wie Moses nahe, unbeschuhet,
Voll Kräfte, die mir nicht bewusst,
Voll fremden Leides, fremder Lust,
Gnade mir Gott, wenn in der Brust
35 Mir schlummernd deine Seele ruhet!

Und dennoch fühl ich, wie verwandt,
Zu deinen Schauern mich gebannt,
Und Liebe muss der Furcht sich einen.
Ja, trätest aus Kristalles Rund,
40 Phantom, du lebend auf den Grund,
Nur leise zittern würd ich, und
Mich dünkt – ich – würde um dich weinen!

1. Was assoziiert das lyrische Ich bei der Betrachtung seines Spiegelbildes? Untersuche die einzelnen Strophen.
2. Bestimme den Reim und stelle einen Zusammenhang zwischen der Aussage und den Reimformen her.

Das Spiegelbild *Irina Korschunow*

Der Roman „Das Spiegelbild" stellt ein fiktives Gespräch zwischen der modernen, im Beruf erfolgreichen Journalistin Amelie und der Dichterin Annette von Droste-Hülshoff dar.

Der Tag, an dem Levin[1] mich verließ, April 1842, sechs Jahre sollte ich danach noch leben –, welches Kleid habe ich beim Abschied getragen? War es das graugrünkarierte aus englischem Musselin? Oder das taubenblaue mit dem dreifach gepufften Ärmel und der Spitzengarnitur am Hals? Nein, das nicht. In dem blauen bin ich Levin entgegengegangen, als er den Weg zur Meersburg[2] heraufkam. Es war Oktober, ein warmer Herbst, die Sonne schien, und ich dachte, nun beginnt der Sommer. Das blaue Kleid für Levin, und Jennys[3] Zofe musste mir Korkenzieherlocken brennen, bis zur Schulter fallend wie auf dem Porträt, das Sprick[4] gemalt hatte vor meiner Reise an den Bodensee. Graues Haar und Korkenzieherlocken. Ich wusste, was Jenny davon hielt, aber es war mir egal. Beim Blick in den Spiegel fand ich mich schön, ich, das Fräulein von Droste, fünfundvierzig, krank und welk, welche Verblendung. Doch wie hätte ich ohne Verblendung in diese trostlose Affäre geraten können.

Die alte Frau und der Jüngling, kein Thema für dich, Nachfahrin Amelie, die du wenig Skrupel kanntest in der Liebe, und auch bei den Abschieden warst du stets die Schnellere. Fast hundertfünfzig Jahre zwischen uns, warum überhaupt fange ich an, dir meine Geschichte zu erzählen. Weil du Worte aufs Papier bringst, unbeirrbar wie ich zu meiner Zeit? Ach Gott, Worte. Deine Berichte vom Tag und meine in Verse gegossenen Gefühligkeiten, sie bauen keine Brücke für uns. Aber du bist auf die Meersburg gekommen zu meinem Sterbebett oben im Turm und den beiden Bildern: das vom Anfang, das vom Ende. Dreißig Jahre Frist nur dazwischen, es hat dich erschreckt, nicht allein um meinetwillen, darum rede ich zu dir. Die Stimme der Toten, erreicht sie dich? Nichts ist gewiss, aber so oder so, seine Geschichten erzählt man vor allem sich selbst. […]

Zwei Jahre später sind wir uns noch einmal begegnet, wieder auf der Meersburg, seine Frau war dabei. Es fiel ihm so leicht, den Vertrag einzuhalten, Freunde, als sei nichts gewesen. Ich lächelte und wahrte Contenance, doch die Seele lässt sich nicht täuschen. Vier Jahre dann noch, sie hätten meine besten werden können. Der Band mit den Meersburger Gedichten war erschienen, auch die schamlosen darunter, und mein Name auf dem Einband, der volle Name, ich ließ es mir nicht mehr verbieten. Vorbei das Versteckspiel, Annette von Droste-Hülshoff, Dichterin, und ein Haus hoch über dem Bodensee, das ich verdient hatte mit meiner Kunst, mein Haus, dort wollte ich leben. Aber ich bin niemals eingezogen. […]

[1] **Levin:** Levin Schücking (1814–1883)
[2] **Meersburg:** Meersburg am Bodensee, im dortigen Schloss lebte die Droste
[3] **Jenny:** Maria Anna Freiin Droste zu Hülshoff (1795–1859), Schwester der Dichterin
[4] **Sprick:** Johannes Sprick (1808–1842), Maler

1. Informiert euch über das Leben der Dichterin Annette von Droste-Hülshoff (siehe S. 49). Welche Aspekte des Lebens greift die Autorin in dem fiktiven Gespräch heraus?
2. Vergleiche die Aussagen der fiktionalen Droste mit denen des lyrischen Ichs.
3. Warum hat die Autorin diese Textsorte und den Titel „Das Spiegelbild" gewählt?

Else Lasker-Schüler

„Ich bin in Theben (Ägypten) geboren, wenn ich auch in Elberfeld zur Welt kam, im Rheinland.

Ich ging zur Schule, wurde Robinson, lebte fünf Jahre im Morgenland, und seitdem vegetiere ich."

Elisabeth (Else) Lasker-Schüler, geborene Schüler, geboren 1869 in Elberfeld (heute Ortsteil von Wuppertal), gestorben 1945 in Jerusalem. Sie lebte seit 1894 meist in Berlin und führte ein wechselhaftes ungebundenes und ungesichertes (Bohème-)Leben, war mit vielen Literaten und Künstlern (u.a. Gottfried Benn, Georg Trakl, Franz Werfel, Karl Kraus, Franz Marc, Oskar Kokoschka) befreundet. Hauptsächlich ist sie als Lyrikerin bekannt (1899 erste Gedichte, ab 1902 Gedicht-Bände), ihr Werk umfasst aber auch epische und essayistische Texte, Dramen und Zeichnungen. Nach dem Tod zahlreicher Freunde im 1. Weltkrieg und vor allem nach dem Tod ihres geliebten Sohnes Paul (1927), der sie so sehr erschütterte, vereinsamte sie. Nach dem Publikationsverbot 1933 emigrierte sie in die Schweiz, von ihrer dritten Reise nach Palästina 1939 konnte sie wegen des Kriegsausbruchs nicht mehr dorthin zurückkehren. Das zentrale Thema ihrer Werke ist sie selbst und ihre Umwelt, mythenhaft stilisiert in vielen Rollen und Gestalten exotischer Welten, vor allem des Orients. Sie spielt mit Zeiten, Wirklichkeiten und Traumwelten und dabei wortverliebt mit einer sehr bilderreichen Sprache voller Wortneuschöpfungen. Weitere Themen sind die Liebe (das Herz als Hauptchiffre ihres Werkes), ihre Mutter, Heimat und Weltflucht, Gottes- und Liebessehnsucht, wobei sie sich immer wieder mit zeitgenössischem, christlichem und zunehmend mit jüdischem Gedankengut auseinandersetzt.

„Als letzte Pilgerin folge ich, allein, fernab und doch ein tausendjähriges Volk, eine treue Leibgarde des Herrn, den hebräischen Prozessionen. Ich bin nicht Hebräerin der Hebräer willen, aber – Gottes Willen! Doch dieses Bekenntnis schließt die Liebe und Treue unerschütterlicher Ergebenheit zu Seinem Volk ein. Zu meinem kleinsten Volk unter den Völkern, dem ich mit Herz und Seele angehöre."
(Das Hebräerland)

An mich   *Else Lasker-Schüler*

Meine Dichtungen, deklamiert, verstimmen die Klaviatür meines Herzens. Wenn es noch Kinder wären, die auf meinen Reimen tastend meinetwegen klimperten. (Bitte nicht weitersagen!) Ich sitze noch heute sitzen geblieben auf der untersten Bank der Schulklasse, wie einst … Doch mit spätem versunkenem Herzen: 1000
und 2-jährig, dem Märchen über den Kopf gewachsen.

Ich schweife umher! Mein Kopf fliegt fort wie ein Vogel, liebe Mutter. Meine Freiheit soll mir niemand rauben, – sterb ich am Wegrand wo, liebe Mutter, kommst du und trägst mich hinauf zum blauen Himmel. Ich weiß, dich rührte mein einsames Schweben und das spielende Ticktack meines und meines teuren
Kindes Herzen.

Ein alter Tibetteppich   *Else Lasker-Schüler*

Deine Seele, die die meine liebet,
Ist verwirkt mit ihr im Teppichtibet.

Strahl in Strahl, verliebte Farben,
Sterne, die sich himmellang umwarben.

Unsere Füße ruhen auf der Kostbarkeit,
Maschentausendabertausendweit.

Süßer Lamasohn auf Moschuspflanzenthron,
Wie lang küsst dein Mund den meinen wohl
Und Wang die Wange buntgeknüpfte Zeiten schon?

1. Wie sieht sich Else Lasker-Schüler selbst?
2. Analysiere das Gedicht „Ein alter Tibetteppich" im Hinblick auf die Personen und ihre Beziehungen zueinander und zum Teppich.
3. Erarbeite die sprachlichen und formalen Besonderheiten des Gedichts.

Leben und Tod der Marilyn Monroe *Gerlind Reinshagen*

XVI Anbetung und Identifikation

1 *Marilyn erscheint inmitten von Frauen. Sie kniet sich hin, um in Graumans Chinese Theater ihre Hände und Füße für die Nachwelt in feuchten Zement zu drücken. Nach und nach folgen ihr die Frauen und legen ihre Hände und Füße in Marilyns Spuren, manche knien nieder und küssen sie.*

MARILYN   Das ist Marilyns linker Fuß.
   Das ist Marilyns rechter Fuß. Dies sind die Fußabdrücke der Monroe.
   Dies ist Marilyns rechte Hand.
   Dies ist Marilyns linke Hand. Wessen Finger so schmal sind wie meine, hat Glück in der Liebe.
   Wessen Fuß hier hereinpasst, wird nie ohne Geld sein. Wer die Spuren meiner Hände küsst, kriegt große Brüste.
   Wer die Spuren meiner Füße küsst, wird berühmt. Wer in fünfzig Jahren hier vorbeikommt, wird sagen:
   Mein Großvater hat sie noch gekannt.
   Wer in hundert Jahren hier vorbeikommt, wird sagen: Das sind die Füße der Monroe.
   Aber wer im Jahre dreitausend ins Graumans Chinese Theater kommt, wird sagen: Amerika-Marilyn-Monroe!

2 *Sie verschwindet, die Frauen richten sich langsam auf, sprechen zu imaginären Partnern:*
FRAUEN   Meine Maße sind 92, 63, 86.
FRAUEN   Ja bitte, sagen Sie, der Pilot möchte warten ...
FRAUEN   Meine Großmutter soll schön gewesen sein!
FRAUEN   Warum ist in diesem Sonderzug kein Teppich?
FRAUEN   Nein, das Metropol liebe ich nicht, ich steige im Waldorf ab ...
FRAUEN   Der Chauffeur soll den großen Wagen nehmen, ja, mit den kugelsicheren Scheiben ...
FRAUEN   Jim, meinen Pelz!
FRAUEN   Oh nein, nicht doch, Boys! Ach, tretet doch den kleinen Sergeanten nicht tot, er stürzt, er blutet, er wird ersticken!
FRAUEN   Bitte belästigen Sie mich nicht!
FRAUEN   Ach Gott, immer heften sich mir Männer an die Fersen!
FRAUEN   Auch ich war die Ärmste der Armen.
FRAUEN   Walt Whitman, oh, er ist mein Lieblingsdichter!
FRAUEN   Und plötzlich brach ich im Garten zusammen, und er fand mich und trug mich auf seinen Armen ins Haus!
FRAUEN   Mein Leben war Kampf, Kampf und nochmals Kampf!
FRAUEN   Keine Fotografen, bitte!

Walt Whitman (1819–1892): US-amerikanischer Dichter

*Nach und nach treten Männer auf und sprechen zu den Frauen, sich dabei als
Partner Marilyns fühlend, am Ende stehen alle etwa paarweise beieinander.*

40 MANN   Ich bin weit gefahren, um Sie zu sehen. Ich bin übers Felsengebirge
         gefahren, durch die steinige Sierra Nevada …
   FRAU   Und ob ich beschäftigt bin, Mister Montand, doch dieser Abend soll
         Ihnen gehören!
   MANN   Sie sind wie Musik!
45 MANN   Haben wir uns nicht schon einmal gesehn?
   FRAU   Oh, Frankie-boy, diese bezaubernden Rosen!
   MANN   Mir ist, als kennte ich Sie von Jugend auf, diese Schultern, der Gang,
         das blonde Haar …
   FRAU   Es war, als ob die Erde stillstand …
50 MANN   Was ich als Wink des Schicksals empfinde, dass wir zwei uns hier
         getroffen haben …
   FRAU   Er sieht aus wie Lincoln …
   MANN   Nach dreißig trüben Jahren hier in Brooklyn … ich trete müde aus
         dem öden Klassenzimmer, Himmel, Häuser, Menschen, alles grau in
55   grau.
   FRAU   Und auf einmal dieser Thunderstroke … die Verheißung plötzlich …
   MANN   Keine Macht der Welt kann zwischen uns treten.
   FRAU   Ich werde jung sterben. So wirst du mir auf ewig sicher sein.
   MANN   Was mir ein Leben lang vorgeschwebt hat: Sie und ich, wir beide …
60   die Verbindung von Schönheit und Geist!
   FRAU   *spricht jetzt gleichzeitig mit Marilyn, die wieder in einer Schaukel im
         Bühnenhimmel erscheint:* Ja, das Leben! Oh ja!
         Dunkel

Yves Montand (1921–1991): französischer Schauspieler und (Chanson-)Sänger

Thunderstroke: Donnerschlag

1. Informiere dich über den Hollywood-Star Marilyn Monroe.
2. Welche Wirkung hat Marilyn Monroe auf die Frauen und Männer in dieser Szene?
3. Erläutere das folgende Motto dieses Stücks.

> Dies ist eine Illustriertengeschichte. / Dies ist *keine* Geschichte über Marilyn. Dies ist eine Geschichte über Leute / oder wie sich Leute Geschichten machen. / Dies ist eine Geschichte, die Leute über Marilyn machen; / oder über ein Bild von ihr. / Dies ist eine Geschichte über Geschichten, die sich seit / Jahrtausenden Leute über ihre Bilder machen.

Rede zur Verleihung des Friedenspreises des Deutschen Buchhandels *Assia Djebar*

Wenn ich heute vor Ihnen, meine sehr verehrten Damen und Herren, den Friedenspreis des Deutschen Buchhandels für das Jahr 2000 entgegennehme, kommen mir plötzliche Zweifel: Ich fürchte, unter dem symbolischen Gewicht einer so ehrenvollen Auszeichnung ins Wanken zu geraten! Ich würde Ihnen gern als einfache Schriftstellerin gegenübertreten, die aus Algerien kommt, einem Land des Aufruhrs und der Zerrissenheit bis heute. Ich wurde in einem muslimischen Glauben erzogen, der seit Generationen der Glaube meiner Vorfahren war, der mich emotional und geistig geprägt hat und gegen den ich mich, eingestandenermaßen, auflehne wegen seiner Verbote, aus denen ich mich bisher nicht völlig lösen konnte.

  Ich schreibe also, doch auf Französisch, in der Sprache des ehemaligen Kolonisators, die jedoch, und zwar unverrückbar, zur Sprache meines Denkens geworden ist, während meine Sprache der Liebe, des Leidens und auch des Gebets (manchmal bete ich) das Arabische, meine Muttersprache, ist. Und da ist noch die berberische Sprache meiner Heimatregion, die im ganzen Maghreb gesprochen wird, die Sprache Antineas, der Königin der Tuareg, bei denen lange das Matriarchat herrschte, die Sprache Jugurthas, der den Widerstandsgeist gegen den römischen Imperialismus zum Äußersten führte, eine Sprache, die ich nicht vergessen kann, deren Rhythmus mir stets gegenwärtig ist, obwohl ich sie nicht spreche. Ich glaube nun, dass es diese Sprache ist, in der ich, ohne es zu wollen, in meinem Innern „Nein" sage; als Frau und vor allem in meinem andauernden Bemühen als Schriftstellerin.

  Das Berberische, so scheint mir, ist die Sprache der Unbeugsamkeit. Man könnte dahinter den Wunsch nach Verwurzelung oder Wiederverwurzelung – sozusagen den Wunsch nach einer Genealogie – vermuten, aber mir ist klar geworden: Wäre ich Keltin, Baskin oder Kurdin, es wäre für mich nicht anders. An gewissen wichtigen Stationen seines Lebenswegs „Nein" sagen – etwa, wenn die erste Sprache sich aufbäumt und im Innern vibriert, weil die Übermacht des Staates, der Religion oder offener Unterdrückung alles daransetzt, diese erste Sprache auszulöschen. Dieses „Nein" könnte halsstarrig scheinen, als ein Rückzug oder auch als Verweigerung gegenüber einem verführerischen kollektiven Trend oder einer Mode. Ein instinktives „Nein" zum Schutz des eigenen Selbst, das fast sinnlos wirkt, wie ein Ausdruck eines Stolzes, der im Abseits bleiben möchte. Im Grunde geht es aber um mehr: um die Integrität des kulturellen und moralischen Ich, um einen Vorbehalt, der weder bedacht noch rational ist, kurz, um ein „Nein" des Widerstands, das manchmal in einem aufkommt, bevor der Verstand eine Rechtfertigung dafür gefunden hat. Ja, dieses dauerhafte innerliche „Nein", ich höre es in mir, in berberischer Form und berberischem Klang – und es erscheint mir als Fundament meiner Persönlichkeit und meiner literarischen Dauerhaftigkeit. [...] Ich habe im Zusammenhang mit meiner lite-

---

Assia Djebar wurde 1936 als Fatima-Zohra Imalayène in Cherchell in Algerien geboren. Nach dem Studium in Algier, Paris und Tunis übernahm sie 1958 die Pressearbeit für die Organisation des algerischen Befreiungskampfes. Seit 1997 ist sie an der Louisianna State University in der Lehre tätig. Für ihr literarisches Werk erhielt sie mehrere Preise. Als erste Ausländerin wurde sie 2005 in die konservative Académie Française gewählt.

Den Friedenspreis des Deutschen Buchhandels stiftete der Börsenverein des Deutschen Buchhandels (Berufsorganisation der Verleger und Buchhändler) 1950 in Reaktion auf den Zweiten Weltkrieg. Der Preis wird jährlich im Rahmen der Frankfurter Buchmesse Persönlichkeiten verliehen, die sich durch wissenschaftliche oder künstlerische Tätigkeit zur Verwirklichung des Friedensgedankens verdient gemacht haben.

rarischen Arbeit von Dauer gesprochen, doch dieser zeitliche Begriff ist vielleicht missverständlich. Ich schreibe, seit mindestens vier Jahrzehnten veröffentliche ich Bücher. Aber ich sollte vielleicht mit den Momenten des Schweigens und der Abwesenheit vor Sie treten, mit meinen Vorbehalten, meinen Weigerungen aus früherer oder aus jüngerer Zeit, die ich selbst nicht immer verstehe, zumindest nicht sogleich. Ich sollte auch von meinen Fluchten sprechen (denn zum Schreiben braucht man wirklich Raum) – dies alles ist mein Exil.

Beim Schreiben kenne ich nur eine Regel, die ich ganz allmählich in der Einsamkeit und fern der literarischen Betriebsamkeit gelernt und erkannt habe: nämlich zu schreiben, nur aus Notwendigkeit. Schreiben als ein Graben in die Tiefe, als Vordringen ins Dunkle und Ungewisse! Gegen etwas anschreiben, ein Schreiben im Widerspruch, in der Auflehnung, die manchmal stumm ist, die einen erschüttert und das ganze Wesen durchdringt. Dieses „Gegen" ist zugleich ein „Hin zu", das heißt, ein Schreiben der Annäherung, des Zuhörens, des Bedürfnisses nach Nähe. Es will menschliche Wärme einfangen, Solidarität, doch dieses Bedürfnis ist zweifellos utopisch, denn ich stamme aus einer Gesellschaft, wo die Beziehung zwischen Mann und Frau außerhalb der Familie von so viel Härte und Schroffheit geprägt ist, dass es einem die Sprache verschlägt! [...] Damit der Friede bald wiederkehrt, ein Friede der Gerechtigkeit und gegen das Vergessen, möchte ich heute diesen Friedenspreis, den ich in Empfang nehme, folgenden verstorbenen algerischen Schriftstellern widmen: dem Romanautor Tahar Djaout, dem Dichter Youssef Sebti und dem Dramatiker Abdelkader Alloula, die alle drei in den Jahren '93 und '94 ermordet wurden.

Ich widme ihn auch dem Ersten von uns Literaten aus dem Maghreb, Kateb Yacine, dem Dichter, Romanautor und Dramatiker, der 1989 starb, kurz vor unseren „Josefsjahren", die er, das weiß ich, vorausgesehen hatte.

1. Worüber redet Assia Djebar?
   Welche Bezüge gibt es zu ihrer Biografie?
2. Untersuche die Rede im Hinblick auf ihre Machart.

> Weitere Informationen zum Thema „Rede" findet ihr auf den Seiten 310–311.

INFO Rede

Eine Rede ist die (einseitige) öffentliche Ansprache, in der der Redner mittels rhetorischer Figuren (siehe S. 311) versucht, seine Gedanken und Thesen wirkungsvoll auszudrücken. Eine Rede ist entweder spontan, mit Stichworten vorbereitet oder voll ausformuliert. Es gibt verschiedene Genres der Rede: z. B. die politische Rede, Gerichtsrede, Preisrede, Festrede, Grabrede und Kanzelrede oder Predigt. In der Dankrede spielen meist folgende Aspekte eine Rolle: Anrede und Adressen an Jury/Komitee, Referenz gegenüber dem Stifter des Preises, ggf. gegenüber früheren Preisträgern, Bezug zum eigenen Werk und/oder der eigenen Biografie, abschließender Dank.

Frauen, die lesen, sind gefährlich

Frauen lesen anders *Ruth Klüger*

Ich beobachte gern, mit was für Büchern man sich in der Öffentlichkeit sehen lässt, und merke im Zug, im Flugzeug, am Strand: Frauen lesen die verschiedenste Lektüre, Bücher von Frauen oder von Männern. Männer lesen Sciencefiction oder die Memoiren von Staatsmännern.

Es bleibt die Frage, inwiefern die Unterschiede in unseren Lesegewohnheiten auf die natürlichen Unterschiede zwischen den Geschlechtern zurückzuführen, also sozusagen unüberbrückbar oder nur teils überbrückbar, sind. Weit mehr als in der hohen Literatur klaffen in der Jugend- und Unterhaltungsliteratur die Interessen von weiblich und männlich auseinander. Und zwar so sehr, dass ich vermute, selbst bei völliger Gleichstellung und Gleichberechtigung würden Frauen und Männer noch immer anders und Anderes lesen. In beiden Fällen, Trivial- wie Jugendliteratur, werden die Unterschiede vom Buchhandel, Verlagswesen und der Kritik ganz unbefangen wahrgenommen, und der Markt konzentriert sich dementsprechend. Liebesgeschichten für pubertierende Mädchen, das ist klar, weniger klar ist die Vorliebe von präpubertären Mädchen für Pferdebücher, der Nachfrage wird auf jeden Fall abgeholfen, psycho-theoretische Überlegungen sind unnötig, der Markt ist pragmatisch. Bei der Trivialliteratur von Erwachsenen liegen die Marktverhältnisse ebenfalls deutlich zutage und sind ebenfalls, wie bei der rätselhaften Pferdelektüre der 12-Jährigen, in ihren Motiven nicht immer durchschaubar. Bücher über Krieg und Kontaktsport werden hauptsächlich für Männer geschrieben. Klar. Interessanter ist der Fall von Sciencefiction, eine literarische Gattung, die nicht unbedingt trivial sein muss und die auch Frauen lesen und schreiben, aber dann meist als Utopien und Dystopien, also Bücher, die von gelungenem oder misslichem menschlichen Zusammenleben handeln. In der von Männern bevorzugten Variante dieses Genres spielen Maschinen und Erfindungen eine Hauptrolle, und die meisten Leserinnen finden solche Bücher zum Weinen langweilig. Ob diese Vorliebe nur anerzogen ist? Oder stoßen wir hier auf einen echten Unterschied? Jedenfalls weiß der Buchhandel genau Bescheid, wie aus den Werbetaktiken hervorgeht, auch wenn die Ursachen im Dunkel bleiben. Doch die Kritik der höheren Literatur und die traditionelle Literaturwissenschaft schließen die Augen vor den Einsichten des Buchmarktes und setzen einen geschlechtslosen idealen Leser voraus, der sich bei näherem Hinsehen immer als Mann entpuppt.

Dystopien: Geschichte, die sich zum Negativen entwickelt

Erörtern → S. 342

1. Welche Thesen formuliert Ruth Klüger im Hinblick auf geschlechtsspezifisches Leseverhalten?
2. **Erörtert** vor dem Hintergrund eurer Leseerfahrungen die Position von Ruth Klüger.

Jugendliche und das Lesen
Christoph Kochhan / Christine Rutz

Lesen ist für Jugendliche nach wie vor eine wichtige Freizeitbeschäftigung. Knapp 70 % der befragten Jugendlichen hatten in den vorangegangenen Sommerferien ein Buch gelesen. „Lesefans" sind vor allem Mädchen – ein Ergebnis, das auch die JIM-Studie „Jugend, Information, Multi-Media 2003" erbrachte: „Besonders
5 stark ist der Unterschied zwischen den Geschlechtern bei der Buchbenutzung. Jedes zweite Mädchen greift täglich bis mehrmals pro Woche zu einem Buch, bei Jungen nur jeder Vierte." [...] 52 % der Mädchen stimmten der Aussage zu, sich lieber mit Büchern als mit dem Computer zu beschäftigen, demgegenüber waren es 27 % der Jungen. [...] Bei denjenigen, die täglich den Rechner hochfah-
10 ren, liest eine Hälfte in ihrer Freizeit (52 %), die andere nicht (48 %). Die Jungen, die dagegen nur ab und zu am PC sitzen, lesen mehrheitlich bzw. gaben an, in den Sommerferien gelesen zu haben (68 %). Im Gegensatz dazu – plakativ formuliert – scheint bei Mädchen die Frage nicht zu lauten: „Entweder Buch oder PC?", sondern: „Zuerst Buch oder PC?". Acht von zehn Mädchen, die täglich den
15 PC nutzen, finden trotzdem Zeit zum Lesen. [...] Unabhängig von Leseempfehlungen kristallisieren sich klare thematische Favoriten heraus. Der Blick auf die Geschlechter führt hier jedoch zu einem differenzierteren Bild.

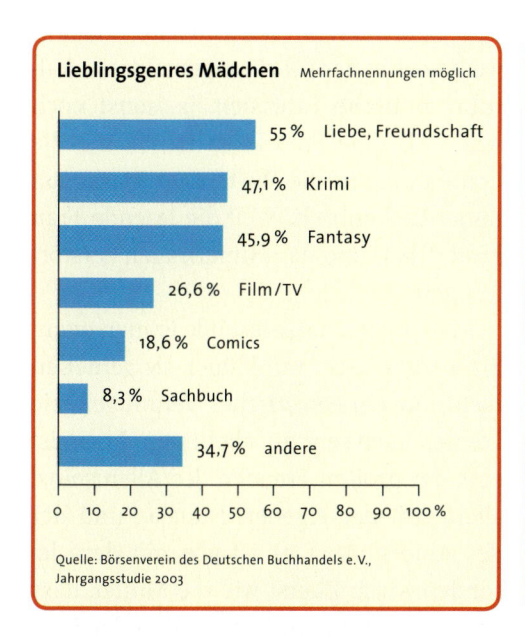

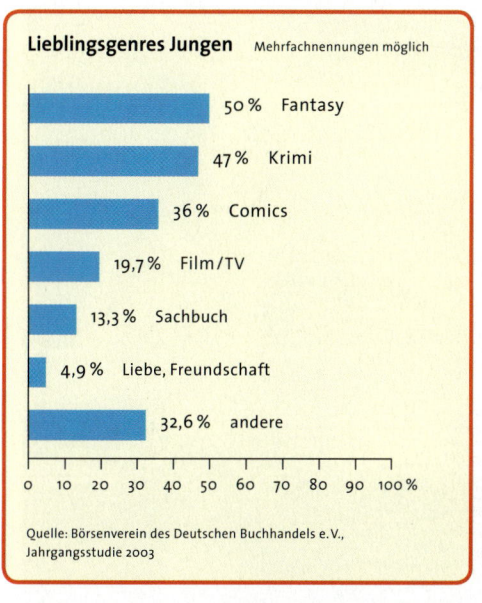

Lieblingsgenres Mädchen Mehrfachnennungen möglich
- 55 % Liebe, Freundschaft
- 47,1 % Krimi
- 45,9 % Fantasy
- 26,6 % Film/TV
- 18,6 % Comics
- 8,3 % Sachbuch
- 34,7 % andere

Quelle: Börsenverein des Deutschen Buchhandels e.V., Jahrgangsstudie 2003

Lieblingsgenres Jungen Mehrfachnennungen möglich
- 50 % Fantasy
- 47 % Krimi
- 36 % Comics
- 19,7 % Film/TV
- 13,3 % Sachbuch
- 4,9 % Liebe, Freundschaft
- 32,6 % andere

Quelle: Börsenverein des Deutschen Buchhandels e.V., Jahrgangsstudie 2003

1. Erläutere ausgehend von den beiden Grafiken das Leseverhalten von Mädchen und Jungen.
2. Macht eine Umfrage zum Leseverhalten von Jungen und Mädchen in eurer Jahrgangsstufe. Stellt eure Ergebnisse grafisch dar.

Über das Gefährliche, wenn Frauen zu viel lesen
Elke Heidenreich

[...] Männer fürchten lesende Frauen. Und schauen wir uns das Titelbild dieses Buches an, dann haben sie auch allen Grund dazu. Da sitzt eine sehr energisch aufgeladene Dame. Sie liest gerade nicht mehr, seit einigen wenigen Momenten. Aber in ihrem Kopf sind noch die Wörter, die Sätze, die Ideen, die sie eben gelesen hat, und zwar in drei Bänden der gelben französischen Klassikerausgaben – Voltaire? Vielleicht hat sie den „Candide" gelesen und denkt jetzt darüber nach, was von einer Philosophie zu halten ist, die darin mündet: „Wir müssen unseren Garten bestellen"? So sehr will sie sich noch nicht bescheiden, wer das von ihr verlangt, kann die Spitze ihres weißen Schirmes zu spüren kriegen. Aber sie sieht so aus, als sei sie klug genug, die tiefe Ironie hinter dem Ganzen zu verstehen, als würde ihr gerade aufgehen: „So sehr also nimmt man uns auf den Arm? Garten bestellen? Na, wartet." Ihr Gesicht verrät noch Nachdenken, ihre Hand zeigt schon Entschlossenheit, die ganze Haltung: auf dem Sprung.

Das genau haben die Männer noch nie gern an den Frauen gesehen: dass sie zu sehr durchblicken. Darum gab es noch im 18. Jahrhundert in die Einbände mancher Romane Faden und Nadel eingelassen, um die Frauen daran zu erinnern, was ihre eigentliche Bestimmung war: nicht lesen, sondern den Haushalt in Ordnung halten. Lesen ist verschwendete Zeit, verschwendetes Geld, und wer weiß, wohin das führt – eigene Ideen, Aufruhr, erotische Fantasien, ja, sonst noch was. „Als eine Frau lesen lernte, trat die Frauenfrage in die Welt", sagt Marie von Ebner-Eschenbach. Weil die lesende Frau hinterfragt, und das Hinterfragen zerstört fest gefügte Regeln. [...]

Man unterschätze lesende Frauen nicht! Sie werden nicht nur klüger, sie genießen nicht nur ein egoistisches Vergnügen, sie können auch sehr gut allein sein. Lesen ist eine der großen Freuden des Alleinseins, allein mit der eigenen Fantasie und der des Autors. Aber es ist wie mit dem lesenden Kind: Zuerst will die Mutter, dass es endlich mit dem Buch still in der Ecke sitzt, dann stellt sie fest, dass das lesende Kind nicht das pflegeleichte, das einfache Kind ist, sondern das aufmüpfige, das sich aus der es umgebenden Welt wegliest, und das sieht die Welt nicht gern. So ist das

Candide: Held eines Romans von Voltaire (1694–1778), „Candide oder die beste Welt"

Vittorio Matteo Corco: *Träume*, 1896

mit den lesenden Frauen. Alles ist vergessen: Der Haushalt, der Gatte, wahlweise der Geliebte, nur noch das Buch zählt, die Intimität mit dem, der ihr hier gerade jetzt eine Geschichte erzählt, und der Mann, der ihr gegenüber sitzt mit dem Wirtschaftsteil der Zeitung kann nicht in ihren Kopf schauen und die dümmste aller Fragen stellen: „Was denkst du gerade?" Sie ist ganz woanders, und dahin kann er ihr nicht folgen. Er sieht sie, da im Sessel, am Fenster, auf dem Sofa, im Bett, im Zug, aber sie ist doch nicht da. Ihre Seele ruht, aber nicht bei ihm, der doch dachte, ihr ALLES zu sein, Irrtum, mein Lieber. [...]

Würden sich Männer und Frauen besser verstehen, wenn Männer so viel läsen wie Frauen? Wüssten sie mehr von unserem Leben, Denken, Fühlen, wenn sie Sylvia Plath, Virginia Woolf, Carson McCullers, Jane Bowles, Annemarie Schwarzenbach oder Dorothy Parker läsen, so wie wir ja auch Hemingway, Faulkner, Updike, Roth, Flaubert und Balzac lesen? „Frauen lesen anders" heißt eine interessante Betrachtung zu diesem Thema von Ruth Klüger. Sie lesen auch mehr. Und sie sind lesend beides, Mann und Frau, geschlechtslos, sie leiden mit dem Helden, der Heldin, dem Autor, der Autorin, das spielt keine Rolle. Sie sind gefangen vom Buch. Ich kann nur Männer lieben, die lesen, die plötzlich mit diesem Blick hochschauen, von weit herkommend, weich, mit einem Wissen nicht nur über sich, sondern auch über mich. Frauen lieben Männer, die lesen. Männer lieben aber in der Regel keine lesenden Frauen. Und nur ganz selten lesen Männer und Frauen zusammen.

Charles Burton Barber:
Lesendes Mädchen mit Mops,
1879

1. Elke Heidenreich stellt in ihrem Text die These auf, „Männer fürchten lesende Frauen". Notiere stichwortartig ihre Argumente und **belege** sie mit entsprechenden **Textstellen**.
2. Schreibe einen Brief an die Autorin, in dem du zu ihrer These und ausgewählten Argumenten kritisch Stellung nimmst.
3. Recherchiert Bilder, Werbeanzeigen, Fotos usw., die lesende Frauen zeigen. Sprecht darüber, welches Frauenbild jeweils deutlich wird.

Mit Textbelegen arbeiten
→ S. 107

EXTRA: Projekt

Des Redners Glück

Eine Rede vorbereiten

Entscheidet euch in Zweiergruppen für eine Redegattung sowie ein geeignetes Thema. Sichtet anschließend die Texte des Lesebuchs als Material für eure Rede und sammelt ggf. zusätzliches Material.

> **Vorschläge**
> - **Gerichtsrede:** Medea (S. 287 f.); J. Robert Oppenheimer (S. 206 ff.)
> - **Lobrede (Laudatio):** Assia Djebar (S. 304)
> - **Gedenkrede** zum Geburtstag oder Todestag einer Autorin/eines Autors: z. B. Annette von Droste-Hülshoff (S. 49)
> - **Beratungs- und Ermahnungsrede:** Leseverhalten Jugendlicher und Verbesserung des Leseinteresses (S. 307)

Eine Rede formulieren

Ordnet euer Material und erstellt eine Gliederung. Findet passende Formulierungen, um euren Zuhörern eure Gedanken und Thesen wirkungsvoll zu vermitteln. Auf der folgenden Seite findet ihr eine Auswahl an rhetorischen Mitteln.

Eine Rede halten

Probt verschiedene Körperhaltungen, Gesten und Gesichtsausdrücke für den Vortrag eurer Rede. Dabei liest ein Partner den Text vor, während der andere agiert. Tragt eure Rede anschließend der Klasse vor und besprecht eure Erfahrungen mit Hilfe der folgenden Fragen.

Ausdruck	Aufbau	Redemittel	Wirkung
Wirkt der Redner sachlich und überzeugend? Sind Gestik und Mimik passend?	Sind die Aussagen logisch gegliedert? Wirkt der Vortrag in sich schlüssig?	Bemüht sich der Redner um Verständnis? Sind die rhetorischen Mittel überzeugend?	Wodurch kommt die Wirkung zustande?

Die antike Lehre der Beredsamkeit unterscheidet fünf grundlegende Hauptvorgänge der Rhetorik:
1. **inventio:** Sammeln passender Gedanken (topoi) zum Thema und Finden von Beweisgründen im Hinblick auf den Zuhörer und das Redeziel
2. **dispositio:** Gliederung des Materials nach bestimmten Gesichtspunkten. *Einleitung:* vom Besonderen zum Allgemeinen oder umgekehrt, Definition von Begriffen des Themas; *Hauptteil:* steigernd entwickelnd vom schwächeren zum stärksten Argument oder dialektisch (These, Antithese, Synthese); *Schluss:* Synthese, Zusammenfassung, Ausblick oder Appell
3. **elocutio:** Suche nach verständlichen und wirkungsvollen sprachlichen Formulierungen
4. **memoria:** Einprägen der Rede
5. **pronunciatio:** Deklamation des Vortrags mit wirkungsvoller Intonation, Pausen, Mimik, Gestik, Körperhaltung

---

Rhetorische Figuren und Tropen – eine Auswahl

Alliteration	gleichlautender Anlaut, Buchstabenreim. *Wind und Wetter*
Anapher	Wiederholung von denselben Wörtern am Satz- bzw. Versanfang. *Meinen Sie Zürich / Meinen Sie aus Habana ... (Benn)*
Antiklimax	Steigerung nach unten. *Doktoren, Magister, Schreiber und Pfaffen*
Chiasmus	Überkreuzstellung von Satzgliedern. *Der Einsatz war groß, klein war der Gewinn.*
Definition	Abgrenzung, Erklärung, Begriffsbestimmung durch Angabe wesentlicher Merkmale und Unterscheidung naheliegender Begriffe oder Dinge. *Parlament – parlare heißt reden, also Parlament = „Redehaus".*
Klimax	Stufenfolge, Steigerung nach oben. *Er weint, er ist bezwungen, er ist unser! (Schiller)*
Metapher	Übertragung, Bild, Vergleich ohne „wie". *Er war der Fels in der Brandung.*
Metonymie	Wortersetzung *Zeppelin* für *Luftschiff, Traube* für *Wein*
Parallelismus	Wiederkehr der Wortreihenfolge in Sätzen oder Versen. *Sobald ich dann das Unglaubliche sehe – werde ich ein Zeuge. Sobald ich dann die Kirch betrete – werde ich ein Laie. (Handke)*
Personifizierung	Belebung eines Dinges oder eines Abstraktums.

Schiller lebt!

Schillers Lebensbild

Prolog *Rüdiger Safranski*

Nach Schillers Tod am 9. Mai 1805 wurde die Leiche obduziert. Man fand die Lunge „brandig, breiartig und ganz desorganisiert", das Herz „ohne Muskelsubstanz", die Gallenblase und die Milz unnatürlich vergrößert, die Nieren „in ihrer Substanz aufgelöst und völlig verwachsen". Doktor Huschke, der Leibmedicus des Weimarer Herzogs, fügte dem Obduktionsbefund den lapidaren Satz hinzu: „Bei diesen Umständen muss man sich wundern, wie der arme Mann so lange hat leben können". Hatte nicht Schiller selbst davon gesprochen, dass es der Geist sei, der sich seinen Körper baut? Ihm war das offenbar gelungen. Sein schöpferischer Enthusiasmus hielt ihn am Leben über das Verfallsdatum des Körpers hinaus. Heinrich Voß, Schillers Sterbebegleiter, notierte: „Nur bei seinem unendlichen Geiste wird es erklärbar, wie er so lange leben konnte."

Aus dem Obduktionsbefund lässt sich die erste Definition von Schillers Idealismus ablesen: Idealismus ist, wenn man mit der Kraft der Begeisterung länger lebt, als es der Körper erlaubt. Es ist der Triumph eines erleuchteten, eines hellen Willens.

Wunderlicher, großer Mensch *Michael Klonovsky*

Den rechten Lungenflügel des Toten fand man „brandig, breiig und ganz desorganisiert", zudem mit Rippenfell und Herzbeutel derart verwachsen, „dass es kaum mit dem Messer zu trennen war". Die linke Lunge war „marmoriert mit Eiterpunkten", das Herz „ohne Muskelsubstanz" und „in kleine Stücke" zerpflückbar, die Leber an den Rändern „brandig". Die Gallenblase doppelt so groß wie normal und „strotzend vor Galle", die Milz „um 2/3 größer als sonst", beide Nieren „in ihrer Substanz aufgelöst und völlig verwachsen".

Johann Christoph Friedrich Schiller
- **1759** am 10. November in Marbach am Neckar geboren
- **1773–80** Ausbildung an der Stuttgarter Karlsschule zum Militärarzt
- **1782** Flucht aus Württemberg, freier Autor in Mannheim
- **1785** Übersiedlung nach Leipzig, später nach Dresden
- **1788** erste Begegnung mit Goethe
- **1789** Geschichtsprofessur in Jena
- **1790** Heirat mit Charlotte von Lengenfeld
- **1799** Übersiedlung nach Weimar
- **1802** Adelstitel
- **1805** am 9. Mai stirbt Schiller

---

1. Wie beginnt eine übliche Biografie bzw. ein Schülerreferat über das Leben eines Schriftstellers?
   Diskutiert darüber, mit welcher Absicht Rüdiger Safranski Schillers Obduktion dem Lebensbericht voranstellt.
2. Ordne Schillers wichtigste Werke seinen Lebensdaten zu.

Unser armer Schiller. Eine respektlose Annäherung
Johannes Lehmann

„Wenn ich … mir denke", so träumte einst der 24-jährige Schiller, „dass vielleicht in hundert und mehr Jahren – wenn auch mein Staub schon lange verweht ist, man mein Andenken segnet und mir noch im Grabe Tränen und Bewunderung zollt – dann … freue ich mich meines Dichterberufs und versöhne mich mit Gott und meinem oft harten Verhängnis."

Er kann beruhigt sein. Noch mehr als zweihundert Jahre später wurden zum Beispiel die Olympischen Winterspiele 1988 in Japan mit dem „Lied an die Freude" eröffnet.

Schillers Nachruhm setzte früher ein und hielt länger vor als der Goethes. […] Schiller ist nie vergessen gewesen und nach seinem Tode überall besser behandelt worden als zu Lebzeiten in Weimar. Allerdings: Jede Zeit hatte ihren Schiller, renovierte das Schillerbild der Vorväter und sah ihn ganz neu – wie Karl Kraus in gewohnter Bosheit feststellte: „Wenn ein Denkmal renoviert wird, kommen unfehlbar die Mauerasseln und Tausendfüßler ans Licht und sagen: Denn er war unser!"

… als „Freund, Führer, Lehrer"

Angefangen hat es mit dem Nachruhm gleich nach seinem Tode, und von Anfang an war es der politische Dichter, der Prophet der nationalen Freiheit und Einheit, den man gegen Napoleon bis in die Befreiungskriege von 1813 bis 1815 hinein beschwor und feierte.

Eben erst, praktisch mit seinem Tode, war ja sein Wilhelm Tell auf die Theaterbühnen gekommen, dieses Drama des Schweizer Freiheitshelden, der gegen die Tyrannei und für die Unabhängigkeit kämpfte: Er und Schiller waren damit willkommene Vorbilder im Kampf gegen Napoleon, aber auch gegen die Kleinstaaterei in Deutschland. Der Rütli-Schwur galt ja auch hier: „Wir wollen sein ein einzig Volk von Brüdern, in keiner Not uns trennen und Gefahr …"

Damit war die Rolle des deutschen Nationaldichters Schiller als Mahner, Patriot und Vorbild ein für alle Mal festgelegt, obwohl, von den Räubern und „Kabale und Liebe" abgesehen, die Helden seiner Dramen alle keine Deutsche waren. Als sich einmal im Jahr 1814 ein preußischer Offizier in Karlsbad in einem Wirtshaus abfällig über den Werther äußerte und ihn sein Nachbar fragte. „Da gefallen Ihnen die ‚Räuber' von Schiller wohl besser?", antwortete er: „Allerdings; Schiller ist der Mann der Soldaten; er erweckt in der Brust uns den Mut und feuert die Seele zu Taten an." (Die Geschichte hat noch eine unerwartete Pointe: Der fragende Tischnachbar war Goethe.)

Gottfried Schadow: *Friedrich Schiller, 1804*

Und was sonst kaum einem Dichter passiert: Schiller schlug nach einem Tod eine Welle geradezu kultischer Verehrung entgegen. Die feierliche Enthüllung des Schillerdenkmals in Stuttgart am 8. Mai 1839 wurde mit Glockengeläut als national-religiöses Fest begangen, ein evangelischer Pfarrer weihte die von Bertel Thorvaldsen geschaffene Statue, verwahrte sich gleichzeitig gegen den Vorwurf des Götzendienstes und nannte sie trotzdem ungeniert ein „Wallfahrtsbild". [...]

An seinem 100. Geburtstag im Jahr 1859 feiern die Deutschen ihren Nationaldichter dann mit einem Aufwand und einem Pomp, mit dem hierzulande nie zuvor und nie danach ein Dichter gewürdigt wurde, wie Gerd Ueding zusammenfasst. „Drei Tage lang gab es große Festumzüge durch alle Städte, Festakte mit Aufführungen, Vorträgen, feierlichen Gedenkreden; Denkmäler wurden enthüllt, Plätze und Straßen mit seinem Namen benannt, Arbeiter und Handwerker, Professoren und Bildungsbürger, Lehrer und Künstler überboten sich in Begeisterung und Festeifer. – Die Bekränzung seiner Statuen mit Lorbeer – und Eichenzweigen als ‚Krönung', der Schmuck der Gedenkstätten mit der schwarzrotgoldenen Fahne, die (sonst nur Königen) gebührende Ehrung mit 101 Böllerschüssen, seine Proklamation als ‚Majestät', ‚Kaiser', ‚Dichterfürst' oder sogar ‚Heerführer', das Geläut der Glocken, das die Züge begleitete und die Feierstunden einleitete, die altarähnlichen Weihestätten an den wichtigsten Handlungsstätten seiner Stücke, – dieses ganze, uns heute kaum noch vorstellbare und durch sämtliche Medien der Zeit verstärkte Massenereignis inthronisierte Schiller als national-politische(n) und revolutionäre(n) Führer und Heiland."

Das ist nicht übertrieben: Da nannte man Schillerfeiern „die große Wallfahrt", da kam man zur „Huldigung", da wurden Denkmäler mit „Worten der Weihe" enthüllt und der Dichter als „Prophet" dargestellt. In Leipzig wurde das Schillerdenkmal sogar als „Hochaltar" bezeichnet. In Kiel kam zum religiösen Führer noch die weltliche Ehre dazu, wenn Schiller im Festbericht „Majestät" genannt wurde und der Denkmalssockel sein „Thron", auf dem er die „Huldigung" entgegennahm.

Borg Stock: *Friedrich Schiller*, 1794/95

1. Fasse thesenartig zusammen, welche Verdienste Schiller nach seinem Tod zugeschrieben wurden, z. B.:
   – *Schiller war Vorbild im Kampf gegen Napoleon.*
   – *Schiller war Mann der ...*
2. Beschreibe, wie die Form der Gedenkfeiern jeweils der Einschätzung des Dichters entsprach.
3. Erörtere die Gründe, warum Schiller heute noch seinen Platz in der Schule und auf der Theaterbühne hat. Diskutiert darüber.

Die Ode entstand 1785 und erschien 1786; 1803 schrieb Schiller eine zweite Fassung ohne die Verse 97 bis 108 sowie mit folgenden Änderungen:
V. 6: „die Mode streng" statt „der Mode Schwert"
V. 7: „Alle Menschen werden Brüder." statt „Bettler werden Fürstenbrüder".

* **Elysium:** überirdisches, gesegnetes Gefilde

An die Freude *Friedrich Schiller*

Freude, schöner Götterfunken,
Tochter aus Elysium*,
Wir betreten feuertrunken
Himmlische, dein Heiligtum.
5 Deine Zauber binden wieder,
Was die Mode streng geteilt;
Alle Menschen werden Brüder,
Wo dein sanfter Flügel weilt.

Chor

10 Seid umschlungen, Millionen!
Diesen Kuss der ganzen Welt!
Brüder – überm Sternenzelt
Muss ein lieber Vater wohnen.

Wem der große Wurf gelungen,
15 Eines Freundes Freund zu sein;
Wer ein holdes Weib errungen,
Mische seinen Jubel ein!
Ja – wer auch nur *eine* Seele
Sein nennt auf dem Erdenrund!
20 Und wers nie gekonnt, der stehle
Weinend sich aus diesem Bund!

Chor

Was den großen Ring bewohnet,
Huldige der Sympathie!
25 Zu den Sternen leitet sie,
Wo der *Unbekannte* thronet.

Freude trinken alle Wesen
An den Brüsten der Natur,
Alle Guten, alle Bösen
30 Folgen ihrer Rosenspur.
Küsse gab sie *uns* und *Reben*,
Einen Freund, geprüft im Tod.
Wollust ward dem Wurm gegeben,
Und der Cherub steht vor Gott.

- Ludwig van Beethoven wählt 1823/24 Schillers Ode für den Schlusschor seiner 9. Sinfonie und stellt einen Text aus den Strophen I bis IV zusammen.
- Im Vormärz wird die 9. Sinfonie Beethovens zum Träger politisch-oppositioneller Stimmungen; für Richard Wagner hat es den Charakter einer politischen Demonstration, wenn er die 9. Sinfonie 1848 und 1849 dirigiert.
- Zwischen 1905 und 1933 zählt die 9. Sinfonie Beethovens zu den Schlüsselwerken der Arbeitermusikbewegung.
- 1952–1964 dient die erste Strophe bei den Olympischen Spielen der gesamtdeutschen Olympiamannschaft als Ersatz für die fehlende gemeinsame Nationalhymne.
- 1967 erklärt die NATO die Melodie zur offiziellen Gesamthymne.
- 1972 wird die Melodie vom Ministerkomitee des Europarates zur Hymne des Europarates erklärt.
- 1985 erstellt Herbert von Karajan die offizielle Version als rein instrumentales Arrangement, die im selben Jahr zur Hymne der Europäischen Union wird.
- 2002 wird die Hymne von der UNESCO zum Weltkulturerbe erklärt.

Chor
Ihr stürzt nieder, Millionen?
Ahndest du den Schöpfer, Welt?
Such ihn überm Sternenzelt,
Über Sternen muss er wohnen.

Freude heißt die starke Feder
In der ewigen Natur.
Freude, Freude treibt die Räder
In der großen Weltenuhr.
Blumen lockt sie aus den Keimen,
Sonnen aus dem Firmament,
Sphären rollt sie in den Räumen,
Die des Sehers Rohr nicht kennt.

Chor
Froh, wie seine Sonnen fliegen,
Durch des Himmels prächtgen Plan,
Laufet, Brüder, eure Bahn,
Freudig wie ein Held zum Siegen.

1. Stellt die der „Freude" zugeordneten wichtigsten Wörter und Begriffe zusammen und erläutert ihre Bedeutung.
2. Was hat Beethoven an Schillers Text so fasziniert, dass er ihn für den Schlusschor seiner 9. Sinfonie wählte?
3. Warum ist die Hymne so beliebt?

Friedrich Schiller mit Familie und Freunden, unter anderem seine Frau Charlotte mit Sohn Karl ihm gegenüber, daneben Herder, hinter welchem Goethe steht.

Lied von der Glocke *Friedrich Schiller*

Fest gemauert in der Erden
Steht die Form, aus Lehm gebrannt.
Heute muss die Glocke werden,
Frisch, Gesellen, seid zur Hand.
5 Von der Stirne heiß
Rinnen muss der Schweiß,
Soll das Werk den Meister loben,
Doch der Segen kommt von oben.

Zum Werke, das wir ernst bereiten,
10 Geziemt sich wohl ein ernstes Wort;
Wenn gute Reden sie begleiten,
Dann fließt die Arbeit munter fort.
So lasst uns jetzt mit Fleiß betrachten,
Was durch die schwache Kraft entspringt,
15 Den schlechten Mann muss man verachten,
Der nie bedacht, was er vollbringt.
Das ist ja, was den Menschen zieret,
Und dazu ward ihm der Verstand,
Dass er im innern Herzen spüret,
20 Was er erschafft mit seiner Hand.

[...]

Wohltätig ist des Feuers Macht,
Wenn sie der Mensch bezähmt, bewacht,
Und was er bildet, was er schafft,
Das dankt er dieser Himmelskraft,
25 Doch furchtbar wird die Himmelskraft,
Wenn sie der Fessel sich entrafft,
Einher tritt auf der eignen Spur
Die freie Tochter der Natur.
Wehe, wenn sie losgelassen
30 Wachsend ohne Widerstand
Durch die volkbelebten Gassen
Wälzt den ungeheuren Brand!
Denn die Elemente hassen
Das Gebild der Menschenhand.
35 Aus der Wolke
Quillt der Segen,
Strömt der Regen,
Aus der Wolke, ohne Wahl,
Zuckt der Strahl!

40 Hört ihrs wimmern hoch vom Turm?
Das ist Sturm!
Rot wie Blut
Ist der Himmel,
Das ist nicht des Tages Glut!
45 Welch Getümmel.

[...]

Nun zerbrecht mir das Gebäude,
Seine Absicht hat's erfüllt,
Dass sich Herz und Auge weide
An dem wohlgelungnen Bild.
50 Schwingt den Hammer, schwingt,
Bis der Mantel springt,
Wenn die Glock soll auferstehen,
Muss die Form in Stücken gehen.

Der Meister kann die Form zerbrechen
55 Mit weiser Hand, zur rechten Zeit,
Doch wehe, wenn in Flammenbächen
Das glühnde Erz sich selbst befreit!
Blindwütend mit des Donners Krachen
Zersprengt es das geborstne Haus,
60 Und wie aus offnem Höllenrachen
Speit es Verderben zündend aus;
Wo rohe Kräfte sinnlos walten
Da kann sich kein Gebild gestalten,
Wenn sich die Völker selbst befrein,
65 Da kann die Wohlfahrt nicht gedeihn.

Weh, wenn sich in dem Schoß der Städte
Der Feuerzunder still gehäuft,
Das Volk, zerreißend seine Kette,
Zur Eigenhilfe schrecklich greift!
70 Da zerret an der Glocke Strängen
Der Aufruhr, dass sie heulend schallt
Und, nur geweiht zu Friedensklängen,
Die Lösung anstimmt zur Gewalt.

Freiheit und Gleichheit! Hört man schallen,
75 Der ruhige Bürger greift zur Wehr,
Die Straßen füllen sich, die Hallen,

Eugène Delacroix: *Die Freiheit führt das Volk*, 1830

> Das „Lied von der Glocke" wurde nach mehrjähriger Arbeit 1800 gedruckt. Es steht unter dem Motto: „Ich rufe die Lebenden, ich beklage die Toten, ich breche die Blitze". Der Text wird vom Glockengießer gesprochen, der in zehn Meistersprüchen und neun Betrachtungen den Sinn der Arbeit erläutert. Im Anschluss an die Beschreibung der Aufgaben der Glocke folgen Szenen aus dem gesellschaftlichen Leben. Der letzte Meisterspruch weist der Glocke ihre vornehmste Aufgabe zu: „Friede sei ihr erst Geläut."

Und Würgerbanden ziehn umher,
Da werden Weiber zu Hyänen
Und treiben mit Entsetzen Scherz,
80 Noch zuckend, mit des Panthers Zähnen,
Zerreißen sie des Feindes Herz.
Nichts Heiliges ist mehr, es lösen
Sich alle Bande frommer Scheu,
Der Gute räumt den Platz dem Bösen,
85 Und alle Laster walten frei.

Gefährlich ists, den Leu zu wecken,
verderblich ist des Tigers Zahn,
Jedoch der schrecklichste der Schrecken,
Das ist der Mensch in seinem Wahn.
90 Weh denen, die dem Ewigblinden
Des Lichtes Himmelsfackel leihn!
Sie strahlt ihm nicht, sie kann nur zünden
Und äschert Städt und Länder ein.

1. Wie stehen der Vorgang des Glockengießens und die Bilder der Gesellschaft, der Gewalt und der Kriege allgemein zueinander?
2. Vergleiche die Darstellung der verschiedenen Bereiche Glockengießen, Gesellschaft, Gewalt und Krieg.
3. Stelle die charakteristischen sprachlichen und formalen Mittel gegenüber.
4. Wie sieht Schiller die Ideale der Französischen Revolution „Freiheit und Gleichheit" und die Wirklichkeit der Revolution?

Briefwechsel

An Goethe Jena, 10. Oktober 1796

[...]
Von hiesigen Buchhandlungen sind nunmehr 72 Exemplare verlangt und abgegeben worden. Gehen in Weimar 28 ab, so sind wir in diesen 2 Orten, die etwa 12 000 Menschen enthalten, 100 Exemplare losgeworden. Es wird interessant sein, den aktuellen Zustand der poetischen Lektüre in deutschen Städten aus diesen Beispielen zu ersehen. Ich bin überzeugt, dass in Thüringen und im Brandenburgischen, vielleicht noch in Hamburg und umliegenden Orten, der dritte Teil unserer Leser und Käufer sich finden wird.

Ich bitte sehr um den Rest der Decken. Hirts Aufsatz sende ich morgen. Den Abdruck des Kupfers will ich an Cotta vor der Kupferplatte voran laufen lassen. Heute geht das 2te Drittel der ganzen Auflage des Almanachs nach Leipzig ab. Leben Sie recht wohl und schreiben mir bald wieder, mich zu erquicken und zu stärken.

S.

Ein Abend in der Gartenlaube am Goethe'schen Hause in Weimar.

Wieland, Schiller, Herzog Karl-August, Herder, Goethe

An Goethe Weimar, 23. September 1803

Weil ich diesen Sommer Wochen und Monate verschwendet, so muss ich jetzt wohl Tage und Stunden zu Rat halten. Ich kann also Ihre freundliche Einladung nach Tiefurt zu fahren nicht annehmen. Vielleicht mögen Sie bei Ihrer Rückkunft bei mir vorsprechen, oder ich komme gegen 5 Uhr zu Ihnen; denn die späten Abendstunden sind mir zuweilen günstig zur Arbeit und müssen die Morgenstunden ersetzen, die verloren gehen. Wir könnten vielleicht eine Einrichtung treffen uns öfters zwischen 3 und 5 Uhr zu sehen und, indem wir den Tag in der Mitte zerschneiden, zwei daraus zu machen.

Leben Sie recht wohl. S.

An Goethe Weimar, 22. Februar 1805

Es ist mir erfreulich wieder ein paar Zeilen Ihrer Hand zu sehen, und es belebt wieder meinen Glauben, dass die alten Zeiten zurückkommen können, woran ich manchmal ganz verzage. Die zwei harten Stöße, die ich nun in einem Zeitraum von 7 Monaten auszustehen gehabt, haben mich bis auf die Wurzeln erschüttert, und ich werde Mühe haben, mich zu erholen.

Zwar mein jetziger Anfall scheint nur die allgemeine epidemische Ursache gehabt zu haben, aber das Fieber war so stark und hat mich in einem schon so geschwächten Zustand überfallen, dass mir eben so zu Mut ist, als wenn ich aus der schwersten Krankheit erstünde, und besonders habe ich Mühe eine gewisse Mutlosigkeit zu bekämpfen, die das schlimmste Übel in meinen Umständen ist.

Möge es sich täglich und stündlich mit Ihnen bessern und mit mir auch, dass wir uns bald mit Freuden wieder sehen. S.

1. Beschreibe das Bild auf S. 320. Wie gestalten die „Klassiker" ihre Freizeit?
2. Welche Themen schlägt Schiller in seinen Briefen an?
3. Goethe und Schiller schreiben sich oft täglich.
   Diskutiert über den Zweck dieser (Brief-)Freundschaft.

Schiller an Goethe (1802):

01. Januar	18. Februar
17. Januar	20. Februar
20. Januar	10. März
22. Januar	17. März
02. Februar	20. März
11. Februar	...
17. Februar	

Schiller wirkt

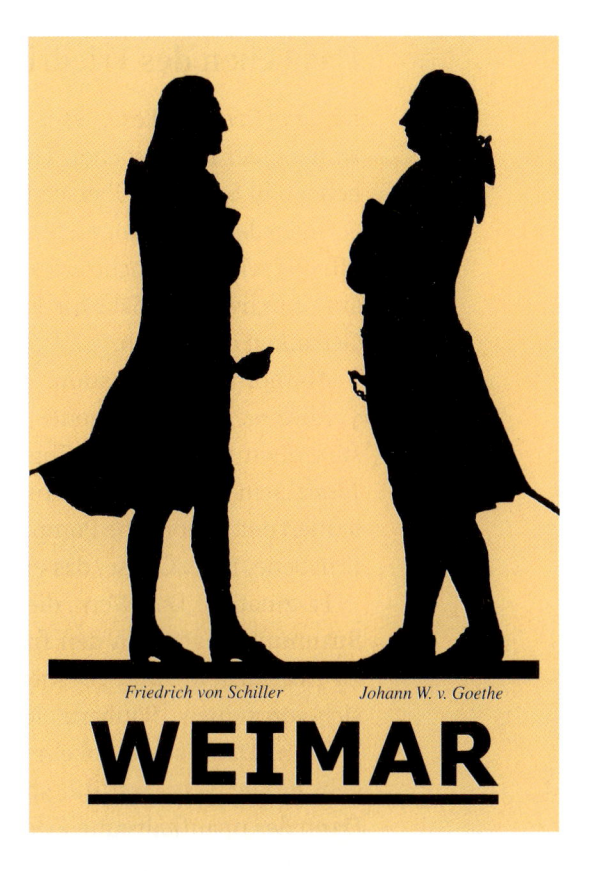

1. Wie werden die Klassiker „vermarktet"? Holt Informationen ein.

Das Leben des Friedrich Schiller *Sigrid Damm*

Ich lese Schiller. Lese, lese. Der Dramatiker. Der Lyriker, Erzähler, Historiker, Kritiker, der Herausgeber, Theoretiker, der Ästhetiker und Philosoph. Der Bearbeiter von Stücken, Übersetzer. Der Briefschreiber Schiller.

Vieles lese ich zum ersten Mal. Eine Wanderung durch seine Texte. Räume öffnen sich. In manche blicke ich nur hinein, in anderen halte ich mich lange auf, durchwandre Satz für Satz. Landschaften tun sich auf. Der Horizont der Gedanken dehnt sich.

Abwehr und Faszination.

Abwehr. Ich finde meine Vorurteile bestätigt. Mich befremdet die Hochgestimmheit von Schillers Ton. Befremdet sein *Emporschwingen* in *die Welt der Ideale*, seine *Idealisation*. Schiller, der *Astralgeist*. Der Idealist. Der Moralist. Mich irritiert der rhetorische Pomp, die Didaktik, der Gestus des Künders, ermüdet das Erhabene, Edle, Große, das er strapaziert. Jahrhundertferne.

Faszination. Das Werk, die Kunstwelt, die sich vor mir ausbreitet. Der große Spannungsbogen von den frühen zu den späten Dramen, von den „Räubern" zu „Wallenstein" und „Demetrius". Die Brüche, Risse, Abgründe. Schiller sagt sich von seinen „Räubern" los, bezeichnet seinen „Don Carlos" als *Machwerk*. Warum? Dann seine Abkehr vom Theater. Für zehn Jahre. Nebenwege, warum geht er sie? Was lässt ihn später zurückkehren zum Eigentlichen, zur *Poesie*? Dann der unaufhaltsame Erfolg seiner Dramen auf den deutschen Bühnen. Die Geschichte seines Erfolges, immer auch die Geschichte seiner Verunsicherung. Das Publikum als Richter?

Die aufregende Landschaft von Schillers Gedankenwelt. Die Lauterkeit dieses Mannes. Mich berührt am stärksten seine Wahrheitssuche. Wie er sich die kleinen Bleigewichte an die Füße bindet, die ihn erden und ihn bei seinen Höhenflügen befähigen, die Geschichte seines Absturzes stets mitzuliefern; zeitgleich zuweilen, meist aber zeitversetzt.

Schiller, der Weltverbesserer, der den Weg *zu der Freiheit* über die Schönheit gehen will, der in der *ästhetischen Erziehung des Menschen* den Schlüssel zur Weltveränderung sieht. Der dieser Idee vertraut und ihrer Ausarbeitung viel Lebenszeit widmet. Und sie zunehmend in Zweifel zieht, sie am Verlauf der Geschichte – den europäischen Umwälzungen von 1789 und ihren Folgen – prüft: unerbittlich Analyse des Schönen und Zeitanalyse verbindet.

Beim erneuten Wandern durch Schillers Texte, diesmal in der Abfolge ihrer Entstehung, mache ich eine verblüffende Erfahrung: wie eine Verkleidung, ein fremdes Kostüm fällt die Jahrhundertferne von ihnen ab.

[...]

Nie hat Schiller die Schauplätze seiner Dramen, das Frankreich der „Jungfrau von Orleans", das Schottland seiner „Maria Stuart", nie Spanien, Russland, die Schweiz, nie das Rütli und den Vierwaldstätter See, die Schauplätze seines „Wilhelm Tell", gesehen.

Er ist in seinem Leben nicht nach Italien gereist; niemals hat er an einer Küste gestanden, nie das Meer gesehen. Schiller, ein Suchender in der Welt der Bücher, ein Abenteurer auf dem Papier?

Den Mangel an sinnlicher Welterfahrung hat er selbst stets beklagt, von sich als einem *Thier* gesprochen, dem *gewisse Organe fehlen. Sich als eine Zwitter-Art zwischen dem Begriff und der Anschauung* gesehen, *zwischen den Regeln und der Empfindung, zwischen dem technischen Kopf und dem Genie.*

Schillers früher Tod. Mit fünfundvierzig Jahren stirbt er.

Alles, was der Dichter uns geben kann, ist seine Individualität, schreibt er und fügt hinzu: *Diese muß es … wert sein, vor Welt und Nachwelt ausgestellt zu werden.*

Anders als Goethe, der der Welt und der Nachwelt in „Dichtung und Wahrheit" meisterlich-raffiniert aufgedrängt hat, wie er gesehen zu werden wünscht, hat Schiller niemals an eine Selbstdarstellung gedacht. Bis zum letzten Atemzug hat er an seinem Werk gearbeitet.

[…]

Friedrich Kirschner: *Friderich Schiller, 1783–84*

Und in Schillers letzten zehn Lebensjahren Goethe als ein Weggefährte. Die Beglückung durch diese Freundschaft. Die geistige Ebenbürtigkeit. Ihr durch *Geistesreibung* einander *Electrisieren*, ihre *praktische und theoretische Vereinigung.* Die Neidlosigkeit gegenüber dem Werk des anderen.

Das *wohlthätigste Ereignis* seines ganzen Lebens nennt Schiller die Freundschaft zu Goethe.

[…]

Das tägliche Zusammensein ist nicht nur ein Prüfstand ihrer Ideen, sondern auch ihrer Lebensgewohnheiten und Eigenheiten.

Goethe ist Rauchen und Schnupftabakgebrauch verhasst. Schiller kann ohne beides nicht leben. Goethe ist ein Frühaufsteher mit einem streng geregelten Tagesablauf. Schiller dagegen arbeitet oft bis tief in die Nacht hinein, steht erst gegen Mittag auf. Gewohnheit oder der Krankheit geschuldet? Schiller glaubt Letzteres, obgleich er schon als Gesunder ein Nachtarbeiter war und sein Schlafen bis zum Mittag auch aus früheren Zeiten belegt ist.

Bey Goethe wirst Du ordentlicher leben müssen hoffentlich. Ist diese Bemerkung Charlottes allein der Besorgtheit während ihrer Abwesenheit geschuldet oder auch eine leise Kritik an seiner Lebensführung?

Ehe Schiller die Einladung in Goethes Haus annahm, hat er darum gebeten, seine Gewohnheiten beibehalten zu dürfen: *Mit Freuden nehme ich Ihre gütige Einladung nach W[eimar] an, doch mit der ernstlichen Bitte, daß Sie in keinem einzigen Stück Ihrer häußlichen Ordnung auf mich rechnen mögen, denn leider nöthigen mich meine Krämpfe gewöhnlich, den ganzen Morgen dem Schlaf zu widmen, weil sie mir des Nachts keine Ruhe lassen, und überhaupt wird es mir nie so gut auch den Tag über auf eine „bestimmte" Stunde sicher zählen zu dürfen. Sie werden mir also erlauben, mich in Ihrem Hause als einen völlig Fremden zu betrachten ... Die Ordnung, die jedem andern Menschen wohl macht, ist mein gefährlichster Feind ... Entschuldigen Sie diese Präliminarien, die ich nothwendigerweise vorhergehen laßen mußte, um meine Existenz bey Ihnen auch nur möglich zu machen. Ich bitte bloß um die leidige Freyheit, bey Ihnen krank seyn zu dürfen.*

Goethe wird sich mit seiner Lebensgefährtin Christiane Vulpius beraten haben. Sie richtet alles nach den Wünschen des Gastes ein. Schiller am 16. September: *Ich habe alle Bequemlichkeiten, die man außer seinem Hause erwarten kann und wohne in einer Reyhe von 3 Zimmern, vorn hinaus.*

Als Goethe von Schillers *sehr guter Unterhaltung* berichtet, fügt er hinzu: *insofern es seine Krankheit erlaubt.*

Es fällt schwer, sich von Schillers körperlichem Zustand und der Art seiner Krankheit eine Vorstellung zu machen.

Einerseits geht es ihm gut. Am 24. September berichtet er Charlotte: *Mein hiesiger Auffenthalt bekommt mir übrigens gut. Stelle Dir vor, daß ich die zehen Nächte, die ich nun schon hier zugebracht habe, vortreflich geschlafen habe, ohne durch Krämpfe gestört worden zu seyn. Gewöhnlich war ich schon halb 12 Uhr auch manchmal noch früher im Schlaf. Bei Tage aber war es im Verhältniß nicht besser, wie wohl ich noch ganz gut mit meinem Befinden zufrieden bin. Meine guten Nächte sind vielleicht meiner gänzlichen Enthaltung von Caffe, Thee, und Obßt zuzuschreiben, und vermutlich auch dem ordentlichen Abendessen, wo ich immer Wein und niemals Bier trinke. Ueberhaupt trinke ich des Tags über mehr Wein als gewöhnlich und dieser scheint mir besser als warme Getränke zu bekommen. Gemüse esse ich Mittags und Abends, und doch vermehren sich meine Blähungen nicht.* Dieser Schilderung ist zu entnehmen, dass der Gast sich Goethes Rhythmus des Zubettgehens vor Mitternacht anpasst.

[...] Goethes Gegenwart füllt Schiller aus. Auch der Gastgeber scheint kein Bedürfnis nach Erweiterung des Kreises zu haben, beide konzentrieren sich auf das Gespräch miteinander, auf ihre Zweisamkeit.

1. Vergleicht die Auszüge aus Sigrid Damms Biografie mit Schillers Briefen. Wo kann man sehen, dass die Autorin gründlich recherchiert hat?

Geist ist geil

Wie Verlage und Veranstalter am Gedenkjahr um Schiller und Einstein verdienen

Die verschüchterte Republik beschwört ihre großen Toten. Sucht Halt beim genialen Physikus, erhofft frischen Idealismus vom großen Klassiker. Viel ist in diesem Jahr die Rede von der Innovationskraft des Nobelpreisträgers Albert Einstein, von der Bedeutung des Dichters und Denkers Friedrich Schiller. Bundeskanzler Gerhard Schröder verkündet, das Einstein-Jahr 2005 könne einer „neuen Kultur der Wissenschaft zum Durchbruch verhelfen". Bundespräsident Horst Köhler gemahnt: „Schillers Leben und sein Werk sind ohne Zweifel ein Geschenk an die Kulturnation Deutschland." Das ist wahr und lässt doch Skepsis aufkommen. Lapidar stellt Regisseur Leander Haussmann, der momentan „Kabale und Liebe" verfilmt, fest: „Dieser Tage wird Schiller gefeiert und durchgebügelt."

In der aufs Gedenken fixierten Retrospektivkultur jagen sich die Jubiläen: Einsteins 50. Todestag, Schillers 200. Todestag, Hans-Christian Andersens 200. Geburtstag. Von fern dämmert bereits das Mozart-Jahr 2006 zum 250. Geburtstag des Komponisten herauf. Zeit für würdiges Andenken – Zeit aber auch fürs tüchtige Vermarkten.

Retrospektive: Rückschau

Kräftigen Profit versprechen sich die Verlage vom Gedenkjahrgang 2005. Bildbände, Biografien, überarbeitete Gesamtausgaben und jede Menge Sekundärliteratur liegen in Buchläden aus. Allein zum Thema Einstein drängen 34 Neuerscheinungen auf den Markt. Schiller wird durch 56 Neuerscheinungen in Erinnerung gerufen. Die Filmindustrie liefert das Leben des Stürmers und Drängers als TV-Aufguss. Mitunter absurde Merchandising-Artikel füllen Souvenir-Shops: Salz- und Pfefferstreuer in Form von Schiller- oder Goethe-Büsten neben hölzernen Schiller-Locken, schillernden Shirts und Schiller-Kochbüchern.

Schiller-Spektakel – Festival im Jubeljahr des deutschen Klassikers			
Festival	*Ort*	*Datum*	*Programm*
Räuber und Gendarmen	Weimar	9.5.–19.6.	Theater- und Kunstprojekt über Schillers Dramenentwurf „Polizey"
Schiller 05	Berlin	14.5.–19.5.	Schülertheatergruppen spielen Schillers Bühnenwerk
13. Int. Schillertage	Mannheim	4.6.–12.6.	Das Nationaltheater zeigt Eigenproduktionen und Gastspiele: u. a. „Wilhelm Tell", „Die Räuber"
14. Kulturarena	Jena	7.7.–10.7.	Theaterspektakel „Johanna-Projekt" zur Eröffnung

1. Beschreibe Sprache und Absicht des Textes.
2. Verfasse eine Erörterung zu dem Thema „Welchen Sinn haben Gedenkjahre?". Diskutiert eure Ergebnisse.

Schillers „Räuber"

Was ist ein Klassiker?   *Rainald Goetz*

Das Beste an Klassikern ist, dass sie viel zu vielen Leuten viel zu bekannt sind und dass jeder Depp mit ihnen machen kann, was er will. Deshalb ist der Klassiker ein Popphänomen. Er ist benutzbar für die widersprüchlichsten Zwecke, ein Zitatenfundus, der geplündert werden möchte, und wahrhaft subversiv ist die offene Affirmation, die ihm entgegenschlägt, von einem Naziblödel genauso wie von den biederen verantwortungsvollen demokratischen Bewältigungsblödeln, die da in Marbach wacker verantwortungsvoll und demokratisch bewältigen, vor allem die Finsternis. Ist danach irgendwo heller, in irgendeinem Kopf?, das ist sehr die Frage, aber wurscht. Im besten Fall ist der Klassiker logisch das, was auch Pop im besten Fall ist: nämlich ein Hit. Hits sind so gut, dass sie einen nie nicht langweilen, genau umgekehrt, je auswendiger man sie kennt, desto noch auswendiger mag man sie kennen lernen. Außerdem sind Hits von einer prächtigen Kurzlebigkeit, ein Hit stürzt den nächsten Hit, was insgesamt das totale Vollgastempo ergibt, in jeder Bewegung dieses Tempo, das es nicht gäbe, gäbe es keine Hits. Und man kommt immer wieder zu ihnen zurück, insbesondere in Zeiten der Schwäche und Mutlosigkeit.

1. Goetz behauptet, ein Klassiker sei ein Hit. Erläutert diese These.
2. Viele Theaterstücke Schillers lassen sich in diesem Sinn als Klassiker bezeichnen. Inwiefern trifft das auf Schillers „Räuber" zu (siehe unten stehenden Auszug aus dem Internet)?
   Was erwartet ihr von den „Räubern" als einem so genannten Klassiker?
3. Informiert euch über den Inhalt des Stücks „Die Räuber".

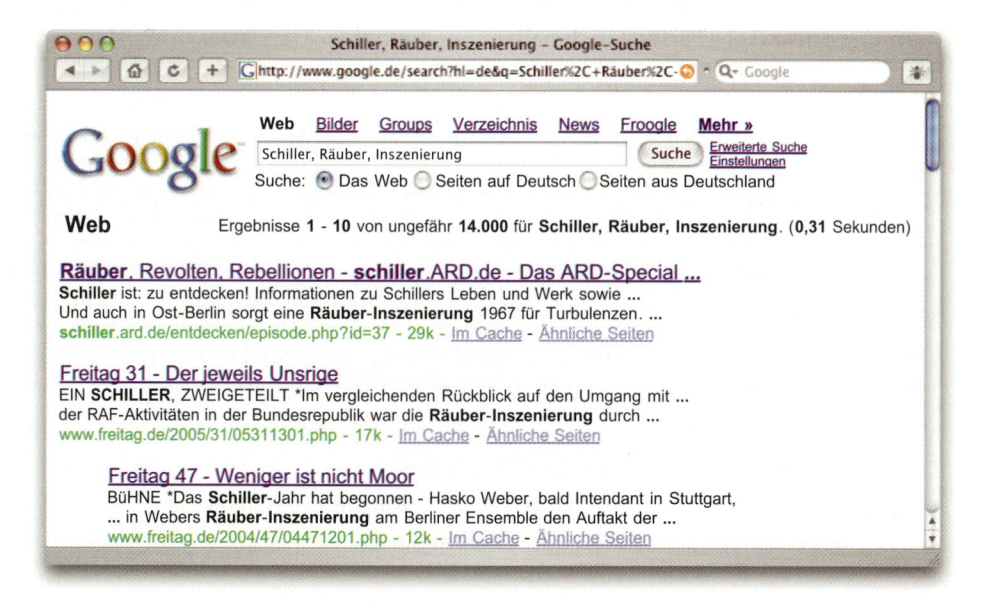

Vorrede zur ersten Auflage der „Räuber" *Friedrich Schiller*

Man nehme dieses Schauspiel für nichts anderes als eine dramatische Geschichte, die die Vorteile der dramatischen Methode, die Seele gleichsam bei ihren geheimsten Operationen zu ertappen, benutzt, ohne sich übrigens in die Schranken eines Theaterstücks einzuzäunen, oder nach dem so zweifelhaften Gewinn bei theatralischer Verkörperung zu geizen. […] Nun ist es aber nicht sowohl die Masse meines Schauspiels als vielmehr sein Inhalt, der es von der Bühne verbannet. Die Ökonomie desselben machte es notwendig, dass mancher Charakter auftreten musste, der das feinere Gefühl der Tugend beleidigt und die Zärtlichkeit unserer Sitten empört. Jeder Menschenmaler ist in diese Notwendigkeit gesetzt, wenn er anders eine Kopie der wirklichen Welt und keine idealische Affektationen, keine Kompendienmenschen will geliefert haben. Es ist einmal so die Mode in der Welt, dass die Guten durch die Bösen schattiert werden und die Tugend im Kontrast mit dem Laster das lebendigste Kolorit erhält. Wer sich den Zweck vorgezeichnet hat, das Laster zu stürzen und Religion, Moral und bürgerliche Gesetze an ihren Feinden zu rächen, ein solcher muss das Laster in seiner nackten Abscheulichkeit enthüllen und in seiner kolossalischen Größe vor das Auge der Menschheit stellen – er selbst muss augenblicklich seine nächtlichen Labyrinthe durchwandern, – er muss sich in Empfindungen hineinzuzwingen wissen, unter deren Widernatürlichkeit sich seine Seele sträubt.

Das Laster wird hier mitsamt seinem ganzen innern Räderwerk entfaltet. Es löst in Franzen all die verworrenen Schauer des Gewissens in ohnmächtige Abstraktionen auf, skelettisiert die richtende Empfindung und scherzt die ernsthafte Stimme der Religion hinweg. Wer es einmal so weit gebracht hat (ein Ruhm, den wir ihm nicht beneiden), seinen Verstand auf Unkosten seines Herzens zu verfeinern, dem ist das Heiligste nicht heilig mehr – dem ist die Menschheit, die Gottheit nichts – Beide Welten sind nichts in seinen Augen. Ich habe versucht, von einem Missmenschen dieser Art ein treffendes lebendiges Konterfei hinzuwerfen, die vollständige Mechanik seines Lastersystems auseinanderzugliedern – und ihre Kraft an der Wahrheit zu prüfen. Man unterrichtete sich demnach im Verfolg dieser Geschichte, wie weit ihr's gelungen hat – Ich denke, ich habe die Natur getroffen.

Nächst an diesem stehet ein anderer, der vielleicht nicht wenige meiner Leser in Verlegenheit setzen möchte. Ein Geist, den das äußerste Laster nur reizt um der Größe willen, die ihm anhänget, um der Kraft willen, die es erheischet, um der Gefahren willen, die es begleiten. Ein merkwürdiger, wichtiger Mensch, ausgestattet mit aller Kraft, nach der Richtung, die diese bekömmt, notwendig entweder ein Brutus oder ein Catilina zu werden. Unglückliche Konjunkturen entscheiden für das Zweite, und erst am Ende einer ungeheuren Verirrung gelangt er zu dem Ersten. Falsche Begriffe von Tätigkeit und Einfluss, Fülle von Kraft, die alle Gesetze übersprudelt, mussten sich natürlicherweise an bürgerlichen Verhältnissen zerschlagen, und zu diesen enthusiastischen Träumen von

Größe und Wirksamkeit durfte sich nur eine Bitterkeit gegen die unidealische Welt gesellen, so war der seltsame Don Quixote fertig, den wir im Räuber Moor verabscheuen und lieben, bewundern und bedauern. [...] Ich darf meiner Schrift zufolge ihrer merkwürdigen Katastrophe mit Recht einen Platz unter den moralischen Büchern versprechen; das Laster nimmt den Ausgang, der seiner würdig ist. Der Verirrte tritt wieder in das Geleise der Gesetze. Die Tugend geht siegend davon. Wer nur so billig gegen mich handelt, mich ganz zu lesen, mich verstehen zu wollen, von dem kann ich erwarten, dass er – nicht den Dichter bewundere, aber den rechtschaffenen Mann in mir hochschätze.

Geschrieben in der Ostermesse. 1781.

Der Herausgeber.

1. Welche Funktion hat die Vorrede für den Autor?
2. Diskutiert, wie unterschiedlich Schillers Zeitgenossen wohl die Vorrede, den Inhalt und die Personen des Stücks aufgenommen haben.

Personen

Maximilian, *regierender Graf von Moor*
Karl
und Franz, *seine Söhne*

Amalia von Edelreich

Spiegelberg,
Schweizer,
Grimm,
Razman,   *Libertiner,*
Schufterle,   *nachher Banditen*
Roller,
Kosinsky und
Schwarz

Hermann, *Bastard von einem Edelmann*
Daniel, *Hausknecht des Grafen von Moor*
Pastor Moser

Ein Pater
Räuberbande
Nebenpersonen

Der Ort der Geschichte ist Teutschland, die Zeit ohngefähr zwei Jahre

Die Räuber *Friedrich Schiller*

2. Aufzug, 3. Szene
Karl von Moor, der eine Räuberbande anführt, will den Armen und Rechtlosen im Kampf gegen ihre Unterdrücker helfen. Dabei verübt er viele Gräueltaten. Als sein Freund Roller gefangen und zum Galgen verurteilt wird, geht er sogar so weit, bei dessen Rettung eine ganze Stadt zu zerstören.

ROLLER *stürzt eine Flasche Branntenwein hinunter.* Ah, das schmeckt, das brennt ein! – geradewegs vom Galgen her! sag ich. Ihr steht da und gafft und könnts nicht träumen – ich war auch nur drei Schritte von der Sackermentsleiter, auf der ich in den Schoß Abrahams steigen sollte – so nah, so nah – war dir schon mit Haut und Haar auf die Anatomie verhandelt! hättest mein Leben um'ne Prise Schnupftabak haben können, dem Hauptmann dank ich Luft, Freiheit und Leben.

SCHWEIZER Es war ein Spaß, der sich hören lässt. Wir hatten den Tag vorher durch unsre Spionen Wind gekriegt, der Roller liege tüchtig im Salz, und wenn der Himmel nicht beizeit noch einfallen wollte, so werde er morgen am Tag – das war als heut – den Weg alles Fleisches gehen müssen – Auf! sagt der Hauptmann, was wiegt ein Freund nicht. – Wir retten ihn, oder retten ihn nicht, so wollen wir ihm wenigstens doch eine Todesfackel anzünden, wie sie noch keinem König geleuchtet hat, die ihnen den Buckel braun und blau brennen soll. Die ganze Bande wird aufgeboten. Wir schicken einen Expressen an ihn, der ihm in einem Zettelchen beibrachte, das er ihm in die Suppe warf.

ROLLER Ich verzweifelte an dem Erfolg.

SCHWEIZER Wir passten die Zeit ab, bis die Passagen leer waren. Die ganze Stadt zog dem Spektakel nach, Reiter und Fußgänger durcheinander und Wagen, der Lärm und der Galgenpsalm johlten weit. Itzt, sagt der Hauptmann, brennt an, brennt an! Die Kerl flogen wie Pfeile, steckten die Stadt an dreiunddreißig Ecken zumal in Brand, werfen feurige Lunten in die Nähe des Pulverturms, in Kirchen und Scheunen – Morbleu! es war keine Viertelstunde vergangen, der Nordostwind, der auch seinen Zahn auf die Stadt haben muss, kam uns trefflich zustatten und half die Flamme bis hinauf in die obersten Giebel jagen. Wir indes Gasse auf, Gasse nieder, wie Furien – Feuerjo! Feuerjo! Durch die ganze Stadt – Geheul, – Geschrei – Gepolter – fangen an, die Brandglocken zu brummen, knallt der Pulverturm in die Luft, als wär die Erde mitten entzwei geborsten, und der Himmel zerplatzt und die Hölle zehntausend Klafter tiefer versunken.

ROLLER Und itzt sah mein Gefolge zurück – da lag die Stadt wie Gomorrha und Sodom, der ganze Horizont war Feuer, Schwefel und Rauch, vierzig Gebürge brüllen den infernalischen Schwank in die Rund herum nach, ein panischer Schreck schmeißt alle zu Boden – itzt nutz ich den Zeitpunkt, und risch, wie der Wind! – ich war losgebunden, so nah wars dabei – da meine Begleiter versteinert wie Lots Weib zurückschaun, Reißaus! zerrissen die Haufen! davon! Sechzig Schritte weg werf ich die Kleider ab, stürze mich in den Fluss, schwimm unterm Wasser fort, bis ich glaubte, ihnen aus dem Gesichte zu sein. Mein Hauptmann schon parat mit Pferden und Kleidern – so bin ich entkommen. Moor! Moor! Möchtest du bald auch in den Pfeffer geraten, dass ich dir Gleiches mit Gleichem vergelten kann!

RAZMANN   Ein bestialischer und für den man dich hängen sollte – aber es war ein Streich zum Zerplatzen.

ROLLER   Es war Hülfe in der Not, ihr könnts nicht schätzen. Ihr hättet sollen – den Strick um den Hals – mit lebendigem Leib zu Grabe marschieren wie ich, und die sackermentalischen Anstalten und Schinderszeremonien, und mit jedem Schritt, den der scheue Fuß vorwärts wankte, näher und fürchterlich näher die verfluchte Maschine, wo ich einlogiert werden sollte, im Glanz der schrecklichen Morgensonne steigend, und die lauernden Schindersknechte und die grässliche Musik – noch raunt sie in meinen Ohren – und das Gekrächz hungriger Raben, die an meinem halbfaulen Antezessor zu dreißigen hingen, und das alles, alles – und obendrein noch der Vorschmack der Seligkeit, die mir blühete! – Bruder,

Bruder! Und auf einmal die Losung zur Freiheit – Es war ein Knall, als ob dem Himmelfass ein Reif gesprungen wäre – hört, Kanaillen! Ich sag euch, wenn man aus dem glühenden Ofen ins Eiswasser springt, kann man den Abfall nicht so stark fühlen als ich, da ich am andern Ufer war.

SPIEGELBERG *lacht.* Armer Schlucker! Nun ists ja verschwitzt.
Trinkt ihm zu Zur glücklichen Wiedergeburt!

ROLLER *wirft sein Glas weg.* Nein, bei allen Schätzen des Mammons! Ich möchte das nicht zum zweiten Mal erleben. Sterben ist etwas mehr als Harlekins Sprung, und Todesangst ist ärger als Sterben.

SPIEGELBERG Und der hüpfende Pulverturm – merkst dus itzt, Razmann? – drum stank auch die Luft so nach Schwefel, stundenweit, als würde die ganze Garderobe des Molochs unter dem Firmament ausgelüftet – es war ein Meisterstreich, Hauptmann! Ich beneide dich drum.

SCHWEIZER Macht sich die Stadt eine Freude daraus, meinen Kameraden wie ein verhetztes Schwein abtun zu sehen, was, zum Henker! Sollen wir uns ein Gewissen darauf machen, unserem Kameraden zulieb die Stadt draufgehen zu lassen? Und nebenher hatten unsere Kerls noch das gefundene Fressen, über den alten Kaiser zu plündern. – Sagt einmal! was habt ihr weggekapert?

EINER VON DER BANDE Ich hab mich während des Durcheinanders in die Stephanskirche geschlichen und die Borten vom Altartuch abgetrennt, der liebe Gott da, sagt ich, ist ein reicher Mann und kann ja Goldfäden aus einem Batzenstrick machen.

SCHWEIZER Du hast wohl getan – was soll auch der Plunder in einer Kirche? Sie tragens dem Schöpfer zu, der über den Trödelkram lachet, und seine Geschöpfe dürfen verhungern. – Und du, Spangeler – wo hast du dein Netz ausgeworfen?

EIN ZWEITER Ich und Bügel haben einen Kaufladen geplündert und bringen Zeug für unser funfzig mit.

EIN DRITTER Zwei goldne Sackuhren hab ich weggebixt, und ein Dutzend silberne Löffel darzu.

SCHWEIZER Gut, gut. Und wir haben ihnen eins angerichtet, dran sie vierzehn Tage werden zu löschen haben. Wenn sie dem Feuer wehren wollen, so müssen sie die Stadt durch Wasser ruinieren – Weißt du nicht, Schufterle, wie viel es Tote gesetzt hat?

SCHUFTERLE Dreiundachtzig sagt man. Der Turm allein hat ihrer sechzig zu Stauch zerschmettert.

RÄUBER MOOR *sehr ernst* Roller, du bist teuer bezahlt.

SCHUFTERLE Pah, pah! Was heißt aber das? – ja, wenns Männer gewesen wären – aber da warens Wickelkinder, die ihre Laken vergolden, eingeschnurrte Mütterchen, die ihnen die Mücken wehrten, ausgedörrte Ofenhocker, die keine Türe mehr finden konnten – Patienten, die nach dem Doktor winselten, der in seinem gravitätischen Trab der Hatz nachgezogen war – Was leichte Beine hatte, war ausgeflogen, der Komödie nach, und nur der Bodensatz der Stadt blieb zurück, die Häuser zu hüten.

MOOR O der armen Gewürme! Kranke, sagst du, Greise und Kinder?

SCHUFTERLE Ja, zum Teufel! Und Kindbetterinnen darzu, und hochschwangere Weiber, die befürchteten, unterm lichten Galgen zu abortieren, junge Frauen, die besorgten, sich an den Schindersstückchen zu ersehen und ihrem Kind in Mutterleib den Galgen auf den Buckel zu brennen – Arme Poeten, die keinen Schuh anzuziehen hatten, weil sie ihr einziges Paar in die Mache gegeben, und was das Hundsgesindel mehr ist, es lohnt sich der Mühe nicht, das man davon redt. Wie ich von ungefähr so an einer Baracke vorbeigehe, hör ich drinnen ein Gezeter, ich guck hinein, und wie ich's beim Licht besehe, was wars? Ein Kind wars, noch frisch und gesund, das lag auf dem Boden unterm Tisch, und der Tisch wollte eben angehen, – Armes Tierchen, sagt ich, du verfrierst ja hier, und warfs in die Flamme –

MOOR Wirklich Schufterle? – Und diese Flamme brenne in deinem Busen, bis die Ewigkeit grau wird! – Fort, Ungeheur! Lass dich nimmer unter meiner Bande sehen! Murrt ihr? – Überlegt ihr? – Wer überlegt, wann ich befehle? – Fort mit ihm, sag ich, – es sind noch mehr unter euch, die meinem Grimm reif sind. Ich kenne dich, Spiegelberg. Aber ich will nächstens unter euch treten, und fürchterlich Musterung halten. *Sie gehen zitternd ab.*

MOOR *allein, heftig auf und ab gehend* Höre sie nicht, Rächer im Himmel – Was kann ich dafür? Was kannst du dafür, wenn deine Pestilenz, deine Teurung, deine Wasserfluten, den Gerechten mit dem Bösewicht auffressen? Wer kann der Flamme befehlen, dass sie nicht auch durch die gesegneten Saaten wüte, wenn sie das Genist der Hornisse zerstören soll? – O pfui über den Kindermord! Den Weibermord! – den Krankenmord! Wie beugt mich diese Tat! Sie hat meine schönsten Werke vergiftet – da steht der Knabe, schamrot und ausgehöhnt vor dem Auge des Himmels, der sich anmaßte, mit Jupiters Keule zu spielen, und Pygmäen niederwarf, da er Titanen zerschmettern sollte – geh, geh! Du bist der Mann nicht, das Rachschwert der obern Tribunale zu regieren, du erlagst bei dem ersten Griff – hier entsag ich dem frechen Plan, gehe mich in irgendeine Kluft der Erde zu verkriechen, wo der Tag vor meiner Schande zurücktritt. *Er will fliehen.*

RÄUBER *eilig.* Sieh dich vor, Hauptmann! Es spukt! Ganze Haufen böhmische Reiter schwadronieren im Holz herum – der höllische Blaustrumpf muss ihnen verträtscht haben –

NEUE RÄUBER Hauptmann! Hauptmann! Sie haben uns die Spur abgelauert – rings ziehen ihrer etliche tausend einen Kordon um den mittlern Wald.

NEUE RÄUBER   Weh, weh, weh! Wir sind gefangen, gerädert, wir sind geviertelt! Viele tausend Husaren, Dragoner und Jäger sprengen um die Anhöhe, und halten die Luftlöcher besetzt. *Moor geht ab.*
Schweizer. Grimm. Roller. Schwarz. Schufterle. Spiegelberg. Ratzmann. Räubertrupp.
SCHWEIZER   Haben wir sie aus den Federn geschüttelt? Freu dich doch, Roller! Das hab ich mir lange gewünscht, ich mit so Kommissbrot – Rittern herumzuhauen – wo ist der Hauptmann? Ist die ganze Bande beisammen? Wir haben doch Pulver genug?

Nach erfolgreichem Kampf zieht die Räuberbande weiter und kehrt schießlich zurück in Karls Heimat. Dort trifft er seine große Liebe Amalia. Er gesteht ihr seine Taten, die sie verzeiht. Er glaubt, sein Glück mit ihr gefunden zu haben, doch die Genossen erinnern ihn an den Schwur, sich nie zu verlassen.

V, 2
RÄUBER MOOR   Weib, was sagt du? *Die Räuber wenden sich ab.*
AMALIA   Kein Freund? Auch unter diesen nicht ein Freund? *Sie steht auf.* Nun denn, so lehre mich Dido sterben! *Sie will gehen, ein Räuber zielt.*
RÄUBER MOOR   Halt! Wag es – Moors Geliebte soll nur durch Moor sterben! *Er ermordet sie.*
DIE RÄUBER   Hauptmann! Hauptmann! Was machst du, bist du wahnsinnig worden?
MOOR   *auf den Leichnam mit starrem Blick.* Sie ist getroffen! Dies Zucken noch, und dann wirds vorbei sein – Nun, seht doch! habt ihr noch was zu fordern? Ihr opfertet mir eine Leben auf, ein Leben, das schon nicht mehr euer war, ein Leben voll Abscheulichkeit und Schande – ich hab euch einen Engel geschlachtet. Wie, seht doch recht her! Seid ihr nunmehr zufrieden?
GRIMM   Du hast deine Schuld mit Wucher bezahlt. Du hast getan, was kein Mann würde für seine Ehre tun. Komm itzt weiter!
MOOR   Sagst du das? Nicht wahr, das Leben einer Heiligen um das Leben der Schelmen, es ist ungleicher Tausch? – O ich sage euch, wenn jeder unter euch aufs Blutgerüste ging, und sich ein Stück Fleisch nach dem andern mit glühender Zahne abzwicken ließ, dass die Marter eilf Sommertage dauert, es wiege diese Tränen nicht auf. *Mit bitterem Gelächter.* Die Narben, die böhmischen Wälder! Ja, ja! Dies musst freilich bezahlt werden.
SCHWARZ   Sei ruhig, Hauptmann! Komm mit uns, der Anblick ist nicht für dich. Führe uns weiter.
RÄUBER MOOR   Halt – noch ein Wort, eh wir weitergehen – Merket auf, ihr schadenfrohe Schergen meines barbarischen Winks – Ich höre von diesem Nun an auf, euer Hauptmann zu sein – Mit Scham und Grauen leg ich hier diesen blutigen Stab nieder, worunter zu freveln ihr euch berech-

tiget wähntet, und mit Werken der Finsternis dies himmlisch Licht zu besudeln – Gehet hin zur Rechten und Linken – Wir wollen ewig niemals gemeine Sache machen.

RÄUBER   Ha Mutloser! Wo sind deine hochfliegende Pläne? Sinds Seifenblasen gewesen, die beim Hauch eines Weibes zerplatzen?

RÄUBER MOOR   O über mich Narren, der ich wähnete die Welt durch Gräuel zu verschönern, und die Gesetze durch Gesetzlosigkeit aufrechtzuhalten. Ich nannte es Rache und Recht – Ich maßte mich an, o Vorsicht, die Scharten deines Schwerts auszuwetzen und deine Parteilichkeiten gutzumachen – aber – O eitliche Kinderei – da steh ich am Rand eines entsetzlichen Lebens und erfahr nun mit Zähnklappern und Heulen, dass zwei Menschen wie ich den ganzen Bau der sittlichen Welt zugrund richten würden. Gnade – Gnade dem Knaben, der dir vorgreifen wollte – Dein eigen allein ist die Rache. Du bedarfst nicht des Menschen Hand. Freilich stehts nun in meiner Macht nicht mehr, die Vergangenheit einzuholen – schon bleibt verdorben, was verdorben ist – was ich gestürzt habe, steht ewig niemals mehr auf – Aber noch blieb mir etwas übrig, womit ich die beleidigten Gesetze versöhnen und die misshandelte Ordnung wiederum heilen kann. Sie bedarf eines Opfers – eines Opfers, das ihre unverletzbare Majestät vor der ganzen Menschheit entfaltet – dieses Opfer bin ich selbst. Ich selbst muss für sie des Todes sterben.

RÄUBER   Nimmt ihm den Degen weg – Er will sich umbringen.

RÄUBER MOOR   Toren ihr! Zu ewiger Blindheit verdammt! Meint ihr wohl gar, eine Todsünde werde das Äquivalent gegen Todsünden sein, meinet ihr, die Harmonie der Welt werde durch diesen gottlosen Misslaut gewinnen? *Wirft ihnen seine Waffen verächtlich vor die Füße.* Er soll mich lebendig haben. Ich geh, mich selbst in die Hände der Justiz zu überliefern.

1. Vergleicht Roller, Schweizer und Spiegelberg.
   Aus welchen Gründen werden sie zu Räubern?
   Wie sehen sie ihren Hauptmann Karl Moor? Wie sieht er sich selbst?
   Skizziert eine mögliche Entwicklung Karls unter Hinzuziehung des Texts S. 164 f.
2. Welche Lebensphilosophie vertreten die Räuber?
   Beurteile ihre Tatmotive.
3. Klärt die Begriffe „Sackermentsleiter" und „Schoß Abrahams".
   Sucht im Text weitere Begriffe und Bilder aus der Bibel.
   Warum verwendet sie Schiller hier?

Räuberbanden im alten Deutschland* *Walter Benjamin*

*Text in alter Rechtschreibung

(Es hat) nicht nur große Räuberfamilien gegeben, die durch mehrere Geschlechter sich fortgepflanzt, durch ganze Landstriche sich verbreitet und, wie königliche Familien, Verbindungen untereinander geschlossen haben, nicht nur gab es einzelne Banden, die bis zu 50 Jahre fest zusammengehalten haben, dabei oft mehr als 100 Mitglieder hatten, sondern vor allem gab es alte Sitten und Gebräuche, die sich jahrhundertelang unter den Räubern fortgeerbt haben. Diese Sprache, das Rotwelsch, verrät für sich allein schon einiges über den Ursprung der Räuber. Es ist in diesem Rotwelsch neben dem Deutschen nämlich vor allen Dingen sehr viel Hebräisches. Das deutet auf die enge Verbindung, die die Räuber von frühauf mit den Juden gehabt haben. Später, im 16. und 17. Jahrhundert, waren Juden sogar oft selbst gefürchtete Anführer. Da sie im Mittelalter von den meisten ehrlichen Berufen ausgeschlossen waren, ist es nicht schwer zu sehen, wie sie dazu kamen. Neben den Juden aber haben die größte Rolle bei der Entstehung der Räuberbanden die Zigeuner gespielt. Ihnen lernten die Gauner ihre eigentümliche Schlauheit und Kunstfertigkeit, eine Unzahl kecker und verwegener Untaten ab, von ihnen lernten sie, wie man ein Gewerbe aus dem Verbrechen macht, und schließlich übernahmen sie auch eine Anzahl ihrer Kunstausdrücke ins Rotwelsche. Von beiden aber, den Juden und den Zigeunern, übernahmen die Gauner und Räuber eine Masse von wüstem Aberglauben, Hunderte Zaubermittel und Rezepte der schwarzen Kunst. Im 18. Jahrhundert wurde die Folter abgeschafft, und da tauchten dann mit der Zeit Leute auf, die menschlicher mit den gefangenen Räubern umzugehen, nicht nur sie mit erbaulichen Sprüchen zu bessern, ihnen mit der Hölle zu drohen, sondern sie zu verstehen suchten. Einer von denen hat uns eine ausführliche Geschichte der sogenannten Vogelsberger und Wetterauer Räuberbanden geschrieben, in der er jeden einzelnen dieser Räuber genau schildert. Sollte man denken, daß der Mann, den er da mit den folgenden Worten beschreibt, einer der gefährlichsten Bandenführer gewesen ist? „Er ist aufrichtig, wahrheitsliebend, beherzt, leichtsinnig, feurig, schnell hingerissen, jedoch bei einmal gefaßtem Entschluß standhaft. Dankbar, aufbrausend, rachliebend, begabt, mit lebhafter Einbildungskraft, gutem Gedächtnis und meist guter Laune. Bei hellem Verstand, naiv, zu Zeiten witzig, etwas eitel und sogar musikalisch!" Die von euch, die schon die „Räuber" von Schiller gelesen haben, wird vielleicht diese Beschreibung an Karl Moor erinnern. Es hat also wirklich edle Räuber gegeben. Freilich, diese Entdeckung macht man erst, als die Räuber überhaupt auszusterben begannen. Oder begannen sie vielleicht auszusterben infolge dieser Entdeckung?

1. Finde für den Text Zwischenüberschriften.
2. Erkundigt euch über weitere „edle" Räuber und referiert darüber in eurer Klasse. Diskutiert auf diesem Hintergrund die Thesen des Autors.

> Weitere so genannte edle Räuber sind z. B. Robin Hood, Schinderhannes, Räuber Kneisel oder Störtebekker.

EXTRA: Projekt

Schiller vor Ort

Ein literarischer Spaziergang

Die Wirkung von Schillers Texten, vor allem der lyrischen und dramatischen, wird am besten deutlich, wenn sie in passender Umgebung (also nicht nur im Klassenzimmer) vorgetragen werden.

Im Schillerjahr 2005 haben Städte und Gemeinden zu „dramatischen Spaziergängen" mit Rezitationen und szenischen Darstellungen eingeladen, die viele Teilnehmer angelockt und begeistert haben.

Ähnliches könnt ihr auch unternehmen:

- Wählt mit Unterstützung eurer Deutschlehrerin/eures Deutschlehrers Texte von und über Schiller aus und bereitet sie in Einzelarbeit oder in Gruppen zum Vortrag oder zum szenischen Spielen vor.
- Sucht Plätze aus, an denen diese Texte besonders gut wirken. Mögliche Stationen sind z. B. Schillers Kindheit (vor einer Schule), Schillers Flucht nach Mannheim (am Bahnhof), Schillers Rebellion gegen die Fürsten (vorm Rathaus).
- Macht euch mit einer Video-Kamera oder einem Fotoapparat auf den Weg und gestaltet eure Texte in der Öffentlichkeit. Lasst euch dabei von Schaulustigen nicht beirren!
- Präsentiert anschließend eure Erfahrungen und Ergebnisse; orientiert euch dabei an den Vorgaben auf S. 339.

Schiller-Haus in Weimar

INFO Präsentieren

Im Unterricht und im Beruf ergeben sich häufig Situationen, in denen man Arbeitsergebnisse anderen vorstellen muss. Die Präsentation kann ein Einzelner oder auch eine Gruppe durchführen.

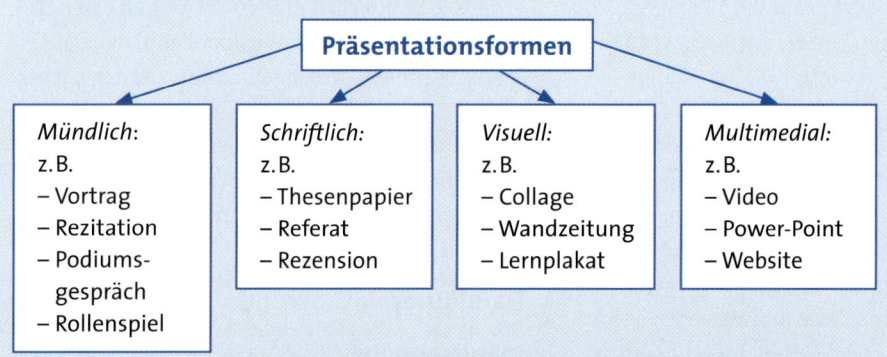

Präsentationsformen

Mündlich:
z.B.
– Vortrag
– Rezitation
– Podiumsgespräch
– Rollenspiel

Schriftlich:
z.B.
– Thesenpapier
– Referat
– Rezension

Visuell:
z.B.
– Collage
– Wandzeitung
– Lernplakat

Multimedial:
z.B.
– Video
– Power-Point
– Website

Die einzelnen Präsentationsformen können miteinander verbunden werden.
Folgende Aspekte sind für eine Präsentation grundsätzliche wichtig:
- **Zielgruppe**: An wen wendet sich die Präsentation? Welches Vorwissen kann bei den Adressaten vorausgesetzt werden?
- **Zielsetzung**: Welche Zielsetzungen werden mit der Präsentation verfolgt: Information, Unterhaltung, Überzeugung?
- **Thema**: Was ist das Thema der Präsentation? Welche Teilaspekte sind unbedingt wichtig, welche führen eher auf ein Nebengleis und können vernachlässigt werden? Welche Ziele werden mit der Präsentation verfolgt?
- **Inhaltliche Gestaltung**: Wie kann eine Präsentation so eingeleitet werden, dass das Interesse der Adressaten geweckt wird? Welche Ergebnisse sollen in welcher Reihenfolge präsentiert werden, damit ein Spannungsbogen entsteht? Wie kann ein Schlusspunkt gesetzt werden, der die Adressaten zu Nachfragen auffordert und/oder Diskussionsanlass bietet?
- **Formale Gestaltung**: Wie kann die Präsentation anschaulich gestaltet werden? Welche Ergebnisse lassen sich visualisieren?
- **Organisation**: Welcher zeitliche Rahmen steht für die Präsentation zur Verfügung? Welche Räume (Klassenraum, Aula, Schulgarten usw.) stehen für die Präsentation zur Verfügung? Welche Medien werden benötigt?

Eine Präsentation sollte mit einer **Feedbackrunde** abschließen.
Die Feedbackrunde erfolgt in zwei Schritten:
- In einer ersten Runde äußern sich die Adressaten dazu, was sie an der Präsentation gelungen fanden.
- In einer zweiten Runde machen sie für einzelne Bereiche, die ihrer Meinung nach noch nicht ganz gelungen waren, Verbesserungsvorschläge.

Fachlexikon

Bericht
Der Bericht gibt Antworten auf die W-Fragen (was?, wer?, wo?, wann?, wie?, warum?, wozu?). Welche W-Fragen beantwortet werden, hängt vom Adressaten (Leser) ab, denn je nach Darstellungszweck und Adressat setzt der Bericht etwas andere Schwerpunkte. Der Zeitungsbericht stellt einen Sachverhalt oder Vorgang objektiv, nüchtern und distanziert dar; die Reportage kann über den objektiven Vorgang hinaus subjektive Eindrücke und Bewertungen vermitteln. Die Sprache des Berichts ist sachlich, genau und konkret; er erfolgt im Präteritum.

Beschreibung
Die Beschreibung ist eine Darstellung von Personen, Sachen oder Sachverhalten durch Aufzählung sichtbarer Eigenschaften. Das Beschreiben erfordert Genauigkeit und Sachlichkeit, es erfolgt im Präsens.

Charakteristik
Charakteristiken nennt man Texte, in denen Personen nicht nur beschrieben, sondern auch in ihrem Verhalten dargestellt werden. Siehe auch Charakterisieren, S. 342.

Chiffre, siehe Info-Kasten S. 247

Dokumentartheater
Das Dokumentartheater, Anfang der 1960er Jahre entstanden, ist gesellschaftskritisches und politisches Theater. Es präsentiert authentische Dokumente, die nur in der Form bearbeitet sind. Es ist an einen historisch vorgegebenen Geschehensablauf angelehnt. Man unterscheidet die Prozessform und die Berichtform, in der Dokumente und Fiktion gemischt werden.

Dramatische Sprechformen,
   siehe Info-Kasten S. 57

Episches Theater, siehe Info-Kasten S. 83

Flugblatt, siehe Info-Kasten S. 242

Glosse
Glosse nennt man eine in Zeitungen erscheinende Textsorte, die ein aktuelles Thema auf spöttische Weise darstellt. Stilmittel der Glosse sind z. B. Gegensatzbegriffspaare, die sich eigentlich ausschließen, Gemeinplätze und Fachbegriffe in unpassendem Zusammenhang, Umgangssprache, Über- und Untertreibung sowie Ironie.

Handlungsplot, siehe Info-Kasten S. 20

Inhaltsangabe
Die Inhaltsangabe gibt den wesentlichen Inhalt eines Textes knapp wieder. Vor dem Verfassen einer Inhaltsangabe müssen diese Textinhalte erschlossen werden. Hilfreich ist es, den Text zu gliedern und die Abschnitte stichwortartig zusammenzufassen. Die Antworten auf die an den Text gestellten W-Fragen (wer?, warum?, wo?, was geschieht?) enthalten die wichtigsten Informationen. Im Einleitungssatz der Inhaltsangabe werden Autor und Textsorte genannt und das Thema zusammengefasst (ATTT = Autor, Titel, Textart, Thema). Direkte Rede wird in die indirekte Rede (Konjunktiv) umgeformt. Man verwendet das Präsens, bei Vorzeitigkeit Perfekt.

Kamerafahrt, siehe Info-Kasten S. 125

Kontext, siehe Info-Kasten S. 30

Metrum
Im Unterschied zur Alltagssprache sind lyrische Texte häufig durch ein Metrum (Versmaß) strukturiert. Das Versmaß ist dabei nicht beliebig ausgewählt, sondern steht im engen Verhältnis zur inhaltlichen Aussage eines Gedichts. Dementsprechend ist bei einem Gedichtvortrag (siehe auch S. 342) das Metrum zu berücksichtigen. Man unterscheidet folgende Versmaße:
– Jambus: Aufeinanderfolge von unbetonter und betonter Silbe (x x́), z. B. *Gestált*
– Trochäus: Aufeinanderfolge von betonter und unbetonter Silbe (x́ x), z. B. *Wásser*

– Daktylus: Wechsel von einer betonten und zwei unbetonten Silben (x́xx), z. B. *Mítternacht, Dáktylus*
– Anapäst: Wechsel von zwei unbetonten und einer betonten Silbe (xxx́), z. B. *Karussélĺ, Anapäst*.

Motiv

Motiv nennt man einen Beweggrund für ein bestimmtes Handeln, z. B. Eifersucht, Habgier, Liebe. In literarischen Texten bezeichnet man eine einprägsame, im selben oder ähnlichen Wortlaut wiederkehrende Aussage als Leitmotiv. Das Leitmotiv kann einer Person, Situation, Stimmung oder einem Gegenstand zugeordnet sein und wirkt durch die wiederholte Nennung gliedernd.

Novelle

Die Novelle (von italienisch novella = Neuigkeit) ist eine relativ kurze Erzählung von etwas Neuem („unerhört") oder Außergewöhnlichem. In straffer Form wird eine dramatische Begebenheit mit Höhe- und Wendepunkt wiedergegeben. In einem Dingsymbol (siehe auch Symbol) wird die wesentliche Aussage konzentriert. Häufig werden Novellen zu Zyklen verbunden oder einzelne Novellen in eine Rahmenerzählung eingebunden.

Parabel, siehe Info-Kasten S. 31

Person und literarische Figur, siehe Info-Kasten S. 19

Prosatext

Als Prosa bezeichnet man die ungebundene, d. h. nicht durch formale Mittel wie Reim und Metrum regulierte Schreib- und Redeweise. Vgl. Sprachverdichtung in lyrischen Texten, S. 37.

Rede, siehe Info-Kasten, S. 305

Regieanweisung, siehe Info-Kasten S. 59

Sprachverdichtung in lyrischen Texten, siehe Info-Kasten S. 37

Stil, siehe Info-Kasten S. 25

Storyboard

Das Storyboard ist die Grundlage für die Arbeit am Film. Es beschreibt die Handlung, legt Einstellungsgrößen und Ausschnitte fest, stellt Bewegungsrichtungen dar, gibt die Dauer der Einstellungen an und bestimmt Töne und Geräusche. Es ist wie eine große Tabelle angelegt. Mit einfachen Zeichnungen oder mit Worten werden die notwendigen Informationen geliefert, sodass man einen Gesamteindruck von dem Film bekommt. Siehe auch S. 111.

Strichfassung, siehe Info-Kasten S. 73

Sturm und Drang, siehe Info-Kasten S. 163

Symbol

Symbol nennt man ein bildhaftes Zeichen, das über sich hinaus auf höhere geistige Zusammenhänge weist und damit einen abstrakten Begriff sinnlich veranschaulicht. So steht die Taube als Symbol für den Frieden. Viele Novellen enthalten ein so genanntes Dingsymbol, womit ein Gegenstand bezeichnet wird, der im Zentrum steht wie z. B. die Judenbuche in Annette von Droste-Hülshoffs gleichnamiger Novelle.

Verfremdungseffekt, siehe Info-Kasten S. 82

Verschlüsselte Texte, siehe Info-Kasten S. 28

Zeitstrukturen, siehe Info-Kasten S. 23

Zoom, siehe Info-Kasten S. 125

Methodenlexikon

Aufbau eines Sachtextes untersuchen,
siehe Info-Kasten S. 102

Automatisches Schreiben,
siehe Info-Kasten S. 13

Brainstorming
Das Brainstorming ist eine Methode, mit deren Hilfe eine Gruppe zu einem Thema oder Problem Gedanken und Ideen sammelt. Das Thema oder Problem wird zunächst genau benannt. Anschließend wird jemand bestimmt, der die Einfälle ungeordnet notiert. Die Teilnehmer formulieren ihre Gedanken möglichst knapp. Alles wird aufgenommen, nichts diskutiert oder kritisiert.

Cartoons und Karikaturen analysieren,
siehe Info-Kasten S. 94

Charakterisieren
Beim Charakterisieren einer Person konzentriert man sich auf deren besonderen Merkmale: äußere Erscheinung, Tätigkeiten und Verhalten, Eigenschaften und Gefühle, Umgang mit anderen, Denkweise und Absichten. Die Darstellung erfordert treffende Adjektive, Verben und Vergleiche. Das Charakterisieren erfolgt im Präsens.

Dramatische Texte analysieren,
siehe Info-Kasten S. 71

Erörtern
Beim Erörtern werden gegensätzliche Standpunkte zu einem Thema vorgestellt. Ziel ist dabei, ein begründetes persönliches Urteil zu einem Thema zu formulieren. Man unterscheidet die steigernde bzw. lineare und die dialektische Erörterung.
Bei der *steigernden Erörterung* wird vor allem der eigene Standpunkt ausgeführt, indem man die Argumente nach ihrer Wichtigkeit ordnet und das stärkste Argument zuletzt nennt. Gegenargumente werden lediglich nebenbei vorgebracht, um mögliche Einwände vorwegzunehmen.
Bei der *dialektischen Erörterung* werden Argumente und Gegenargumente einander gegenübergestellt.
Beim Verfassen einer schriftlichen Erörterung geht man folgendermaßen vor:
– Zunächst informiert man sich zum zu erörternden Thema und erstellt eine Materialsammlung.
– Die Stoffsammlung sollte man als Vorarbeit für das Verfassen des Hauptteils nach Pro- und Kontra-Argumenten ordnen und diese durch Beispiele und Belege ergänzen.
– Bevor man den Hauptteil verfasst, entscheidet man sich für eine eigene Position. Bei der Gegendarstellung, mit der man beginnt, werden die Argumente vom stärksten zum schwächsten geordnet. Bei der Darlegung der eigenen Position ordnet man die Argumente vom schwächsten zum stärksten. Alternativ zu der Gliederung der Argumente in Pro- und Kontra-Blocks kann man jeweils einem Argument direkt ein Gegenargument gegenüberstellen. Auch hier ordnet man die Argumente nach ihrer Wichtigkeit. Beim Ausformulieren ist auf Übergänge von einem Argument zum anderen zu achten.
– In der Einleitung erläutert man das Thema, nennt z. B. ein aktuelles Ereignis oder eine Begriffsdefinition.
– Der Schluss sollte ein zusammenfassendes Urteil und einen abrundenden Gedanken enthalten.

Erzähltexte analysieren, siehe Info-Kasten S. 27

Gedichte miteinander vergleichen,
siehe Info-Kasten S. 45

Gedichte vortragen
Zunächst werden die sinntragenden Wörter und zu betonenden Silben markiert und notiert, welche Passagen langsamer, welche schneller, welche leiser und lauter, welche sachlicher,

emphatischer oder spöttischer gelesen werden sollen. Man vermerkt außerdem Pausen und Enjambements sowie Stellen, an denen der Text mit Mimik und Gestik unterstützt werden soll. Beim Vortrag ist auf Artikulation, Sprechtempo und Blickkontakt zu den Zuhörern zu achten.

Lyrische Texte analysieren,
siehe Info-Kasten S. 43

Methoden szenischer Interpretation,
siehe Info-Kasten S. 63

Mit Textbelegen arbeiten,
siehe Info-Kasten S. 107

Paraphrasieren, siehe Info-Kasten S. 91

Präsentieren, siehe Info-Kasten S. 339

Protokollieren
Protokolle sind eine besondere Form des Berichts mit einer festen äußeren Form. Das Protokoll nennt zu Beginn den Titel der Veranstaltung, Datum, Uhrzeit und Ort, Anwesende, die Protokollantin bzw. den Protokollanten und das Thema. Es schließt mit Datum und Unterschrift. Unterschieden werden das *Verlaufsprotokoll*, das Vorgänge und Ereignisse in ihrem zeitlichen Ablauf nachzeichnet (z. B. Unfallprotokoll), und das *Ergebnisprotokoll*, das kurz die wichtigsten Ergebnisse und Beschlüsse festhält. Beide Formen sind in sachlichem Stil verfasst. Das Verlaufsprotokoll erfolgt in der Regel in der Zeitform des Präteritums, das Ergebnisprotokoll wird oft im Präsens verfasst.

Rollenbiografie
Eine Rollenbiografie ist eine Lebensbeschreibung, die über eine Figur und ihr Lebensumfeld Aufschluss gibt. Sie liefert Antworten auf Fragen wie: Was ist das für eine Person? Wo hält sie sich auf? Wie sieht ihr Lebensumfeld aus?
Die Rollenbiografie ist in der Ich-Form abgefasst.

Sechs-Schritt-Lesemethode,
siehe Info-Kasten S. 99

Texte überfliegen
Bevor man sich detailliert mit einem Text beschäftigt, ist es hilfreich, sich die Überschrift und – falls vorhanden – Untertitel und Zwischenüberschriften genauer anzusehen. Diese geben eine erste Information über den Inhalt des Textes. Im Anschluss daran liest man den Text, ohne dabei auf die Aussage jedes einzelnen Satzes zu achten. Diese Methode nennt man überfliegendes Lesen, auch kursorisches Lesen. Ziel dieses Lesevorgangs ist es, sich einen ersten Überblick über den Text zu verschaffen.

Sachregister

Fachbegriffe

Bericht 340
Beschreibung 340
Cartoon / Karrikatur 94, 95
Chiffre 247
Dialog 56, 57
Dokumentartheater 213, 340
Einstellungsgröße 59, 109
episches Theater 83, 84
Erzähler 19, 27, 139, 258
Erzählperspektiven 19, 27
Figur/Person 19, 26, 75, 83, 330
Flugblatt 242
Glosse 264, 340
Handlungsplot 20, 23, 27
Inhaltsangabe 75, 151, 229, 340
Kameraperspektive 59, 108 f.
Kontext 30, 33 ff., 54 f.
Metapher 12, 37, 293
Metrum 37, 127, 340
Monolog 57
Motiv 157, 249, 341
Novelle 341
Parabel 31, 33 ff.
Prosatext 341
Rede 197, 305, 310
Regieanweisung 59
rhetorische Figuren 311
Stil 25, 27, 231, 233
Storyboard 111, 341
Strichfassung 73
Sturm und Drang 157, 163
Symbol 172, 341
Verfremdungseffekt 82, 83, 85
verschlüsselte Texte 28, 30
Zeit 23, 27

Methoden

argumentieren 51
automatisches Schreiben 13
berichten 167
beschreiben 26, 34, 127, 139, 167, 176 f., 185, 201, 235, 262, 268, 280, 321
Brainstorming 257, 342
Briefe schreiben 132, 190, 309
charakterisieren 132, 163, 169, 176, 246, 291, 342
dialogisieren 122, 151, 169, 258
diskutieren 25, 104, 139, 141, 197, 208, 214, 222, 235, 238, 321, 337
dramatische Texte analysieren 70, 71, 80, 145
epische Texte analysieren 26, 34, 160, 229
erörtern 132, 201, 205, 222, 279, 306, 315, 327, 342
erzählen 15, 19
Erzähltexte analysieren 27
Gedichte miteinander vergleichen 45
innere Monologe (verfassen) 26, 27
lyrische Texte analysieren 42, 43, 54, 249, 288, 298, 301, 319
Mind-Maps anlegen 89, 257
paraphrasieren 91, 216
präsentieren 39 f., 155, 171, 223, 239, 255, 339
protokollieren 191, 343
recherchieren 17, 30, 35, 39, 55, 62, 87, 110, 203, 206, 246, 255, 296, 299, 303, 309, 323, 328
referieren 255
Rollenbiografien erstellen 59, 211, 343
Sachtexte untersuchen 101, 102, 104, 216
Sechs-Schritt-Lesemethode 99
Stellung nehmen 51, 91, 101
Streitgespräche führen 57
szenisches Interpretieren 62, 63, 70, 73, 78
Texte überfliegen 91, 93, 343
vergleichen 44, 45, 47, 73, 75, 80, 113, 119, 121, 193, 241, 280, 299, 326
vortragen 50, 127, 157, 253, 342
zitieren 51, 106, 107, 203, 309

Textquellen

Aitmatow, Tschingis Dshamilja; S. 20.
Danijar und Dshamilja; S. 21. *Aus: ders. Liebesgeschichten. Zürich: Unionsverlag 2000, S. 7, 56–57, 59–60, 64.*

Anders, Renate Was ich fühle; S. 12.
Aus: Wie man Berge versetzt. Hrsg. von Hans-Joachim Gelberg. Weinheim / Basel: Beltz & Gelberg 1981.

Ausländer, Rose Bekenntnis; S. 193.
Aus: Hans-Joachim Gelberg (Hrsg.). Überall und neben dir. Gedichte für Kinder in sieben Abteilungen. Weinheim: Beltz 1989, S. 271.

Dies. Im Chagall-Dorf; S. 39.
Aus: dies. Es bleibt noch viel zu sagen. Ausgewählte Gedichte. Köln: Literarischer Verlag Braun 1997.

Dies. Wer bin ich; S. 285.
Aus: dies. Gesammelte Werke in 7 Bänden. Hrsg. von Helmut Braun. Bd. 4. Frankfurt/M.: S. Fischer 1984, S. 162.

Bachmann, Ingeborg Alle Tage; S. 253.
Aus: dies. Werke. Bd. 1: Gedichte, Hörspiele, Libretti. Übersetzungen. Hrsg. von Christine Koschel u. a. München/Zürich: Piper 1978, S. 46.

Dies. Undine geht; S. 289.
Aus: dies. Werke. Bände 1–4. Hrsg. von Christine Koschel u. a. 2. Bd.: Erzählungen. München / Zürich: Piper. Sonderausgabe 1982. S. 253f., 258–260.

Bartsch, Kurt Poesie; S. 257.
Aus: ders. Zugluft. Berlin: Aufbau 1968.

Behncke, Peter keine ist wie du; S. 40.
Aus: Anton G. Leitner (Hrsg.). SMS-Lyrik. 160-Zeichen-Poesie. 3. Aufl. München: dtv, Reihe Hanser 2003, S. 29. © beim Autor.

Beimdick, Walter Peter Dieter Schnitzler inszeniert „Maria Stuart" in Dortmund; S. 72.
Aus: ders. Theater und Schule. Grundzüge einer Theaterpädagogik. München: Ehrenwirth 1975, S. 135f.

Benjamin, Walter Räuberbanden im alten Deutschland; S. 337. *Aus: Aufklärung für Kinder. Frankfurt/M.: Suhrkamp 1985.*

Berg, Sybille Eine Karrierefrau; S. 26.
Aus: dies. Hauptsache ICH. Erzählprosa nach 1990. Texte und Materialien ausgewählt und bearbeitet von Helmut Flad. Berlin: Cornelsen 2002, S. 83.

Bichsel, Peter Hugo; S. 18. *Aus: ders. Zur Stadt Paris. Frankfurt/M.: Suhrkamp 1997, S. 79–83.*

Biermann, Wolf AUFBAUT!!! Aufbaut! (aufbaut); S. 225.
Aus: ders. Alle Lieder. Köln: Kiepenheuer & Witsch 1991, S. 98.

Bingel, Horst :-) perspektive-); S. 40.
Aus: Anton G. Leitner (Hrsg.). SMS-Lyrik. 160-Zeichen-Poesie. München: dtv, Reihe Hanser 2002, S. 28. © beim Autor.

Böll, Heinrich Anekdote zur Senkung der Arbeitsmoral; S. 281. *Aus: ders. Veränderungen in Staech. Erzählungen 1962–1979. München: dtv 1985, S. 27.*

Brecht, Bertolt Herr Keuner und die Flut; S. 35.
Aus: ders. Geschichten vom Herrn Keuner. Frankfurt/M.: Suhrkamp 1971, S. 76, 8.

Ders. Ich halte dafür ...; S. 193.
Aus: ders. Leben des Galilei. In. Ausgewählte Werke in sechs Bänden. 2. Bd. Frankfurt/M.: Suhrkamp 1997.

Ders. Terzinen über die Liebe; S. 41.
Aus: ders. Große kommentierte Berliner und Frankfurter Ausgabe. Bd. 12. Frankfurt/M.: Suhrkamp 1995, S. 23.

Ders. Über das Zerpflücken von Gedichten; S. 45.
Aus: ders. Über Lyrik. Frankfurt/M.: Suhrkamp 1964, S. 123.

Bromberger, Katharina / Möllers, Claudia Schüler und Lehrer in Todesangst; S. 232.
Aus: Münchner Merkur Nr. 55 (8. 3. 2005), S. MM6.

Brussig, Thomas Am kürzeren Ende der Sonnenallee; S. 16. Verboten; S. 177.
Aus: ders. Am kürzeren Ende der Sonnenallee. Berlin: Verlag Volk & Welt 1999, S. 10–13.

Büchner, Georg Woyzeck; S. 200.
Aus: ders. Werke und Briefe. Hrsg. v. Karl Pörnbacher u. a. München: dtv 1988. © Hanser, München, 1988.

Butters, Ingo Die Flucht aus der Klinik; S. 267.
Aus: Süddeutsche Zeitung vom 11. 2. 2005.

Cassim, Shaïne Am besten, man verliebt sich gar nicht; S. 130. *Aus: dies. Am besten, man verliebt sich gar nicht. Aus dem Franz. von Katja Massury. München: Bertelsmann-Jugendbuch-Verlag 2003.*

Conference on Scientiests, Disarmement and People Gelöbnis – Eid für Wissenschaftler; S. 215.
Aus: Hans Lenk (Hrsg.). Wissenschaft und Ethik. Stuttgart: Reclam 1991, S. 402.

Damm, Sigrid Das Leben des Friedrich Schiller; S. 324.
Aus: dies. Das Leben des Friedrich Schiller: eine Wanderung. Frankfurt/M.: Insel 2004.

Degener, Volker W. Terre des Hommes – Wind, Sand und Sterne; S. 278. *Aus: Hans Georg Noack (Hrsg.). Die großen Helfer. Würzburg: Arena 1983.*

Djebar, Assia Rede zur Verleihung des Friedenspreises des Deutschen Buchhandels; S. 304.
Aus: Friedenspreis des Deutschen Buchhandels 2000. Assia Djebar. Ansprachen aus Anlass der Verleihung. Frankfurt/M.: Verlag der Buchhändler Vereinigung 2000. S. 49f., 51f., 67.

Drewitz, Ingeborg Renate; S. 164. *Aus: dies. Gestern war Heute. Hundert Jahre Gegenwart. München: Claassen 1978.*

Droste-Hülshoff, Annette von Am Turme; S. 48. An die Weltverbesserer; S. 225. Das Spiegelbild; S. 298.
Aus: dies. Werke in einem Band. Hrsg. von Clemens Heselhaus. München: dtv 1998, S. 109. © Hanser, München 1998.

Dies. Friedrich Mergel; S. 226. *Aus: dies. Die Judenbuche. In: Sämtliche Werke in zwei Bänden. Hrsg. von Bodo Plachta und Winfried Woesler. Bibliothek deutscher Klassiker Bd. 104. Deutscher Klassiker Verlag 1994, S. 11 u. 44ff.*

Dückers, Tanja denke so oft an dich; S. 40.
Aus: Leitner, Anton G. (Hrsg.): SMS-Lyrik. 160-Zeichen-Poesie. München: dtv, Reihe Hanser 2002. S. 10. © beim Autor.

Dürrenmatt, Friedrich Der Tunnel; S. 15. *Aus: ders. Meistererzählungen. Zürich: Diogenes Verlag 1992, S. 9.*

Ders. Gefangen; S. 207. Was einmal gedacht wurde, S. 193. 21 Punkte; S. 209. *Aus: ders. Die Physiker. (veränderte Neufassung). Zürich: Diogenes 1986.*

Eco, Umberto Wie man das Mobiltelefon nicht benutzt; S. 92. *Aus: ders. Wie man mit einem Lachs verreist und andere nützliche Ratschläge. München/Wien: Hanser 1993.*

Ehmann, Hermann Merkmale der Jugendsprache; S. 182. *Aus: ders. Voll konkret. Das neueste Lexikon der Jugendsprache. München: Beck 2001, S. 7–9, 37.*

Eich, Günter Inventur; S. 55. *Aus: ders. Gesammelte Werke. Bd. 1: Die Gedichte. Hrsg. v. H. Ohde. Frankfurt/M.: Suhrkamp 1973, S. 38f.*

Eichendorff, Joseph von Das zerbrochene Ringlein; S. 127. *Aus: ders. Werke und Schriften. Hrsg. v. G. Baumann. Bd. 1: Gedichte. Epen. Dramen. Stuttgart: Cotta 1953.*

Enzensberger, Hans Magnus Andorra; S. 74. *Aus: Programmheft zur Uraufführung in Zürich 1961.*

Falco Helden von heute; S. 190. *Aus: „Helden von heute". Text: Johann Hölzel, © PS Music, Wien.*

Frenzel, Elisabeth Medea – aus einem Lexikon; S. 286. *Aus: dies. Stoffe der Weltliteratur. 8. überarb. u. erw. Aufl. Stuttgart: Kröner 1992, S. 509f.*

Fried, Erich Als deutschsprachiger Jude Deutschland sehen; S. 248. *Aus: Andreas Wojak (Hrsg.). Eine Frühheimkehrerin und Schatten der Vergangenheit. Deutsche und Juden heute. Gütersloh: Gütersloher Verlagshaus Gerd Mohn 1985, S. 57f.*

Ders. Fragen nach Tschernobyl; S. 214. *Aus: ders. Gesammelte Werke. Hrsg. von Volker Kaukoreit und Klaus Wagenbach. Gedichte. Bd. 3. Berlin: Wagenbach 1993.*

Friedrich, Malte Inszenierte Blasiertheit – Körpercode Coolness; S. 180. *Aus: Schüler 2002 – Körper. Hrsg. vom Erhard Friedrich Verlag. Seelze: Friedrich 2002, S. 86f.*

Frisch, Max Andorra – mein Stoff; S. 74. *Aus: Programmheft Schauspielhaus Zürich zur Uraufführung 1961.*

Ders. Die Personen (Andorra); S. 75. Andorra. Erstes Bild; S. 76. Die Aussprache. Neuntes Bild; S. 78. Die handelnden Personen nehmen Stellung; S. 81. *Aus: ders. Andorra. Frankfurt/M.: Suhrkamp 1961.*

Gandhi, Mahatma Widerstandskämpfer; S. 254. *Aus: ders. Handeln aus dem Geist. Hrsg. von G. und Th. Sartory. Freiburg: Herder 1986, S. 34.*

Goeb, Alexander Er war sechzehn, als man ihn hängte; S. 152. *Aus: ders. Er war sechzehn, als man ihn hängte: das kurze Leben des Widerstandskämpfers Bartholomäus Schink. Reinbek bei Hamburg: Rowohlt 1988.*

Goetz, Rainald Was ist ein Klassiker?; S. 328. *Aus: ders. Hirn. Frankfurt/M.: Suhrkamp 1987.*

Goethe, Johann Wolfgang von Die Leiden des jungen Werthers; S. 158. *Aus: Goethes Werke. Hamburger Ausgabe. Hrsg. von Erich Trunz. München: Beck 1993.*

Ders. Homunkulus; S. 198. *Aus: ders. Faust. Hrsg. von Albrecht Schöne. Bd. 1. 4. überarbeitete Aufl. Frankfurt/M.: Deutscher Klassiker Verlag 1999, S. 278–280.*

Ders. In deinem Herzen; S. 40. Willkommen und Abschied; S. 46. Es schlug mein Herz; S. 47. Prometheus; S. 157. *Aus: Goethes Werke. Bände 1–14. Hrsg. von Erich Trunz. Bd. 1. 4. Auflage. Hamburg: C. Wegner Verlag. 1960.*

Görner, Eberhard Es ist bezeichnend für …; S. 110. *Aus: E. Görner. Mario und der Zauberer. Das Buch zum Film von Klaus Maria Brandauer. Berlin: Henschel Verlag 1994.*

Görner, Lutz Zu Lebzeiten der Dichterin; S. 50. *Aus: Droste für alle. Ein Lesebuch. Tourneeausgabe. O. O. 1997, S. 7f.*

Graff, Bernd Die Verdoomung der Republik; S. 236. *Aus: Süddeutsche Zeitung Nr. 243 vom 19. 10. 2004.*

Grimm, Wilhelm Es war nicht gut mit ihr …; S. 50. *Aus: Herbert Kraft. Annette von Droste-Hülshoff. 2. Aufl. Reinbek bei Hamburg: Rowohlt 1996, S. 38.*

Gryphius, Andreas Thränen des Vaterlandes; S. 52. *Aus: Marian Szyrocki (Hrsg.). Lyrik des Barock II. Reinbek bei Hamburg: Rowohlt 1971, S. 44.*

Guben, Günther So; S. 122. *Aus: Fritz Pratz (Hrsg.). Neue deutsche Kurzprosa. Frankfurt/M.: Diesterweg 1970, S. 45.*

Gunkel, Ralf Zehn Tipps für Ihre Bewerbung; S. 264. *Aus: Stuttgarter Nachrichten vom 4. 4. 2005.*

Hahn, Ulla Mit Haut und Haar; S. 292. *Aus: dies. Herz über Kopf. Gedichte. Stuttgart: Deutsche Verlagsanstalt 1981.*

Hardenberg, Nina von Von der Software bis zum Schweißbrenner; S. 269. *Aus: Süddeutsche Zeitung vom 20. 4. 2005, S. 2.*

Härtling, Peter Zwei Versuche, mit meinen Kindern zu reden; S. 168. *Aus: Joachim Fuhrmann (Hrsg.). Tagtäglich. Gedichte. Reinbek bei Hamburg: Rowohlt 1976, S. 16f.*

Heidenreich, Elke Über das Gefährliche, wenn Frauen zu viel lesen; S. 308. *Aus: Stefan Bollmann. Frauen, die lesen, sind gefährlich. Mit einem Vorwort von Elke Heidenreich. München: Elisabeth Sandmann 2005, S. 14ff.*

Heidenreich, Gert Die reden; S. 169. *Aus: Tagtäglich. Gedichte. Hrsg. von Joachim Fuhrmann. Reinbek bei Hamburg: Rowohlt 1976, S. 120.*

Henrichs, Benjamin Nicolas Brieger inszeniert „Maria Stuart" in Bremen; S. 72. *Aus: DIE ZEIT v. 20. 10. 1978.*

Herder, Johann Gottfried Die Ratte in der Bildsäule; S. 30. *Aus: Herders sämtliche Werke. Hrsg. v. Bernhard Suphan. Bd. 24. Berlin: Weidmann 1866, S. 14.*

Hicking, Ludger Ein Kriegsdienstverweigerer; S. 276. *Aus: Hans Georg Noack (Hrsg.). Die großen Helfer. Würzburg: Arena 1983.*

Hodgson, Godfrey Flower Power – Die Jugend sucht neue Wege; S. 170. *Aus: ders. Unser Jahrhundert. Die großen Entwicklungen und das Alltagsleben. Bd. 3. Aus dem Englischen von Marcus Würmli. Gütersloh: Bertelsmann Club GmbH 1996, S. 82–88.*

Hoerster, Norbert Die Schutzwürdigkeit des Embryos; S. 217. *Aus: ders. Die Schutzwürdigkeit des Embryos. Stuttgart: Reclam 2002, S. 122–125.*

Hübner, Bernhard Authentisch sein – Orientierung bieten – Spaß haben; S. 184. *Aus: Süddeutsche Zeitung Nr. 243 vom 19. 10. 2004.*

Huxley, Aldous Ideal angepasst; S. 202. *Aus: ders. Schöne neue Welt. Übers. von Herbert Egon Herlitschka. Frankfurt/M.: S. Fischer 1977, S. 18–25.*

Janke, Klaus Stars, Idole, Vorbilder; S. 186. *Aus: Schüler 1997. Stars, Idole, Vorbilder. Seelze: Friedrich-Verlag 1997, S. 18–21.*

Jelinek, Elfriede Was geschah, nachdem Nora ihren Mann verlassen hatte oder Stützen der Gesellschaften; S. 294.

Aus: dies. Theaterstücke. Mit einem Nachwort von Ute Nyssen. Reinbek bei Hamburg: Rowohlt 1992, S. 9–11.

Jonas, Hans Forschung: Jenseits von Gut und Böse?; S. 221.
Aus: Hans Lenk (Hrsg.). Wissenschaft und Ethik. Stuttgart: Reclam 1991, S. 201–203.

Kafka, Franz Im Tunnel; S. 33. *Aus: ders. Gesammelte Werke. Hochzeitsvorbereitungen auf dem Lande. Hrsg. von Max Brod. Frankfurt/M.: S. Fischer 1983, S. 54, 31.*

Ders. Kleine Fabel; S. 320; Auf der Galerie; S. 129.
Aus: ders. Sämtliche Erzählungen. Hrsg. v. Paul Raabe. Frankfurt/M., Hamburg: S. Fischer 1970, 320, 129.

Kaschnitz, Marie Luise Hiroshima; S. 206. *Aus: dies. Gedichte. Ausgewählt v. Peter Huchel. Frankfurt/M.: Suhrkamp 1996, S. 44.*

Kaschnitz, Marie Luise Drohbrief; S. 266.
Aus: dies. Steht noch dahin. Frankfurt/M.: Suhrkamp 1972.

Kästner, Erich Sachliche Romanze; S. 44.
Aus: ders. Gesammelte Schriften in sieben Bänden. Bd. 1: Gedichte. Köln: Atrium 1959, S. 101.

Keller, Gottfried Romeo und Julia auf dem Dorfe; S. 146.
Aus: ders. Sämtliche Werke. Hrsg. von Clemens Heselhaus. München: Hanser 1957, S. 61ff.

Kerner, Charlotte Blueprint; S. 204.
Aus: dies. Blueprint. Blaupause. Roman. Mit einem Nachwort und einem Essay zum Film von Charlotte Kerner. Weinheim / Basel: Beltz & Gelberg 2004, S. 103–105.

Keun, Irmgard Die Künstlerin; S. 280. *Aus: dies. Das kunstseidene Mädchen. München: Claassen 1979.*

Kipphardt, Heinar Vor der Atomenergiekommission; S. 212.
Aus: ders. In der Sache J. Robert Oppenheimer. Ein Stück und seine Geschichte. Werkausgabe. Reinbek bei Hamburg: Rowohlt Verlag 1996, S. 105–109. © 1964 Suhrkamp.

Klonovsky, Michael Wunderlicher, großer Mensch; S. 313.
Aus: Focus 2005.

Klüger, Ruth Ein Mann, mindestens; S. 51.
Aus: Marcel Reich Ranicki (Hrsg.). Frankfurter Anthologie. Frankfurter Allgemeine Zeitung vom 17. 5. 1997.

Dies. Frauen lesen anders; S. 306. *Aus: dies. Frauen lesen anders. Essays. München: dtv 1996, S. 90, 97ff.*

Kochhan, Christoph/Rutz, Christine Jugendliche und das Lesen; S. 307. *Aus: dies. Jugendliche und das Lesen. In: JuLit Informationen 2/04. 30. Jahrgang. München: Arbeitskreis für Jugendliteratur e. V. 2004, S. 41–46.*

Kor, Eva Mozes Heilung von Auschwitz; S. 194. *Aus: Referat für Presse und Öffentlichkeitsarbeit der Max-Planck-Gesellschaft zur Förderung der Wissenschaften e. V. (Hrsg.). Symposion in Berlin: Biowissenschaften und Menschenversuche an Kaiser-Wilhelm-Instituten – Die Verbindung nach Auschwitz. Ansprachen der Eröffnungsveranstaltung. München: Beilage im Heft 3/2001 der Max-Planck-Forschung 2001, S. 22–24.*

Korschunow, Irina Das Spiegelbild; S. 299. *Aus: dies. Das Spiegelbild. Hamburg: Hoffmann und Campe 1992.*

Kracht, Christian Faserland; S. 178.
Aus: ders. Faserland. Köln: Kiepenheuer & Witsch: 1997.

Krechel, Ursula Die Taschenfrauen; S. 257.
Aus: dies. Nach Mainz! Gedichte. Darmstadt/Neuwied: Luchterhand 1977.

Dies. Umsturz; S. 293. *Aus: dies. Ungezürnt. Gedichte, Lichter, Lesezeichen. Frankfurt/M.: Suhrkamp 1997, S. 55.*

Krolow, Karl Unterhaltung; S. 44. *Aus: ders. Gesammelte Gedichte. Frankfurt/M.: Suhrkamp 1975.*

Kunert, Günter Die Schreie der Fledermäuse; S. 35. Die Maschine; S. 266. *Aus: ders. Tagträume in Berlin und andernorts. Frankfurt/M.: S. Fischer 1974, S. 23.*

Kunze, Reiner Die mauer; S. 55. *Aus: ders. Grenzfallgedichte. Frankfurt/M.: S. Fischer 1998, S. 67*

Küpper, Moritz Sprachenmix – Wie die „Kanaksprak" salonfähig wurde; S. 100. *Aus: http://www.stern.de/politik/panorama/index.html?id=506409&q=türk (Stand vom 5. 6. 2005).*

Laroche, Sophie Die gebildete Frau ...; S. 50.
Aus: Herbert Kraft. Annette von Droste-Hülshoff. 2. Aufl. Reinbek bei Hamburg: Rowohlt 1996.

Lasker-Schüler, Else An mich; S. 301. Ein alter Tibetteppich; S. 301. Mein blaues Klavier; S. 247. *Aus: dies. Gesammelte Werke in acht Bänden. Bd. 1: Gedichte 1902–1943. München: dtv. © Suhrkamp, Frankfurt/M.*

Lehmann, Johannes Unser armer Schiller. Eine respektlose Annäherung; S. 314. *Aus: ebd. Reinbek bei Hamburg: Rowohlt 2005.*

Limbach, Jutta Denn die Freiheit der Wissenschaft; S. 193.
Aus: Frankfurter Allgemeine Zeitung vom 25. 02. 2002.

Linzer, Martin Maria Stuart oder der Streit der Fischweiber. Thomas Langhoff inszeniert Schiller am Deutschen Theater; S. 73. *Aus: Theater der Zeit vom März 1981, S. 14f.*

Luhn, Usch Küss mich, Frosch; S. 128.
Aus: Elisabeth Schöberl/Luitgard Distel (Hrsg.). Anfangs tut es noch weh. Geschichten vom Trennen, Loslassen und Weiterleben. Wien: Ueberreuter 2002.

Lundin, Stephen C. Fish!; S. 272. *Aus: ders. Fish!: ein ungewöhnliches Motivationsbuch. Aus dem Amerikan. von Regina Berger. Frankfurt/M.: Redline Wirtschaft 2005.*

Luserke, Matthias Die Leiden des jungen Werhers; S. 159.
Aus: ders. Sturm und Drang. Stuttgart: Reclam 1997.

Luther King, Martin Zehn Gebote der gewaltlosen Bewegung; S. 254. *Aus: ders. Ausgewählte Texte. Hrsg. von C. Scott King. Aus dem Amerik. von Norbert Lechleitner. München: Goldmann 1985, S. 74f.*

Mann, Thomas Aus dem Anfang der Novelle; S. 111. Im Grand Hotel; S. 112. Aus dem Schluss der Novelle; S. 114. *Aus: ders. Mario und der Zauberer. Frankfurt/M.: S. Fischer 1930.*

Markl, Hubert Die Schuld deutscher Wissenschaftler; S. 196.
Aus: Referat für Presse und Öffentlichkeitsarbeit der Max-Planck-Gesellschaft zur Förderung der Wissenschaften e. V. (Hrsg.): Symposion in Berlin: Biowissenschaften und Menschenversuche an Kaiser-Wilhelm-Instituten. München: Beilage im Heft 3/2001 der Max-Planck-Forschung 2001, S. 13f.

Meding, Dorothee von Die Frauen des 20. Juli; S. 241. *Aus: dies. Mit dem Mut des Herzens. Die Frauen des 20. Juli. Berlin: Siedler 1992, S. 50f., 139, 267f. © Goldmann München.*

Michel, Thomas BIBALUR und *knuddelknutsch*; S. 88.
Aus: http://www.teltarif.de/arch/2001/kw38/s6172.html (Stand vom 6. 7. 2005).

Mörike, Eduard Das verlassene Mägdlein; S. 127.
Aus: ders. Sämtliche Werke. Bd. 1. Hrsg. v. J. Perfahl. München: Winkler 1967.

Nerdinger, Friedemann W. Motivation: Eine zentrale Führungsaufgabe; S. 270.
Aus: ders. Motivation von Mitarbeitern. Göttingen: Hogrefe Verlag für Psychologie 2003.

Nick, Dagmar Medea, ein Monolog; S. 287. Aus: dies. Medea, ein Monolog. Düsseldorf: Eremiten-Presse 1988.

Nilsson, Per So lonely; S. 133. Aus: ders. So lonely. Übers. von Brigitta Kicherer. München: dtv 2000.

Novak, Helga M. Brief an Medea; S. 288.
Aus: dies. Solange noch Liebesbriefe eintreffen. Gesammelte Gedichte. Hrsg. von Rita Jorek. Frankfurt/M.: Schöffling 1999.

Dies. kann nicht steigen nicht fallen; S. 303.
Aus: dies. Margarete mit dem Schrank. Hamburg: Rotbuch-Verlag 1978, S. 34.

Pausewang, Gudrun Trau dich, Paps!; S. 250.
Aus: Reiner Engelmann (Hrsg.). Stand up! Zivilcourage ist angesagt. Würzburg: Arena 1996, S. 10 ff.

Ragni, Gerome / Rado, James Hair; S. 172.
Aus: Music by Galt MacDermot. Words by James Rado and Gerome Ragni. C 1967 EMI Catalogue Partnership and EMI Unart Catalogue Inc, USA. Worldwide print rights controlled by Warner Bros Publications Inc/ IMP.

Rasp, Renate Suffragetten; S. 302.
Aus: dies. Junges Deutschland. München/Wien: Hanser 1978, S. 58.

Raupp, Judith Herr Wunderlich geht ins Gefängnis; S. 277.
Aus: Süddeutsche Zeitung vom 31.1.2004.

Reinshagen, Gerlind Leben und Tod der Marilyn Monroe; S. 302. Aus: dies. Doppelkopf. Leben und Tod der Marilyn Monroe. Frankfurt/M. Suhrkamp 1971. S. 165–167.

Rifkin, Jeremy Vertrag über das gemeinsame genetische Erbe der Erde; S. 216. Aus: Frankfurter Allgemeine Zeitung vom 16. 05. 2001.

Sachse, Katrin Das Beste für mein Volk; S. 245.
Aus: Focus 6/2005, S. 39–41.

Safranski, Rüdiger Prolog; S. 313.
Aus: ders. Friedrich Schiller oder Die Erfindung des Deutschen Idealismus. Darmstadt: Wissenschaftl. Buchgesellschaft 2004.

Sander, Ralf Mail-Missgeschicke; S. 86. Aus: http://www.stern.de/computer-technik/internet/index.html?id=531633&p=2&hv=ct_cb, (Stand vom 8. 6. 2005).

Schiller, Friedrich An die Freude; S. 316. Lied von der Glocke; S. 318. Aus: ders. Sämtliche Werke. Hrsg. v. G. Freicke u. H. G. Göpfert. 3. Aufl. München: Hanser 1962.

Ders. Brief vom 24. September 1782 an Herzog Karl Eugen; S. 161. Aus: Bibliothek Deutscher Klassiker. Hrsg. von den nationalen Forschungs- und Gedenkstätten der klassischen deutschen Literatur in Weimar. Schillers Briefe in 2 Bänden. Ausgewählt und erläutert von Karl-Heinz Hahn. Bd. 1. Berlin / Weimar: Aufbau-Verlag 1982, S. 19 f.

Ders. Enttäuschte Ideale; S. 162. Personen (Die Räuber); S. 330. Die Räuber; S. 331. Vorrede zur ersten Auflage der „Räuber"; S. 329. Aus: Schillers Werke. Nationalausgabe. Bd. 3. Weimar: Böhlaus Nachfolger 1953, S. 20 f.

Ders. Maria Stuart; S. 60. Der Streit der Königinnen; S. 64. Die Personen (Maria Stuart); S. 75.
Aus: Schillers Werke. Bd. V. Hrsg. von Reinhard Buchwald u.a. Hamburg: Standard Verlag o. J.

Schleider, Tim Arme Sprache, reiche Sprache – Ein Leben ohne Denglisch; S. 103. Aus: Stuttgarter Zeitung vom 14. 9. 2002.

Schopenhauer, Arthur Das Weib ist das ...; S. 50.
Aus: Herbert Kraft. Annette von Droste-Hülshoff. 2. Aufl. Reinbek bei Hamburg: Rowohlt 1996.

Shakespeare, William Romeo und Julia; S. 142.
Aus: ders. Sämtliche Bände in einem Band. Übers. von August Wilhelm Schlegel. Wiesbaden: R. Löwit o. J.

Sick, Bastian Krieg der Geschlechter; S. 105.
Aus: ders. Der Dativ ist dem Genitiv sein Tod. Köln: Kiepenheuer & Witsch 2004, S. 19–22.

Solschenizyn, Alexander Ein Tag im Leben des Iwan Denissowitzsch; S. 230. Aus: ders. Ein Tag im Leben des Iwan Denissowitzsch. Ins Deutsche übertragen von Wilhelm Löser u. a. Berlin: Ullstein 1990.

Sophokles Antigone; S. 140. Aus: ders. Antigone. Übers. von Wilhelm Kuchenmüller. Stuttgart: reclam 1976.

Späth, Gerold Helmut Knecht; S. 259.
Aus: ders. Commedia. Frankfurt/M.: S. Fischer 1980, S. 92.

Stamm, Peter Das schönste Mädchen; S. 14.
Aus: ders. Blitzeis. Erzählungen. Zürich / Hamburg: Arche Verlag 1999, S. 85 f.

Stillich, Sven Happy Birthday, WWW; S. 96.
Aus: http://www.stern.de/computer-technik/internet/507187.html?eid=507129&nv=cb (Stand vom 22. 8. 2003).

Strauß, Botho Mädchen mit Zierkamm; S. 174.
Aus: ders. Niemand anders. 2. Aufl. München: dtv 1994.

Streibl, Florian Die geheime Sprache ...; S. 265.
Aus: ders. Die geheime Sprache der Arbeitszeugnisse entschlüsseln. München: Wilhelm Heyne Verlag 2000.

Teller, Edward Der technische Mensch soll ...; S. 193.
Aus: ders. Porträt. In: Bild der Wissenschaft 12 (1975) H. 10, S. 116.

Titus Livius Die Parabel des Menenius Agrippa, S. 29.
Aus: ders. Römische Geschichte. Übersetzt von C. F. Klaiber. Bd 1. Stuttgart: Metzler 1973, S. 156.

Uhland, Ludwig Was zagst du Herz, in solchen Tagen; S. 40.
Aus: ders. Werke. Hrsg. v. H. Fröschle u. W. Scheffler, Bd. 1: Sämtliche Gedichte. München: Winkler 1980.

Walser, Robert Der Beruf; S. 258.
Aus: ders. Das Gesamtwerk. Hrsg. von Jochen Greven. Bd. 1. Frankfurt/M.: Suhrkamp 1978

Weil, Grete Warum habt ihr euch nicht gewehrt; S. 240.
Aus: dies. Meine Schwester Antigone. Frankfurt/M.: S. Fischer 1997, S. 25.

Weiße Rose Aufruf an alle Deutschen! (5. Flugblatt); S. 242. Aus: Die Weiße Rose. Gesichter einer Freundschaft. (Grußwort zur Eröffnung der Ausstellung in Freiburg am 29. 4. 2004). Hrsg v. Kulturinitiative e. V. Freiburg 2004.

Werche, Bettina Beschreibung eines Stilllebens; S. 54.
Aus: Leselust. Niederländische Maler von Rembrandt bis Vermeer. Ostfildern: Verlag Gerd Hatje 1993, S. 170.

Weyrauch, Wolfgang Der grüne Drache; S. 210.
Aus: ders. Die japanischen Fischer. Stuttgart: Reclam 1981, S. 39–47.

Winnacker, Ernst-Ludwig Wir wollen keine Menschen züchten; S. 219.
Aus: Frankfurter Allgemeine Zeitung vom 5. 5. 2001.

Wirz, Mario Biografie eines lebendigen Tages; S. 13.
Aus: ders. Biografie eines lebendigen Tages. Berlin / Weimar: Aufbau-Verlag 1994, S. 34.

Woolf, Virginia Ein Zimmer für sich allein; S. 297.
Aus: dies. Ein Zimmer für sich allein. Übers. von Renate Gerhardt. 18. Aufl. Frankfurt/M.: S. Fischer 1999, S. 123f.

Zeh, Juli Spieltrieb; S. 234.
Aus: dies. Spieltrieb. Frankfurt/M.: Schöffling & Co Verlagsbuchhandlung GmbH 2004, S. 197–200.

Zen Öffne deine eigene Schatzkammer; S. 28.
Aus: Ohne Worte – ohne Schweigen. 101 Zen-Geschichten und andere Zen-Texte aus vier Jahrtausenden. München: Otto Wilhelm Barth Verlag 1999, S. 49f.

Zitelmann, Arnulf Ach ja; S. 225.
Aus.: Reiner Engelmann. Tatort Klassenzimmer. Texte gegen Gewalt in der Schule. Würzburg: Arena Verlag 1994, S. 16.

**Texte ohne Verfasserangabe
und Texte unbekannter Verfasser, Originaltexte**

Andreas Gryphius; S. 52.
Annette von Droste-Hülshoff; S. 49.
Aus dem Schluss des Drehbuchs; S. 116. *Aus: Jürgen Haase. Mario und der Zauberer. Das Buch zum Film von Klaus Maria Brandauer. Berlin: Henschel Verlag 1994.*
Auszüge aus den Schülerberichten über das Sozialpraktikum; S. 274.
Auszüge aus der Gedichtinterpretation einer Schülerin; S. 41.
Bewerbung – Vorstellungsgespräch; S. 264.
Aus: Jürgen Hesse/Hans Christian Schrader: Erfolgreich bewerben. Stuttgart: Deutscher Sparkassen Verlag 2003.
Bewerbung um einen Ausbildungsplatz; S. 263.
Briefwechsel (Goethe – Schiller); S. 320.
Aus: Emil Staiger (Hrsg.). Der Briefwechsel zwischen Schiller und Goethe. Frankfurt/M.: Insel 1977.
Das Goethe-Institut ist das weltweit tätige …; S. 262.
© Goethe-Institut.
Der doppelte Andri von Johannesburg; S. 85.
Aus: Zeitlupe 33. Hrsg. von der Bundeszentrale für politische Bildung. Bonn 1996, S. 2.
Der Dreißigjährige Krieg; S. 53.
Der Inhalt; S. 110.
Die Handlung; S. 75.
Du bist min, ich bin din; S. 40. *Aus: Karl Otto Conrady (Hrsg.): Das große deutsche Gedichtbuch. Kronberg/T.: Athenäum Verlag 1977, S. 4.*
Easy Rider; S. 173. *Aus: Adolf Heinzelmeier u. a. Kultfilme. Hamburg: Hoffmann & Campe 1983, S. 402.*
Einstellungsgrößen; S. 109. *Aus: Manfred Kamp / Werner Rüsel. Vom Umgang mit Film. Berlin: Volk und Wissen 1998.*
Else Lasker-Schüler; S. 300.
Erfahrungsberichte; S. 123.
Franz Kafka; S. 32.
Geist ist geil; S. 327.
Aus: Focus 2005.
Gendarmenmarkt. Außen. Nacht; S. 58.
Handy: 380 000 SMS-Süchtige in Deutschland; S. 87.
Aus: http://www.stern.de/computer-technik/telefon/526687. html?nv=cb (Stand vom 7. 7. 2004).
Im Abteil; S. 57.
Im Grand Hotel; S. 113. *Aus: Jürgen Haase. Mario und der Zauberer. Das Buch zum Film von Klaus Maria Brandauer. Berlin: Henschel Verlag 1994.*
Ira Winter an der Nordsee; S. 37.
Jasper Winter an der Nordsee; S. 36.
Kameraperspektiven; S. 108.
Aus: Manfred Kamp / Werner Rüsel. Vom Umgang mit Film. Berlin: Volk und Wissen 1998.
Leitgedanken einer Epoche; S. 53.
Nach Queneau, Raymond Stilübungen; S. 24.
Aus: Stilübungen. Frankfurt/M.: Suhrkamp 1992.
Norbert Beilharz im Gespräch mit Klaus Maria Brandauer; S. 120. *Aus: Jürgen Haase. Mario und der Zauberer. Das Buch zum Film von Klaus Maria Brandauer. Berlin: Henschel Verlag 1994.*
SMS – Die Sprache der Jugend. Interview Kassian Stroh mit Joachim Höflich; S. 90. *Aus: Süddeutsche Zeitung vom 15. 05. 04.*
What's hot? What's not?; S. 260. *Aus: high potential CHANCES 2005, Evoluzione Media AG, München.*
Winter an der Nordsee; S. 36. *Aus: Moin. Moin. Nordsee. 1997 Neuigkeiten. Infos. Reisetipps. Brauchtum. Veranstaltungen. Hrsg. v. Nordseebäderverband Schleswig-Holstein e. V. Husum, S. 2.*

Bildquellen

S. 14, 18, 30, 35, 128, 133, 134, 135, 136, 137, 148, 151, 156, 175, 229, 251, 312: Illustration: Christiane Grauert. S. 17: Defd-pwe Verlag GmbH. S. 32, 34, 46, 47, 48, 199, 211, 231, 282: Illustration: Marion Goedelt. S. 33: Interfoto/Schiller. S. 38: VG Bild-Kunst, Bonn 2006. S. 40: Fotostudio Druwe/Polastri, Weddel. S. 49 o. u. u., 50, 226, 248, 253, 289 o., 291, 293, 300 o. u. u., 319: akg-images. S. 56: Gabriele Dietl, München. S. 65, 66: Pepita Engel, Berliner Kammerspiele. S. 67: Kaufhold/Lichtblick, Bochum. S. 68, 70: Matthias Stutte, Krefeld. S. 72: Rolf Arnold Leipzig, Schauspiel Leipzig. S. 74: Scheidemann/dpa, Frankfurt/M. S. 76: Foto: Gudrun Bublitz, Stuttgart. S. 79: Theater Erfurt. Foto: Lutz Edelhoff. S. 84 u.: Oda Sternberg, München. S. 84 o., 85: Schauspiel Köln, Fotograf: Klaus Lefebvre. S. 86: Illustration: Charlotte Wagner. S. 87: Oliver Weiss. S. 92: picture-alliance/Berliner-Zeitung; Fotograf: Max Lautenschläger. S. 95 u.: Greser & Lenz. S. 95 o. li.: Aus: Peter Gaymann: Schön reich sein. Frankfurt/M.: Eichborn, 1996. © Vito von Eichborn GmbH & Co. Verlag KG, Frankfurt/M., August 1996. S. 95 o. re.: © BECK. S. 96: picture-alliance/dpa; Fotograf: Lehtikuva Jaakko Avikainen. S. 100: Fotoagentur Sven Simon, Mühlheim/Ruhr. S. 101: picture-alliance/dpa; Fotograf: Jörg Carstensen. S. 104: Polo/CCC, www.c5.net. S. 108 Normalsicht, subjektive Sicht, 121 u., 126, 158 u.: defd-pwe Verlag. S. 108 Untersicht, Aufsicht: Cinetext Bildarchiv. S. 109: United International Pictures, Frankfurt/M. (MGM). S. 111, 113, 119, 121 o.: PROVOBIS Film 1994. S. 122, 124, 322 o., 323 o. re.: Gertrud Schänzlin. S. 125: Klaus G. Kohn, Braunschweig. S. 141: Markus Lieberenz/Bild-Bühne.de (Deutsches Theater Kammerspiele Berlin). S. 143, 145: Ullstein/Christof Stache. S. 155: Tom Cruise, picture-alliance/dpa; Photoreporters. S. 155: Brad Pitt, picture-alliance/dpa/dpa web; Abaca 60044. S. 155: Liz Hurley, picture-alliance/dpa. S. 161: Rolf Arnold, Leipzig Schauspielhaus. S. 169, 254, 323 u., 338: Ullstein Bilderdienst. S. 170, 182: Ullstein/dpa. S. 171: Ullstein/Lehmann. S. 172: Deutsche Grammophon, Hamburg. S. 173: Süddeutscher Verlag, München. S. 178: picture-alliance/dpa/dpaweb; Fotograf: Kay Nietfeld. S. 186: Associated Press, AP; Fotograf: Massimo Sambucetti. S. 187: Associated Press, AP; Fotograf: Michael Dwyer. S. 188: Associated Press, AP. S. 190: picture-alliance/dpa; Fotograf: KPA. S. 192: picture-alliance/dpa. S. 201, 204, 215, 220, 223: Aktion Mensch. S. 202: Laguna Design/Science Photo library/Agentur Focus. S. 224: The Stock Illustration. S. 232: picture alliance/dpa Fotograf: Bern Thissen; © dpa – Fotoreport. S. 237: http://de.wikipedia.org/wiki/Bild:Norwar.jpg; Fotograf: Henryart. S. 239 re. u. li.: picture-alliance/ZB – Fotograf: Nestor Bachmann. S. 243, 254: Ullstein – KPA. S. 245: Ullstein – Wittenstein. S. 256: The Stock Illustration. S. 259: Ullstein Imagno, Foto: Nora Schuster. S. 260: picture-alliance. S. 269: Ullstein/ddp Nachrichtenagentur. S. 270: www.BilderBox.com. S. 272: bpk / Friedrich Seidensticker. S. 284: Herlinde Koelbl: Im Schreiben zu Haus. Wie Schriftsteller zu Werke gehen: München. Knesebeck 1998. © Foto: Herlinde Koelbl. S. 288: akg-images/Erich Lessing. S. 289 u.: © Sotheby's / akg-images. S. 294: akg-images/Niklaus Stauss. S. 295: Schauspielhaus Graz. Foto: Peter Manninger. S. 297: Gerhard Richter. S. 298: Aus: Sein ist das Weib Denken der Mann, von Renate Feyl © 1991 by Kiepenheuer & Witsch, Köln. S. 304: Ullstein Bild/Horst Tappe. S. 308: Stefan Bollmann: Frauen, die lesen, sind gefährlich. © Elisabeth Sandmann Verlag, München, 4. Aufl. 2005. Bild: Galleria Nazionale D'Arte Moderna, Rom. S. 309: Stefan Bollmann: Frauen, die lesen, sind gefährlich. © Elisabeth Sandmann Verlag, München 4. Aufl. 2005. Bild: Privatbesitz. S. 314: bpk/Kupferstichkabinett, SMB. S. 315: Aus: Ausstellungskatalog zu „Götterpläne & Mäusegeschäfte. Schiller 1759–1805. © 2005 Deutsche Schillergesellschaft. (Marbacher Katalog 58). S. 317: Ullstein – AKG Pressebild. S. 322 u.: Schiller auf Postkarte AP Photo / Eckehard Schulz. S. 323 o. re.: © Design: Becker – exclusiv. S. 325: Aus: Ausstellungskatalog zu „Götterpläne & Mäusegeschäfte. Schiller 1759–1805. © 2005. S. 325. Deutsche Schillergesellschaft. (Marbacher Katalog 58). S. 330: Aus: Ausstellungskatalog zu „Götterpläne & Mäusegeschäfte. Schiller 1759–1805. © 2005 Deutsche Schillergesellschaft. (Marbacher Katalog 58). S. 330. S. 332: Ullstein Bild – Will.

Trotz intensiver Nachforschungen ist es uns in einigen Fällen nicht gelungen, die Rechteinhaber zu ermitteln. Wir bitten diese, sich mit dem Verlag in Verbindung zu setzen.